佛山市城市轨道交通三号线工程
土建阶段第三方技术服务实践与总结

乔书光　陈树杰　郭春生　编著

西南交通大学出版社
·成　都·

图书在版编目（CIP）数据

佛山市城市轨道交通三号线工程土建阶段第三方技术服务实践与总结 / 乔书光，陈树杰，郭春生编著. —成都：西南交通大学出版社，2021.12

ISBN 978-7-5643-8451-7

Ⅰ. ①佛… Ⅱ. ①乔… ②陈… ③郭… Ⅲ. ①城市铁路－铁路工程－土木工程－工程管理－概况－佛山 Ⅳ. ①U239.5

中国版本图书馆 CIP 数据核字（2021）第 253499 号

Foshan Shi Chengshi Guidao Jiaotong Sanhao Xian Gongcheng Tujian Jieduan Disanfang Jishu Fuwu Shijian yu Zongjie

佛山市城市轨道交通三号线工程土建阶段第三方技术服务实践与总结

乔书光　陈树杰　郭春生　**编著**

责任编辑	杨　勇
封面设计	何东琳设计工作室
出版发行	西南交通大学出版社 （四川省成都市金牛区二环路北一段 111 号 西南交通大学创新大厦 21 楼）
邮政编码	610031
发行部电话	028-87600564　028-87600533
网址	http://www.xnjdcbs.com
印刷	四川煤田地质制图印刷厂
成品尺寸	185 mm × 260 mm
印张	19.75
字数	487 千
版次	2021 年 12 月第 1 版
印次	2021 年 12 月第 1 次
定价	98.00 元
书号	ISBN 978-7-5643-8451-7

《佛山市城市轨道交通三号线工程土建阶段第三方技术服务实践与总结》

编　委　会

主　编：乔书光　陈树杰　郭春生

副主编：魏贤坤　游　杰　夏文宇　熊剑飞

编　委：牛永宝　公丕义　曾红彪　唐栋林　焦发旺　廖　宁　邝燕珊

李天东　周　航　何永成　余　超　王　策　吴　其　王超超

张　杰　彭逸勇　陈霆轩　杨　帆　王亚飞　李　伟　金　鑫

赖　炜　吴光标　焦宝文　张义龙　马启杰　梁镇邦　张志宏

卢其栋　邱英达　蒋建军

审定人：周振华

主要参编单位：佛山市铁路投资建设集团有限公司

上海勘察设计研究院（集团）有限公司

中铁隧道勘测设计院有限公司

北京城建勘测设计研究院有限公司

广东省重工建筑设计院有限公司

中铁工程设计咨询集团有限公司

佛山市公路桥梁工程监测站有限公司

广州轨道交通建设监理有限公司

湖南中大建设工程检测技术有限公司

前言 Preface

佛山市城市轨道交通三号线是佛山市轨道交通线网中贯穿南北的骨干线，线路全长 69.5 km，共设 37 座车站，其中高架站 3 座，地下站 34 座，其设计列车运行速度为 100 km/h，是沟通佛山南北经济发展的大动脉。

三号线除了线路长、站点区间多、建设体量大以外，工程地质条件之多变、周边环境之复杂也同样让佛山地铁建设者们感到棘手，例如在深厚淤泥层、深厚粉细砂层、深厚高含水量砂层、岩溶地区、上砂下岩、上软下硬等艰难地质条件下开挖深基坑、盾构掘进以及实施暗挖，又例如在市区繁华地带分期施工、倒边施工，保护重要建筑、重要管线、重点文物建筑、既有线等。为了应对如此多高风险、高难度的施工挑战，佛山地铁秉承“专业的人做专业的事”的原则，引进了多家全国知名、技术力量过硬的第三方专业服务单位，为三号线工程建设的风险应对与质量提升提供了专业技术支持。

本书以佛山市城市轨道交通三号线工程实践为依托，从第三方技术服务的角度对土建施工阶段的相关工作进行了较为全面的剖析与总结。书中主要内容按第三方技术服务专业共分为六篇，包括第三方测量、第三方监测、第三方检测、桥梁监测、环境与水土保持监理监测、旧盾构机预评审与盾构监控等。

“第三方测量篇”对三号线工程中 GNSS 控制网、联系测量、贯通误差、陀螺全站仪、内外业一体化、三维激光扫描等测量方法和新技术进行了实践分析和讨论。

“第三方监测篇”以监测数据为切入点，对复杂环境、高风险地质条件下的三号线地下车站和盾构隧道的风险识别与防控处置进行梳理与总结。

“第三方检测篇”从试验检测管理模式、试验标准化工作方案、多样式原材料抽样方案、原材料检测电子化台账、检测数据深度挖掘五个方面对三号线工程的检测工作展开了立体的分析与探讨，提出了不少建设性的建议。

“桥梁监测篇”重点介绍了现场监控与数值仿真分析手段的应用实践，最终实现了三号线顺德水道大桥施工全过程的线性控制与高精度合龙。

“环境与水土保持监理监测篇”对轨道交通工程的环境监测技术做了较为全面的阐述，又分别对三号线工程大气环境与水环境的影响进行了具体分析，提出了可行有效的管控措施。

“旧盾构机预评审与盾构监控篇”通过对三号线盾构机适应性、可靠性的预评审工作进行统计与梳理，提出了对新造和再制造盾构机审查工作重点的建议。借助三号线盾构姿态纠偏工程案例总结提炼了盾构机姿态控制的技术措施与管控程序。

全体编委及各第三方服务单位的技术人员扎根于工程建设第一线，在繁忙的工作之余主动发现问题、思考问题、解决问题，并着手收集素材潜心钻研，高质量地完成了本书的撰写。在此，对所有参编人员精益求精的敬业精神致以由衷的赞美与感谢！

本书从佛山市城市轨道交通三号线工程实践出发，全面总结了第三方技术服务在建设管理中的经验成效与不足，有望在佛山市的新线建设中得到传承与提升，同时也希望能给城市轨道交通工程建设领域的同行工友们提供有益的参考与帮助。限于作者水平、精力，虽经辛劳几易其稿，仍难免存在纰漏与不足，敬请广大读者批评指正。

编著者

二〇二一年七月

目录 Contents

第一篇　工程概况与第三方技术服务概述

第二篇　第三方测量

第三篇　第三方监测

第四篇　第三方检测

第五篇　桥梁监测

第六篇　环境与水土保持监理监测

第七篇　旧盾构机预评审与盾构监控

第一篇

工程概况与第三方技术服务概述

第一章

工程概况

一、线路概况

佛山市位于广东省中南部，珠江三角洲腹地，东倚广州，西接肇庆，南连中山、江门，北通清远，近邻港澳，下辖禅城、南海、顺德、高明、三水 5 个区，是粤港澳大湾区重要节点城市，并逐渐形成广佛同城化。

根据《佛山市城市轨道交通线网规划》(2016 年)，全市由 14 条城市轨道交通线组成，线网全长 562 km，包括市域骨干线、市区加密线和外围加密线三类。佛山市城市轨道交通三号线和二号线工程为第一期建设规划线路[《佛山市城市轨道交通近期建设规划》(2011—2018)]，是全市轨道交通线网的骨干线路，于 2012 年 9 月获国家发改委批复同意建设。图 1.1 为佛山市轨道交通线网规划图（2016 年）。

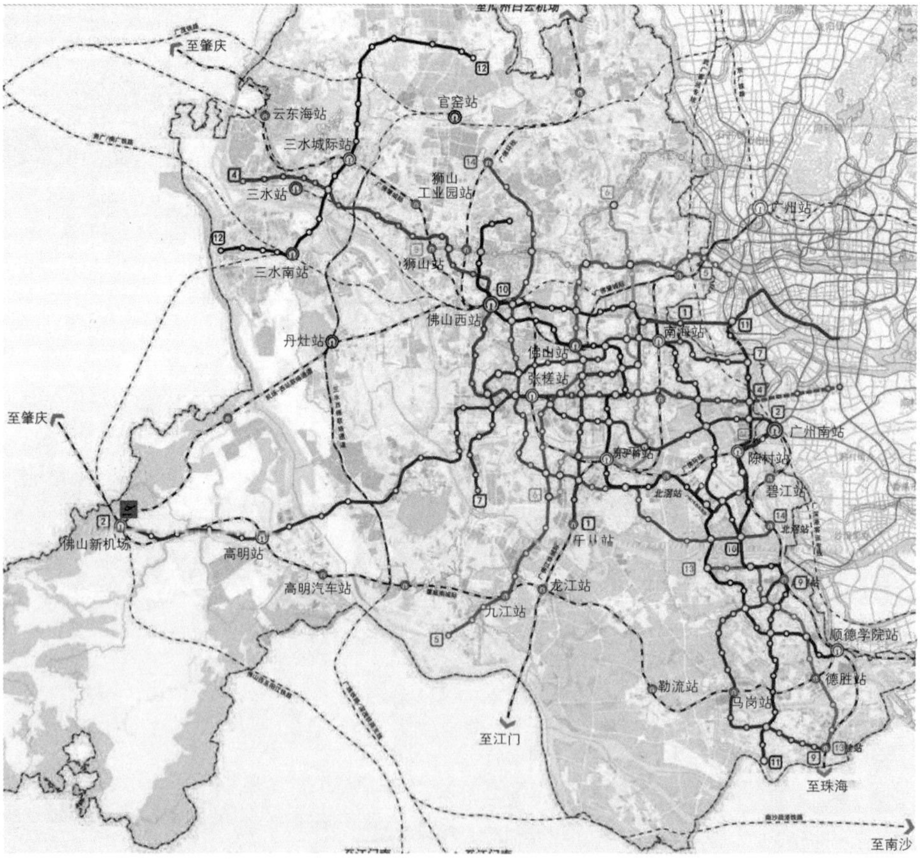

图 1.1　佛山市轨道交通线网规划（2016 年）

佛山市轨道交通三号线是贯通佛山中心组团南北的主干线，南起顺德客运港站，经大良、伦教、北滘、文华路、季华路、南海大道、文昌路、佛山火车站、佛山西站、狮山，北到科技学院站，是中心城区与大良容桂组团、狮山组团、北滘陈村组团的联系线。线路全长约 69.5 km，共设 37 座车站，其中高架站 3 座，地下站 34 座，换乘站 15 座，平均站间距 1.93 km。全线设置一段两场，分别为狮山车辆段、北滘停车场和逢沙停车场，设 4 座主变电站，分别为大良主变、水口主变、火车站主变和狮山主变，设湾华控制中心。远期高峰单向最大断面客流量为 3.04 万人/h，采用 6 辆编组 B 型车，最高设计速度为 100 km/h。图 1.2 为佛山市轨道交通三号线工程线路图。

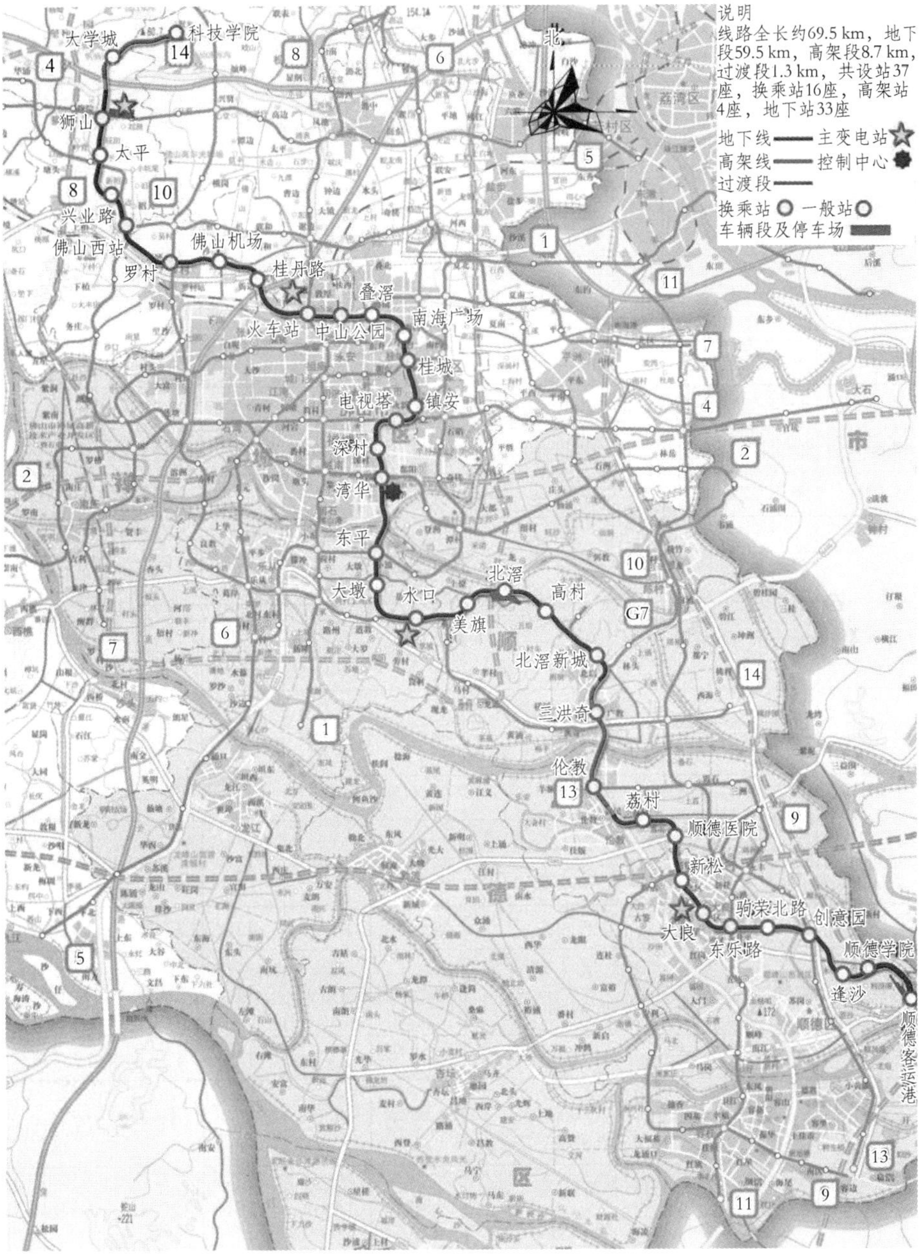

图 1.2　佛山市轨道交通三号线工程线路图

二、车站设计概况

三号线各车站的形式、规模及围护结构形式等，如表 1.1 所示。地下车站均为明挖框架结构。

表 1.1　车站设计要素汇总表

序号	站名	车站形式	车站性质	围护结构形式	轨面埋深/m	站台宽度/m	车站长度/m	主体建筑面积/m^2	总建筑面积/m^2
1	顺德客运港	地下二层侧式	起点站	地连墙	12.95	3.1	537.35	19 705	23 408
2	顺德学院	地下二层岛式	中间站与广珠城际线换乘	地连墙	16.01	12	388.23	26 456	26 456
3	逢沙	地下二层岛式	中间站	地连墙	14.90	11	204.7	8 341	12 237
4	创意园	地下二层岛式	换乘站（规划规划十三号线）	地连墙	15.90	11	273	11 101	15 888
5	驹荣北路	地下二层岛式	中间站	地连墙	14.74	11	208	8 470	13 269
6	东乐路	地下二层岛式	换乘站（新线网规划十一号线）	地连墙	14.9	14	524.8	24 837	28 733
7	大良	地下三层岛式	中间站	地连墙	23.2	11	266	14 722	18 594
8	新松	地下三层岛式	中间站	地连墙	22.55	13	165	11 485	15 612
9	顺德医院	地下二层岛式	中间站	地连墙	14.90	11	215	8 609	11 717
10	荔村	地下二层岛式	中间站	地连墙	15.15	11	273	11 207	14 346
11	伦教	高架二层侧式	中间站	高架站	地上 12.099	3.875 ×2	132	6 697	9 294
12	三洪奇	高架三层侧式	中间站	高架站	地上 19.040	3.875 ×2	144	7 418	11 502
13	北滘新城	地下二层岛式	换乘站（与广州七号线延长线换乘）	地连墙	13.40	14	210	21 292	27 497
14	高村	地下二层岛式	中间站	地连墙	14.90	11	267.6	10 751	14 117
15	北滘	地下二层岛式	换乘站（与广佛城际换乘）	地连墙	14.90	12	215	9 163	11 986
16	美旗	地下二层岛式	中间站	地连墙	14.95	11	273.2	11 101	15 579
17	水口	地下二层岛式	换乘站（新线网规划八号线）	地连墙	14.9	11	209	8 497	10 573
18	大墩	地下二层岛式	中间站	地连墙	14.9	11	473.6	17 771	22 224
19	东平	地下三层岛式	换乘站（与六号线换乘）	地连墙	24.37	16	191.35	17 639	20 862
20	湾华	地下二层岛式	换乘站（与二号线换乘）	地连墙	16.04	15	322.48	16 944	19 076

续表

序号	站名	车站形式	车站性质	围护结构形式	轨面埋深/m	站台宽度/m	车站长度/m	主体建筑面积/m²	总建筑面积/m²
21	深村	地下二层岛式	中间站	地连墙	14.9	11	197.2	8 574	13 812
22	电视塔	地下二层双岛式	换乘站（与四号线换乘）	地连墙	15.9	13	188.5	19 316	24 252
23	镇安	地下二层岛式	中间站	地连墙	15.4	11	466	18 864	24 968
24	桂城	地下三层岛式	换乘站（与一号线换乘）	地连墙	22.472	12	211.4	15 255	18 422
25	南海广场	地下三层岛式	中间站	地连墙	21.1	13	145.8	9 969	13 393
26	叠滘	地下三层叠线侧式	中间站	地连墙	15.25 24.25	3.5×2	149.8	16 167	18 135
27	中山公园	地下二层岛式	中间站	地连墙	15.2	11	285	11 526	13 858
28	火车站	地下二层岛式	换乘站（与五号线换乘）	地连墙	15.4	14	232.91	13 275	16 502
29	桂丹路	地下二层岛式	中间站	灌注桩	15.4	11	486.2	19 532	23 132
30	佛山机场	地下二层岛式	中间站	地连墙	15.14	11	219.6	9 054	11 462
31	罗村	地下二层岛式	换乘站（新线网规划十四号线）	灌注桩	14.90	12	207	8 826	11 645
32	佛山西站	地下二层岛式	换乘站（与四号线换乘及新线网规划广州28号线）	地连墙	19.88	13.6	488.6	21 037	24 127
33	兴业路	地下二层（局部三层）岛式	中间站	地连墙	19.45	11	193.1	9 281	12 868
34	太平	地下二层岛式	中间站	地连墙	14.90	11	209.6	8 533	11 660
35	狮山	地下二层岛式	终点站、换乘站（新线网规划八号线）	灌注桩	14.90	11	335.10	14 486	22 011
36	大学城	地下三层岛式	中间站	灌注桩	22.77	11	182	11 369	14 309
37	科技学院	地上三层侧式	终点站	高架站	42.72	3.5	144	6 595	7 399

三、区间设计概况

三号线各区间的主要类型包括盾构法衬砌隧道、明挖箱型隧道、暗挖马蹄形复合衬砌隧道、单墩式高架桥等，如表1.2所示。

表 1.2　各区间设计要素汇总表

序号	区段	线路	区间长度/m	施工工法	隧道尺寸	区间附属及加固方式
1	顺德客运港站—顺德学院站	左线	2 401.393	盾构法	内径 5 400 外径 6 000	4 个联络通道，冷冻法
		右线	2 405.174			
2	逢沙停车场出入段线（明挖部分）	出场线	202.651	明挖法	—	—
		入场线	203.1			
3	逢沙停车场出入段线（盾构段）	出场线	1 113.934	盾构法	内径 5 400 外径 6 000	1 个联络通道，冷冻法
		入场线	1 088.68			
4	顺德学院站—逢沙站	左线	1 051.705	盾构法	内径 5 440 外径 6 200	1 个联络通道，地面加固
		右线	1 051.705			
5	逢沙站—创意园站	左线	1 958.695	盾构法	内径 5 400 外径 6 000	3 个联络通道，冷冻法
		右线	1 958.695			
6	创意园站—驹荣北路站	左线	1 430.424	盾构法	内径 5 440 外径 6 200	2 个联络通道，地面加固
		右线	1 430.424			
7	驹荣北路站—东乐路站	左线	830.386	盾构法	内径 5 400 外径 6 000	1 个联络通道，地面加固
		右线	830.386			
8	东乐路站—大良站	左线	1 225.564	盾构法	内径 5 400 外径 6 000	2 个联络通道，无加固； 2 个外挂废水泵房
		右线	1 225.564			
9	大良站—新松站	左线	1 485.626	盾构法	内径 5 400 外径 6 000	2 个联络通道， 1#洞内加固
		右线	1 541.627			
10	新松站—顺德医院站	左线	1 516.78	盾构法	内径 5 400 外径 6 000	2 个联络通道， 地面加固
		右线	1 516.78			
11	顺德医院站—荔村站	左线	1 176.01	盾构法	内径 5 440 外径 6 200	1 个联络通道，冷冻法
		右线	1 176.01			
12	荔村站—伦教站（盾构部分）	左线	1 356.88	盾构法	内径 5 440 外径 6 200	2 个联络通道，地面加固
		右线	1 355.795			
13	荔村站—伦教站明挖区间	左线	470.055	明挖法	—	—
		右线	471.172			
14	荔村站—伦教站（高架区间）	左线	202.6	高架	—	—
		右线	202.6			
15	伦教站—三洪奇站（高架区间）	左线	3 320.161	高架	—	—
		右线	3 320.161			
16	三洪奇站—北滘新城站（高架区间）	左线	1 045.336	高架	—	—
		右线	1 040.764			

续表

序号	区段	线路	区间长度/m	施工工法	隧道尺寸	区间附属及加固方式
17	三洪奇站—北滘新城站（明挖区间U形槽段）	左线	345.868	明挖法	—	—
		右线	345.275			
18	三洪奇站—北滘新城站（明挖区间暗埋段）	左线	200.348	明挖法	—	—
		右线	200.05			
19	三洪奇站—北滘新城站（盾构区间）	左线	958.006	盾构法	内径 5 440 外径 6 200	1 个联络通道，冷冻法
		右线	963.469			
20	北滘新城站—高村站	左线	2 242.276	盾构法	内径 5 440 外径 6 200	3 个联络通道，冷冻法
		右线	2 242.276			
21	高村站—北滘站（正线明挖区间）	左线	443.788	明挖法	—	—
		右线	443.788			
22	高村站—北滘站（正线盾构区间）	左线	1 180.345	盾构法	内径 5 440 外径 6 200	1 个联络通道，冷冻法
		右线	1 180.345			
23	高村站—北滘站（出入段场线盾构区间）	左线	408.016	盾构法	内径 5 440 外径 6 200	—
		右线	419.425			
24	高村站—北滘站（出入段场线明挖区间）	左线	142.633	明挖法	—	—
		右线	142.631			
25	北滘站—美旗站	左线	1 392.939	盾构法	内径 5 440 外径 6 200	2 个联络通道，冷冻法
		右线	1 392.939			
26	美旗站—水口站	左线	1 976.301	盾构法	内径 5 440 外径 6 200	2 个联络通道，冷冻法
		右线	1 976.301			
27	水口站—大墩站	左线	1 947.883	盾构法	内径 5 440 外径 6 200	3 个联络通道， 2#冷冻法、3#地面加固
		右线	1 947.883			
28	大墩站—东平站	左线	1 011.618	盾构法	内径 5 400 外径 6 000	2 个联络通道，冷冻法
		右线	1 011.618			
29	东平站—湾华站	左线	2 788.932	盾构法	内径 5 400 外径 6 000	5 个联络通道，无加固
		右线	2 788.934			
30	湾华站—深村站	左线	965.982	盾构法	内径 5 400 外径 6 000	1 个联络通道，无加固
		右线	965.982			
31	深村站—电视塔站	左线	1 518.138	盾构法	内径 5 400 外径 6 000	2 个联络通道，冷冻法
		右线	1 518.139			
32	电视塔站—镇安站	左线	901.592	盾构法	内径 5 400 外径 6 000	1 个联络通道，冷冻法
		右线	901.592			

续表

序号	区段	线路	区间长度/m	施工工法	隧道尺寸	区间附属及加固方式
33	镇安站—桂城站	左线	1 308.369	盾构法	内径 5 400 外径 6 000	2 个联络通道，冷冻法
		右线	1 309.377			
34	桂城站—南海广场站	左线	781.678	盾构法	内径 5 400 外径 6 000	1 个联络通道，无加固
		右线	781.678			
35	南海广场站—叠滘站	左线	1 699.958	盾构法	内径 5 400 外径 6 000	2 个联络通道，2#端头+加固；2 个外挂废水泵房
		右线	1 699.958			
36	叠滘站—中山公园站	左线	982.52	盾构法	内径 5 400 外径 6 000	1 个联络通道，冷冻法；2 个外挂废水泵房
		右线	982.52			
37	中山公园—火车站	左线	987.008	盾构法	内径 5 400 外径 6 000	1 个联络通道，地面加固
		右线	987.008			
38	火车站—桂丹路站	左线	2 137.246	盾构法	内径 5 400 外径 6 000	4 个联络通道，1#2#冷冻法、3#4#地面加固
		右线	2 136.071			
39	桂丹路站—佛山机场站	左线	1 732.48	盾构法	内径 5 400 外径 6 000	3 个联络通道，无加固
		右线	1 732.479			
40	佛山机场站—罗村站	左线	1 609.818	盾构法	内径 5 400 外径 6 000	2 个联络通道，1#地面加固
		右线	1 609.822			
41	罗村站—佛山西站	左线	2 019.379	盾构法	内径 5 400 外径 6 000	3 个联络通道，无加固
		右线	2 021.421			
42	佛山西—兴业路暗挖段	左线	235.260	暗挖法	12.02 m×9.5 m、	—
		右线	277.460		6.68 m×7.03 m	
43	佛山西站—兴业路站	左线	849.872	盾构法	内径 5 400 外径 6 000	1 个联络通道，无加固
		右线	849.872			
44	兴业路站—太平站	左线	2 023.342	盾构法	内径 5 400 外径 6 000	3 个联络通道，1#冷冻法
		右线	2 023.341			
45	太平站—狮山站	左线	788.022	盾构法	内径 5 400 外径 6 000	1 个联络通道，无加固
		右线	788.022			
46	狮山站—大学城站明挖段（含出入段线）	左线	103.965	明挖法	—	—
		右线	167.273			
47	狮山站—大学城站盾构段	左线	2 514.097	盾构法	内径 5 400 外径 6 000	4 个联络通道，无加固
		右线	2 461.725			
48	大学城站—科技学院站盾构段	左线	1 062.213	盾构法	内径 5 400 外径 6 000	4 个联络通道，无加固
		右线	1 062.275			

续表

序号	区段	线路	区间长度/m	施工工法	隧道尺寸	区间附属及加固方式
49	大科区间暗挖段	左线	28.604	暗挖	15.8 m×8.266 m	—
	大科区间暗挖段	右线	28.542		15.6 m×12.42 m	
50	大科区间明挖暗埋段	左线	99.157	明挖法	—	—
	大科区间明挖暗埋段	右线	99.298			
51	大科区间U形槽段	左线	55	明挖法	—	—
	大科区间U形槽段	右线	55			
52	大科区间路基段	左线	37.811	—	—	—
	大科区间路基段	右线	38.012			
53	大学城站—科技学院站—终点（高架段）	左线	1 626.04	高架	—	—
		右线	1 625.698			

四、工程筹划

三号线工程于2016年11月18日全面开工，首通段（顺德学院—镇安）计划于2022年年底初期试运行，北段（镇安—科技学院）力争于2023年年底初期试运行。

第二章

场地环境与工程地质

一、城市自然地理状况

佛山市位于中国广东省中南部，地处珠江三角洲腹地，东倚广州，近邻港澳，地理位置优越。珠江水系中的西江、北江及其支流贯穿全境，属典型的三角洲河网地区。佛山市轨道交通三号线工程由北往南途经南海、禅城、顺德三个区，贯穿佛山市区域南北。

佛山市位于北回归线以南，为南亚热带季风气候。全年降水丰沛，雨季明显，日照充足，多年平均温度在 21.9 °C。由于地处低纬区，海洋和陆地天气系统均对佛山有明显影响，冬夏季风的交替是佛山季风气候突出的特征：冬春多偏北风，夏季多偏南风。冬季的偏北风因极地大陆气团向南伸展而形成，干燥寒冷；夏季偏南风因热带海洋气团向北扩张而形成，温暖潮湿。

据统计，佛山市受热带气旋影响年平均 1 ~ 2 次。佛山市从 4 月到 12 月均会受热带气旋影响，7 月是受热带气旋影响率最高的一个月，其次是 8 月份，7—9 月受热带气旋影响的次数占全年的 75%。

佛山市的强降水频发，全年均有可能出现，其中 5—6 月最多，7—9 月和 4 月次之，暴雨日数的逐月分布情况与之一致。5 月和 6 月的暴雨日数均在 1 d 以上，7 月到 9 月的暴雨日数为 1 d 左右，年平均暴雨日数为 6.8 d，最多可达 13 d。日最大降雨量可达 250 mm 以上，最大雨强为 102.6 mm/h。据统计，在一年之内还可能出现 1 ~ 3 次的持续性暴雨天气（连续 2 d 或 2 d 以上出现暴雨），持续时间可长达 3 d。持续性暴雨出现的次数一年之内最多可达 3 次，南部的持续性暴雨比北部多。

三号线线路沿线地表水体发育，穿过多个河涌、湖泊以及池塘等。其中，穿越较大的水系包括桂畔海、顺德水道、东平水道等。沿线水系均属于珠江三角洲的网河区，向东流入狮子洋，再南流至伶仃洋出海，河道纵横交错，互相贯通，潮洪混杂，水流变化十分复杂，汛期既受流溪河、西、北江洪水影响，又受来自伶仃洋的潮汐作用。河道洪水呈随机性变化，潮汐一般呈周期性变化。在洪水期，水位受较为单一的西、北江洪水影响，同时受到潮水的顶托。

二、地形与地貌

沿线地势呈北高南低，属于珠江三角洲冲积平原与残丘相间地貌，地势较平坦、开阔，河网密布，局部为剥蚀残丘地貌，沿线最低标高约为 1.45 m，最高标高约为 62.00 m。其中，自起点至佛山机场段以珠江三角洲平原地貌为主，地势平坦开阔，地面高程一般为 1.5 ~ 3.5 m，局部略有起伏；自佛山机场至三号线终点段以残丘地貌为主，地势起伏较大，地面高程一般为 4.0 ~ 21.1 m。

三、工程地质情况

（一）地质构造

本区域在大地构造上属华南加里东地槽褶皱系，并可进一步分为 6 个二级构造单元。它们是粤东隆起区，粤中、粤北、粤东北拗陷区，桂东拗陷区，粤西、桂东南隆起区，雷琼断陷区和五指山断陷区，线路沿线的区域构造纲要如图 2.1 所示。

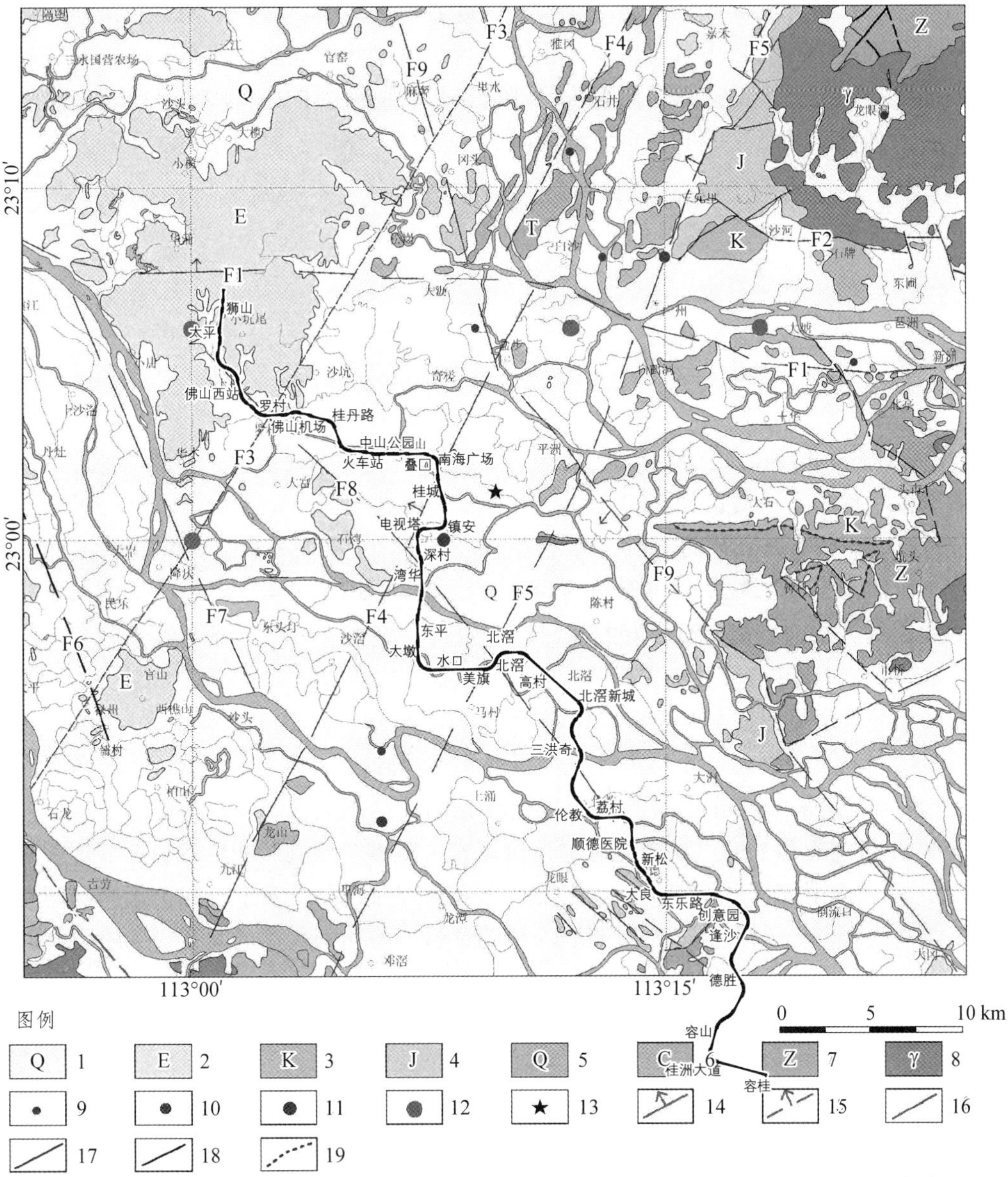

主要断裂：F1广三断裂　F2瘦狗岭断裂　F3石碣断裂　F4礌岗断裂　F5广从断裂　F6河口-西樵山断裂　F7三水-小塘断裂　F8大良-张家边断裂　F9白坭-沙湾断裂

图 2.1　线路沿线的区域构造纲要图

本线路区域位于我国东南沿海地震带的中部地区。本区在地质历史上，经历过多次构造运动，主要形成有 NE、NW、NEE 和 EW 向的断裂。在历次构造运动中，燕山运动规模宏大，活动强烈，对区域构造的形成、影响尤其深远。此次运动的主要特点是：北东向断裂活动强烈，东西向断裂再次复活，沿海地区出现北西向断裂；沿断裂有多次大面积的岩浆侵入和喷溢交替出现，动力变质和接触变质作用分布广泛。构造运动形成的深大断裂，基本上控制了东南沿海地区大地构造格局，其中有些断裂至今仍有不同程度的活动。新生代以来本区的构造活动呈现由西北向东南逐渐增强的趋势。喜山运动，在本区以差异性断块运动和断裂的继承性活动为主，在雷琼和滨海地区有大规模的玄武岩喷发活动。这一时期，在南海海域发生海底扩张，导致在滨海及近岸浅海出现一系列平行于海岸线的大规模北东东向阶梯状断裂。南海扩张停止，随之而来的是太平洋板块和菲律宾板块前沿的推挤作用，从而在大陆边缘一带产生了一系列复活和新生的北西至北北西断裂。同时，亦使滨海近岸的北东和北东东向断裂活动进一步加强，构成了区内的主要地震构造带——东南沿海地震外带；与此相毗邻的内带其构造活动相对较弱。

（二）断　裂

区内断裂构造发育，主要有 NE、NW 和近 EW 向三组，下面简述其中一些主要断裂的特征及其活动性。

1. *石碣断裂 F3*

该断裂位于佛山市南海区松岗镇石碣村附近，往南西经罗村、王借岗，延至民乐一带，往东北可至里水附近，除石碣等局部出露地表外，大部分被第四系覆盖。断裂走向 NE20° ~ 35°，南段倾向 NW，于长坑附近见倾角约 30°；北段倾向 SE，倾角 50° ~ 65°。前人曾在沙堤一带作了 4 条物探剖面，断层有很好的反映，推测断层往 NW 倾，与场面实测吻合。沿断裂在航片上也反映为 NNE 向明显的色带界面。该断裂的构造岩以构造角砾岩和硅化岩为特征。在石碣村的二叠系中见构造角砾岩和硅化岩带，宽 20 余米，长 100 余米，呈 NE35 展布，地貌上呈明显的突出的山岗，其角砾由硅化岩组成，又被硅质胶结，反映了断层的多次活动；2003 年郭钦华等人采集的硅化构造角砾岩热释光测年结果为（39.09±2.70）万年；在附近 ZK6-5 钻孔 41 m 左右深处的红层也见有构造角砾岩；断裂两侧次级断层、裂隙节理发育；北西盘 500 m 范围内下第三系红层中间，有受挤压和片理化现象。南东盘在王借岗出露有始新世的次橄榄玄武岩（上地幔岩浆分异产物），说明这是一条切割较深的断裂，此断裂是新构造分区的狮山隆起区和佛山沉降区的分界线。

2. *礌岗断裂 F4*

它位于佛山市南海区礌岗附近，断裂走向 NE0° ~ 30°，倾向 NW，倾角 40° ~ 80°。构造相当发育，硅化构造角砾岩与硅化岩相间出现，角砾大水混杂，局部具有磨圆特征和定向排列的眼球状，胶结程度差。断层附近发育有温泉。例如在桂城大厦场地钻孔发现大量构造角砾岩，岩性破碎，硅化强烈。这表明该断裂在早更新世曾有过强烈活动。据断层角砾岩上覆的上更新世和全新统等厚线形态分析，该断裂在距今约 3 万年以来基本处于相对稳定状态。

3. 广州—从化断裂 F5

断裂走向北北东，北起从化良口，往南西经温泉、从化、神岗至三元里，隐伏于平洲西等地，抵西江左岸九江一带后为西江断裂所截，全长约 90 km。

越秀山以南，断裂隐伏在第四系之下，根据钻探、坑探及物探资料，东风西路见白垩系内形成数十米宽的破碎带，中山七路等地的上白垩统地层中见断层切割上白垩统三水组，使该组的东湖段与西濠段呈断层接触。人防 9 号工程在广州医学院的巷道人工剖面上见侏罗系灰岩与白垩系砂砾岩呈断层接触，断层破碎带宽 26 m，由成分为灰岩、灰质页岩、粗砂岩、粉砂质泥岩的角砾组成，断层下盘是侏罗系灰岩、上盘是白垩系砂砾岩，走向北东 40°，倾角 65°，属正断层性质。龙溪大道五丫口大桥以及广佛地铁的地质钻探亦揭露断层构造岩。在佛山市中央服务区进行的电磁测深探测，结果反映断裂两侧的电阻率有明显的差异。这些迹象是断裂带自越秀山以南仍继续向南西方向延伸的迹象。但自广佛地铁往南西至西江左岸左滩右滩之间近 20 km 地段间，全为第四系覆盖而情况不明，但根据该段东北所掌握的情况及西南左、右滩地表显露的位置，推测断裂大致部位自东北而西南应大抵在湾头村、劳村西、流勒西等之地下伸展。至于在龙江岗、龙江水坑以及左、右滩一带，断裂地表显示极为清晰。在左滩西牛山地区，断在上二叠统砂页岩与粉砂岩内，形成宽达近 20 m 由透镜体、石英脉与断层压碎岩等组成的破碎带，自上盘面向东南，可见多组与断面平行的破裂面形成的三角岩面；在右滩象山一带，亦可见宽达 20 m 的断裂破碎带，自上而下可分三带：硅化带、压碎岩带及由石英细脉穿插的角砾岩带。

据地震局陈田附近的跨断层短水准测量数据估算，从 1992 到 1997 年间，断裂两侧形变平均速率仅为 0.18 mm/a。沿断裂带采集的断层物质进行测年数据结果分别为距今 34.2、25.9、12.6 万年，断裂曾在中更新世有过强烈活动。

沿广从断裂历史上曾发生过 2 次 4 级和多次 3 ~ 4 级历史地震。

4. 大良—张家边断裂 F8

也称三角断裂、北江隐伏断裂（带）。沿南庄、顺德、三角一带分布，区域上，隶属于西江断裂带（《1∶25 万江门幅区调查报告》，2003）。断层走向 310°左右，倾向北东。

断裂多为第四系覆盖，地表仅于南段的容奇北和黄圃镇出露。在容奇北断层切过花岗岩的地段出现成组石英脉。在黄圃镇一废弃石场，剥露出完好断面，断壁是为白垩纪褐灰色砾岩，断面整齐平直，产状 240°∠68°，砾岩层面产状近于水平，断壁脚下即为奥陶纪花岗岩（上盘），两盘紧贴在一起剥露于地表，其间有约 3cm 厚绿泥石化断层泥，微固结，片状，其成分来源于上盘的花岗岩。从断面和断层域内的组构要素的地质记录上已很难判断断层的性质，但断层的剖面效应为上盘相对上升，这一点是可以肯定的。

（三）工程地质分区及其特征

根据沿线地面条件、地形地貌、第四系地层分布规律、基岩岩性分布特征，结合沿线地质构造特点、水文地质条件和原位测试成果，将沿线工程地质和水文地质单元分为 3 个大区共 5 个小区。各工程地质分区详见表 2.1。

表 2.1　工程地质单元分区表

工程地质分区	亚区	分区范围	构造特点	地形、地貌特点	岩土层特点	水文地质特点	工程地质条件评价
Ⅰ区		起点至顺德学院段。钻孔号范围ZK1～ZK3-2	未见断层通过	以珠江三角洲冲积平原为主。地形平坦、开阔，多为市政道路、厂房、鱼塘、民居等，并穿越容桂水道，地面高程 1.5～5.4 m	第四系以人工填土、海陆交互相软土及砂层、冲洪积砂层与黏性土、花岗岩残积土为主。软土广泛分布于沿线；海陆交互相砂层一般含有淤泥团块，颗粒级配不匀，松散，为中等—严重液化土层，冲洪积砂层为本地区的主要含水层，透水性中等。冲洪积土层与花岗岩残积土一般为可塑至硬塑状态，为微透水层。基岩为奥陶系花岗岩	本区穿过容桂水道。砂层为本地区的主要含水层，透水性中等，水量中等，渗透系数一般为 2.0～8.0 m/d	地面平坦、开阔，地质构造较为简单，影响线路建设的工程地质因素有：1.软土的工程性质差。2.砂层含水量较丰富，稳定性差，易造成基坑涌水、涌砂、坍塌。3.花岗岩的残积土及全、强风化带浸水易软化崩解、基岩风化裂隙水不发育，但发育有花岗岩的风化深槽。工程地质条件较简单
Ⅱ区	Ⅱ1	顺德学院至水口段。钻孔号范围ZK3-3～ZK12-2	根据区域资料 F5 断层通过，钻探中未钻遇	以珠江三角洲冲积平原为主，在顺峰山公园附近分布残丘。地形较平坦、开阔，多为市政道路、民居、厂房、鱼塘等，并穿越顺德水道，地面高程 1.5～4.2 m	第四系以人工填土、海陆交互相软土及砂层、冲洪积砂层与黏性土、红色碎屑岩残积土为主。软土呈厚层状分布于沿线，海陆交互相砂层含有淤泥团块，为中等—严重液化土层；冲洪积砂层一般含少量黏粒，颗粒级配不匀，松散—稍密砂层为本地区的主要含水层，透水性中等。冲洪积土层与红层残积土一般为可塑至硬塑状态，为微透水层。第四系覆盖层厚度大，部分钻孔 45 m 未钻遇基岩，在该段揭露基岩为白垩系红色碎屑岩	本区穿过顺德水道。砂层为本地区的主要含水层，透水性中等，水量中等，渗透系数一般 4.0～10.0 m/d	地面平坦、开阔，地质构造较为简单，影响线路建设的工程地质因素有：1.软土的工程性质差。2.砂层含水量较丰富，稳定性差，易造成基坑涌水、涌砂、坍塌。3.第四系覆盖层厚度大，基岩埋藏较深。工程地质条件较简单

续表

工程地质分区	亚区	分区范围	构造特点	地形、地貌特点	岩土层特点	水文地质特点	工程地质条件评价
Ⅱ区	Ⅱ2	镇安至南海广场段。钻孔号范围ZK18-2～ZK19-1	未见断层通过	以珠江三角洲冲积平原为主。地形较平坦、开阔，多为市政道路、厂房、民居等，地面高程2.1～2.6 m	第四系以人工填土、海陆交互相软土及砂层、冲洪积砂层与黏性土、红色碎屑岩残积土为主。软土呈透镜体状分布于沿线；海陆交互相砂层含有淤泥团块，呈松散状，为中等—严重液化土层；冲洪积砂层一般含少量黏粒，颗粒级配不匀，稍密—中密，砂层为本地区的主要含水层，冲洪积土层与红层残积土一般为可塑至硬塑状态，为微透水层。在该段揭露基岩为白垩系红色碎屑岩	砂层为本地区的主要含水层，透水性中等，水量中等，渗透系数一般为2.0～10.0 m/d	地面平坦、开阔，地质构造较为简单，影响线路建设的工程地质因素有：1.软土的工程性质差。2.砂层含水量较丰富，稳定性差，易造成基坑涌水、涌砂、坍塌。工程地质条件较简单
Ⅲ区	Ⅲ1	水口至镇安段。钻孔号范围ZK12-3～ZK18-1	根据区域资料F4断层通过，钻探中未钻遇	以珠江三角洲冲积平原为主。地形较平坦、开阔，多为鱼塘、厂房、市政道路、民居等，并穿越东平水道，地面高程2.4～6.2 m	第四系以人工填土、海陆交互相软土及砂层、冲洪积砂层与黏性土、红色碎屑岩残积土为主。软土呈条带层状分布于部分钻孔；海陆交互相砂层含有淤泥团块，呈松散状，为轻微—严重液化土层；冲洪积砂层一般含少量黏粒，颗粒级配不匀，稍密—中密，为轻微液化土层，砂层为本地区的主要含水层，透水性中等。冲洪积土层与红层残积土一般为可塑至硬塑状态，为微透水层。在该段揭露基岩为古近系红色碎屑岩	本区穿过东平水道。砂层为本地区的三要含水层，透水性中等，水量中等，渗透系数一般4.0～10.0 m/d	地面平坦、开阔，地质构造较为简单，影响线路建设的工程地质因素有：1.软土的工程性质差。2.砂层含水量较丰富，稳定性差，易造成基坑涌水、涌砂、坍塌。工程地质条件较简单
	Ⅲ2	南海广场至狮山段。钻孔号范围ZK20～ZK27	根据区域资料F3断层通过，钻探中未钻遇。	以珠江三角洲冲积平原为主，在狮山附近分布残丘。地形较平坦、开阔，多为市政道路、民居、厂房等，并穿越佛山水道，地面高程2.2～25.5 m	第四系以人工填土、海陆交互相软土及砂层、冲洪积砂层与黏性土、红色碎屑岩残积土为主。软土呈透镜体状分布于沿线；海陆交互相砂层含有淤泥团块，呈松散状，为轻微—严重液化土层；冲洪积砂层一般含少量黏粒，颗粒级配不匀，稍密—中密，砂层为本地区的主要含水层，透水性中等。冲洪积土层与红层残积土一般为可塑至硬塑状态，为微透水层。在该段揭露基岩为古近系红色碎屑岩	本区穿过佛山水道。砂层为本地区的主要含水层，透水性中等，水量中等，渗透系数一般为2.0～8.0 m/d	地面平坦、开阔，地质构造较为简单，影响线路建设的工程地质因素有：1.软土的工程性质差。2.砂层含水量较丰富，稳定性差，易造成基坑涌水、涌砂、坍塌。工程地质条件较简单

（四）地质与岩性

沿线穿越的地层有元古界奥陶系、中生界白垩系、新生界古近系及新生界的第四系，局部还发现有花岗侵入岩体。从区域地质角度出发，现由老至新简述如下。

1. 奥陶系花岗岩（$O_{1\eta\gamma}$）

分布于线路起点至顺德学院站一带，属侵入岩，岩性为褐红、褐黄、浅灰等色，为片麻状细粒斑状（含斑）黑云母二长花岗岩。

2. 白垩系（K）

分布于线路顺德学院站—大墩站。

1）白垩系下统百足山组（K_{1b}）

本组属内陆湖泊相为主的砾、砂泥质建造，与下伏地层呈角度不整全接触。为暗红、淡红色，由砾岩、砂砾岩、含砾岩、砂岩、粉砂岩、泥质粉砂泥岩，含少量凝灰岩，含叶肢介。

2）白垩系下统白鹤洞组（K_{1bh}）

岩性以紫红色粉砂岩、泥质粉砂泥岩、粉砂质泥岩为主，少量砂砾岩、砂岩、普遍含石膏层，肢介。

3）白垩系上统大朗山组（K_{2dl}）

上部褐红色粉砂质泥岩、粉砂岩、深灰色泥岩夹玄武岩、含砾砂岩；下部紫红色、褐红色砾岩、砂砾岩夹泥岩。与上覆、下伏地层呈角度不整全接触。

3. 古近系（E）

分布于线路大墩—狮山终点。

1）古近系莘庄组（E_{1x}）

上部暗褐红色钙质泥岩、粉砂岩、砂岩、夹微层石膏，下部砖红色砾岩、含砾长石砂岩。与下伏地层呈角度不整全接触。

2）古近系布心组（$E_{1\text{-}2b}$）

上部灰色泥岩夹薄层状粉砂岩；中部灰色薄层状含钙质泥岩、夹泥灰岩；下部青灰色，风化紫红色含钙质泥岩，含微层石膏。与上覆地层呈角度不整全接触。

3）古近系宝月组（E_{2by}）

紫红色砾岩、砂砾岩、含砾砂岩、砂岩、粉砂岩与泥岩不等厚互层，含介形虫。与下伏地层呈角度不整全接触。

4）古近系华涌组（E_{2h}）

紫红色砾岩、砂砾岩，紫红泥岩、砂岩、粉砂岩夹粗面岩、粗面质凝灰岩、火山碎屑岩、火山集块岩、角砾凝灰岩、凝灰质砂岩、碧玄岩，含介形虫。

4. 第四系（Q）

第四系包括全新统（Q_4）、上更新统（Q_3）及残积土层，缺失中更新统和下更新统。

全新统包括人工填土（Q_4^{ml}）、海陆交互相沉积的淤泥、淤泥质土层（Q_4^{mc}）、上更新统冲积—洪积砂层、土层（Q_{3+4}^{al+pl}）。

（五）土石工程等级及隧道围岩分类

根据《城市轨道交通岩土工程勘察规范》，佛山市城市轨道交通三号线工程沿线岩土施工工程分级如下：

（1）Ⅰ级松土：人工填土，冲积—洪积形成的砂层即岩土分层<1>、<2-2>、<2-3>、<3-1>、<3-2>及<3-3>，为Ⅰ级松土，机械能全部直接铲挖满载。

（2）Ⅱ级普通土：海陆交互相沉积的淤泥、淤泥质土、黏性土，冲积—洪积、残积形成的黏性土，即岩土分层<2-1A>、<2-1B>、<2-4>、<3-4>、<4N-2>、<4N-3>、<4-2B>、<5N-1>、<5N-2>、<5H-1>、<5H-2>、<6>、<6H>层为Ⅱ级普通土，机械需部分刨松方能铲挖满载，或可直接铲挖但不能满载。

（3）Ⅲ级硬土：已风化成半岩半土状的岩石强风化带划分为Ⅲ级硬土，即岩土分层<7>、<7H>层，机械需普遍刨松或部分爆破方能铲挖满载。

（4）Ⅳ级软石：碎屑岩石中—微风化带和花岗岩中风化岩可划分为Ⅳ级软石，即岩土分层<8>、<8H>、<9>层等，部分用爆破开挖。

（5）Ⅴ级次坚石：岩石微风化花岗岩可划分为Ⅴ级次坚石，即岩土分层<9H>层。能用液压冲积镐解碎，大部分需用爆破法开挖。

根据《城市轨道交通岩土工程勘察规范》（GB 50307—2012），佛山市城市轨道交通三号线工程沿线隧道围岩分级如下。

1. Ⅵ级围岩

包括素填土、杂填土、淤泥质土和冲积—洪积砂层、河湖相淤泥质土层，即岩土分<1>～<3>层和<4-2B>、<4N-2>、<5N-1>、<5H-1>层。围岩极易坍塌变形，有水时，土、砂常与水一齐涌出，浅埋时易坍塌至地表。

2. Ⅴ级围岩

包括冲积—洪积、残积形成的黏性土（粉质黏土、黏土）、已风化成土柱状的岩石全风化带及已风化成半岩半土状的岩石强风化带，即岩土分层<3-4>、<4N-3>、<5H-2>、<6>、<6H>、<7>和<7H>层。围岩易坍塌，处理不当会出现大坍塌，侧壁经常小坍塌，浅埋时易出现地表下沉（陷）或坍塌至地表。

3. Ⅳ级围岩

中风化带可划分为Ⅳ级围岩，即岩土分层<8>和<8H>层。拱部无支护时可产生较大的坍塌，侧壁有时失去稳定。

4. Ⅲ～Ⅳ级围岩

红层岩石（砂岩）类微风化岩带（岩土分层<9>），可划分为Ⅲ～Ⅳ级围岩，拱部无支护时可产生小坍塌，侧壁基本稳定，爆破震动过大易坍塌。

5. Ⅱ级围岩

微风化花岗岩（岩土分层<9H>），可划分为Ⅱ级围岩，暴露时间长，可能会出现局部小坍塌，侧壁稳定，层间结合差的平缓岩层，顶板易塌落。

各岩土层岩土施工工程分级及隧道围岩分级见表 2.2。

表 2.2　岩土施工工程分级及隧道围岩分级表

层号	岩土名称	状态或风化程度	岩土施工工程分级	隧道围岩分级
<1>	人工填土层	松散—稍压实	Ⅰ	Ⅵ级
<2-1A>	海陆交互相淤泥层	流塑	Ⅱ	Ⅵ级
<2-1B>	海陆交互相淤泥质土层	流塑	Ⅱ	Ⅵ级
<2-2>	海陆交互相淤泥质粉细砂层	松散	Ⅰ	Ⅵ级
<2-3>	海陆交互相淤泥质中粗砂层	松散—稍密	Ⅰ	Ⅵ级
<2-4>	海陆交互相粉质黏土层	可塑	Ⅱ	Ⅵ级
<3-1>	冲洪积粉细砂层	中密	Ⅰ	Ⅵ级
<3-2>	冲洪积中粗砂层	稍密—中密	Ⅰ	Ⅵ级
<3-3>	冲洪积粗砾砂层	中密—密实	Ⅰ	Ⅵ级
<3-4>	冲洪积卵石土层	稍密—中密	Ⅱ	Ⅴ级
<4N-2>	冲洪积可塑状土层	可塑	Ⅱ	Ⅵ级
<4N-3>	冲洪积硬塑状土层	硬塑	Ⅱ	Ⅴ级
<4-2B>	河湖相淤泥质土	流塑	Ⅱ	Ⅵ级
<5N-1>	红层可塑状残积土层	可塑	Ⅱ	Ⅵ级
<5N-2>	红层硬塑状残积土层	硬塑	Ⅱ	Ⅴ级
<5H-1>	花岗岩可塑状残积土层	可塑	Ⅱ	Ⅵ级
<5H-2>	花岗岩硬塑状残积土层	硬塑	Ⅱ	Ⅴ级
<6>	红层全风化带	坚硬土柱状	Ⅱ	Ⅴ级
<6H>	花岗岩全风化带	坚硬土柱状	Ⅱ	Ⅴ级
<7>	红层强风化带	半岩半土状	Ⅲ	Ⅴ级
<7H>	花岗岩强风化带	半岩半土状	Ⅲ	Ⅴ级
<8>	红层中等风化带	软岩	Ⅳ	Ⅳ级
<8H>	花岗岩中等风化带	较硬岩	Ⅳ	Ⅳ级
<9>	红层微风化带	较硬岩	Ⅳ	Ⅲ ~ Ⅳ级
<9H>	花岗岩微风化带	坚硬岩	Ⅴ	Ⅱ级

（六）不良地质作用及特殊岩土

1. 软　土

沿线软土层为第四系海陆交互相淤泥<2-1A>、淤泥质土层<2-1B>。其主要分布范围为大部分地段。厚度 0.60 ~ 35.0 m，平均厚度 7.86 m。淤泥、淤泥质土层具有含水量高、孔隙比大、压缩性高、抗剪强度低、灵敏度高的特点，其主要物理力学性质指标：含水量平均值 60.5%，压缩系数标准值 a=0.86 MPa^{-1}，压缩模量标准值 2.95 MPa，黏聚力标准值 11.4 kPa，内摩擦角标准值 6.4°。

淤泥、淤泥质土含水量高，强度低，易发生压缩变形导致基坑失稳、地面沉降和软土震陷。

2. 砂土液化

沿线海陆交互相沉积砂层<2-2>、<2-3>和冲洪积粉细砂层<3-1>、冲洪积中粗砂<3-2>，分布全线绝大部分地段，按国家标准《建筑抗震设计规范》（GB50011—2010）第 4.3.1 条 ~ 4.3.4 条，采用标准贯入试验方法对砂层进行液化判别，沿线<2-2>砂层会产生地震液化，液化等级多为“中等—严重”，局部为“轻微”，为潜在的不良地质作用。

3. 风化岩和残积土

1）碎屑岩风化岩和残积土

风化岩是在岩石风化营力作用下，其结构、成分和性质已产生不同程度的变异；残积土是指原岩已完全风化成土而未经搬运，已完全具备土的性质。风化岩和残积土受其原岩岩性和区域构造等因素的影响，一般表现出风化的不均匀性，水平方向上常出现岩土突变、软硬互层的特征，造成力学性质局部差异大。

场地分布白垩系红色岩系按其风化程度划分为全—微风化四个带，以其为母岩形成不同岩性特征的残积土，具体工程特征如下：

（1）软化特性：白垩系碎屑岩本身岩性特点含泥质成分，为泥质胶结或泥钙质胶结，水理性质较差，在浸水的情况下，岩石易软化，失水或风干后易开裂。岩石的软化特性可造成岩体强度变化，浸水后强度降低，对地基的均匀性产生不良影响。

（2）风化不均匀性：白垩系红色岩系具明显的风化不均匀性，在岩石的强风化层中夹中—微风化硬岩，在中—微风化层中夹强风化软层等软硬不均现象，造成岩层风化带在水平和垂直方向上的风化程度、深度和厚度等具明显的不稳定性和不连续性。岩石的风化不均匀导致地层软硬不均，出现上硬下软或上软下硬现象，对地基的均匀性等可产生不良影响。

2）花岗岩类风化岩和残积土

线路花岗岩类残积土及风化层主要有以下两个特性：

（1）崩解性：残积土及全风化和强风化岩遇水浸泡后，其中风化形成的亲水矿物质迅速吸水膨胀，岩土发生崩解导致岩土强度降低，影响地基土的均匀性和稳定性。

（2）球状风化和风化深槽：由于球状风化现象，残积土或全强风化岩中可形成中微风化岩孤石现象，本次勘察于 ZK2-1B、ZK3B 号钻孔钻遇孤石。孤石为中风化岩，厚度 3.80 ~ 5.10 m，层顶标高−13.30 ~ −10.86 m。

球形风化现象及风化的不均匀性，对地基的稳定性、均匀性及盾构工程施工等可产生不良影响。

四、水文地质情况

地质勘察揭露的地下水位普遍埋藏较浅，稳定水位埋深为 0.50 ~ 7.80 m，标高为−2.40 ~ 23.70 m，地下水位的变化与地下水的赋存、补给及排泄关系密切，每年 4—10 月为雨季线路地下水类型按赋存方式分为第四系松散层孔隙水及基岩裂隙水。

1. 第四系松散层孔隙水

本次勘察揭露的第四系含水层主要为冲积—洪积砂层<3-1>、<3-2>层，其富水性和透水性与砂土颗粒组成有关，砂质颗粒越粗，分选性好，砂质纯净，则富水性好，径流通畅，透水性强，反之则差。本次勘察揭露砂层以中粗砂层<3-2>为主，层位分布不稳定，厚度变化较大，颗粒组成不均匀，属中等—强透水层。由于冲积—洪积土层和残坡积土层含水贫乏，透水差，多属弱、微透水层，起到相对隔水作用，因此对于埋深较大的砂层水一般具有微承压性。

冲积—洪积土层、残积土层和岩石全风化带，含水贫乏，透水性较差。

2. 基岩裂隙水

本沿线基岩裂隙水主要赋存于碎屑岩和花岗岩强风化带、中风化带，其风化裂隙、构造裂隙和节理较发育，富水性较好，赋存条件一般。

3. 地下水补给与排泄

勘察范围大气降水是地下水的主要补给来源，排泄主要表现为大气蒸发，地下水位受季节影响。第四系砂层孔隙水的补给来源主要靠大气降水及沿线河水，基岩裂隙水主要靠第四系孔隙水的越流补给和大气降水补给。大气降雨充沛，水位会明显上升，而在冬季因降水减少，地下水位随之下降。

第三章

第三方技术服务概况

一、第三方技术服务标段概况

佛山市轨道交通三号线工程线路长、站点多、地质情况复杂、建设体量与难度大，为使三号线工程严格按规范、设计要求施工，同时满足国家和地方的法律、法规等相关管理制度的要求，建设单位分别引进了第三方测量、第三方监测、第三方检测、桥梁监测、环境监理和盾构机管理技术咨询等第三方专业服务。表 3.1 为第三方专业服务单位配置及标段划分。

表 3.1　第三方专业服务单位配置及标段划分

序号	服务类别	标段划分及服务单位	标段范围
1	第三方测量	测量 1 标：中铁隧道勘测设计院有限公司	东乐路站（含）—湾华站
		测量 2 标：上海勘察设计研究院（集团）有限公司	湾华站（不含）—狮山站（含）
		测量 3 标：北京城建勘测设计研究院有限公司	起点—东乐路站（不含） 狮山站（不含）—终点
2	第三方监测	监测 1 标：广东省重工建筑设计院有限公司	东乐路站（含）—高村站（含）
		监测 2 标：北京城建勘测设计研究院有限公司	高村站（不含）—南海广场站（不含）
		监测 3 标：中铁工程设计咨询集团有限公司	南海广场站（含）—狮山站 （含车辆段）
		监测 4 标：北京城建勘测设计研究院有限公司	起点—东乐路站（不含） 狮山站（不含）—终点
3	监测总体咨询	上海勘察设计研究院（集团）有限公司	全线
4	第三方检测	佛山市公路桥梁工程监测站有限公司	全线
5	桥梁监测	湖南中大建设工程检测技术有限公司	伦教站—三洪奇站高架区间 三洪奇站—北滘新城站高架区间 顺德水道大桥 狮山站—大学城站高架区间 大学城站—科技学院站—终点高架区间
6	环境与水土保持监理监测	广州轨道交通监理有限公司	全线
7	旧盾构机预评审技术咨询	广州轨道交通监理有限公司	全线

二、第三方技术服务工作内容

（一）第三方测量

主要工作内容：

（1）地面控制测量，包括首级平面 GNSS 控制网和首级二等水准网的复测与维护，精密导线网的测设、定期复测与维护。

（2）施工控制测量检测，包括施工地面加密控制点的检测、明挖法施工测量检测、联系测量检测、暗挖段施工测量检测等其他施工测量检测。

（3）制订各标段《第三方测量技术方案》，并报建设单位审批。

（4）贯通测量（隧道平面贯通测量和隧道高程贯通测量）、中线调整测量。

（5）土建竣工测量检测，包括断面测量、限界测量、防淹门及安全门检测。

（6）铺轨控制基标检测。

（7）位移沉降监测。

（8）施工放样测量检测：车站围护结构、各层施工放样主控制点、主要轴线、线路中线及高程的抽测；各车站站台板标高检测；安装装修结束后，地面构造物外边线测量，并形成测量报告。

（9）专项调查与测绘（含前期用地红线及结构放样测量）。

（10）各工序衔接的交接桩等日常事务，重要工序及重要预埋件施工测量。

（11）协助建设单位做好与全线测量有关的测量工作及检查测量监理工程师、施工单位测量人员的数量、技术水平、仪器设备情况和测量规范、标准的执行情况，落实建设单位的管理意图。

（12）每月上报测量月报。

（13）复核施工图设计中的线路及与其相关的坐标、高程和主要的几何尺寸。

（14）与设计或外部（市政、管线等）协调时，按建设单位需要指定的其他测绘内容。

（15）标段的测量管理事务：

① 各施工标段测量方案的审核。

② 根据建设单位赋予的其他方面的职责和权限，并依据工作需要为建设单位提供技术咨询、资料解释、成果管理等。

③ 参与竣工文件的编制。

（16）其他管理工作。

（二）第三方监测

1. 现场安全监测

（1）明挖基坑（明挖车站主体结构、附属结构、明挖区间、临时施工竖井、区间风井及风机房等）工程自身的安全监测，包含围护结构水平与竖向位移、围护结构体侧向位移、支撑轴力、立柱隆沉、坑底回弹等。

（2）盾构区间和矿山法联络通道的安全监测，包含拱顶沉降、净空收敛等。

（3）与车站、区间近接的需重点保护的建（构）筑物的沉降、倾斜监测。
（4）与车站、区间近接的需重点保护的地下管线。
（5）爆破振速监测。
（6）地表沉降。
（7）地下水位。
（8）对重要部位实施跟踪监测。

2. 现场安全巡视

现场安全巡视见表 3.2、3.3。

表 3.2 基坑工程现场巡查表

分类	巡视内容
施工现场	开挖面岩土体的类型、特征、自稳性，渗漏水量大小及发展情况
	开挖长度、分层高度及坡度，开挖面暴露时间
	降水、回灌等地下水控制效果及设施运转情况
	基坑侧壁及周边地表截、排水措施及效果，坑边或基底有无积水
	支护桩（墙）后土体有无裂缝、明显沉降，基坑侧壁或基底有无涌水、流沙、管涌
	基坑周边有无超载
	放坡开挖的基坑坡度有无位移、坡面有无开裂
支护结构	支护桩（墙）有无裂缝、侵限情况
	冠梁、围檩的连续性，围檩与桩（墙）之间的密贴性，围檩与支撑的防坠落措施
	冠梁、围檩、支撑有无过大变形或裂缝
	支撑是否及时架设
	盖挖法顶板有无明显变形和开裂，顶板与立柱、墙体的连续情况
	锚杆、土钉垫板有无明显变形、松动
	止水帷幕有无开裂、较严重渗漏水
周边环境	建构筑物、桥梁墩台或梁体、既有轨道交通结构等的开裂位置、数量、宽度，混凝土剥落位置、大小、数量，设施能否正常使用
	地下构筑物积水及渗水情况，地下管线的漏水、漏气情况
	周边路面或地表的裂缝、沉陷、隆起、冒浆的位置、范围等情况
	河流湖泊的水位变化情况，水面有无出现旋涡、气泡及其他位置、范围，堤坡裂缝宽度、深度、数量及发展趋势等
	工程周边开挖、堆载、打桩等可能影响工程安全的其他生产活动
监测设施	基准点、监测点的完好、保护情况
	监测元器件完好、保护情况

表 3.3　盾构法隧道工程现场巡查表

分类	巡视内容
施工工况	盾构始发端、接收端土体加固情况
	盾构掘进位置（环号）
	盾构停机、开仓等的时间和位置
	联络通道开洞口情况
管片衬砌	管片破损、开裂、错台情况
	管片渗漏水情况
周边环境	建构筑物、桥梁墩台或梁体、既有轨道交通结构等的开裂位置、数量、宽度，混凝土剥落位置、大小、数量，设施能否正常使用
	地下构筑物积水及渗水情况，地下管线的漏水、漏气情况
	周边路面或地表的裂缝、沉陷、隆起、冒浆的位置、范围等情况
	河流湖泊的水位变化情况，水面有无出现旋涡、气泡及其他位置、范围，堤坡裂缝宽度、深度、数量及发展趋势等
	工程周边开挖、堆载、打桩等可能影响工程安全的其他生产活动
监测设施	基准点、监测点完好状况、保护情况
	监测元器件完好情况、保护情况

3. 现场风险咨询管理

1）全线安全风险信息的收集、分析、处理及反馈工作

负责整理、汇总和分析全线第三方监测、巡视信息及预警建议信息等。

负责根据全线安全风险信息初步判定综合预警状态，提出全线风险预警建议信息，提供监控跟踪和风险控制的咨询意见并上报建设单位。

监控管理信息除上报建设单位外，还及时反馈至监理、施工及设计单位。

2）协助建设单位进行全线安全风险监控管理

协助建设单位对全线施工单位、监理单位的安全风险监控体系的建立与执行情况等进行监督、检查和指导，参与施工监控实施方案、风险处理方案的评审。

3）预警事物的处理

负责预警快报：当风险工程可能达到红色综合预警状态或发生重大突发风险事件时，应进行快报。报送内容主要包括风险时间、地点、风险概况、原因初步分析、变化趋势、风险处理建议等；第三方监测的预警快报应是在充分结合施工单位和监理单位报送的监控及预警建议信息基础上的综合预警快报。

及时落实建设单位的预警及加强监控处理的反馈意见，组织和参与现场分析和专家论证，参与预警事务处理，提交修正设计参数和专家论证所需的相关监测资料。

跟踪预警事务处理情况，协助建设单位对预警状态风险处理的监控和事务处理加强监督和检查。

4）规范全线各施工单位的施工监测

第三方监测单位应协助建设单位对全线各承包商的施工监测进行管理及监督，负责制订

全线的监测规划，协调相邻标段的监测关系。第三方监测单位对施工监测单位进行监督、管理与指导，其主要工作内容包括：对施工监测单位资质、人员、仪器设备，到监测方案的审核、测点埋设、日常数据采集、信息报送对施工单位的监测工作进行全程监督与指导，施工监测工作存在问题时应以口头、工作联系单的方式要求其改正。

5）配合安全风险事故的调查和处理工作

发生安全风险事故时，配合安全风险事故的调查分析，并给出专业意见。

6）负责对施工单位提交的经监理签认的预警和消警报告进行复审

4. 日程管理工作

根据建设单位的要求，参加各开工站点每周工作例会，参加设计交底、图纸会审等相关工程会议，同时参加建设单位组织的对各施工、监理单位的月度、季度检查，并将检查出的问题及时汇总到建设单位，作为建设单位对施工、监理单位进行考核的依据。

编制《监测技术大纲》等相关技术文件，组织专家会审、批复后报建设单位备案。

第三方监测单位统一向进场单位进行监控量测管理、技术交底，同时应向各单位下发《监测技术大纲》等相关文件，对各单位在监测工作相关流程以及技术要求方面存在的疑问进行详细说明。

（三）第三方检测

（1）协助建设单位进行质量抽检。按要求对工程用原材料、半成品、成品等进行抽检试验，对工程实体质量进行现场检测，检测频率为施工单位自检频率的 5%。

（2）建立原材料质量和工程实体质量的评估机制，同时建立相对独立的资料管理体系并纳入建设单位工程资料管理系统，按要求及时提交检测报告或检测结论、工作总结报告等，保证检测结果客观、公正，对检测报告的准确性负责。

（3）检测、检查工程实体质量和工程材料质量。根据国家规范要求对工程材料和实体进行检测，同时对现场进行定期的检查和检测及不定期的质量巡查。定期的检查和检测结果以月报的方式每月上报建设单位和相关单位，作为建设单位对各施工单位工程质量评定的依据。

现场检查和检测的主要内容包括对工程原材料及成品的质量进行现场抽检，对施工过程中的工艺水平、工序合理性及分部工程、分项工程施工质量进行检查，对已认定的标准试验进行复核，对内业资料进行抽查，对工地试验室进行抽查。

（4）检查和指导施工单位检测工作。抽查施工单位的内业资料和资料管理情况，主要检查资料的真实性、完整性；检查施工单位独立试验的频率、见证取样的独立性和真实性；参与工程分项、分部（子）单位工程验收。参加建设单位组织的相关检查。

（5）整理各类试验报告，配合做好交/竣工档案整理工作。按要求对各类试验检测报告的编制、校核、审查、批准及交付进行控制，保证出具的检测报告的数据真实客观、计算准确无误、结论评判正确。在工程项目完工前，完成相关试验检测资料的整理工作，并对该工程的试验检测工作进行总结。

（四）监测总体咨询

（1）协助建设单位编制关于监测技术要求统一标准化的管理文件，对第三方监测单位的组织机构设置、人员仪器配备等情况进行审查备案。

（2）协助建设单位开展管理文件宣贯、技术标准实施和技术培训工作。

（3）参与第三方监测方案的专家评审，并对专家评审意见落实情况进行检查、监督。按要求监督、指导第三方监测单位的监测工作，定期检查方案执行情况。

（4）检查、指导第三方监测单位的内业工作，对监测成果进行统一的标准化管理。

（5）随机组织三方抽测现场监测点，检核各监测单位数据的真实性、可靠性。

（6）参与预警分析处置，提供技术咨询服务。

（五）桥梁监测

（1）现场安全测试与监测。包括高架区间（含顺德水道大桥）的成桥静载试验、成桥动载试验，顺德水道大桥的线型监测、应力监测、温度场监测、斜拉索索力监测、索塔及主墩应力监测、索塔位移监测等。

（2）现场安全巡视。按要求进行现场安全巡视，实施现场测试和监测工作时同时进行安全巡视，特殊情况应加密巡视频率。

（3）现场风险咨询管理服务。开展顺德水道大桥安全风险信息的收集汇总、整理分析及反馈工作，包括监测数据、巡视信息等，初步判定综合预警状态，提出风险预警建议信息，提供跟踪监测和风险控制的咨询意见并上报相关单位。协助建设单位进行安全风险监控管理，对施工单位、监理单位的安全风险监控体系的建立与执行情况等进行监督、检查和指导，参与施工监测实施方案、风险处理方案的评审。

（4）配合预警处置工作。当工程出现达到红色综合预警状态或发生重大突发风险事件时，发送预警快报。报送内容主要包括风险发生时间、地点、风险概况、原因初步分析、变化趋势、风险处理建议等；桥梁监测的预警快报，应是在充分结合施工单位和监理单位报送的监测及预警建议信息基础上的综合预警快报。及时落实建设单位的处置意见，组织和参与现场分析和专家论证，参与预警事务处理，提交修正设计参数和专家论证所需的相关桥梁监测资料。跟踪预警事务处理情况，协助建设单位监督检查相关单位是否按要求落实处理意见。

（5）规范桥梁施工单位的施工监测。负责制订顺德水道大桥监测规划，监督、指导承包商的施工监测工作，协调与相邻标段间的监测问题。

（六）环境与水土保持监理监测

（1）施工行为污染达标监理。监督检查项目施工建设过程中各种污染因子是否达到环境保护标准要求，督促施工单位按照环境保护要求组织施工。

（2）生态影响及减缓措施监理。监督检查项目施工建设过程中施工场地、临时占地、环境敏感保护目标等生态保护、减缓、恢复及补偿措施是否达到环保要求。

（3）环保“三同时”设施监理。监督检查项目施工建设过程中废水、废气、噪声、固废等环境污染治理设施、环境风险防范设施和生态保护措施等是否按照环评文件及其批复的要求进行设计、施工和运行。

（4）环评文件及其批复相符性监理。监督检查项目选址、建设内容、规模、工艺、总平面布置、环境保护目标、污染防治措施和生态保护措施等实际建设情况是否相符环评文件及其批复的要求；指出项目环评阶段遗漏的环境问题，并提出补充和优化建议。

监理人发现与环评文件及其批复不相符合的，应及时通知施工单位予以纠正，发现重大问题时，应及时向环境保护行政主管部门报告，根据环境保护行政主管部门要求督促施工单位进行整改。

（5）水土保持。监督检查各施工单位是否按照批复的水土保持方案组织施工和落实各项水土保持工作，是否落实水土保持“三同时”制度。

切实做好水土保持监测工作，并按规定向水利部珠江水利委员会及广东省水利厅提交监测实施方案、季度报告及总结报告，接受水行政主管部门的监督检查。

（七）旧盾构机预评审技术咨询

（1）组织审查施工单位报审的盾构机档案资料。通过收集查验相关信息资料、调取资料数据库查询对比、查询盾构机相关上下游厂商、现场勘查等，审查资料真实性，并客观评价。

（2）组织开展盾构机适用性预评审，形成预评审报告并报送建设单位，包括查明盾构机使用历史，掌握盾构机现状，查证报审资料的真实性、完整性、准确性。

（3）加强盾构信息化施工的管理，开展盾构技术咨询服务。根据不同的地质环境、周边环境和自身环境，从盾构始发到到达全过程设置有针对性的掘进参数预警值，利用盾构监控远程系统 24 小时监控盾构施工情况，实时监控预警盾构施工，及时发现、处置异常情况，避免发生质量安全事故。综合分析各项数据，提前预判可能出现的安全风险，提出风险管控处理意见；加强重大风险安全巡查，有效地预防安全风险。

第二篇

第三方测量

第四章

城市轨道交通工程测量工作重点

一、抓好一张网，加强地面控制网的测设和维护管理

地面控制网（包括 GNSS 控制网、精密导线网、精密水准网）是指导城市轨道交通工程施工测量的依据，特别是在复合软弱地层中的轨道交通工程建设期间，由于城市轨道交通工程自身施工、城市建设和周边环境的影响，可能会出现地面控制网点位位移、破坏、通视困难等情况，将对城市轨道交通工程施工测量造成重大影响，甚至还会造成重大质量事故。为避免类似情况发生，应该加强两项工作：

首先，线路开工前应该由建设单位统筹第三方测量单位建立统一埋设、观测全线的地面控制网。地面控制网如果让施工方自行测设存在较多问题，其测量人员技术水平和仪器设备参差不齐、测量精度难以保证、测量数据难以满足要求，可能使用的起算点不一致，影响全线的平顺连接，且各标段施工单位一般仅考虑自身标段内控制点的利用，未考虑相邻标段衔接处可能控制点重复布设或使用控制点的不一致性等。

其次，在施工期间应对地面控制网进行定期复测与维护和使用前的检测，确保控制网的完整性、正确性、长期有效性。除按预定频率定期复测与维护外，还应在日常各工点施工测量时对所使用的控制点进行检测，当检测发现控制点有不通视、点位变动或损坏时应及时组织对控制点的恢复与检测，以保证在城市轨道交通工程施工的全过程中，地面控制网稳定可靠、数据准确。

二、用好多方法联系测量，确保隧道贯通精度

地铁联系测量是一种通过特殊的方法和精密的仪器，将地面控制网中的坐标、方位角和高程传递至地下控制点的测量方法，以指导、纠偏盾构掘进方向。盾构施工工艺一般都是单向掘进贯通——从始发井至接收井，如果仅用较短的车站地下控制网去指导较长区间盾构施工，就会出现典型的“短边定长边”问题，所以用好“长边”的地面控制网，通过联系测量把高精度从地面传递到地下，是保证隧道准确贯通的关键。

处于中心区的城市轨道交通工程车站常常受施工场地、管线迁改等影响，车站基坑施工工期一般较长。由于工期要求，一般车站端头井先行施工以满足盾构区间掘进的要求，常常是盾构掘进了长段距离、甚至区间贯通后，车站站台层尚未贯通，从而决定了联系测量的长度很短，对联系测量的精度要求更高。长区间暗挖隧道的联系测量更是关系到贯通精度的重要因素，因此宜采取以下措施：

（1）多种手段联合进行联系测量，根据现场情况采用投点仪垂直投点传递坐标和方位、导线定向测量、联系三角形法、加测陀螺方位等多种方案进行联系测量并相互校检。

（2）地下车站站台层贯通后应及时对车站地下近井点重新优化设计，使地下近井点间距尽量拉长，且能兼顾上、下行线及大、小里程端各掘进段施工的需要，进行统一的“两井定

向”测量和平差计算，实现“两井定向”效果，提高井下方位精度、确保高精度贯通。

（3）设置中间风井的区间，尽可能利用该井采用垂准仪进行铅垂投点，实现相对距离相长的“两井定向”，提高井下定向边方位精度，掘进一段距离（约 200 m）后宜采用加测陀螺方位验证风井传递点方位的正确性。

（4）当区间隧道长度大于 1 200 m 时，可采用双导线法或加测陀螺方位的措施。

三、做好地下施工导线点的检测

由于盾构施工于软弱土层中，布置在拼装完成的隧道拼装环内的控制点因沉降、地下水水位的影响极易产生位移；部分区间的上、下行线两条盾构采取前后错位一二百米的同步掘进方式，施工、注浆的相互影响更易产生控制点位移；部分施工方忽视控制点稳定性检测，每次隧道内施工控制测量不是从较稳定的地面控制点、车站内的控制点出发，而是采用前沿的控制点“递进式支导线”向前发展，从而导致控制测量出现问题，第三方测量的定期检测是避免此类问题的有效手段。地下施工导线应注意以下几点：

（1）规范要求贯通误差限定≤±50 mm，对于地下区间的导线测量，测站的数量与最终点的精度成反比。因此，井下施工控制导线边应在条件允许的情况下尽量长。

（2）实践证明，测量时导线的视线离拼装管片很近容易产生折光现象，宜要求施工控制导线偏离拼装环管壁 1 m 以上。

四、隧道管片姿态勤测勤量

隧道衬砌环在拼装完成后，环中心位置与设计值存在偏差；盾构继续推进，对成型管片进行壁后注浆，确保成型管片不会有较大的位移。因各地层土性参数不一，注浆量存在一定差异，隧道衬砌环中心的多次检测的变化量是反映注浆效果好坏的重要指标之一。施工单位需每天上报前一天的环片姿态人工测量成果给驻地监理工程师（出现异常立即上报），管片姿态测量每天 1 测且不大于 10 环，每环管片必须有连续 3 次姿态测量数据；监理单位每周抽测频率不少于 1 次。第三方测量单位在联系测量阶段进行管片姿态抽检，并按管理需求对施工单位的检测数据进行审查。当管片姿态（横向或竖向）偏差超过 50 mm，监理单位应立即进行测量复核；管片姿态（横向或竖向）偏差超过 70 mm，第三方单位应建设单位要求进行测量复核。

五、贯通测量及中线调整测量

土建施工过程中，标段间必然会存在误差，隧道贯通误差是对隧道贯通前一系列测量精度的一个集中体现，是衡量隧道控制测量质量的重要指标，中线调整测量是消除误差累积的有效方法。隧道贯通测量、中线调整测量是对误差重新分配、调整的过程，若测量不准确，就有可能对下一步整体道床施工、铺轨施工等造成影响，应该引起高度重视。

六、铺轨基标检测

铺轨测量精度是决定乘车舒适度的最后一道测量工序，同时低劣的线路轨道对列车的磨损也会比较大，轨道的施工质量对运营的安全和城市轨道交通工程车辆的长期运营有很大影响，因此控制基标的检测和加密基标的抽检工作也非常必要。

七、重视结构中心与线路中心不重合时的检测、验算

线路中线为非直线的区段，城市轨道交通工程线路结构中线与线路设计中线常常不重合，半径较小时结构中线与线路中线相差达到十几厘米。

地下隧道段的车站端头井钢圈门安装、土建结构施工时，施工方常常为了施工方便放样出结构中心。设计图上有时也只标明了一条中线，甚至未注明是结构中线或线路设计中线，此时就容易混淆两条中线的关系而出现放样错误，第三方测量检测发现此类错误后及时给施工方指出，避免修改设计的后果。

八、各方联动做好，测量技术支持服务

部分施工单位由于承担建设的标段较多，人员、设备相对紧张，一些标段采用了一些非专业的、缺乏城市轨道交通工程测量经验的人员负责测量工作，导致出现了如下问题：

（1）工作井井口控制点设置不规范、隧道内施工导线点设置不稳固，影响隧道测量精度与贯通精度。

（2）盾构推进标段的井下高程连续数次采用最前沿的施工水准点向前引测新点，从而导致高程施工控制点因隧道沉降影响十几厘米的问题。

（3）线路中线与方位角的关系未弄清楚，出现拼装环中线与设计中线较大偏大。

第三方测量技术人员应与各标段保持紧密联系，从测量方案、测量作业方法、测量技术咨询上为各标段提供跟随服务。

第五章

城市轨道交通工程测量技术

第一节 城市轨道交通带状 GNSS 控制网测设处理技术探讨

GNSS 控制网是城市轨道交通工程建设的测量起算基准，是整个工程建设的基础，其 GNSS 控制网的有效性直接影响着城市轨道交通工程施工的顺利开展。蜿蜒布局于城市环境中的城市轨道交通工程，线路长、坐标跨度大；网形沿线路呈带状分布、图形强度较弱；为便于常规全站仪的施工放样的通视要求，大量点位位于建筑物顶部，点位高差较大；城市环境中 GNSS 测量，信号干扰源多。因此，长线路轨道交通工程对 GNSS 控制网数据处理提出更高的技术要求。

本章在佛山市长线路轨道 GNSS 控制网建设实例的基础上，针对上述影响因素，详细分析基线精化、筛选基线组网、基准点稳定性检核等技术措施，总结导线网平行检测的边长投影改正的影响和处理措施，在佛山市长线路轨道交通 GNSS 控制网的测设及平差计算中起到了指导作用。

一、GNSS 控制网测设处理基本流程

长线路轨道交通 GNSS 控制网数据处理包括数据预处理、基线解算和控制网平差三部分：

（1）数据预处理主要是对 GNSS 原始观测数据进行数据文件格式转换、平滑滤波检查、粗差剔除、整周跳变点观测值修复和观测数据模型改正等处理。

（2）基线解算是根据实际情况设置采样间隔、卫星截止高度角、大气改正模型、星历类型、单双频观测值等控制参数，利用配套的内业数据处理软件进行基线解算。根据 Ratio、RMS、RDOP 等评价指标对基线进行初步精化处理。然后根据同步环闭合差、异步环闭合差、重复基线较差等检验标准对基线解算后的成果进行质量检验，确保基线的各项指标符合规范精度要求。若质量检验不合格，需对不合格基线进行精化处理后重新解算或选择返工重测。

（3）控制网平差主要是选择适量质量较好的基线组网进行自由网平差与约束平差。在整个数据处理过程中要确保自由网平差与约束平差在同一松弛因子下，并同时通过 X^2 检验和 t 检验。主要技术流程图见图 5.1。

二、GNSS 控制网影响因素及处置措施

在轨道交通建设前，设计勘察方交桩佛山市城市轨道交通 GNSS 首级控制网至第三方测

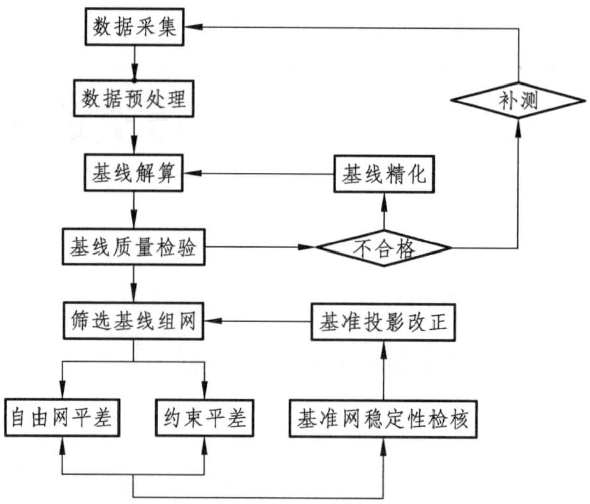

图 5.1 GNSS 控制网数据处理技术流程图

量单位。第三方单位在接桩后，通过沿线巡查，从稳定性、合理性、实用性等方面评估控制网，并根据工程经验适当优化控制网，完成复测工作，交桩至施工及监理单位。

（一）GNSS 控制网稳定性分析

1. 起算点选取

设计单位交桩控制点往往联测城市高等级控制点，城市高等级点的相关信息属国家机密，第三方测量单位无权获取。在复测时，需从交桩控制网中选取若干高等级控制点作为起算点。

长线路轨道交通工程 GNSS 控制网站点分布分散，各已知点精度及稳定性不一致，基线解算时所设定的已知点坐标不准确，会导致基线出现尺度和方向上的偏差，导致基线解算结果存在很大误差，因此 GNSS 控制网起算基准需选用坐标精度较高且稳定性强的高等级控制点。起算点应均匀分布在线路两侧，且需控制整个测区范围。

2. 起算点检核

在数据结算时需对所选择的起算点做检核。在约束平差时，不将所有起算已知点坐标固定，保留 1 ~ 2 个点作为检查点，约束平差后对检查点坐标的平差值与已知坐标进行比较，根据它们差值的大小来判断各个已知点的质量。为准确地判断起算点质量的好坏，在长线路轨道交通工程 GNSS 控制网平差中依次将各个已知点分别作为检查点，最终综合较差报告确定起算已知点。

（二）GNSS 控制网合理性分析

部分交桩 GNSS 点位于道路；道路上有重车经过，会引起路面振动，因振动宜导致 GNSS 接收机数据有较大跳动。路口处各类电网信号线密布，有较大的电磁干扰，会削弱 GNSS 信号接收。对于类似点位，建议作为导线点使用，而非 GNSS 控制点。GNSS 控制点尽量选择在建筑楼顶，四周无高压线网，较为开阔的位置。

外业观测时，采用多台接收机进行同步数据采集，基线精化处理和平差工作量较大。在满足基线剔除率的前提下，按最简三角网选择合适且精度较高的独立基线组建 GNSS 网进行数据处理。剔除部分冗余基线提高控制网精度，同时减少 GNSS 控制网内业处理的工作量。

最简三角网基线宜尽量选择常用的导线边和短边。控制网选定后，应注意对基线进行精化，确保 GNSS 控制网准确性和可靠性。处理时，应根据不同的数据采用不同的方式进行精化处理，主要包括：禁用一些观测时间太短不符合测量要求的卫星数据，删除一些观测效果不佳或周跳太多的观测时段，削弱对流层或电离层对卫星信号的折射影响。对参与解算的卫星和观测时间进行准确的选择，最终达到获得较高质量的 GNSS 基线目的。

（三）GNSS 控制网实用性分析

城市轨道交通的 GNSS 网是精密导线加密和施工放样的起算基准。GNSS 测点作为导线的起算边或后视定向边，采用全站仪测角、测边的方式应实用于工程建设中，GNSS 网基线边的方位角及长度应与全站仪测量的边角值相符合，满足控制点检测限差要求，如表 5.1 所示。

表 5.1　控制点检测限差要求

相邻点边长检测	
边长>1 km	边长≤1 km
相对精度优于 1/100 000	边长检测较差≤1 cm

GNSS 控制网为了满足测区内投影长度变形不大于 2.5 cm/km 的要求，需考虑因测区平均高程及测区距中央子午线的距离，上述两个因素均会引起边长投影变形，在全站仪测距时会与基线边边长有较大差值，因此宜分析高斯投影变形和高程归化对控制网的实用性影响。

高程归化变形是由于实测平距的两个端点高程与投影面高程不在一个平面上，所测的平距需要根据高差进行改正。测距边归算到参考椭球面上的长度 D_0 为：

$$D_0 = D_{\mathrm{p}}\left(1 - \frac{H_{\mathrm{m}} + h_{\mathrm{m}}}{R_A + H_{\mathrm{m}} + h_{\mathrm{m}}}\right)$$

式中：D_{p} 为测线的水平距离；H_{m} 为测距边两端点的平均高程；h_{m} 为测区大地水准面高出参考椭球面的高差；R_A 为参考椭球体在测距边方向法截弧的曲率半径。

测距边在高斯投影面上的长度 D_g 为：

$$D_g = D_0\left(1 + \frac{y_{\mathrm{m}}^2}{2R_{\mathrm{m}}^2} + \frac{\Delta y^2}{24R_{\mathrm{m}}^2}\right)$$

式中：y_{m}、Δy 分别为测距边两个端点横坐标的平均值和增量；R_{m} 为测距边中点处在参考椭球面上的平均曲率半径。

由上面公式可知：高程投影变形主要受测距边两端点的平均高程影响较大；测距边两个端点横坐标的平均值和测距边两端点横坐标的增量与投影改正值成正比，测距边两个端点横坐标的平均值主要受测区与所选择中央子午线的远近有关；测距边两端点横坐标的增量与测距边的方位角的大小有关，测距边距离中央子午线越远，越接近东西走向，投影变形值就越大。

三、实例分析

佛山市轨道交通三号线工程某标段线路长约 25 km，共设 15 座车站、15 个区间，沿线共计约 30 个 GNSS 控制点，经现场巡视后，选择 25 个点进行测设，总控面积约为 7.9 km^2。

（一）已知点稳定性分析

选择框架控制点 6 个，6 个点均位于较为稳定的建筑物顶部，测点位置较为开阔，且便于向次级网加密。对各框架点进行稳定性分析，利用不同的已知点组合进行二维约束平差，将已知点逐一作为待检查点进行检核，通过比较待检查点平差后坐标与已知坐标，评估分析起基准点坐标的稳定性，如表 5.2 所示。

表 5.2　基准点内符合精度检查表

点号	控制点坐标/m		平差后检查点坐标/m		坐标差/mm	
	X	*Y*	*X*	*Y*	Δ*X*	Δ*Y*
1	****389.3975	****15.2003	****389.3921	****15.2066	5.4	−6.3
2	****976.8026	****47.1131	****976.8062	****47.1133	−3.6	−0.2
3	****444.2623	****94.1364	****444.2582	****94.1310	4.1	5.4
4	****651.2867	****46.0715	****651.2910	****46.0767	−4.3	−5.2
5	****158.0983	****16.6180	****158.0963	****16.6170	2.0	1.0
6	****913.1522	****43.8681	****913.1527	****43.8676	−0.5	0.5

由上表的平差结果可知，已知点原坐标与约束平差后解算坐标最大差值为−6.3 mm，故本项目 GNSS 控制网所选取的已知点内符合精度较高、稳定性良好，能够满足城市轨道交通工程施工建的需求。

（二）GNSS 基线控制网选择

在满足规范条件下，选取质量较好的基线，以最简三角网的形式组成 GNSS 控制网。GNSS 框架点需进行同步观测，日常使用的 GNSS 导线边宜被选择为基线边，距离较短的边也应纳入基线网中。经上述筛选后，轨道交通线路及 GNSS 控制网基线分布如图 5.2 所示。

控制网大体选定后，对基线进行精化，基线进行初次解算后，重点分析 GNSS 卫星相位跟踪图和观测卫星残差曲线图。图 5.3 为进行基线精化处理前后控制点的残差变化，基线精化处理前经基线解算 Ratio=30.7，RMS=0.008 9，经基线精化处理后 Ratio=59.5，RMS=0.007 0，对比基线精化处理前后控制点残差、Ratio 值及 RMS 值及残差的变化，GNSS 控制网观测值质量明显变好，精度明显有所提高。

（三）边长投影改正分析

为保证测量成果准确可靠，GNSS 测量完成后，对沿线的 GNSS 控制点采用 I 级全站仪逐段检测 GNSS 控制网边长。将未进行投影改正的实测距离与已知距离进行边长比对，部分控制点比例误差超出控制值要求；对边长进行投影改正，详见表 5.3，改正后的边长比例误差均满足控制点检测限差要求，证明控制网精度可靠。

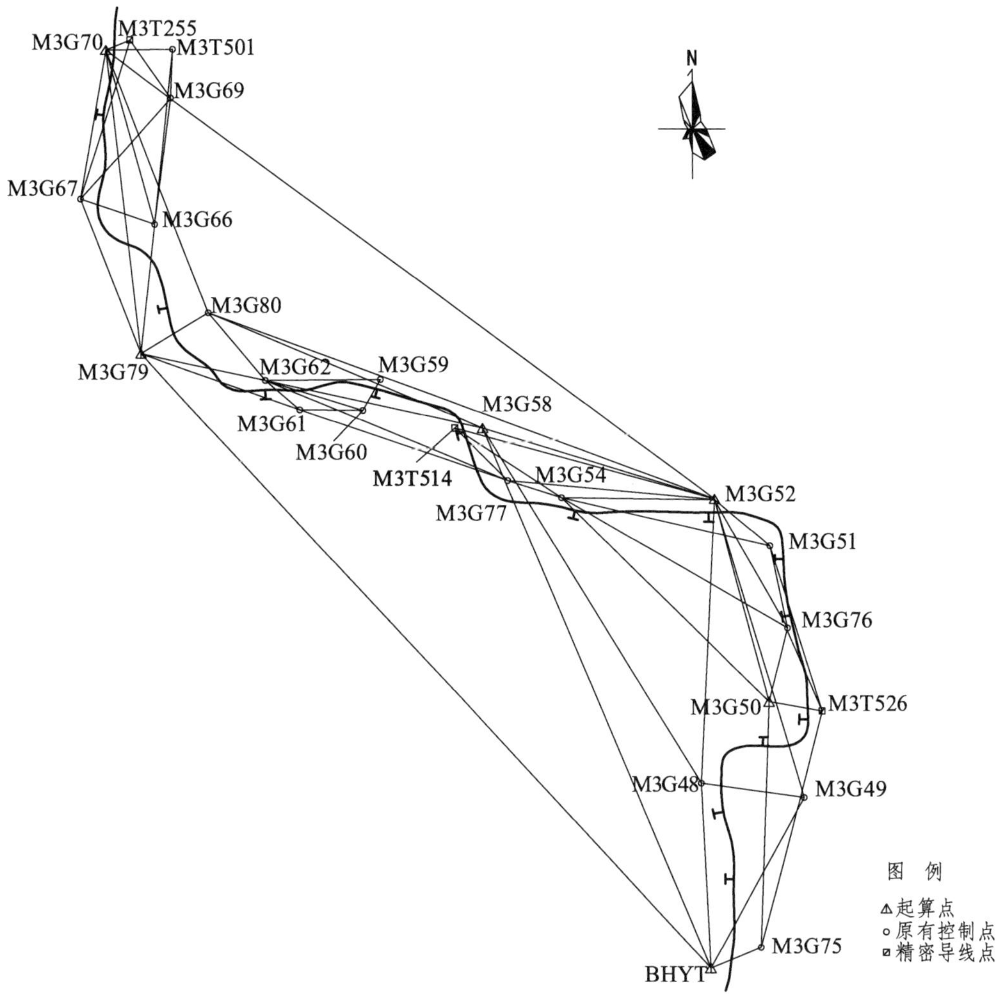

图 5.2 GNSS 轨道工程测量布设控制网

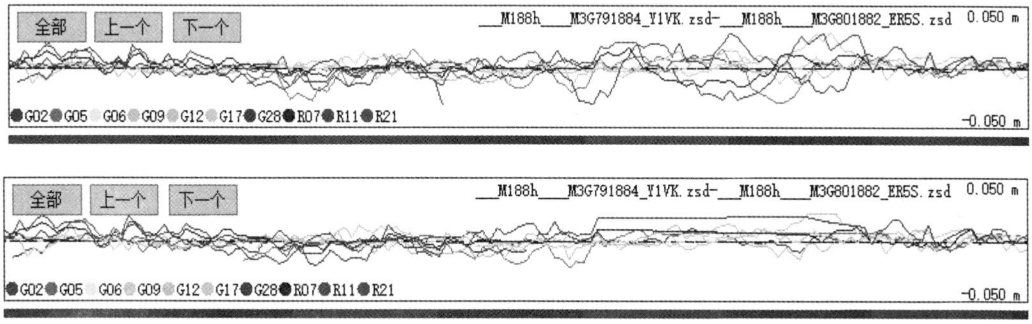

图 5.3 基线精化前后残差序列图

表 5.3　控制点边长检核表

点号	已知距离/m	实测距离/m	较差/mm	点间平均高程/m	投影改正/mm	改正后距离/m	改正后较差/mm	比例误差
G*1								
	907.541 3	907.552 5	11.2	40	−5.7	907.546 8	5.5	165 007
G*2								
	848.034 1	848.041 0	6.9	48	−6.4	848.034 6	0.5	1 696 068
G*3								
	798.188 8	798.198 6	9.8	40	−5.0	798.193 6	4.8	166 289
T**2								
	820.918 7	820.920 4	1.7	40	−5.2	820.915 2	−3.5	234 548
T**3								
	1 104.841 4	1 104.853 6	12.2	35	−6.1	1 104.847 5	6.1	181 121
T**4								
	702.757 3	702.763 8	6.5	43	−4.7	702.759 1	1.8	390 420
T**5								

四、小　结

本节针对长线路城市轨道交通控制网的特点，提出了长线路轨道交通 GNSS 控制网数据测设时需注意的技术实施要点。结合工程实例，GNSS 控制网平差前应对已知点的稳定性进行分析，确保起算基准的正确性。在最简三角网构建时，应选择常用的导线边、框架网边、短边作为基线参与平差，优化 GNSS 控制网网形。为保证 GNSS 控制网能使用到工程项目中，应采用全站仪对控制点进行边角关系检核，通过边长投影改正后，确保 GNSS 控制网基线与导线边角关系相符。

第二节　同一车站始发左右线情况下的基线边设计及地面网改造

城市轨道交通建设过程中，车站主要形式是地下车站。地下车站在大、小里程左、右线均可以具备始发盾构机的条件，如在同一车站始发掘进左、右线的 4 条单线区间，则该车站联系测量工作的精度将制约 4 条单线区间的贯通精度。现在越来越多的车站采用这种 1 站 4 线的施工方案，这种施工方案经济效益显著，同时节约场地。这种施工方案就给测量工作提出了更高的要求：在 1 站 4 线的情况下，如何在车站规划联系测量网型，并提高始发基线边精度，以保证区间的精准贯通。

以佛山市轨道交通三号线工程 3204-1 标北滘站—美旗站—水口站盾构区间为案例，探讨同一车站始发 4 条区间的基线设计和地面控制网的改造，以上 4 条单线盾构区间均在美旗站始发掘进，分别在北滘站大里程左、右线和水口站小里程左、右线接收。

一、原地面平面控制网的缺陷

图 5.4 为原地面平面控制网网型。

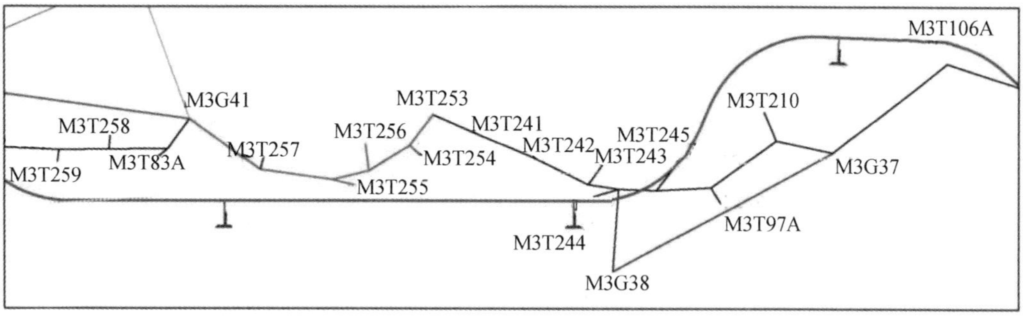

图 5.4　原地面平面控制网网型

根据前期交桩成果，北滘站—美旗站盾构区间自始发井（美旗站），需经过地面控制点 M3T242、M3T243、M3T244、M3T245、M3T097A、M3T210、M3G37，再进行北滘站的场地附近加密点控制测量，才可以到达接收井；北滘站—美旗站盾构区间自始发井（美旗站），需经过地面控制点 M3T241、M3T253、M3T254、M3T255、M3T256，才可以到达水口站接收井。

根据《城市轨道交通工程测量规范》（GB/T50308—2017）中对导线网测量的技术要求（见表 5.4），控制点数量的增加直接导致测站数的增加，同时意味着精度的降低。

表 5.4　精密导线网测量技术要求

控制网等级	平均边长/m	闭合环或附合导线总长度/km	每边测距中误差/mm	测距相对中误差	测角中误差/（″）	方位角闭合差/（″）	全长相对闭合差	相邻点的相对点位中误差/mm
三等	350	3	±3	1/80 000	±2.5	$\pm5\sqrt{n}$	1/35 000	±8

二、原地面贯通误差预计及网型改造的必要性

地铁盾构区间隧道贯通误差主要来自以下五方面的测量工序：地面控制网误差、联系测量误差、地下控制导线误差、盾构姿态测量误差、吊出井联系测量的误差。

地面导线测量会引起在贯通面上贯通点横向误差，表现为测角误差和测边误差的共同影响。

导线测角误差引起的横向贯通中误差为：

$$m_{y\beta}=\pm\frac{m_\beta}{\rho}\sqrt{\sum Rx^2}$$

式中　m_β——导线测角中误差，暂按《城市轨道交通工程测量规范》（GB/T50308—2017）要求选取为 2.5″；

$\sum Rx^2$——导线测角的各导线点至贯通面的垂直距离的平方和（m^2）；

ρ——206 265″。

导线测边误差引起的横向贯通中误差为：

$$m_{yl}=\pm\frac{m_l}{l}\sqrt{\sum d_y^2}$$

式中 $\frac{m_l}{l}$——导线边长相对中误差，按规范要求选取为 1/60 000；

$\sum d_y^2$——导线各边长在贯通面上投影长度的平方和（m^2）；

两者共同的影响：

$$m_y=\pm\sqrt{m_{y\beta}^2+m_{yl}^2}$$

1. 北滘站—美旗站盾构区间

表 5.5 为北滘站—美旗站盾构区间地面导线测量对贯通误差影响统计表。

表 5.5 北滘站—美旗站盾构区间地面导线测量对贯通误差影响统计表

各导线点至贯通面的垂距 R_X					各导线边在贯通面方向的投影长度 d*y*		
导线点	*X*	*Y*	*Rx*/m	*Rx*²	导线边	d*y*/m	d*y*²
M3T242	****79.834	****87.347	1 610.43	2 593 475.12	M3T241～M3T242	126.03	15 883.56
M3T243	****27.629	****04.484	1 287.85	1 658 552.47	M3T242～M3T243	140.31	19 686.90
M3T244	****02.456	****76.056	1 118.19	1 250 342.17	M3T243～M3T244	18.77	352.31
M3T245	****95.176	****88.481	902.73	814 919.65	M3T244～M3T245	0.63	0.40
M3T97A	****91.353	****24.737	666.67	444 454.22	M3T245～M3T97A	4.97	24.70
M3T210	****69.265	****65.412	236.99	56 165.21	M3T97A～M3T210	294.11	86 500.69
M3G37	****04.179	****94.573	94.71	8 970.36	M3T210～M3G37	52.56	2 762.55
					M3G37～M3T106A	323.39	104 581.09
Σ				6 826 879.20	Σ		229 792.20

由表得知：

$$m_{y\beta}=\pm 2.5''/206\ 265''\times\sqrt{6\ 826\ 879.20}=\pm 0.031\ 7\ \text{m}=\pm 31.7\ \text{mm}$$

$$m_{yl}=\pm 1/60\ 000\times\sqrt{229\ 792.21}=\pm 0.005\ 5\ \text{m}=\pm 7.9\ \text{mm}$$

则地面控制测量对横向贯通中误差的影响值：

$$m_y=\pm\sqrt{m_{y\beta}^2+m_{yl}^2}=\pm\sqrt{(31.7\times 31.7+7.9\times 7.9)}=\pm 32.7\ \text{mm}$$

2. 美旗站—水口站盾构区间

表 5.6 为美旗站—水口站盾构区间地面导线测量对贯通误差影响统计表。

表 5.6　美旗站—水口站盾构区间地面导线测量对贯通误差影响统计表

各导线点至贯通面的垂距 Rx					各导线边在贯通面方向的投影长度 dy		
导线点	X	Y	Rx/m	Rx^2	导线边	dy/m	dy^2
M3T241	****18.525	****48.884	1 262.29	1 593 376.04	M3T242 ~ M3T241	138.66	19 226.60
M3T253	****14.057	****25.362	1 038.77	1 079 043.11	M3T241 ~ M3T253	95.53	9 125.98
M3T254	****98.475	****09.983	823.39	677 971.09	M3T253 ~ M3T254	215.58	46 474.74
M3T256	****91.178	****87.529	600.42	360 504.18	M3T254 ~ M3T256	207.29	42 969.14
M3T255	****88.125	****14.077	627.49	393 743.70	M3T256 ~ M3T255	103.23	10 656.43
					M3T255 ~ M3T257	20.25	410.06
Σ				4 104 638.13			128 862.95

由表得知：

$$m_{y\beta}=\pm 2.5''/206\ 265''\times\sqrt{4\ 104\ 638.13}=\pm 0.024\ 6\ \text{m}=\pm 24.6\ \text{mm}$$

$$m_{yl}=\pm 1/60\ 000\times\sqrt{128\ 862.95}=\pm 0.006\ 0\ \text{m}=\pm 6.0\ \text{mm}$$

则地面控制测量对横向贯通中误差的影响值：

$$m_y=\pm\sqrt{m_{y\beta}^2+m_{yl}^2}=\pm\sqrt{24.6\times 24.6+6.0\times 6.0}=\pm 25.3\ \text{mm}$$

综合以上数据，北滘站—美旗站盾构区间和美旗站—水口站盾构区间贯通误差预计中，地面网型中点位数量过多对贯通误差的影响较大，为减小地面控制点对贯通误差的影响，进行平面控制点的改造势在必行。

三、平面控制网改造

本次地面控制点改造，旨在取消原导线网中不合理的点位，减少由始发井到达接收井的地面控制点数量，将垂直于线路方向的导线逐一修正为平行于线路方向。

改造后，北滘站—美旗站盾构区间自始发井（美旗站），经过地面控制点 M3T256B、M3G38、M3G37、M3T210A、M3T097B 即可以到达接收井（北滘站）；北滘站—美旗站盾构区间自始发井（美旗站），经过地面控制点 M3T256B、M3T255A、M3T257，即可到达接收井（水口站）。图 5.5 为改造后的地面平面控制网网型。

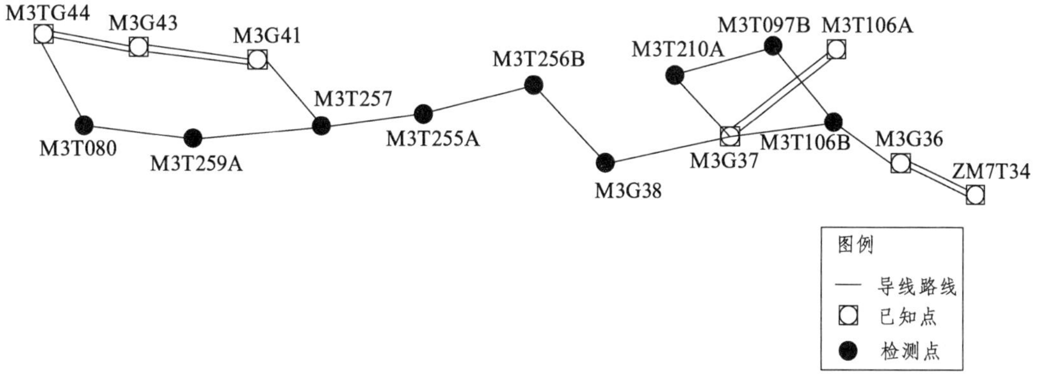

图 5.5　改造后的地面平面控制网网型

四、美旗站基线设计

基线边联系测量对贯通误差的影响分析如下所述。

1. 北滘站—美旗站盾构区间

5 次联系测量在贯通面上贯通点横向贯通中误差。两井定向的误差主要由边长丈量、角度观测和吊锤投点三部分作业产生。

（1）一般定向误差值 m_a=2.5″，推算一次定向误差对横向贯通误差的影响为：

$$m_{横}=m_a \times L（隧道长度 1\ 392.939\ m）/206\ 265''=16.9\ mm$$

（2）钢丝投点按照经验值为±10 mm，假设投点误差和定向误差都独立的，则联系测量引起的横向贯通误差为：

$$m_{横2}=\pm\sqrt{m_{横}^2+10^2}=\pm 19.6\ mm$$

（3）由于在贯通前将在始发井独立做 5 次联系测量，则联系测量对贯通产生的横向中误差为：

$$m_{横}=\pm m_{横2}/\sqrt{5}=\pm 8.8\ mm$$

2. 美旗站—水口站盾构区间

7 次联系测量在贯通面上贯通点横向贯通中误差。两井定向的误差主要由边长丈量、角度观测和吊锤投点三部分作业产生。

（1）一般定向误差值 m_a=2.5″，推算一次定向误差对横向贯通误差的影响为：

$$m_{横}=m_a \times L（隧道长度 1\ 991.946\ m）/206\ 265''=24.1\ mm$$

（2）钢丝投点按照经验值为±10 mm，假设投点误差和定向误差都独立的，则联系测量引起的横向贯通误差为：

$$m_{横2}=\pm\sqrt{m_{横}^2+10^2}=\pm 26.1\ mm$$

（3）由于在贯通前将在始发井独立做 7 次联系测量，则联系测量对贯通产生的横向中误差为：

$$m_{横}=\pm m_{横2}/\sqrt{7}=\pm 9.9\ mm$$

根据以上数据，单条基线边进行联系测量的次数越多，基线对贯通误差的影响越小。

考虑到美旗站为 4 条单线区间的始发井，分别是北滘站—美旗站盾构区间左线、北滘站—美旗站盾构区间右线、美旗站—水口站盾构区间左线、美旗站—水口站盾构区间右线，盾构基线的设计需满足以下要求：

（1）地面两近井点的方位平行于掘进方位，以避免测距对掘进方位的影响。

（2）地面近井点布设成强制对中墩且位于基坑变形影响较小的位置，以减小对中误差并减弱基坑变形对点位的影响，保证地面近井导线的稳定可靠且利于后期利用。图 5.6 为地面近井点布设现场图。

（3）需焊接钢丝架，架子需牢靠不易变形，而后在钢丝的选择上采用了 ϕ0.3 mm 的钢丝，因底板埋深较浅，且细钢丝利于观测。图 5.7 为钢丝托架埋设现场图。

（4）基线边控制点需跟底板钢筋绑扎同时布设，并布设在靠近侧墙倒角的底板上，以提高点位的稳定性。

（5）基线边控制点在埋设期间须加装套筒，防止点位被碾压破坏。图 5.8 为底板点埋设现场图。

（6）基线边控制点间距尽量拉长，以较少测站数并提高方位精度，该车站直接利用左、右线第 1、3 组底板控制点作为永久基线边，第 2 组底板控制点作为检核点。图 5.9 为基线边联系测量网型示意图。

（7）永久基线边在联系测量过程中每次需进行独立测量，并以多次基线边联系测量成果的平均值作为最终成果。

图 5.6　地面近井点布设现场图

图 5.7　钢丝托架埋设现场图

图 5.8　底板点埋设现场图

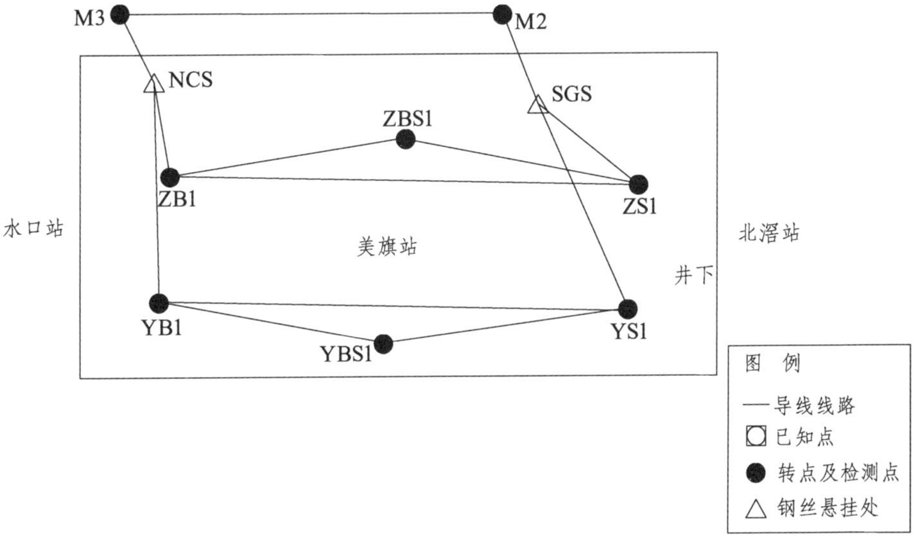

图 5.9　基线边联系测量网型示意图

五、区间贯通测量误差实测

北滘站—美旗站盾构区间和美旗站—水口站盾构区间在区间双线贯通后，土建施工方会同第三方测量单位对实际贯通误差进行了测量，以确定前期地面控制点改造和基线边设计工作是否有助于贯通精度的提高，实际贯通误差见表 5.7。从实际贯通后的贯通误差统计来分析，本次地面控制点和基线边的设计对提高贯通精度有一定帮助。

表 5.7　实际贯通误差

序号	工点左/右线	土建单位贯通测量误差		业主测量队贯通测量误差		贯通面里程
		横向贯通误差/mm	纵向贯通误差/mm	横向贯通误差/mm	纵向贯通误差/mm	
1	北滘站—美旗站盾构区间左线	17.0	13.6	1.7	17.0	ZDK36+746.470
2	北滘站—美旗站盾构区间右线	32.3	7.2	19.0	7.6	YDK36+746.731
3	美旗站—水口站盾构区间左线	30.0	22.3	21.2	17.6	ZDK40+386.148

六、小　结

根据以上数据统计对比，在同一车站具备左、右线始发的条件时，有必要考虑始发基线边的设计，同时也需要对地面网型中不利于提高贯通精度的点位进行改造。依据已经完成的北滘站—美旗站—水口站盾构区间的地面网型改造经验，地面网型改造需要注意以下方面：

（1）需要减少始发井到接收井的导线点数量。

（2）改造的导线点技术要求应按照《城市轨道交通工程测量规范》（GB/T50308—2017）中精密导线点的相关技术要求执行。

（3）改造后的导线边应尽量平行于掘进方向。

（4）在车站附近有 2 条独立的导线边，方便后期的联系测量作业需要。

第三节　轨道交通工程测量中不同平面联系测量方法的应用比对

联系测量作为轨道交通工程测量的重要环节，主要任务是将地面坐标系统和高程基准传递到地下，使地上地下的测量工作、工作井和接收井的测量工作采用统一的坐标基准。将地面坐标系统传递到地下的测量工作称为平面联系测量。它是指导盾构推进施工的基本条件，是为盾构推进指示方向，是确保隧道贯通的重要环节。以佛山地铁三号线深村站至电视塔站区间为例，对盾构隧道区间不同的平面联系测量方法进行比较，同时对内外业实施过程进行了相关分析。

一、联系测量的精度分析及方法介绍

平面联系测量任务在于提供地下导线起算边的坐标方位角及起算点的平面坐标。随着仪器精度的逐步提高，起算点的平面坐标传递能较好控制，坐标方位角的传递往往较难控制，

需优化测量手段，保证坐标方位角的正确。

联系测量根据导线传递出口的多少可分为一井定向和两井定向。一井定向，地下基线边通常仅 15 m 左右。《城市轨道交通工程测量规范》（GB/T 50308—2017）规定，基线边方位角检核互差应小于 12″。以最不利因素 12″计算因基线方位角引起的偏差，约 0.9 mm。佛山市轨道交通 3 号线线路平均长度约 2 km，按 2 km 对基线边方位角导致的贯通误差进行估算。图 5.10 为贯通误差估算示意图，$\delta_E = L/1 \times \delta_S$=2 000 m/15 m×0.9 mm=120 mm。

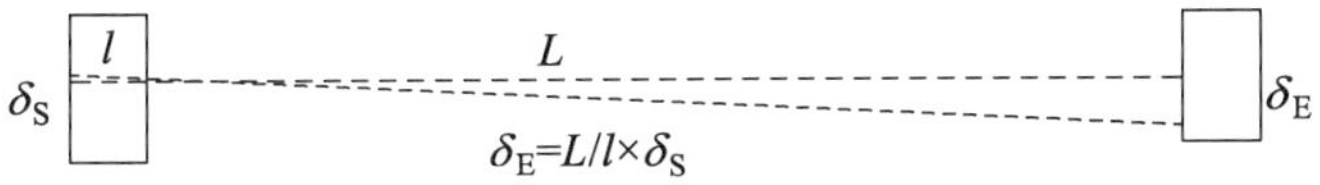

图 5.10　贯通误差估算示意图

《城市轨道交通工程测量规范》（GB/T 50308—2017）规定，平面贯通误差应控制在 50 mm 以内。因基线边过短引起的偏差约 120 mm，已经超出了贯通误差要求，盾构将无法出洞。按规范要求横向贯通误差精度指标估算测量精度，相当于工作井内横向误差需≤0.25 mm，角度偏差不宜大于 4″，以常规的工程测量手段，按一井定向很难满足控制贯通误差的测量要求。

为减小基线边方位角对贯通的影响，应采用两井定向且尽量拉长基线边。两井定向应尽可能从车站两端向下传递，地下基线边可达到 120 ~ 150 m。佛山市轨道交通三号线常用的两井定向方法主要有两种：两井定向直接导线法和两井定向吊钢丝法。

（一）两井定向直接导线法

直接导线法按《城市轨道交通工程测量规范》（GB/T50308—2017）第 3.3 节精密导线网测量有关技术要求进行。导线测量时，宜采用具有双轴补偿的全站仪，垂直角应小于 30°；仪器和觇牌安置宜采用强制对中或三联脚架法；测回间应检查仪器和觇牌气泡的偏离情况，气泡偏离超限时应重新整平。此方法测设便捷，是一种常用的方法，在两个竖井内分别布设，地下导线联测成网，形成两井定向直接导线法。图 5.11 为两井定向直接导线法示意图。

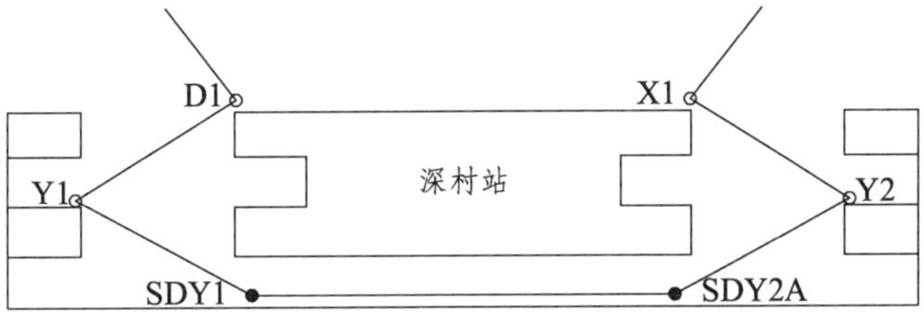

图 5.11　两井定向直接导线法示意图

（二）两井定向吊钢丝法

在两个竖井井内挂钢丝，钢丝下面吊 10 kg 重锤，重锤置于装有油的桶中，防止钢丝摆动，油桶置于井下，在钢丝上部和下部分别贴上反射片。利用在地面近井控制点及井下底板控制点，采用全站仪，测量出钢丝相应的边角关系。边长采取往返测量三测回，各测回较差井上应小于 0.5 mm，井下应小于 1.0 mm。井上与井下同一边边长较差应小于 2 mm。联系测量须独立进行 3 组，做到井上井下同时测量。互差满足要求后，方可取三次的平均值作为该次的定向最终测量成果。图 5.12 为两井定向吊钢丝法示意图。

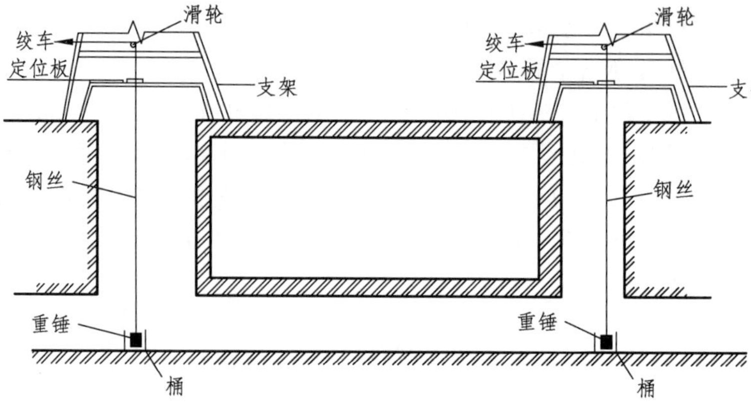

图 5.12　两井定向吊钢丝法示意图

二、实例分析

为了对比两种联系测量方法的工作效率，分别选取了深村站—电视塔站区间、罗村站—佛山西站区间及兴业路站—太平站区间作为实例对比，深村站—电视塔区间从深村站出发，向北延伸，沿文华路敷设，下穿文华路连续桥、兴盛石材等厂房及季华路广告牌，最后沿季华六路到达电视塔站。区间总长 1.5 km。罗村站—佛山西站区间从罗村站出发，沿机场路西延线敷设，侧穿罗村彭建村民房，经过农田，再下穿芦塘村厂房，到达佛山西站。区间总长 2.0 km。兴业路站—太平站区间从太平站出发，经过农田，下穿狮山镇塘头村白中村民小组霍灿厂区桥梁工程、塘头科技园，到达兴业路站。区间总长 2.0 km。

（一）深村站—电视塔区间实例

1. 两井定向吊钢丝法

图 5.13 为深村站—电视塔站区间吊钢丝法线路，图 5.14 为吊钢丝法——重锤与油桶。根据施工现场条件及周边环境，深村站—电视塔站区间本次平面联系测量采用佛山市城市轨道交通三号线工程精密导线控制点 M3T535、M3T531、M3T532、M3T538A 为平面坐标起算依据。施测路线 M3T532-M3T535-SCTJ02-SCTJ03-M3T531-M3T538A 构成附合导线；井上施测线路 M3T531-SCTJ03-钢丝 1，井下同步施测线路 SDY2A-SDY1-钢丝 1。井上施测线路 M3T535- SCTJ02-钢丝 2，井下同步施测线路 SDY1-SDY2A-钢丝 2。联系测量按照上述施测线路变动两次钢丝，得到 3 组外业数据。内业采用清华山维测量控制网平差软件对观测数据进行严密平差，求得基线边控制点成果（表 5.8）。

2. 两井定向直接导线法

图 5.15 为深村站—电视塔站区间直接导线法线路示意图，图 5.16 为直接导线法——固定观测墩。深村站—电视塔站区间本次测量检测使用了佛山市城市轨道交通三号线工程精密导线控制点 M3T538A、M3T531、M3T532、M3T535 作为本次测量工作起算点，作业前先检核平面控制点点间相互关系；起算点检测合格后，采用附合导线联测近井点 D1、Y1、Y2、X1 及基线边控制点 SDY1、SDY2A。内业采用清华山维测量控制网平差软件对观测数据进行严密平差，求得基线边控制点成果（表 5.9）。

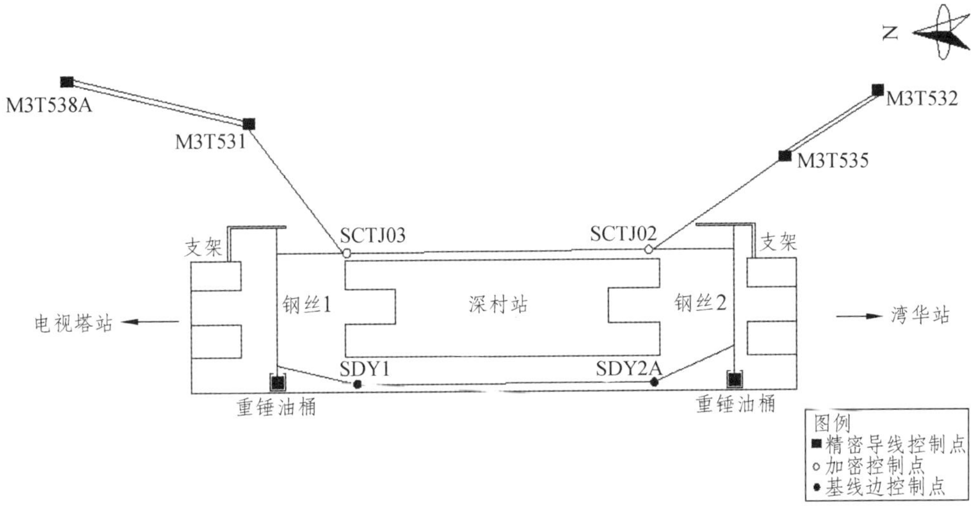

图 5.13　深村站—电视塔站区间吊钢丝法线路

图 5.14　吊钢丝法——重锤与油桶

表 5.8　深村站—电视塔站区间吊钢丝法基线边成果

序号	点号	坐标/m		反算方位角	反算边长/m
		X	Y		
第一组	SDY1	****8.7091	****4.4956	348°48′41.4″	144.200 4
	SDY2A	****0.1688	****6.5153		
第二组	SDY1	****8.7090	****4.4959	348°48′41.3″	144.200 2
	SDY2A	****0.1685	****6.5156		
第三组	SDY1	****8.7096	****4.4956	348°48′42.1″	144.199 9
	SDY2A	****0.1689	****6.5159		
平均	SDY1	****8.7092	****4.4957	348°48′41.6″	144.200 1
	SDY2A	****0.1687	****6.5156		

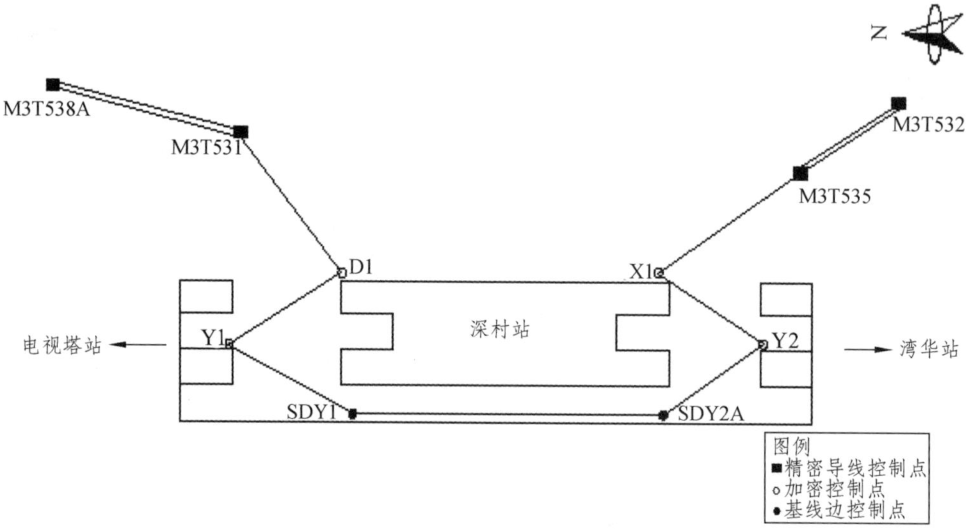

图 5.15　深村站—电视塔站区间直接导线法线路示意图

图 5.16　直接导线法——固定观测墩

表 5.9　深村站—电视塔站区间直接导线法基线边成果

点号	X/m	Y/m	反算方位角	反算边长/m
SDY1	****8.708 2	****4.498 9	348°48′41.6″	144.200 0
SDY2A	****0.167 2	****6.518 7		

（二）罗村站—佛山西站区间实例

1. 两井定向吊钢丝法

图 5.17 为罗村站—佛山西站区间吊钢丝法线路。根据施工现场条件及周边环境，罗村站—佛山西站区间本次平面联系测量采用佛山市城市轨道交通三号线工程精密导线控制点 M3T509、M3T510、M3T508、M3T534 为平面坐标起算依据；施测路线 M3T510-M3T509-LCTJ01-LCTJ02-M3T508-M3T534 构成附合导线；井上施测线路 M3T509-LCTJ01-钢丝 1，井

下同步施测线路 LCZ4-LCZ6-钢丝 1；井上施测线路 M3T508-LCTJ02-钢丝 2，井下同步施测线路 LCZ6-LCZ4-钢丝 2。联系测量按照上述施测线路变动两次钢丝，得到 3 组外业数据。内业采用清华山维测量控制网平差软件对观测数据进行严密平差，求得基线边控制点成果（表 5.10）。

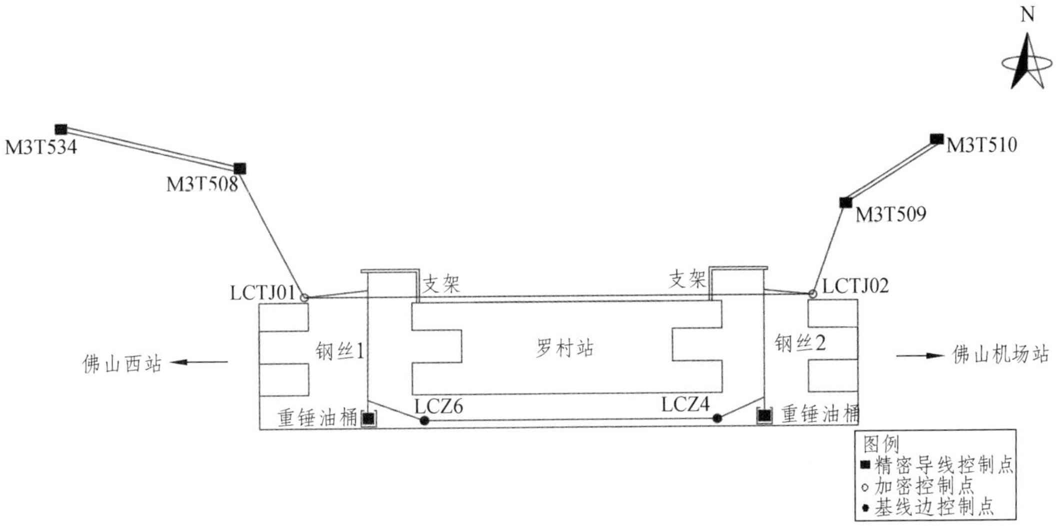

图 5.17　罗村站—佛山西站区间吊钢丝法线路

表 5.10　罗村站—佛山西站区间吊钢丝法基线边成果

序　号	点　号	坐标/m		反算方位角	反算边长/m
		X	*Y*		
第一组	LCZ4	****9.2550	****5.6510	269°17′36.0″	146.434 1
	LCZ6	****7.4490	****9.2280		
第二组	LCZ4	****9.2568	****5.6510	269°17′33.4″	146.432 2
	LCZ6	****7.4490	****9.2300		
第三组	LCZ4	****9.2568	****5.6494	269°17′36.9″	146.433 9
	LCZ6	****7.4514	****9.2266		
平　均	LCZ4	****9.2562	****5.6505	269°17′35.4″	146.433 4
	LCZ6	****7.4498	****9.2282		

2. 两井定向直接导线法

图 5.18 为罗村站—佛山西站区间直接导线法线路示意图。罗村站—佛山西站区间本次测量检测使用了佛山市城市轨道交通三号线工程精密导线控制点 M3T509、M3T510、M3T508、M3T534 作为本次测量工作起算点，作业前先检核平面控制点点间相互关系；起算点检测合格后，采用附合导线联测近井点 LCTJ01、LCTJ02 及基线边控制点 LCZ6-LCZ4。内业采用清华山维测量控制网平差软件对观测数据进行严密平差，求得基线边控制点成果（表 5.11）。

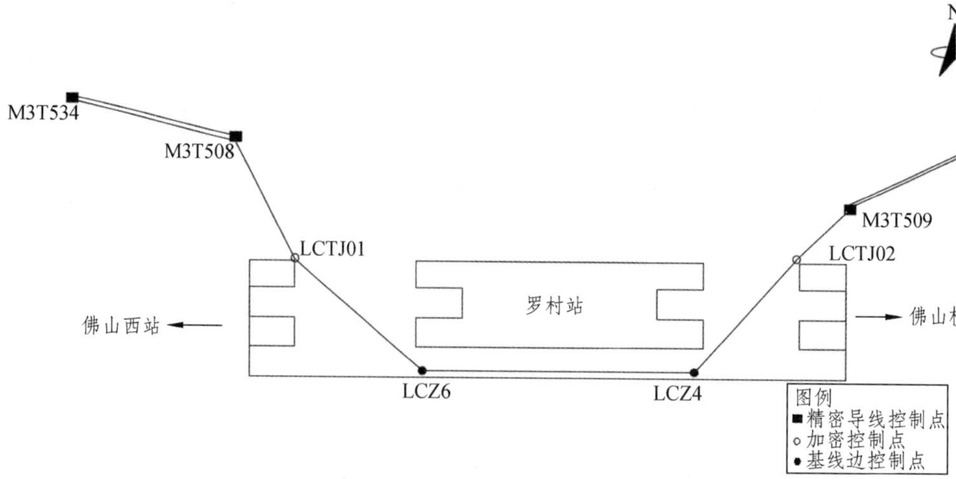

图 5.18 罗村站—佛山西站区间直接导线法线路示意图

表 5.11 罗村站—佛山西站区间直接导线法基线边成果

点号	X/m	Y/m	反算方位角	反算边长/m
LCZ4	****9.2550	****5.6530	269°17′36.0″	146.434 1
LCZ6	****7.4490	****9.2300		

（三）兴业路站—太平站区间实例

1. 两井定向吊钢丝法

图 5.19 为兴业路站—太平站区间吊钢丝法线路示意图。根据施工现场条件及周边环境，兴业路站—太平站区间本次平面联系测量采用佛山市城市轨道交通三号线工程精密导线控制点 M3T502、M3T503、M3T504、M3T505 为平面坐标起算依据；施测路线 M3T502-M3T503-TPTJ03-TP13-TP10-TPTJ01A-M3T504-M3T505 构成附合导线；井上施测线路 TPTJ03-TP13-钢丝 1，井下同步施测线路 TPY5-TPY4-钢丝 1；井上施测线路 TPTJ01A-TP10-钢丝 2，井下同步施测线路 TPY4-TPY5-钢丝 2。联系测量按照上述施测线路变动两次钢丝，得到 3 组外业数据。内业采用清华山维测量控制网平差软件对观测数据进行严密平差，求得基线边控制点成果（表 5.12）。

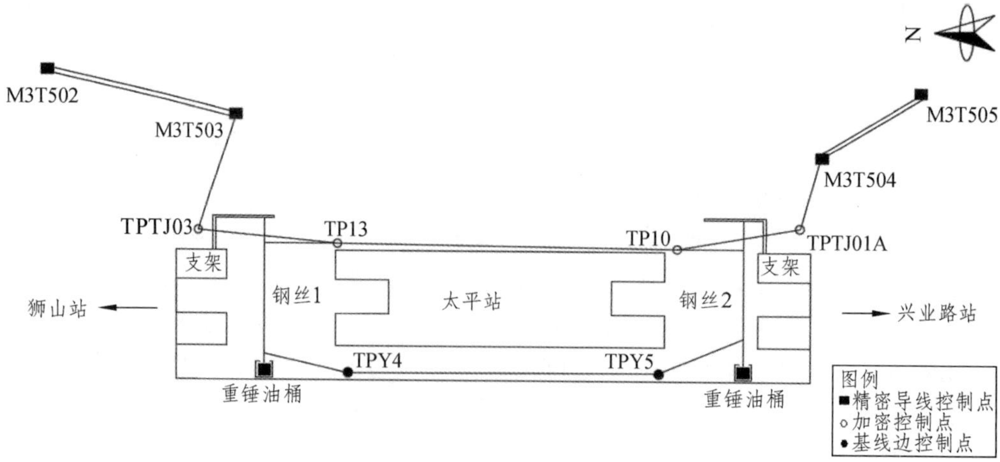

图 5.19 兴业路站—太平站区间吊钢丝法线路示意图

表 5.12　兴业路站—太平站区间吊钢丝法基线边成果

序　号	点　号	坐　标/m		反算方位角	反算边长/m
		X	*Y*		
第一组	TPY4	****3.4412	****6.7797	180°01′34.9″	140.311 4
	TPY5	****3.1298	****6.7151		
第二组	TPY4	****3.4421	****6.7796	180°01′36.6″	140.311 4
	TPY5	****3.1307	****6.7139		
第三组	TPY4	****3.4398	****6.7839	180°01′42.4″	140.311 2
	TPY5	****3.1286	****6.7142		
平　均	TPY4	****3.4410	****6.7811	180°01′38.0″	140.311 8
	TPY5	****3.1297	****6.7144		

2. 两井定向直接导线法

图 5.20 为兴业路站—太平站区间直接导线法线路示意图。兴业路站—太平站区间本次测量检测使用了佛山市城市轨道交通三号线工程精密导线控制点 M3T502、M3T503、M3T504、M3T505 作为本次测量工作起算点，作业前先检核平面控制点点间相互关系；起算点检测合格后，采用附合导线联测加密控制点 TPTJ03、TP13、TP12、TPTJ01A、TP10、TP11 及基线边控制点 TPY4- TPY5。内业采用清华山维测量控制网平差软件对观测数据进行严密平差，求得基线边控制点成果（表 5.13）。

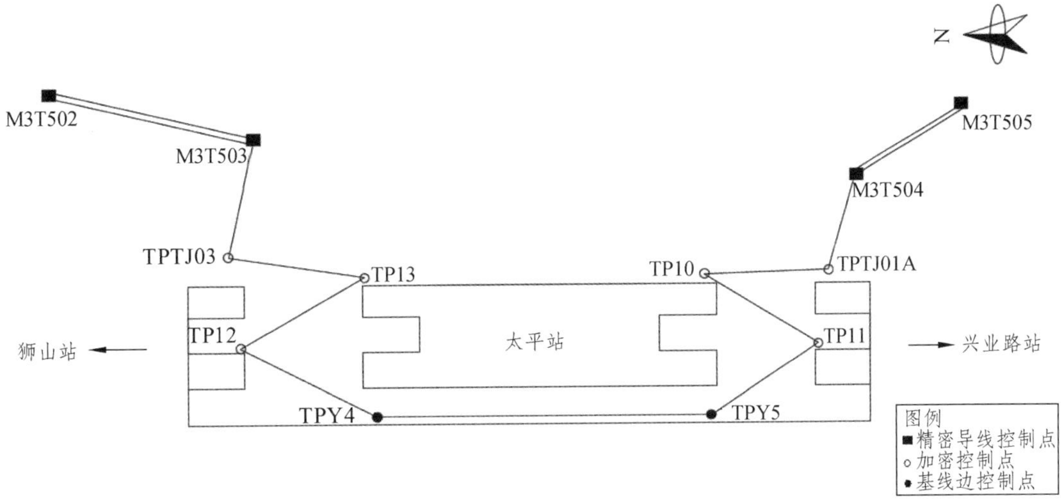

图 5.20　兴业路站—太平站区间直接导线法线路示意图

表 5.13　兴业路站—太平站区间直接导线法基线边成果

点　号	*X*/m	*Y*/m	反算方位角	反算边长/m
TPY4	****3.4398	****6.7767	180°01′34.5″	140.311 8
TPY5	****3.1280	****6.7124		

注：两种施测方法均严格按照《城市轨道交通工程测量规范》（GB/T50308—2017）中第 3.3 节精密导线测量及定向测量第 8.2.11 节的主要技术要求进行。

三、成果比对及施测过程消耗对比

统计两种不同施测方法的基线边成果，统计施测过程中的生产投入。表 5.14 ~ 5.19 为较差成果表。

表 5.14　深村站—电视塔区间基线边坐标较差

点号	吊钢丝法		直接导线法		较差/mm	
	X/m	Y/m	X/m	Y/m	ΔX	ΔY
SDY1	****8.7092	****4.4957	****8.7082	****4.4989	−1.0	3.2
SDY2A	****0.1687	****6.5156	****0.1672	****6.5187	−1.5	3.1

表 5.15　深村站—电视塔区间基线边边长及方位角较差

测法	基线边	边长/m	较差/mm	方位角	较差/（″）
吊钢丝法	SDY1 | SDY2A	144.200 1	0.1	348°48′41.6″	0
直接导线法		144.200 0		348°48′41.6″	

表 5.16　罗村站—佛山西站区间基线边坐标较差

点号	吊钢丝法		直接导线法		较差/mm	
	X/m	Y/m	X/m	Y/m	ΔX	ΔY
LCZ4	****9.2562	****5.6505	****9.2550	****5.6530	−1.2	2.5
LCZ6	****7.4498	****9.2282	****7.4490	****9.2300	−0.8	1.8

表 5.17　罗村站—佛山西站区间基线边边长及方位角较差

测法	基线边	边长/m	较差/mm	方位角	较差/（″）
吊钢丝法	LCZ4 | LCZ6	146.433 4	0.7	269°17′35.4″	0.6
直接导线法		146.434 1		269°17′36.0″	

表 5.18　兴业路站—太平站区间基线边坐标较差

点号	吊钢丝法		直接导线法		较差/mm	
	X/m	Y/m	X/m	Y/m	ΔX	ΔY
TPY4	****3.4410	****6.7811	****3.4398	****6.7767	−1.2	−4.4
TPY5	****3.1297	****6.7144	****3.1280	****6.7124	−1.7	−2.0

表 5.19　兴业路站—太平站区间基线边边长及方位角较差

测法	基线边	边长/m	较差/mm	方位角	较差/（″）
吊钢丝法	TPY4 | TPY5	140.311 8	0	180°01′38.0″	−3.5
直接导线法		140.311 8		180°01′34.5″	

根据佛山市城市轨道交通三号线发展有限公司的《工程测量管理办法》要求，地下导线点的坐标互差：在近井点附近≤16 mm，地下导线起始边（基线边）方位角的互差≤12″，导线边的边长互差≤8 mm 的技术规定，本次两种联系测量的互差均远远小于上述规定，证明两

种方法均技术可行。

表 5.20 为两种施测方法消耗对比。以上案例的车站为 2 层结构，直接导线法传递两次后可到达底板，测站数相对偏少，测量线路均为强制对中墩，测量精度能有所保证。通过上述对比可知，直接导线法在人工投入、测量时长、设备投入、材料投入方面均较少，受制约条件较小，数据处理相对简便。因此在车站结构较浅 2 ~ 3 层时，宜优先选择两井定向直接导线法。

当车站结构较深达到 4 层时，单井的直接导线法测站数增加为 4 站，随着测站数增加，直接导线法的精度将会降低。车站越深时，吊钢丝法的外界环境控制因素及注意事项越多，存在操作困难的弊端。因此，车站较深时，宜根据现场条件选择适宜的联系测量方式。

表 5.20　两种施测方法消耗对比

项目	吊钢丝法	直接导线法	对比简述
人工	6 人	3 人	直接导线法所需人员较少
时长	1 天	0.5 天	直接导线法测量用时较短
测回数	3 次	1 ~ 2 次	吊钢丝法需要更多的测回数以保证成果精度
设备	2 台全站仪 4 棱镜	1 台全站仪 2 棱镜	吊钢丝法需 2 台全站仪井上井下同步观测
施测时施工状态、外界环境	1.测站附近不允许挖机炮机作业。2.龙门吊停止作业。3.注意井下电瓶车走动。4.占用井口时间较长	线路通视且测站周边无较大震动即可	吊钢丝法受环境制约较多。直接导线法受制约小
点位布设材料	1.强制对中架 2 ~ 4 个。2.吊钢丝架 2 个。3.钢丝若干。4.反射片若干。5.油桶或重锤 2 个	强制对中架 4 ~ 6 个	吊钢丝法所需材料较多。直接导线法所需材料较少
数据处理难易程度	附合导线方法计算平差： 1.地面附合导线计算平差近井点。2.精密导线及近井点为起算依据分别计算平差 3 组吊钢丝数据。3.平均 3 组吊钢丝数据得出基线边成果	附合导线方法计算平差得出基线边成果	吊钢丝法平差略微复杂

四、小　结

本节通过对平面联系测量不同施测方法入手，结合地铁测量案例分析得到以下结论：

（1）长区间暗挖隧道，一井定向的联系测量精度难以满足贯通要求；两井定向吊钢丝法、两井定向直接导线法等方法，增加了地下基线的长度后，坐标、边长、方位角均能满足规范要求，明显拉高了地下方位角的精度。

（2）经采用两种平面联系测量方法对同一工程进行测量并综合分析，针对通常深度的地下二层、三层车站，使用直接导线法测量时工作量及仪器投入小、受制约因素小、测量简便、数据处理简单，值得全面推广。

第四节　地面控制网变形对盾构基线边的影响分析

在地铁施工控制测量工作中，常以平面联系测量的方式将地面控制点的平面坐标和方位角传递到地下的基线边上，使地上和地下的坐标系统统一。地下基线边的精度除了受到联系测量传递过程中产生的误差影响以外，还与地面控制网的精度有关。以佛山地铁三号线驹荣北路站—东乐路站区间的盾构基线边为例，分析地面控制网变形所带来的误差对盾构基线边坐标和方位角的影响，同时也为提高盾构基线边的精度提出一些可行性的建议。

一、地铁控制测量技术要求

（一）地面控制网

地面控制网测量应按照《城市轨道交通工程测量规范》（GB/T 50308—2017）中精密导线网技术要求进行测量，一般以首级 GNSS 点或精密导线点作为已知点，布设附合导线或闭合导线。作业时应按要求对已知点进行检核。边角观测值满足有关要求后，进行边长投影改正，严密平差求算各点的坐标。精密导线网技术要求如表 5.21 所示。

表 5.21　精密导线网测量技术要求

闭合环或附合导线平均长度/km	平均边长/m	每边测距中误差/mm	测距相对中误差	测角中误差/（″）	水平角测回数		边长测回数	方位角闭合差/（″）	全长相对闭合差	相邻点的相对点位中误差/mm
					Ⅰ级全站仪	Ⅱ级全站仪	Ⅰ、Ⅱ级全站仪			
3	350	±3	1/80 000	±2.5	4	6	往返测距各 2 测回	$\pm5\sqrt{n}$	1/35 000	±8

注：① n 为导线的角度个数，一般不超过 12。
② 附合导线路线超长时，布设结点导线网，结点间角度个数不超过 8 个。

（二）平面联系测量

平面联系测量的目的是将地面控制点的坐标和方位角传递到地下，为隧道开挖提供测量依据。联系测量质量的好坏将直接关系到隧道的贯通精度，是隧道贯通的基础。

平面联系测量根据车站和区间竖井的具体情况，选用铅垂仪（钢丝）+陀螺仪定向、一井定向、两井定向、导线直接传递定向、区间地面钻孔投点等方法。

佛山地铁三号线驹荣北路站—东乐路站盾构区间由驹荣北路站始发，驹荣北路站车站长约 200 m，车站两端均有井口，适宜采用两井定向的方式做联系测量。地面导线加密测量由已知点 *A* 和已知点 *B* 作为起始边，经过近井点 *A*、近井点 *B* 附合到已知点 *C* 和已知点 *D* 上，在车站两端井口附近各悬挂一根钢丝，井上、井下分别以近井点、基线点设站同时观测钢丝，测量示意图如图 5.21 所示，测量成果精度如表 5.22、表 5.23 所示。

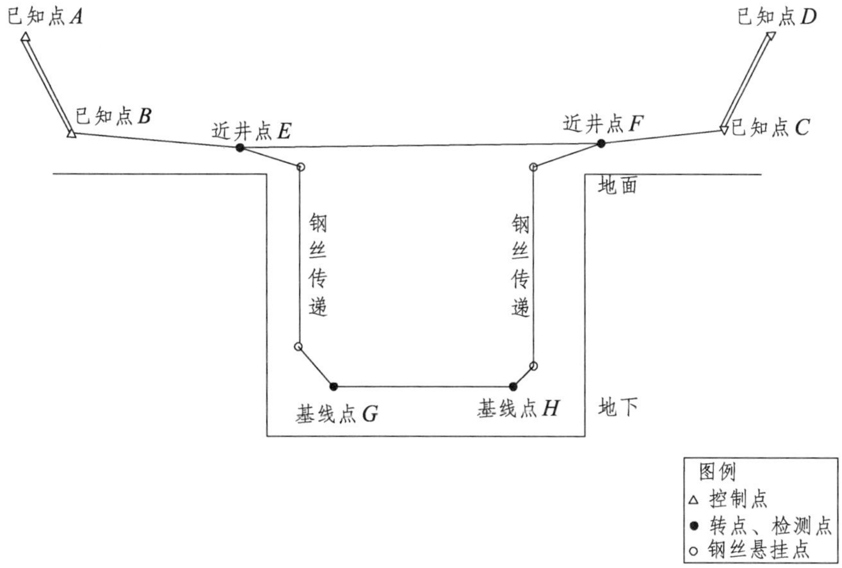

图 5.21　测量示意图

表 5.22　联系测量精度统计表

最大点位误差/mm	最大点间误差/mm	基线边全长相对闭合差
3.1	2.6	1/400 000

表 5.23　贯通误差统计表

区　间	横向贯通误差	纵向贯通误差	高程贯通误差
驹东区间左线	6.1	5.8	−1.6

由表 5.22 可知，本次联系测量的精度满足规范要求，点位中误差为 3.1 mm，小于限差 ±10 mm，基线边全长相对闭合差为 1/400 000，小于限差 1/35 000，成果精度较好。此外本次联系测量中，第三方测量单位的成果与施工单位的成果较差较小，可认为本次测量精度高。由表 5.23 可知，贯通误差最大为 10.4 mm，由此可见隧道掘进过程中地面控制测量和地下控制测量精度均较高，可以此为模型来进行控制网变形分析。

二、控制网变形分析

驹荣北路站—东乐路站区间为南北走向，地下盾构基线边也是南北走向，考虑到地面已知点的 Y 坐标变化对基线边方位角影响较大，现通过改变已知点 B 的 Y 坐标取值来模拟其点位变形，由地面附合导线计算出近井点的坐标，再由近井点坐标成果计算出地下基线点坐标及方位角，分析其变化规律。计算成果比较见表 5.24 及表 5.25。

表 5.24　近井点成果比较表

已知点 B 的 Y 坐标变化量 ΔY /mm	近井点 E		近井点 F		近井点方位角变化量 /（″）
	ΔX /mm	ΔY /mm	ΔX /mm	ΔY /mm	
5	−1.6	2.4	−0.7	3.7	1.0
10	−3.3	4.9	−1.5	7.3	2.0

续表

已知点 B 的 Y 坐标变化量 ΔY /mm	近井点 E		近井点 F		近井点方位角变化量 / (″)
	ΔX /mm	ΔY /mm	ΔX /mm	ΔY /mm	
15	−4.9	7.4	−2.3	10.9	2.9
20	−6.5	9.9	−3.0	14.6	3.9
25	−8.1	12.3	−3.8	18.2	4.9
30	−9.8	14.8	−4.5	21.8	5.9

表 5.25　基线点成果比较表

已知点 B 的 Y 坐标变化量 ΔY /mm	基线点 G		基线点 H		基线边方位角变化量 Δα / (″)
	ΔX /mm	ΔY /mm	ΔX /mm	ΔY /mm	
5	−1.9	2.5	−0.8	2.9	1.3
10	−3.8	5.2	−1.8	6.0	2.4
15	−5.6	7.8	−2.7	9.0	3.4
20	−7.4	10.5	−3.6	12.0	4.5
25	−9.2	13.0	−4.6	14.9	5.5
30	−11.1	15.7	−5.4	18.0	6.8

由表 5.24 可以得出，当已知点 B 的 Y 坐标变化超过 15 mm 时，近井点的坐标变化量已超过规范所要求的近井点的点位中误差小于±10 mm。由表 5.25 可以得出，当已知点 B 的 Y 坐标变化超过 25 mm 时，基线点的坐标变化量已超过佛山市城市轨道交通三号线发展有限公司工程测量管理办法所要求的地下近井点点位中误差小于±16 mm。

在隧道掘进导线传递过程中，在不考虑测量误差的情况下，隧道内控制点成果也会由于基线边方位角存在较差而产生差值，尤其距离贯通面最近的控制点差值最大。本区间的基线点及洞内导线点的布设基本与线路方向一致，贯通面附近的导线点的 Y 坐标变化量 ΔY 约为：$\Delta Y = L \times \sin\Delta\alpha$，L 为贯通面附近导线点至基线点的距离，Δα 为基线边方位角变化量。

通过比较不同区间长度下，控制网变化对贯通面附近控制点的影响，具体情况见表 5.26。

表 5.26　贯通面导线点坐标变化量比较表

已知点 B 的 Y 坐标变化量 ΔY /mm	基线边方位角变化量 Δα / (″)	1 km 区间贯通面导线点坐标变化量 ΔY /mm	1.5 km 区间贯通面导线点坐标变化量 ΔY /mm	2 km 区间贯通面导线点坐标变化量 ΔY /mm
5	1.3	9.2	13.8	18.4
10	2.4	12.2	18.3	24.4
15	3.4	16.5	24.8	33.0
20	4.5	21.8	32.7	43.6
25	5.5	26.7	40.1	53.4
30	6.8	33.0	49.5	66.0

根据佛山市城市轨道交通三号线发展有限公司工程测量管理办法要求，地下导线点在贯

通面附近的坐标较差限差应不大于±25 mm。由上表可知，1 000 m 的盾构区间允许已知点的坐标变化量不超过±20 mm，1 500 m 的盾构区间允许已知点的坐标变化量不超过±15 mm，2 000 m 区间的盾构区间允许已知点的坐标变化量不超过±10 mm。

综上可知，对于 1 500 m 以下的短区间而言，当地面控制网中起算点变形超过±15 mm 将会使基线点的坐标成果影响较大，不利于盾构顺利掘进；对于 1 500 m 以上的长区间而言，应将地面控制网中起算点变形控制在±10 mm 以内，才可能满足地下控制测量需求。

三、提高基线边精度措施

基线边是施工阶段车站内永久保存的地下导线起算控制边。

（一）加强对控制点检核及保护

地面控制网的坐标精度质量至关重要，保证地面控制点坐标的精度，应当引起我们的重视。在地面导线测量的时候，应考虑地铁或周边施工对控制点的稳定是否产生影响，测量过程中应加强点位稳定性检核，若发现角度或边长超出限差要求的情况，应及时采取措施应对，对相邻控制点的边角关系进行检查，找出变形的控制点后对其进行加密或舍弃。此外，应定期对控制点位进行巡视，加强对点位的保护措施，避免要使用的时候才发现点位已变形或被破坏，影响测量的正常作业。

（二）优化地面控制网

本标段项目最初进场时接桩的地面控制网为单导线网型，单导线虽然能减少控制网复测的工作量，但在实际施工过程中也会存在一些问题，例如：由于控制点有限，在做控制测量时可采用的起算点较少，往往需要增加测站数，精度也会更低；若地面控制网存在有破坏或点位由于各种原因不能使用时，需要通过做加密控制点来解决燃眉之急，不仅突增测量的工作量，且易耽误工期。因此，建议地面控制网时布设为网状，增加各控制点的观测方向，这样不仅能保障使用，还能提高控制网精度。

（三）应用高精度的仪器设备

地铁施工测量涉及地上和地下多种不同测量技术手段，光是盾构掘进时进行的联系测量就分为 3 个测量步骤，每个测量步骤所带来的误差也是不容忽视的，应用高精度的仪器设备可减小测量误差，大大提高测量精度。现在常用的 0.5″级高精度测量机器人可很好地满足地铁施工测量，不仅能提高测量精度，其自动测量等智能功能可大大减轻测量作业人员的工作量，提高工作效率。此外，对于仪器设备我们应当建立严格的自检管理体系，定期对仪器设备进行校准，爱护仪器设备并定期做清洁工作，这也有利于延长仪器设备的使用寿命。

（四）规范作业流程

地铁施工测量的作业种类繁多，因此规范测量工作流程，也是重要的技术要点，这对于保证测量精度质量，有着重要的意义。首先，每次进行测量作业前应进行技术交底，作业人员应清楚每项作业流程及作业要求，切忌埋头苦干结果测的数据无法使用导致返工。例如：

在做联系测量时要先做好控制点检核；悬挂钢丝过程中应仔细观察钢丝是否有晃动、重锤是否触碰油桶，避免出现钢丝有位移的情况；调整钢丝时应尽可能地移动范围大一些；进行导线测量过程中，选用的导线边长应大于 50 m，可将以前的数据用作参考，避免出现粗差。总而言之，加强施工测量工作管理，建立规范的管理体系，定期对测量人员做技术培训，规范整个测量流程，是测量工作开展的关键。

四、小　结

地面控制网变形对于盾构基线边的影响是不容忽视的，对于 1 500 m 以下的区间，控制点变形应控制在±15 mm 以内；对于 1 500 m 以上的区间，控制点变形应控制在±10 mm 以内。在每次联系测量工作前，应加强对地面控制点进行检核，发现控制点实测边长与坐标反算边长较差超过±10 mm，或大于边长比例误差 1/80 000 时不可直接作为起算点使用，应及时采取措施进行整改。加强控制点巡视保护、优化地面控制网、使用高精度仪器设备、规范测量作业流程亦是保障测量精度的关键所在。

第五节　长大区间利用中间风井吊钢丝矫正掘进方位的探讨

城市轨道交通规划过程中，主要利用地下空间，将大部分的车站和区间设置在地下，因规划要求，不可避免地会使得某些站点间有较长的区间，同时因为单向掘进的盾构法施工是区间施工的主力军，而长大区间的施工控制点精度控制一直是施工控制测量的重要难题，本节以东平站—湾华站盾构区间右线施工控制测量为例，探讨在长大区间的中间位置加设钢丝达到掘进方位矫正的目的。

一、长大区间进行矫正方位的必要性

盾构区间只能单向掘进，这也导致土建施工过程中施工控制测量的精度控制难度显著增加，给区间的精准贯通提出了更大的挑战。在区间施工控制测量工作中，主要的问题及难点体现在以下几个方面。

（一）地面平面控制点的精度

地面平面控制点分为 3 个等级。一等网为全市轨道交通控制网，应采用卫星定位测量方法，一次全面布设；二等网为线路控制网，三等网为线路加密控制网，应分别采用卫星定位、精密导线方法，分期布设。地面控制点的复测精度是保证区间顺利贯通的首要措施。

（二）近井导线的选取

近井导线的网型设置和测量精度是联系测量工作的基础，因此近井导线的网型设置是否

合理，测量方法和使用的仪器是否满足要求，直接制约了联系测量和洞内导线的精度。

（三）平面联系测量的方法选取

平面联系测量是将坐标由地面向井下传递的过程，主要的方法有一井定向、两井定向、陀螺全站仪和铅垂仪组合定向、导线直接传递测量和投点定向法等。对于不同工程概况及始发井形式，应采用不同的联系测量方法。

（四）洞内导线的布设

长大盾构区间均是单向掘进，同时多存在小半径曲线段和大纵坡曲线，这也将导致洞内控制点的数量增加，根据《城市轨道交通工程测量规范》（GB/T50308—2017）中对导线网测量的技术要求，控制点数量的增加直接导致测站数的增加，同时意味着精度的降低。

基于以上几个方面的难点，在长大盾构区间保证和提高掘进方位的精度是很有必要的，为保证掘进方位的精度，需采取多种措施。以东平站—湾华站盾构区间右线施工控制测量为基础，讨论在长大区间中加测钢丝以矫正掘进方位的必要性。

二、东平站—湾华站盾构区间贯通误差预计

（一）工程概况

东平站—湾华站区间从东平站出发，向北延伸，延规划道路敷设，侧穿保利基坑，需下穿文华路小桥，后穿东平大道、佛山新港护岸和侧穿佛山三中中学、湾何村，最后沿着华南道到达湾华站。区间穿越的主要建筑物有保利基坑、东平大道、佛山新港护岸和湾何村。东平站—湾华站区间采用盾构法施工，区间右线分界里程 YDK44+222.536 ~ YDK47+013.470 右线长 2 790.934 m；左线分界里程 ZDK44+222.536 ~ ZDK47+013.468，长链 2.128 m，左线长 2 793.06 m 区间由前后两端盾构隧道和中间风井组成。区间设置 1# ~ 5#联络通道（2#联络通道兼废水泵房），4#联络通道兼具中间风井的作用。图 5.22 为东平站—湾华站盾构区间概况简图。

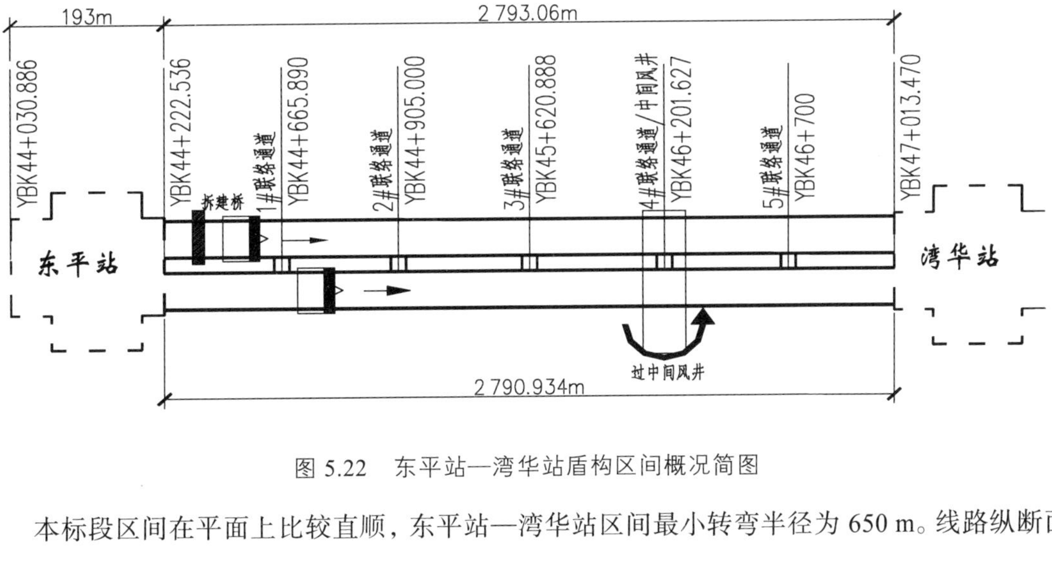

图 5.22　东平站—湾华站盾构区间概况简图

本标段区间在平面上比较直顺，东平站—湾华站区间最小转弯半径为 650 m。线路纵断面

呈“V”字形节能坡形式，线路出东平站后，右线以 21‰、4‰、5‰、13.19‰的坡度到达湾华站，线路轨面埋深 15.5 ~ 32.337 m，隧道覆土 10.5 ~ 28.337 m。

（二）施工前的平面贯通误差分析

区间隧道的贯通测量是在已建成的两个车站的隧道预留洞之间进行的测量。预留洞是一个钢环，钢环半径比盾构半径大约 10 cm。施工时，盾构是从一个车站的预留洞推进，按设计的线路方向和纵坡，再从另一个车站的预留洞中推出，这时盾构中心和预留洞中心的偏差值，就是贯通误差（包括测量误差和施工误差）。

地铁隧道施工的测量主要有地面控制测量、始发站联系测量、盾构机姿态定位测量、地下导线测量和吊出站的联系测量。

由于该区间主要是盾构施工，其贯通误差是指盾构机头中心与预留门洞中心的偏差值。横向贯通误差的来源主要是下列 5 道测量工序误差：地面控制测量误差；始发井联系测量误差；地下导线测量误差量误差；盾构姿态定位测量误差；吊出井联系测量的误差。假设五项误差对贯通误差的影响是独立的，则有它们共同影响的贯通测量误差为：

$$m_{横}=\pm\sqrt{m_{横1}^2+m_{横2}^2+m_{横3}^2+m_{横4}^2+m_{横5}^2}$$

经计算，区间贯通误差预计满足限差要求，但是贯通误差较大。

三、东平站—湾华站盾构区间施工控制测量

（一）前期网型设计要求

因中间风井距离始发井约 2 200 m，因此在 2 000 m 联系测量之前，现场没有条件在中间风井加测钢丝。前 6 次联系测量工作均进行以下要求：

（1）每次联系测量均固定地面起算点和近井导线，以减弱地面导线测量误差。

（2）每次联系测量使用同一个位置的钢丝托架，防止出现多次测量钢丝挂点不一产生的测量误差。

（3）基线边控制点间距尽量拉长，以较少测站数并提高方位精度，基线边控制点需跟底板钢筋绑扎同时布设，并布设在靠近侧墙倒角的底板上，以提高点位的稳定性。

（4）基线边控制点在埋设期间须加装套筒，防止点位被碾压破坏。

（5）洞内布设成双导线，并每 8 站闭合一次，以提高洞内导线的精度。

（二）1 600 m 联系测量的网型设计及数据分析

严格按照前期要求，布设 1 600 m 联系测量网型，具体见图 5.23。经平差计算，平面坐标最大点位误差为±5.88 mm，最大点间误差为±1.24 mm，最大附合导线角度闭合差为 4.6″，X 坐标闭合差为−0.010 6 m，Y 坐标闭合差 0.005 2 m，附合导线总长度为 1.093 9 km，最低相对精度 1∶93 045，满足《城市轨道交通工程测量规范》（GB/T50308—2017）中相关要求。

将 1 600 m 联系测量土建承包商的测量数据与第三方测量单位的基线边方位角、洞内导线点成果等数据进行了对比分析，同时还对最末一条边进行了陀螺定向测量，以检核施工控制

测量数据是否准确。从表 5.27、表 5.28、表 5.29 中数据对比分析，掘进方位准确，坐标成果与土建承包商较差满足限差要求，相关成果合格，可以用来指导后续掘进施工。

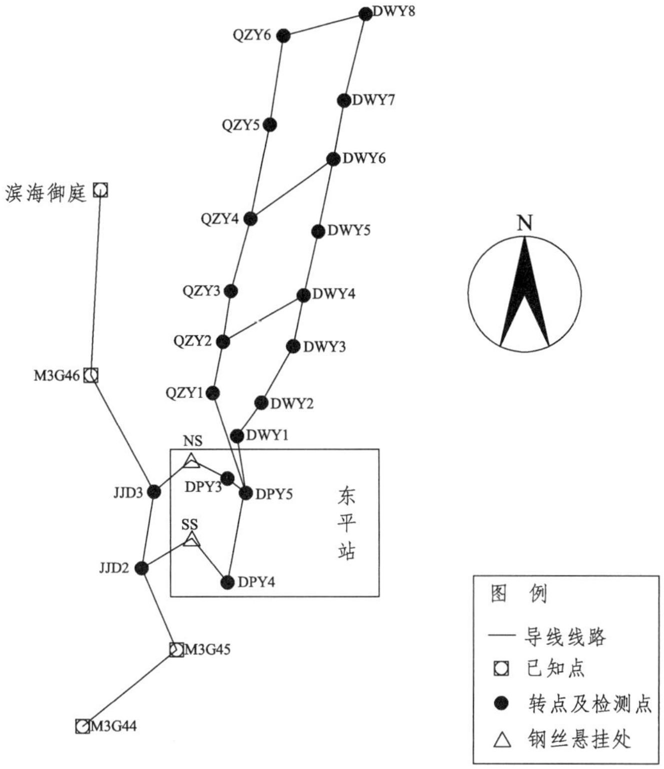

图 5.23　1 600 m 联系测量的网型设计

表 5.27　基线边成果比较表

点　号	纵坐标 *X*/m		横坐标 *Y*/m		方位角		
	土建承包商成果/m 第三方测量成果/m	差值/mm	土建承包商成果/m 第三方测量成果/m	差值/mm	土建承包商成果	第三方测量成果	差值
DPY4	*****41.1842 *****41.1849	0.7	*****81.6894 *****81.6894	0	0°07′37.5″	0°07′38.5″	1″
DPY5	*****79.3082 *****79.3083	0.1	*****81.9957 *****81.9965	0.8			

表 5.28　地下控制点检测成果比较表

点　号	纵坐标 *X*		横坐标 *Y*	
	土建承包商成果/m 第三方测量成果/m	差值/mm	土建承包商成果/m 第三方测量成果/m	差值/mm
DPY5	*****79.3082 *****79.3083	0.1	*****81.9957 *****81.9965	0.8

续表

点号	纵坐标 X 土建承包商成果/m 第三方测量成果/m	差值/mm	横坐标 Y 土建承包商成果/m 第三方测量成果/m	差值/mm
DPY4	*****41.1842 *****41.1849	0.7	*****81.6894 *****81.6894	0
DPY3	*****82.2719 *****82.2715	−0.4	*****80.2103 *****80.2137	3.4
DWY1	*****38.7738 *****138.7728	−1.0	*****83.1594 *****83.1600	0.6
DWY2	*****90.2375 *****90.2348	−2.7	*****84.7652 *****84.7643	−0.9
DWY3	*****36.1344 *****36.1326	−1.8	*****12.6635 *****12.6619	−1.6
DWY4	*****74.5539 *****74.5526	−1.3	*****66.5080 *****66.5056	−2.4
DWY5	*****97.5650 *****97.5637	−1.3	*****77.1879 *****77.1838	−4.1
DWY6	*****94.2032 *****94.2036	0.4	*****77.1188 *****77.1134	−5.4
DWY7	*****13.8649 *****13.8645	−0.4	*****21.6122 *****21.6059	−6.3
DWY8	*****45.0295 *****45.0284	−1.1	*****47.0754 *****47.0662	−9.2
QZY1	*****85.9070 *****85.9063	−0.7	*****84.2866 *****84.2875	0.9
QZY2	*****33.5607 *****33.5598	−0.9	*****11.5047 *****11.5044	−0.3
QZY3	*****71.9482 *****71.9468	−1.4	*****64.9306 *****64.9286	−2.0
QZY4	*****13.7526 *****13.7518	−0.8	*****84.9477 *****84.9436	−4.1
QZY5	*****39.3808 *****39.3803	−0.5	*****97.6514 *****97.6442	−7.2

续表

点号	纵坐标 X		横坐标 Y	
	土建承包商成果/m 第三方测量成果/m	差值/mm	土建承包商成果/m 第三方测量成果/m	差值/mm
QZY6	*****10.4459 *****10.4450	−0.9	*****43.7032 *****43.6953	−7.9

表 5.29　DWY7→DWY8 陀螺定向比较表

<table>
<tr><th>序号</th><th>名称</th><th>方位角</th><th>差值</th></tr>
<tr><td rowspan="2">1</td><td rowspan="2">承包商陀螺坐标方位角</td><td rowspan="2">10°59′08.1″</td><td>—</td></tr>
<tr><td rowspan="2">−6.2″</td></tr>
<tr><td rowspan="2">2</td><td rowspan="2">第三方陀螺坐标方位角</td><td rowspan="2">10°59′01.9″</td></tr>
<tr><td rowspan="2">−4.3″</td></tr>
<tr><td rowspan="2">3</td><td rowspan="2">第三方导线边方位角</td><td rowspan="2">10°59′06.2″</td></tr>
<tr><td rowspan="2">−4.4″</td></tr>
<tr><td rowspan="2">4</td><td rowspan="2">承包商导线边方位角</td><td rowspan="2">10°59′10.6″</td></tr>
<tr><td>—</td></tr>
</table>

四、中间风井加测钢丝的联系测量方案及数据分析

虽然前期网型设计的数据成果相对可靠，但是井下单导线网的点位个数已经增加至 9 个，点位测角中误差以及测距相对中误差已经制约了测量精度，因此需尝试在中间风井悬挂第三根钢丝矫正坐标及掘进方位。

（一）中间风井加测钢丝的联系测量方案

严格按照前期要求基础上，以滨海御庭 ~ M3G75 为起始边，经 S2、FJ4、FJ2、M3T073 附合至 M3G75 ~ M3T533 构成附合导线二，同时在中间风井打孔并悬挂第 3 根钢丝（即 GS3），将第 3 根钢丝纳入网型，并参与洞内导线数据的计算，具体见图 5.24。

（二）加测钢丝联系测量后的精度分析

经平差计算，平面坐标最大点位误差为±2.34 mm，最大点间误差为±1.24 mm，最大附合导线角度闭合差为 7.9″，最大 X 坐标闭合差为 0.011 8 m，最大 Y 坐标闭合差−0.006 8 m，附合导线总长度为 1.909 1 km，最低相对精度 1∶80 062，满足《城市轨道交通工程测量规范》（GB/T50308—2017）中相关要求。

（三）成果数据对比分析

2 000 m 联系测量后，进行了以下数据对比：

将土建承包商 2 000 m 联系测量数据与第三方测量单位的基线边方位角、洞内导线点、联系测量最末边成果等数据进行了对比分析，具体见表 5.30 ~ 5.32。

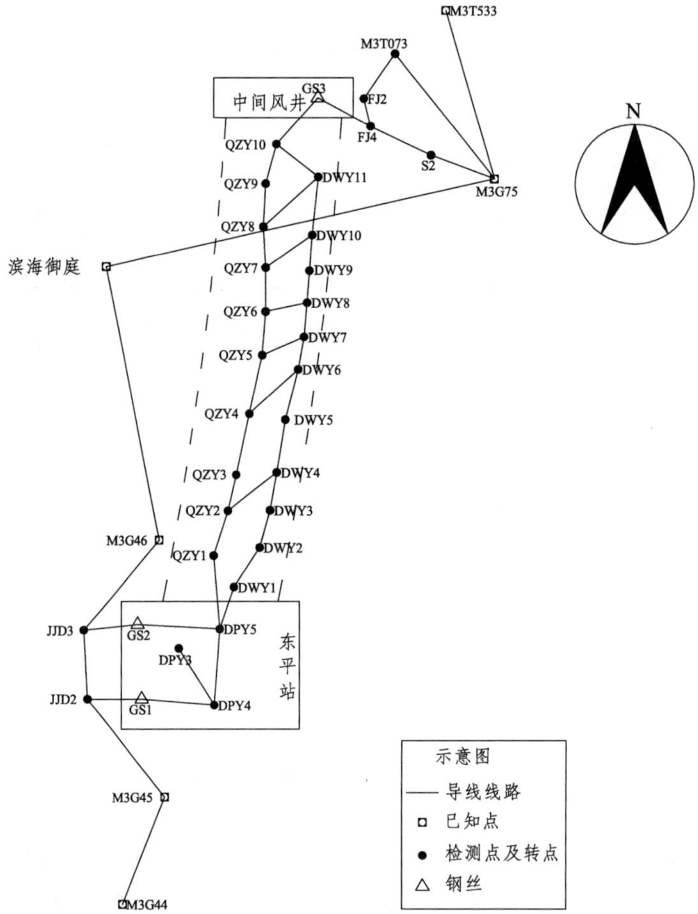

图 5.24　东平站—湾华站右线 2 000 m 联系测量网型

表 5.30　基线边 DPY4 ~ DPY5 成果比较表

点号	纵坐标 *X*/m		横坐标 *Y*/m		方位角		
	土建承包商成果/m 第三方测量成果/m	差值/mm	土建承包商成果/m 第三方测量成果/m	差值/mm	土建承包商成果	第三方测量成	差值
DPY4	*****41.1829	0.7	*****81.6913	0.4	0°07′36.2″	0°07′35.3″	−0.9″
	*****41.1836		*****81.6917				
DPY5	*****79.3067	−0.7	*****81.9968	−0.2			
	*****79.3060		*****81.9966				

表 5.31　最末边 QZY9 ~ QZY10 成果比较表

点号	纵坐标 *X*/m		横坐标 *Y*/m		方位角		
	土建承包商成果/m 第三方测量成果/m	差值/mm	土建承包商成果/m 第三方测量成果/m	差值/mm	报检值 土建承包商成果	检测值 第三方测量成果	差值
QZY9	*****52.8462	−2.8	*****52.1929	−2.4	350°03′30.8″	350°03′32.8″	2″
	*****52.8434		*****52.1905				
QZY10	*****80.9202	−3.1	*****29.7449	−1.0			
	*****80.9171		*****29.7439				

表 5.32　地下控制点检测成果比较表

点号	纵坐标 X 土建承包商成果/m 第三方测量成果/m	差值/mm	横坐标 Y 土建承包商成果/m 第三方测量成果/m	差值/mm	备注
DPY3	*****82.2706 *****82.2695	−1.1	*****80.2114 *****80.2112	−0.2	
DPY4	*****41.1829 *****41.1836	0.7	*****81.6913 *****81.6917	0.4	
DPY5	*****79.3067 *****79.3060	−0.7	*****81.9968 *****81.9966	−0.2	
DWY1	*****38.7730 *****38.7716	−1.4	*****83.1580 *****83.1568	−1.2	
DWY2	*****90.2362 *****90.2334	−2.8	*****84.7616 *****84.7582	−3.4	
DWY3	*****36.1337 *****36.1316	−2.1	*****12.6576 *****12.6524	−5.2	
DWY4	*****74.5548 *****74.5533	−1.5	*****66.4986 *****66.4919	−6.7	
DWY5	*****97.5693 *****97.5684	−0.9	*****77.1705 *****77.1633	−7.2	
DWY6	*****94.2109 *****94.2110	0.1	*****77.0941 *****77.0867	−7.4	
DWY7	*****13.8745 *****13.8741	−0.4	*****21.5839 *****21.5769	−7.0	
DWY8	*****45.0398 *****45.0393	−0.5	*****47.0436 *****47.0366	−7.0	
DWY9	*****78.5000 *****78.4979	−2.1	*****50.5404 *****50.5344	−6.0	
DWY10	*****15.0147 *****15.0125	−2.2	*****30.7573 *****30.7517	−5.6	
DWY11	*****78.2420 *****78.2420	0	*****46.6603 *****46.6578	−2.5	
QZY1	*****85.9060 *****85.9040	−2.0	*****84.2844 *****84.2811	−3.3	
QZY2	*****33.5602 *****33.5582	−2.0	*****11.5000 *****11.4945	−5.5	

续表

点号	纵坐标 X 土建承包商成果/m 第三方测量成果/m	纵坐标 X 差值/mm	横坐标 Y 土建承包商成果/m 第三方测量成果/m	横坐标 Y 差值/mm	备注
QZY3	*****71.9489 *****71.9470	−1.9	*****64.9221 *****64.9163	−5.8	
QZY4	*****13.7576 *****13.7567	−0.9	*****84.9301 *****84.9228	−7.3	
QZY5	*****39.3896 *****39.3891	−0.5	*****97.6253 *****97.6186	−6.7	
QZY6	*****10.4564 *****10.4564	0	*****43.6724 *****43.6658	−6.6	
QZY7	*****71.1382 *****71.1359	−2.3	*****51.9796 *****51.9731	−6.5	
QZY8	*****41.5775 *****41.5770	−0.5	*****25.0271 *****25.0218	−5.3	
QZY9	*****52.8462 *****52.8434	−2.8	*****52.1929 *****52.1905	−2.4	
QZY10	*****80.9202 *****80.9171	−3.1	*****29.7449 *****29.7439	−1.0	

将第三方测量单位 2 000 m 联系测量数据与 1 600 m 联系测量的洞内导线点成果、DWY7→DWY8 方位角成果进行了对比分析，见表 5.33、5.34。

表 5.33　第三方测量 2 次联系测量成果比较表

点　号	纵坐标 X 1 600 m 成果/m 2 000 m 成果/m	纵坐标 X 差值/mm	横坐标 Y 1 600 m 成果/m 2 000 m 成果/m	横坐标 Y 差值/mm	备注
DPY5	*****79.3083 *****79.3060	−2.3	*****81.9965 *****81.9966	0.1	
DPY4	*****41.1849 *****41.1836	−1.3	*****81.6894 *****81.6917	2.3	
DPY3	*****82.2715 *****82.2695	−2.0	*****80.2137 *****80.2112	−2.5	
DWY1	*****38.7728 *****38.7716	−1.2	*****83.1600 *****83.1568	−3.2	
DWY2	*****90.2348 *****90.2334	−1.4	*****84.7643 *****84.7582	−6.1	

续表

点号	纵坐标 *X* 1 600 m 成果/m 2 000 m 成果/m	差值/mm	横坐标 *Y* 1 600 m 成果/m 2 000 m 成果/m	差值/mm	备注
DWY3	*****36.1326 *****36.1316	-1.0	*****12.6619 *****12.6524	-9.5	
DWY4	*****74.5526 *****74.5533	0.7	*****66.5056 *****66.4919	-13.7	
DWY5	*****97.5637 *****97.5684	4.7	*****77.1838 *****77.1633	-20.5	
DWY6	*****94.2036 *****94.2110	7.4	*****77.1134 *****77.0867	-26.7	
DWY7	*****13.8645 *****13.8741	9.6	*****21.6059 *****21.5769	-29.0	
DWY8	*****45.0284 *****45.0393	10.9	*****47.0662 *****47.0366	-29.6	
QZY1	*****85.9063 *****85.9040	-2.3	*****84.2875 *****84.2811	-6.4	
QZY2	*****33.5598 *****33.5582	-1.6	*****11.5044 *****11.4945	-9.9	
QZY3	*****71.9468 *****71.9470	0.2	*****64.9286 *****64.9163	-12.3	
QZY4	*****13.7518 *****13.7567	4.9	*****84.9436 *****84.9228	-20.8	
QZY5	*****39.3803 *****39.3891	8.8	*****97.6442 *****97.6186	-25.6	
QZY6	*****10.4450 2542210.4564	11.4	*****43.6953 *****43.6658	-29.5	

表 5.34　DWY7→DWY8 定向比较表

<table>
<tr><th>序号</th><th>名称</th><th>方位角</th><th>差值</th><th>备注</th></tr>
<tr><td rowspan="2">1</td><td rowspan="2">第三方 1 600 m 陀螺坐标方位角</td><td rowspan="2">10°59′01.9″</td><td></td><td rowspan="6"></td></tr>
<tr><td rowspan="2">-4.3″</td></tr>
<tr><td rowspan="2">2</td><td rowspan="2">第三方 1 600 m 导线边方位角</td><td rowspan="2">10°59′06.2″</td></tr>
<tr><td rowspan="2">1.1″</td></tr>
<tr><td rowspan="2">3</td><td rowspan="2">第三方 2 000 m 导线边方位角</td><td rowspan="2">10°59′05.1″</td></tr>
<tr><td></td></tr>
</table>

将第三方测量单位 2 000 m 加测钢丝联系测量（即大两井联系测量）数据与第三方测量单

位 2 000 m 洞内支导线测量数据进行了对比分析，见表 5.35。

表 5.35 第三方测量 2 000 m 联系测量大两井与支导线成果比较表

<table>
<tr><td rowspan="3">点 号</td><td colspan="2">纵坐标 X</td><td colspan="2">横坐标 Y</td></tr>
<tr><td>支导线成果/m</td><td rowspan="2">差值
/mm</td><td>支导线成果/m</td><td rowspan="2">差值
/mm</td></tr>
<tr><td>大两井成果/m</td><td>大两井成果/m</td></tr>
<tr><td rowspan="2">DPY3</td><td>*****82.2683</td><td rowspan="2">1.2</td><td>*****80.2116</td><td rowspan="2">-0.4</td></tr>
<tr><td>*****82.2695</td><td>*****80.2112</td></tr>
<tr><td rowspan="2">DPY4</td><td>*****41.1823</td><td rowspan="2">1.3</td><td>*****81.6903</td><td rowspan="2">1.4</td></tr>
<tr><td>*****41.1836</td><td>*****81.6917</td></tr>
<tr><td rowspan="2">DPY5</td><td>*****79.3040</td><td rowspan="2">2.0</td><td>*****81.9970</td><td rowspan="2">-0.4</td></tr>
<tr><td>*****79.3060</td><td>*****81.9966</td></tr>
<tr><td rowspan="2">DWY1</td><td>*****38.7689</td><td rowspan="2">2.7</td><td>*****83.1600</td><td rowspan="2">-3.2</td></tr>
<tr><td>*****38.7716</td><td>*****83.1568</td></tr>
<tr><td rowspan="2">DWY2</td><td>*****90.2300</td><td rowspan="2">3.4</td><td>*****84.7648</td><td rowspan="2">-6.6</td></tr>
<tr><td>*****90.2334</td><td>*****84.7582</td></tr>
<tr><td rowspan="2">DWY3</td><td>*****36.1268</td><td rowspan="2">4.8</td><td>*****12.6630</td><td rowspan="2">-10.6</td></tr>
<tr><td>*****36.1316</td><td>*****12.6524</td></tr>
<tr><td rowspan="2">DWY4</td><td>*****74.5460</td><td rowspan="2">7.3</td><td>*****66.5073</td><td rowspan="2">-15.4</td></tr>
<tr><td>*****74.5533</td><td>*****66.4919</td></tr>
<tr><td rowspan="2">DWY5</td><td>*****97.5556</td><td rowspan="2">12.8</td><td>*****77.1880</td><td rowspan="2">-24.7</td></tr>
<tr><td>*****97.5684</td><td>*****77.1633</td></tr>
<tr><td rowspan="2">DWY6</td><td>*****94.1934</td><td rowspan="2">17.6</td><td>*****77.1191</td><td rowspan="2">-32.4</td></tr>
<tr><td>*****94.2110</td><td>*****77.0867</td></tr>
<tr><td rowspan="2">DWY7</td><td>*****13.8545</td><td rowspan="2">19.6</td><td>*****21.6125</td><td rowspan="2">-35.6</td></tr>
<tr><td>*****13.8741</td><td>*****21.5769</td></tr>
<tr><td rowspan="2">DWY8</td><td>*****45.0186</td><td rowspan="2">20.7</td><td>*****47.0748</td><td rowspan="2">-38.2</td></tr>
<tr><td>*****45.0393</td><td>*****47.0366</td></tr>
<tr><td rowspan="2">DWY9</td><td>*****78.4769</td><td rowspan="2">21.0</td><td>*****50.5744</td><td rowspan="2">-40.0</td></tr>
<tr><td>*****78.4979</td><td>*****50.5344</td></tr>
<tr><td rowspan="2">DWY10</td><td>*****14.9915</td><td rowspan="2">21.0</td><td>*****30.7928</td><td rowspan="2">-41.1</td></tr>
<tr><td>*****15.0125</td><td>*****30.7517</td></tr>
<tr><td rowspan="2">DWY11</td><td>*****78.2212</td><td rowspan="2">20.8</td><td>*****46.6994</td><td rowspan="2">-41.6</td></tr>
<tr><td>*****78.2420</td><td>*****46.6578</td></tr>
<tr><td rowspan="2">QZY1</td><td>*****85.9007</td><td rowspan="2">3.3</td><td>*****84.2875</td><td rowspan="2">-6.4</td></tr>
<tr><td>*****85.9040</td><td>*****84.2811</td></tr>
<tr><td rowspan="2">QZY2</td><td>*****33.5531</td><td rowspan="2">5.1</td><td>*****11.5045</td><td rowspan="2">-10.0</td></tr>
<tr><td>*****33.5582</td><td>*****11.4945</td></tr>
</table>

续表

点号	纵坐标 X		横坐标 Y	
	支导线成果/m 大两井成果/m	差值/mm	支导线成果/m 大两井成果/m	差值/mm
QZY3	*****71.9391 *****71.9470	7.9	*****64.9314 *****64.9163	-15.1
QZY4	*****13.7422 *****13.7567	14.5	*****84.9492 *****84.9228	-26.4
QZY5	*****39.3701 *****39.3891	19.0	*****97.6522 *****97.6186	-33.6
QZY6	*****10.4355 *****10.4564	20.9	*****43.7034 *****43.6658	-37.6
QZY7	*****71.1146 *****71.1359	21.3	*****52.0131 *****51.9731	-40.0
QZY8	*****41.5557 *****41.5770	21.3	*****25.0630 *****25.0218	-41.2
QZY9	*****52.8226 *****52.8434	20.8	*****52.2325 *****52.1905	-42.0
QZY10	*****80.8966 *****80.9171	20.5	*****29.7853 *****29.7439	-41.4

通过以上数据比对和分析，可以得出以下结论：

（1）前期联系测量网型设计较为合理。

（2）因该区间为南北方向，1 600 m 联系测量最末一条边 DWY7→DWY8 的方位在 2 000 m 联系测量过程中未进行较大的矫正，掘进方位正确。

（3）在中间风井加测钢丝对井下洞内导线的坐标成果产生较大的影响，由始发井开始，洞内点位坐标成果较差逐渐变大，尤其最后一个点坐标（即对后期实际掘进影响最大的一个点），本区间中该点位 *X* 坐标变化 20.8 mm，*Y* 坐标变化-41.6 mm。

（四）东平站—湾华站盾构区间贯通测量

为验证大两井定向测量成果是否正确，在该区间右线贯通后，第三方单位和土建承包商进行了贯通测量检测。具体数据见表 5.36。

表 5.36 东平站—湾华站盾构区间贯通测量成果

序号	土建单位贯通测量误差			第三方测量队贯通测量误差			贯通面里程	备注
	横向贯通误差/mm	纵向贯通误差/mm	高程贯通误差/mm	横向贯通误差/mm	纵向贯通误差/mm	高程贯通误差/mm		
1	9.2	10.1	9.3	10.9	6.6	5.4	YDK47+002.400	

五、小　结

前期贯通误差预计中，东平站—湾华站盾构区间右线贯通误差极限为 46.1 mm，该区间在中间风井加测了 1 根钢丝，用于矫正掘进的方位及提高洞内导线点的坐标精度。加测钢丝后，洞内导线最大变化点位 Y 坐标变化-41.6 mm，因该区间为南北方向，Y 坐标变化对掘进贯通精度影响较大。该区间最终横向贯通误差为 9.2 mm（土建单位）和 10.9 mm，从贯通测量数据可知，东平站—湾华站盾构区间右线在中间风井加测钢丝，对提高贯通测量的精度起到较大作用，实际矫正的洞内导线点数据变化量正是有利于提高贯通精度的，该方法对矫正区间的掘进精度具有良好的效果。

在后续长大区间的控制测量工作中，为保证贯通精度，应首先注意保证地面导线控制网的精度，其次在有施工井条件或者可以创造条件开孔的情况下，应尽量加设一根钢丝，将钢丝数据用于洞内导线网的计算，以矫正掘进的方位，并提高洞内导线点的坐标精度。

第六节　车站不同施工进度下贯通误差测量方案的探讨

城市轨道交通工程的区间有高架区间、地面线、明挖区间、盾构区间等多种形式，根据《城市轨道交通工程测量规范》（GB/T50308—2017）的要求：分区、段施工的隧道和车站结构完成后，应进行贯通测量。但受区间地质原因及接收井施工进度不同等，贯通测量的网型不一，本节以佛山市轨道三号线工程 3 个区间为例，主要探讨不同条件下的贯通误差方案。

一、贯通误差测量技术要求

（一）平面贯通误差测量规定

（1）平面贯通误差测量应测定隧道和车站贯通面上的纵向、横向和方位角的贯通测量误差。

（2）进行平面贯通误差测量时，应利用贯通面两侧的平面测量控制点分别测量贯通面上设置的同一临时点的坐标和与贯通面相邻的同一导线边的方位角不符值，并由此计算出隧道和车站的纵向、横向和方位角贯通测量误差。

（3）计算贯通测量误差时，应将坐标不符值分别投影到线路和线路的法线方向上确定纵向、横向贯通测量误差；方位角贯通测量误差为与贯通面相邻的同一导线边的方位角较差。

（二）高程贯通误差测量规定

（1）高程贯通误差测量应测定隧道和车站贯通面上同一临时点的高程较差。

（2）进行高程贯通误差测量时，应利用贯通面两侧的高程测量控制点，分别测定贯通面上同一个临时点的高程，并计算出高程较差。

（三）贯通误差测量方法和精度要求

（1）导线测量应使用不低于Ⅱ级全站仪施测，左右角各观测两测回，左右角平均值之和与 360°较差应小于 4″，边长往返观测各两测回，往返平均值较差应小于 4 mm。测角中误差不应超过±2.5″，测距中误差不应超过±3 mm。

（2）高程测量方法和精度，应符合二等水准测量技术规定，具体见表 5.37。

表 5.37　水准网测量的主要技术要求

水准测量等级	每千米高差中数中误差/mm		换线或附合水准路线最大长度/km	水准仪等级	水准尺	观测次数		往返较差、附合或环线闭合差/mm
	偶然中误差 M_Δ	全中误差 M_W				与已知点联测	附合或环线	
一等	±1	±2	400	DS1	因瓦尺或条码尺	往返测各一次	往返测各一次	$\pm4\sqrt{L}$
二等	±2	±4	40	DS1	因瓦尺或条码尺	往返测各一次	往返测各一次	$\pm8\sqrt{L}$

注：① L 为往返测段、附合或环线的路线长（单位为 km）。
② 采用电子水准仪测量的技术要求与同等级的光学水准仪测量技术要求相同。

二、贯通误差测量案例分析

（一）大墩站—东平站盾构区间右线贯通测量

1. 工程概况

佛山市城市轨道交通三号线土建工程 3201 标大墩站—东平站区间从大墩站出发，向北延伸，沿规划道路文华路敷设，下穿小涌村电排站、小涌村村民房、佛山新城 CBD 基坑和广佛环城际东平站，沿着规划路最后到达东平站。图 5.25 为大墩站—东平站盾构区间概况图。

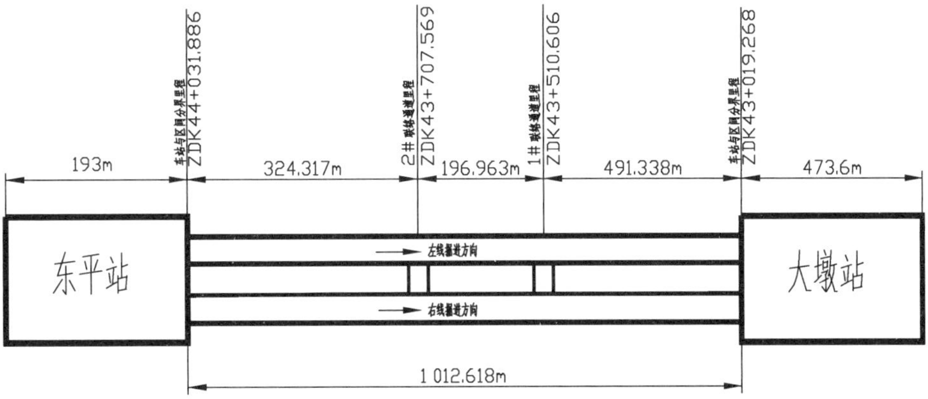

图 5.25　大墩站—东平站盾构区间概况图

该区间进行贯通误差测量工作时，车站右线已具备 3 组底板控制点，供控制点检核及起算使用；大墩站—东平站盾构区间右线贯通前 150 m 联系测量测量后的洞内控制点稳定可靠，该区间的贯通测量方案是标准贯通误差设计方案，该方法是最常规的做法。

2. 测量过程

1）控制点检核

平面测量采用 3201 标大墩站底板控制点 DDY1A、DDY2、DD1ZA；3201 标大墩站—东平站盾构区间右线洞内控制点 KY2、KY3、KY4 作为起算数据，测量前对起算点稳定性进行了已知点边长关系检查，符合规范要求，具体见表 5.38、表 5.39。

表 5.38　边长检核表

序号	边名	坐标反算边长/m	实测边长/m	较差/mm	边长比例误差	边长比例误差限差
1	KY2 ~ KY3	226.532 2	226.530 0	−2.2	1/104 379	1/80 000
2	KY3 ~ KY4	196.431 4	196.433 3	1.9	1/105 018	1/80 000
3	DDY1A ~ DDY2	81.636 3	81.637 2	0.9	1/90 034	1/80 000
4	DDZ1A ~ DDY2	76.498 6	76.498 0	−0.6	1/137 051	1/80 000

表 5.39　角度检核表

序号	测站	方向	理论角度	实测角度	较差/（″）	限差
1	KY3	KY2	180°29′34.8″	180°29′32.2″	−2.6	±5″
		KY4				
2	DDY2	DDY1A	347°29′55.6″	347°29′59″	3.4	±5″
		DDZ1A				

由上表可知起算点稳定。

高程测量采用 3201 标大墩站底板控制点 DDY1A、DDY2；3201 标大墩站—东平站盾构区间右线洞内控制点 KY3、KY4 作为起算数据，作业前根据城市轨道交通二等水准的技术要求检核其相互关系，见表 5.40。

表 5.40　起算高程检核表

线路名称	原测高差/m	实测高差/m	高差不符值/mm	距离/km	限差/mm
KY3 ~ KY4	5.461 6	5.463 1	1.5	0.196	±1.8
DDY2 ~ DDY1A	0.168 4	0.169 2	0.8	0.082	±1.1

从上表可知，水准点稳定。

2）控制点测量

平面已知点检核无误后，大墩站方向以 DDY2 ~ DDY1A 作为起算边，直接测至贯通点 KYGT；东平站方向以 KY3 ~ KY4 作为起算边，直接测至贯通点 KYGT。高程已知点检核无误后，大墩站方向以 DDY2、DDY1A 作为起算点，直接测至贯通点 KYGT；东平站方向以 KY3、KY4 作为起算点，直接测至贯通点 KYGT。图 5.26 为控制点测量示意图。

3. 精度分析

平面坐标最大点位误差为±0.95 mm，最大点间误差为±0.63 mm；高程最大点间高差中误差为±1.43 mm，最大高程中误差为±1.43 mm；测量精度满足规范要求。

4. 最终成果

见表 5.41、5.42。

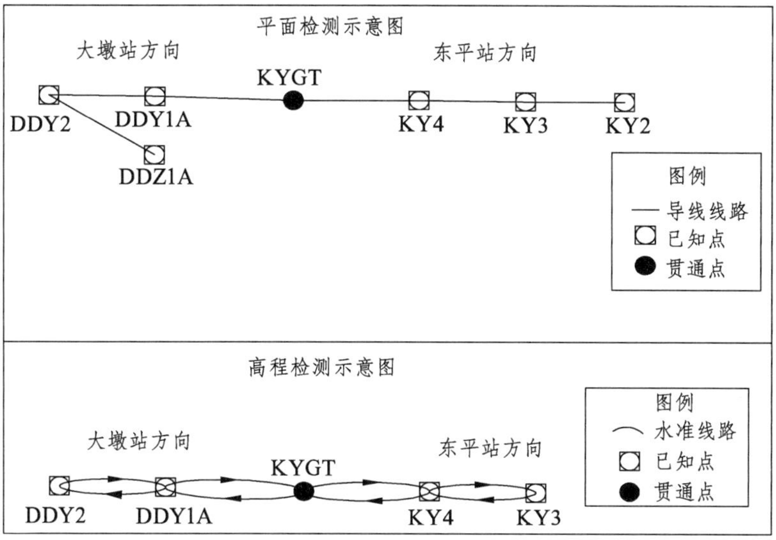

图 5.26　控制点测量示意图

表 5.41　贯通测量坐标及高程表

点　号	横坐标（X）/m	纵坐标（Y）/m	高程（H）/m	备　注
KYGT	*****62.3710	*****90.6618	−12.523 2	东平站方向
	*****62.3626	*****90.6830	−12.529 1	大墩站方向

表 5.42　贯通误差成果表

点　号	贯通误差投影到设计线路中心线上		高程贯通误差/mm	里　程	备　注
	横向贯通误差/mm	纵向贯通误差/mm			
KYGT	21.1	8.1	5.9	YDK43+073.886	

说明：本贯通测量误差已投影到设计线路中心上进行过改正，该贯通面里程处线路设计方位为：359°36′21.3″。

（二）大良站—东乐路站盾构区间右线贯通测量

1. 工程概况

东乐路站—大良站区间采用盾构法施工，从大良站始发，东乐路站接收。图 5.27 为大良站—东乐路站盾构区间概况图。

该区间进行贯通误差测量工作时，东乐路站仅大里程盾构井进行了土建施工，其余位置尚未开工，东乐路站内仅有 1 组底板控制点；大良站—东乐路站盾构区间右线贯通前 150 m 联系测量测量后的洞内控制点稳定可靠。

2. 测量过程

1）控制点检核

平面测量大良站方向采用 3202-3 标大良站— 东乐路站盾构区间右线洞内控制点 YX05、YX06、YX07 作为起算数据；东乐路站采用地面加密点 M3T150B、M3T149A、M3T276 作为起算数据，测量前对起算点稳定性进行了已知点边长关系检查，符合规范要求，具体见表 5.43、表 5.44。

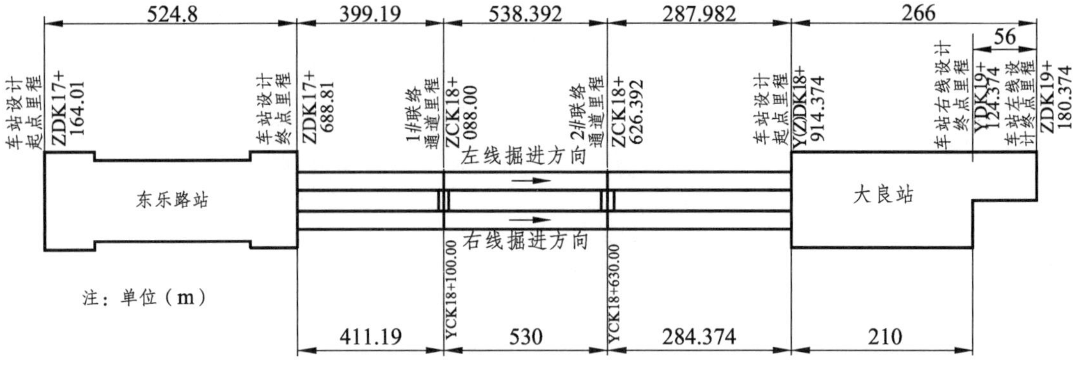

图 5.27　大良站—东乐路站盾构区间概况图

表 5.43　边长检核表

序号	边　名	坐标反算边长/m	实测边长/m	较差/mm	边长比例误差	边长比例误差限差
1	YX05 ~ YX06	117.054 1	117.053 0	−1.1	1/106 413	1/80 000
2	YX06 ~ YX07	125.969 8	125.968 3	−1.5	1/83 980	1/80 000
3	M3T150B ~ M3T149A	485.207 4	485.212 2	4.8	1/101 085	1/80 000
4	M3T276 ~ M3T149A	868.530 6	868.521 5	−9.1	1/95 443	1/80 000

表 5.44　角度检核表

序号	测　站	方　向	理论角度	实测角度	较差/（″）	限　差
1	M3T149A	M3T276	147°07′12.3″	147°07′15.8″	3.5″	±5″
		M3T150B				
2	YX06	YX05	169°07′11.1″	169°07′10.9″	−0.2″	±5″
		YX07				

由上表可知，起算点稳定。

高程测量大良站方向采用 3202-3 标大良站—东乐路站盾构区间右线洞内控制点 YX06、YX07 作为起算数据；东乐路站方向采用 3202-3 标东乐路站第一组底板控制点 DZ1、DY1 作为起算数据，作业前根据城市轨道交通二等水准的技术要求检核其相互关系，见表 5.45。

表 5.45　起算高程检核表

线路名称	原测高差/m	实测高差/m	高差不符值/mm	距离/km	限差/mm
YX06 ~ YX07	3.475 2	3.474 6	−0.6	0.126	±1.4
DZ1 ~ DY1	−0.004 6	−0.005 2	−0.6	0.030	±0.7

从上表可知，水准点稳定。

2）控制点测量

平面已知点检核无误后，大良站方向以 YX06 ~ YX07 作为起算边，经 YX09 测至贯通点 YGT；东乐路站方向以 M3T150B ~ M3T149A 作为起算边，经 H1、H2、H3、H4、H5 附和到

M3T149A ~ M3T276 附和边上，仪器架设在 H5 点上直接测至贯通点 ZGT。高程已知点检核无误后，大良站方向以洞内控制点 YX06、YX07 作为起算点，经 YX09 测至贯通点 YGT；东乐路方向以底板控制点 DZ1、DY1 作为起算点，直接测至贯通点 YGT。图 5.28 为控制点测量示意图。

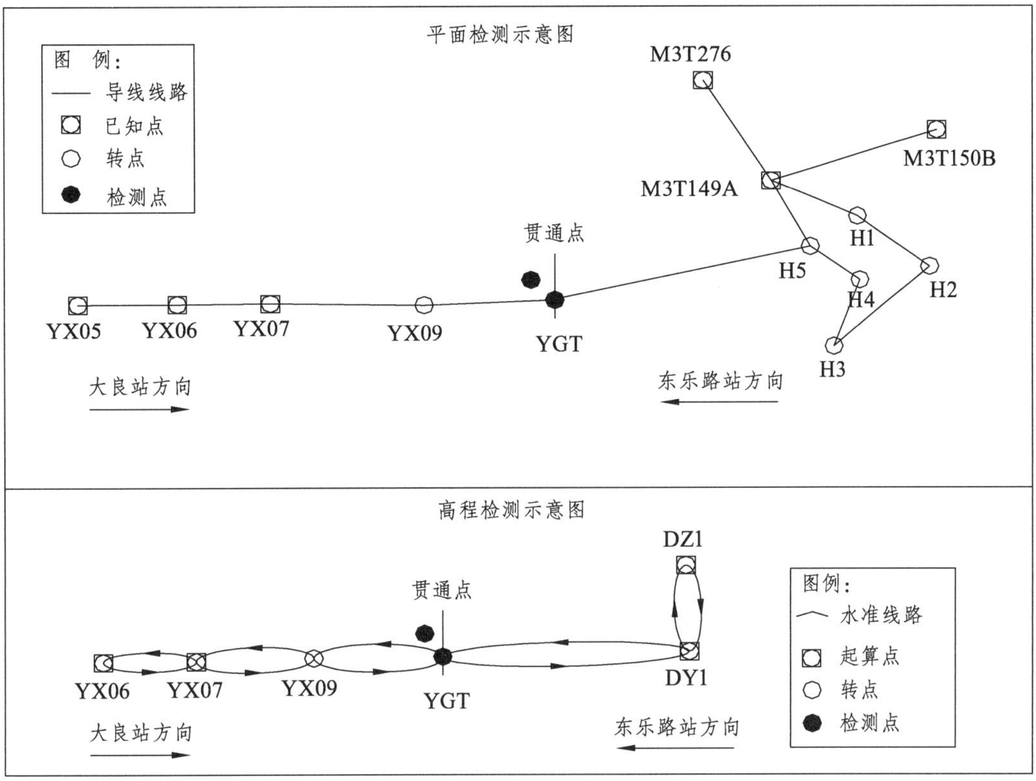

图 5.28 控制点测量示意图

3. 精度分析

平面坐标最大点位误差为±1.65 mm，最大点间误差为±1.06 mm，最大附合导线角度闭合差为 8.0″，X 坐标闭合差为-0.000 5 m，Y 坐标闭合差 0.009 1 m，附合导线总长度为 0.351 0 km，相对精度 1∶38 453；高程最大点间高差中误差为±1.42 mm，最大高程中误差为±1.73 mm；测量精度满足规范要求。

4. 最终成果

见表 5.46、5.47。

表 5.46 贯通测量坐标及高程表

点 号	横坐标（X）/m	纵坐标（Y）/m	高程（H）/m	备 注
YGT	*****96.0556	*****81.7508	−12.702 3	大良站方向
	*****96.0369	*****81.7499	−12.688 3	东乐路站方向

表 5.47　贯通误差成果表

点号	贯通误差投影到设计线路中心线上		高程贯通误差/mm	里程	备注
	横向贯通误差/mm	纵向贯通误差/mm			
YGT	18.7	1.2	14.0	YDK17+705.774	

说明：本贯通测量误差已投影到设计线路中心线上进行过改正，该贯通面里程处线路设计方位为：269°04′52.6″。

（三）荔村站—伦教站高架区间贯通测量

1. 工程概况

佛山市城市轨道交通三号线工程荔村站—伦教站高架设计起点里程 YDK25+838.817，设计终点里程 YDK26+041.417，高架全长 202.6 m。该区间为高架区间，小里程接驳荔村站—伦教站明挖区间，大里程接伦教高架站。该高架区间为单跨双线区间，因此左右线共用底板控制点，贯通测量导线及高程数据也可左右线共用。图 5.29 为荔村站—伦教站高架区间概况图。

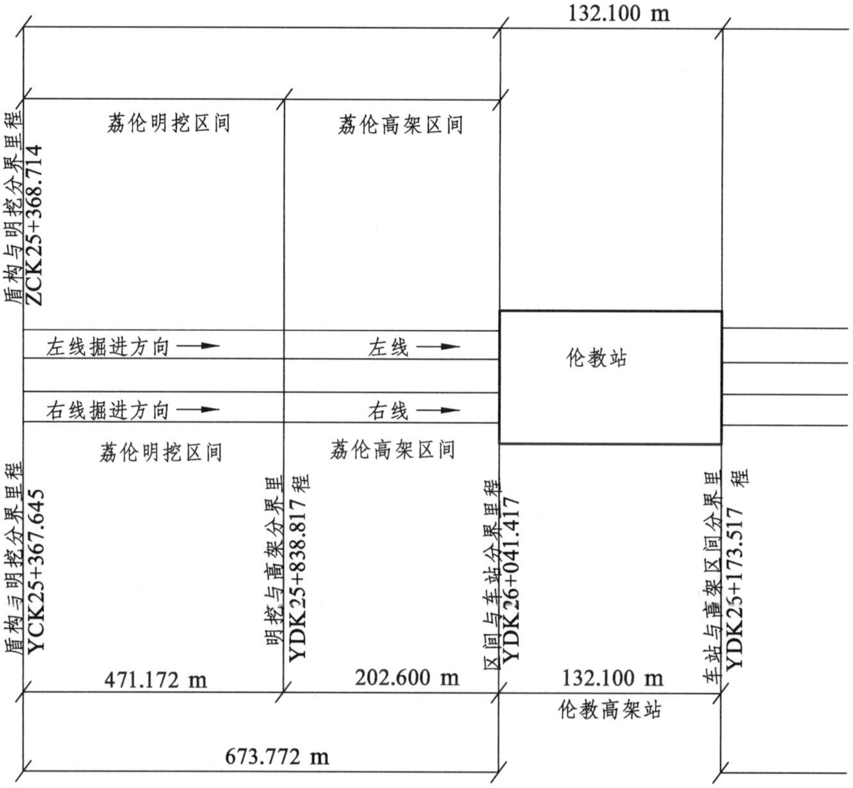

图 5.29　荔村站—伦教站高架区间工程概况图

2. 测量过程

1）控制点检核

贯通测量平面测量荔村站方向采用荔村站—伦教站明挖区间底板控制点 LLZ1、LLZ2、LLZ3 作为起算数据；伦教站方向采用伦教站底板控制点 LJCZ1、LJCZ2、LJCZ3 作为起算数据，测量前对起算点稳定性进行了边长关系检查，往返测距各两测回，检查结果见表 5.48、表 5.49。

表 5.48　边长检核表

序号	边名	坐标反算边长/m	实测边长/m	较差/mm	边长比例误差	边长比例误差限差
1	LLZ1 ~ LLZ3	95.454 4	95.453 6	−0.8	1/119 318	1/80 000
2	LLZ3 ~ LLZ2	52.732 3	52.731 8	−0.5	1/105 465	1/80 000
3	LJCZ3 ~ LJCZ2	71.523 0	71.523 6	0.6	1/119 205	1/80 000
4	LJCZ2 ~ LJCZ1	57.284 6	57.284 8	0.2	1/286 423	1/80 000

表 5.49　角度检核表

序号	测站	方向	理论角度	实测角度	较差/（″）	限差
1	LLZ3	LLZ1	358°39′39.7″	358°39′40.9″	1.2″	±5″
		LLZ2				
2	LJCZ2	LJCZ3	179°57′17.5″	179°57′14.6″	−2.9″	±5″
		LJCZ1				

由上表可知，平面起算点稳定。

贯通测量高程测量荔村站方向采用荔村站—伦教站明挖区间底板控制点 LLZ2、LLZ3 作为起算数据；伦教站方向采用伦教站底板控制点 LJCZ1、LJCZ2 作为起算数据，作业前根据城市轨道交通二等水准测量的技术要求检核其相互关系，见表 5.50。

表 5.50　起算高程检核表

序号	线路名称	原测高差/m	实测高差/m	高差不符值/mm	距离/km	限差/mm
1	LLZ2 ~ LLZ3	1.517 8	1.518 4	0.6	0.089	±1.2
2	LJCZ1 ~ LJCZ2	0.012 7	0.013 6	0.9	0.057	±1.0

由上表可知，高程起算点稳定。

2）控制点测量

起算点检核无误后，伦教站方向以 LLZ1 ~ LLZ3 作为起算边，经 LLU1、LLGJ1 测至贯通点 LJGT，伦教站方向以 LJCZ3 ~ LJCZ2 作为起算边，直接测至贯通点 LJGT。起算点检核无误后，伦教站方向以 LLZ2、LLZ3 作为起算点，经 LLU1、LLGJ1 测至贯通点 LJGT，伦教站方向以 LJCZ2、LJCZ1 作为起算点，直接测至贯通点 LJGT。图 5.30 为控制点测量示意图。

3. 精度分析

平面坐标最大点位中误差为±2.41 mm，最大点间中误差为±0.62 mm；高程最大点间高差中误差为±1.38 mm，最大高程中误差为±2.23 mm；测量精度满足规范要求。

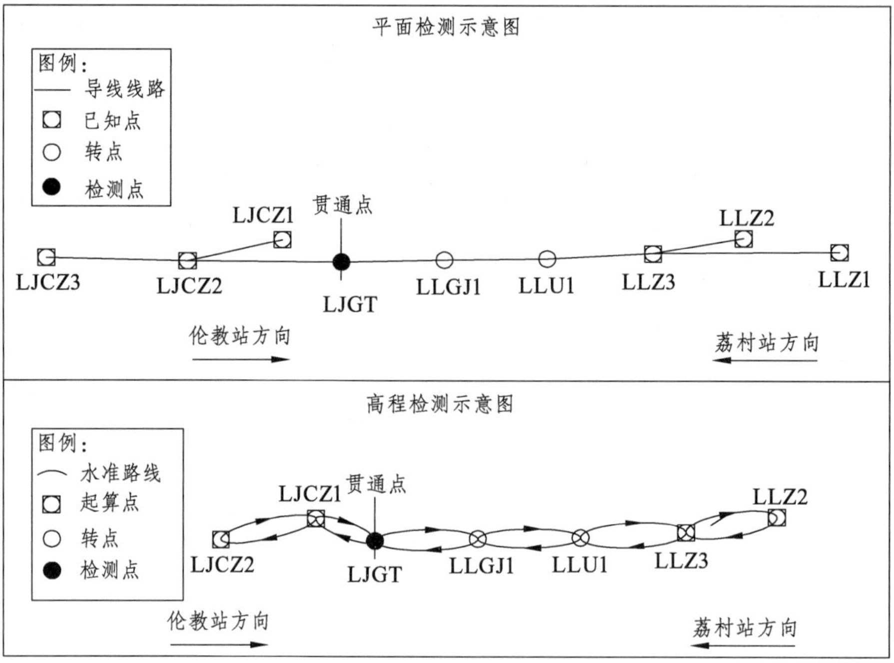

图 5.30 控制点测量示意图

4. 最终成果

见表 5.51、5.52。

表 5.51 贯通测量坐标及高程表

点 号	横坐标（X）/m	纵坐标（Y）/m	高程（H）/m	备 注
LJGT	*****35.2065	*****70.4984	11.669 2	荔村站方向
	*****35.2129	*****70.5103	11.671 5	伦教站方向

表 5.52 贯通误差成果表

点 号	贯通误差投影到设计线路中心线上		高程贯通误差/mm	里程	备 注
	横向贯通误差/mm	纵向贯通误差/mm			
LJGT	13.3	2.2	2.3	ZDK26+040.02	左线
LJGT	13.3	2.2	2.3	YDK26+040.02	右线

说明：左右线贯通测量误差已投影到设计线路中心线上进行过改正，该贯通面里程处线路设计方位均为：322°09′18.8″。

三、总 结

本节提供了 3 种不同的贯通测量方案，总结需要具备的条件及贯通测量方法分别如下：

（1）盾构区间、明挖区间、暗挖区间接收井具备 3 个稳定的底板控制点，且边长合理，掘进方向也具备 3 个稳定的底板控制点。即如大墩站—东平站盾构区间右线，接收井车站右线已具备 3 个底板控制点，供控制点检核及起算使用，同时大墩站—东平站盾构区间右线贯通前 150 m 联系测量测量后的洞内控制点稳定可靠。该种条件是贯通误差测量工作的最优条件，平面贯通误差测量应严格按照《城市轨道交通工程测量规范》(GB/T50308—2017)相关技术要求，使用贯通面两侧的平面测量控制点分别测量贯通面上设置的同一临时点的坐标，并由此计算出隧道和车站的纵向、横向误差；高程贯通误差测量应利用贯通面两侧的高程测量控制点，分别测定贯通面上同一个临时点的高程，并计算出高程较差。

(2)盾构区间、明挖区间、暗挖区间接收井不具备 3 个稳定的底板控制点，掘进方向具备 3 个稳定的底板控制点。即如大良站—东乐路站盾构区间右线，进行贯通测量工作时，东乐路站仅大里程盾构井完成了土建施工，其余位置尚未开工，东乐路站内仅有 1 组底板控制点；大良站—东乐路站盾构区间右线贯通前 150 m 联系测量测量后的洞内控制点稳定可靠。该条件下，平面贯通误差应按照接收井方向利用地面导线点起算加掘进方向利用洞内导线分别测量贯通面上设置的同一临时点的坐标，并由此计算出隧道和车站的纵向、横向误差；高程贯通误差测量应区分接收井稳定底板控制点数据来原则起算依据，如接收井具备 2 个或以上稳定的底板控制点，应利用贯通面两侧的高程测量控制点，分别测定贯通面上同一个临时点的高程，并计算出高程较差。如接收井只有 1 个或以下数量的底板控制点，接收井应利用地面稳定的已知点将高程传递到贯通面上的一个临时，掘进方向利用稳定的洞内控制点测定贯通面上同一个临时点，并计算出高程较差。

(3)高架区间的贯通测量需等待高架区间及高架车站土建结构施工完毕，此时车站联测已完成，高架区间的控制点联测也已完成，车站和区间即可分别具备 3 个稳定的底板控制点。该种条件也是标准条件，平面贯通误差测量应严格按照《城市轨道交通工程测量规范》(GB/T50308—2017)相关技术要求，使用贯通面两侧的平面测量控制点分别测量贯通面上设置的同一临时点的坐标，并由此计算出隧道和车站的纵向、横向误差；高程贯通误差测量应利用贯通面两侧的高程测量控制点，分别测定贯通面上同一个临时点的高程，并计算出高程较差。

第七节　长区间与短区间地下控制点联测成果对任意设站控制网测量的影响

地铁隧道贯通且内部注浆完成、隧道稳定后，需进行地下控制点联测，联测的成果将作为断面测量、任意设站控制网测量的起算数据。常规的地下控制点联测常以“两站一区间”为测量单元，以两端竖井的控制点为起算依据，通过区间施工控制中线点或导线点组成附合导线，即风井控制边—区间控制中线点或导线点—风井控制边。考虑到地面控制点通过联系测量引测至地下时产生的测量误差，以及区间联测时存在的测量误差，联测成果可能会有精度超限的情况发生。以佛山市轨道交通三号线创意园站—驹荣北路站、驹荣北路站—东乐路站这两个区间为例，分析长区间与短区间地下控制点联测成果对任意设站控制网的影响。

一、联测方法

创意园站—驹荣北路站盾构区间由创意园站始发，驹荣北路站接收，区间长约 1.4 km；驹荣北路站—东乐路站盾构区间由驹荣北路站始发，东乐路站接收，区间长约 0.8 km，其施工及测量过程如图 5.31 所示。

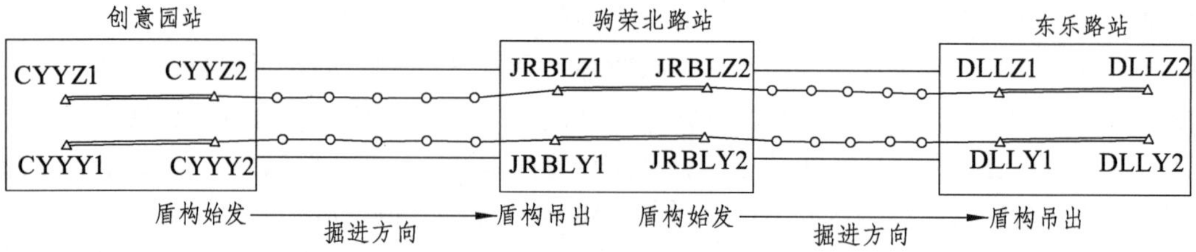

图 5.31　施工及测量过程示意图

地下控制点联测分为平面控制点联测和高程控制点联测，由创意园站的控制点作为起始进行测量，经过区间隧道内的控制点，分别附合到驹荣北路站、东乐路站的控制点上。

为了满足地铁施工高精度的要求，本次平面控制点联测使用精度为 0.5″的 Leica TS60 测量机器人，搭载自动观测记录软件，按照《城市轨道交通工程测量规范》（GB/T 50308—2017）中精密导线观测技术要求进行施测，观测技术要求如表 5.53 所示。

高程控制点联测使用精度为±0.3 mm/km 的 Leica DNA03 电子水准仪，按照《城市轨道交通工程测量规范》（GB/T 50308—2017）中一等水准测量技术要求进行施测，技术要求如表 5.54 所示。

表 5.53　精密导线观测技术要求

控制网等级	水平角测回数（Ⅰ级全站仪）	边长测回数	测距相对中误差
三等	4	往返测距各 2 测回	1/80 000

表 5.54　水准测量技术要求

水准测量等级	每千米高差中数中误差/mm		附合水准路线最大长度/km	水准仪等级	水准尺	观测次数		往返较差、附合或环线闭合差/mm
	偶然中误差 M_Δ	全中误差 M_W				与已知点联测	附合或环线	
一等	±1	±2	400	DS1	铟瓦尺或条码尺	往返测各一次	往返测各一次	$\pm 4\sqrt{L}$

二、联测精度评定

（一）平面控制点精度评定

以“两站一区间”为测量单元，分别约束驹荣北路站和东乐路站、创意园站和驹荣北路站的控制点进行平差计算，得到平差结果、精度指标如表 5.55 所示。从表中数据分析可得：两个区间的联测精度都能满足规范要求，全长相对闭合差均优于 1/35 000；驹荣北路站—东乐路站区间的联测精度相对较高，创意园站—驹荣北路站区间的联测精度差一些。

表 5.55 各区间平面联测精度统计

区 间	全长相对闭合差	方向平差改正数最大	最弱点位中误差
驹—东左线	1/115 207	0.7	1.4
驹—东右线	1/103 811	0.8	1.6
创—驹左线	1/44 120	1.7	7.5
创—驹右线	1/58 586	1.4	4.8

将两个区间合并成长区间，约束创意园站和东乐路站的控制点进行平差计算，得到平差结果、精度指标如表 5.56 所示。从表中数据分析可得，长区间联测精度满足规范要求，且长区间联测精度优于创意园站—驹荣北路站区间的联测精度。

表 5.56 长区间平面联测精度统计

区 间	全长相对闭合差	方向平差改正数最大	最弱点位中误差
创—驹—东左线	1/48 455	1.3	11.2
创—驹—东右线	1/116 854	1.1	7.6

对两种联测平差方式计算出的控制点坐标成果进行对比，其中驹荣北路站的两个控制点较差最大，如表 5.57 所示。从表中数据分析可得，本次长区间联测的成果与短区间联测的成果较差 ΔX 最大为−7 mm，较差 ΔY 最大为 11 mm，坐标较差不大，对后续使用影响较小。

表 5.57 长区间联测与短区间平面联测成果较差

点 号	区 间	较差 ΔX /mm	较差 ΔY /mm
JRBLZ1	驹荣北路站左线	−4	9
JRBLZ2	驹荣北路站左线	−4	11
JRBLY1	驹荣北路站右线	−7	5
JRBLY2	驹荣北路站右线	−5	4

（二）高程控制点精度评定

分别以短区间、长区间来约束两端的高程控制点进行平差计算，得到平差结果、精度指标如表 5.58 所示，两种平差方式的精度均满足规范要求。对比短区间与长区间高程联测成果最大较差值，见表 5.59。综合以上分析得出，本次长区间联测和短区间高程联测精度均满足规范要求，较差也比较小，两种高程联测方式的差异对于后续施工影响甚微。

表 5.58 长区间联测与短区间平面联测成果较差

区 间	闭合差/mm	最大点位误差/mm	最大点间误差/mm
驹—东左线	−0.8	0.7	0.5
驹—东右线	−2.1	1	0.7
创—驹左线	−1	0.8	0.5
创—驹右线	−0.4	1	0.5
创—驹—东左线	−0.9	0.8	0.4
创—驹—东右线	−4.3	2.1	0.8

表 5.59　长区间联测与短区间高程联测成果较差

点　号	区　间	较差 ΔH /mm
JRBLZ1	驹荣北路站左线	2.6
JRBLY1	驹荣北路站右线	2.3

三、任意设站控制网

任意设站控制网是为调线调坡测量、设备安装测量、轨道的铺设、轨道的精调、位移沉降变形监测和运营维护提供统一的控制基准。一般在隧道贯通、路基与桥梁等结构的线下工程施工完成后建立。任意设站控制网建立需要收集地下控制点联测后的成果作为已知起算点，测量之前须对平面和高程起算点进行复测和精度检核，观测技术要求见表 5.60、表 5.61、表 5.62。

表 5.60　平面测量水平方向观测技术要求

仪器测角精度	测回数	半测回归零差	不同测回同一方向 2C 互差	同一方向归零后方向值较差
0.5″	2	6″	9″	6″

表 5.61　平面测量距离观测技术要求

测回数	半测回间距离较差	测回间距离较差
⩾2	±1 mm	±1 mm

表 5.62　自由设站三角高程测量技术要求

仪器测角精度	测回数	半测回归零差	不同测回同一方向 2C 互差	同一方向归零后方向值较差
0.5″	2	6″	9″	6″

任意设站控制网测量的精度要求较高，测量区段长度不宜小于 2 km，控制点复测与原测成果坐标较差应小于或等于 3 mm，且相邻点的复测与原测坐标增量较差应小于或等于 2 mm，而任意设站控制网又是基于地下控制点联测的成果来建立的。因此，尽可能地提高地下控制点联测的精度有利于任意设站控制网的测设。

四、联测方式分析

以某地铁工程某连续的 3 个区间 abc 为例，由于施工进度不同，a、c 区间最早贯通并且已将联测后的控制点移交给铺轨单位使用，a、c 区间的控制点已用作铺轨施工无法更改，等到中间的 b 区间贯通后进行联测时，全长相对闭合差低于 1/35 000，且区间内控制点成果与贯通前成果较差最大为 50 mm，不仅联测精度指标不够，且不利于后续施工限界控制，铺轨存在一定风险。这时候只能采取调整 b 区间内的控制点成果的手段来选取最优方案，经过多次反复调整，最终确定的方案计算出的精度刚好能满足限差要求，与贯通前成果较差最大值也缩小为 25 mm。

由以上案例可知，在有条件的情况下，应尽量采用长区间联测，这样不仅可以提高精度，且能给联测成果取值提供更多参考，保障后续任意设站控制网测量的使用。若都采用短区间为单位进行联测，这不仅为后续测量工作增加难度，且存在一定风险，尤其是两端施工进度较快，只留下中间一个区间单独联测风险最大，可操作性就会更小，从而影响任意设站控制网的精度，不利于铺轨的平顺度。

地铁隧道贯通后，进行地下控制点联测时应结合实际施工情况，尽可能地进行长区间联测，长区间联测相比短区间联测精度更佳，对于联测控制点成果的取值有更多参考价值，为后续的断面测量、任意设站控制网测量提供保障。

第八节　GAT05 型陀螺全站仪在暗挖区间联系测量中的应用

城市轨道交通暗挖隧道的平面贯通误差总体可分为坐标传递误差和方位传递误差。根据当前的测量装备水平，坐标传递误差影响小于 3 mm。方位传递误差又可分为工作井方位传递误差和隧道内的精度导线测量累积误差，其影响程度与暗挖段隧道长度成正比。单考虑工作井方位传递误差，对于 2 km 长的暗挖区间，每 1″在贯通面上引起横向 10 mm 的影响，井口的地下控制导线的水平角观测误差同样对贯通面产生类似的影响，如何提高导线边的方位精度是长区间暗挖隧道的测量关键。

为提高地下导线的精度和可靠性，通常采用加测陀螺边的方法对地下导线边进行检核和加权平均，以提高地下导线方位角的精度。本节主要介绍陀螺全站仪在暗挖区间联系测量中的应用。

一、陀螺全站仪测量原理与计算

图 5.32 为陀螺全站仪。陀螺全站仪是根据陀螺的定轴性和进动性，在地球自转的影响下，能够在纬度低于 70°的三维空间中迅速测定出真北方位角的精密定向仪器。目前市面应用较多的有磁悬浮陀螺仪、悬挂吊带的陀螺仪、静电陀螺仪等。

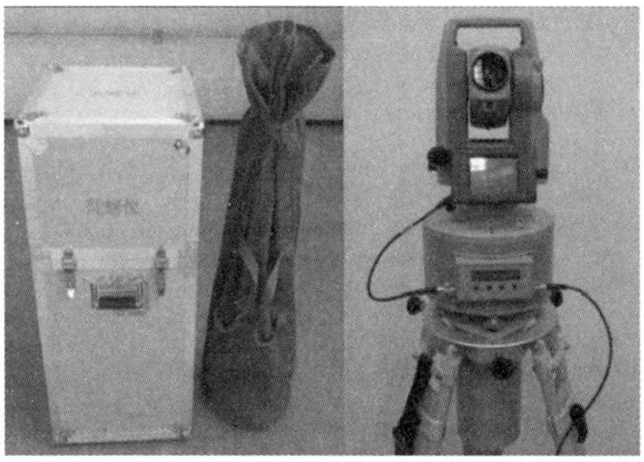

图 5.32　陀螺全站仪

陀螺全站仪有两个重要评价指标，一次定向时间和定向精度。国外的代表产品 Gyromat3000 陀螺全站仪，7 min 内测量精度达到 3″，目前处于世界领先地位。国内具有代表性的是长安大学与中国航天科技集团研制的 GAT 磁悬浮陀螺全站仪，8 min 中定向精度为 5″。国内地铁常用的陀螺仪定向精度为 5″ ~ 10″，一次定向时间约为 15 min。本节介绍的是由长安大学研制的 GAT05 悬挂吊带的陀螺全站仪，10 min 内定向精度为 5″。

GAT05 陀螺全站仪属于悬挂吊带的陀螺仪，工作原理是用吊丝悬挂重心下移的陀螺灵敏部敏感地球自转角速度的水平分量，在重力作用下，产生一个北向进动的力矩，使陀螺敏感部主轴（即 H 向量）围绕子午面往复摆动。通过光电传感器将陀螺灵敏部往复摆动的光信号，转换为电信号，传送给控制系统，控制系统自动跟踪陀螺灵敏部的方位摆动，并对灵敏部进行加矩控制，解算出被测目标的北向方位角。

陀螺全站仪测设流程是在已知边设站定向测定真北方位角，结合已知边的坐标方位角、子午收敛角求取陀螺仪常数；再在未知方位角定向，结合子午收敛角、陀螺方位角及仪器常数求取坐标方位角。图 5.33 为陀螺全站仪测角示意图。

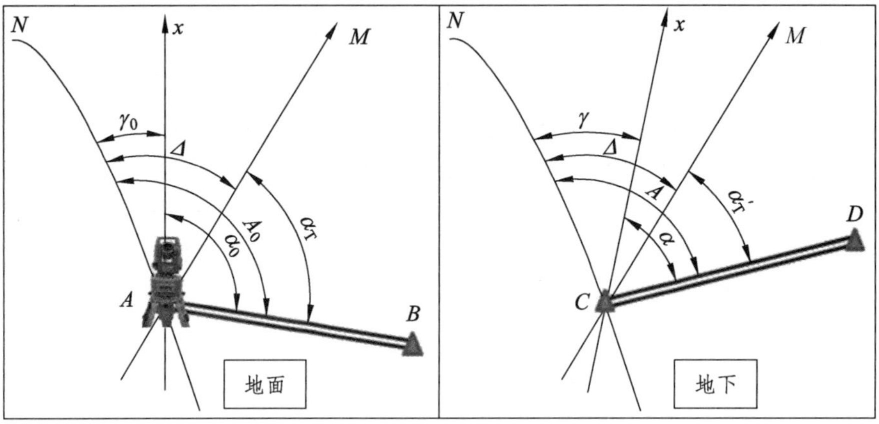

图 5.33　陀螺全站仪测角示意图

陀螺全站仪的具体操作如下。

1. 仪器常数标定

仪器常数标定测量，选取地面控制网中 $A \rightarrow B$ 两个已知点构成的测线进行仪器常数标定，独立测量 3 测回。

$$\Delta_1=\gamma_1\text{（子午收敛角）}+\alpha_1\text{（已知边坐标方位角）}-\alpha_{T1}\text{（陀螺方位角）}$$

2. 地下待定边测量

对地下待定边 $C \rightarrow D$ 进行陀螺定向，独立进行 3 测回。

$$\Delta=\gamma\text{（子午收敛角）}+\alpha\text{（待定边坐标方位角）}-\alpha_{T'}\text{（陀螺方位角）}$$

3. 仪器常数检核测量

回到地面常数边 $A \rightarrow B$ 再次进行定向测量，独立测量 3 测回。

$$\Delta_2=\gamma_2\text{（子午收敛角）}+\alpha_1\text{（已知边坐标方位角）}-\alpha_{T2}\text{（陀螺方位角）}$$

4. 坐标方位角计算

依据 $\Delta=(\Delta_1+\Delta_2)/2$，可计算得到地下待定边 CD 的坐标方位角 α。

二、全站仪定向测量影响因素实测与分析

通过对陀螺仪测量原理及测量过程的研究，分析测量过程中引起误差的原因，在陀螺仪

测量过程中采取相应措施确保成果精度。

1. 外界环境对陀螺定向的影响

陀螺仪是一种精密定向仪器，其工作的基本原理是通过敏感地球自转角动量实现寻北定向测量的。佛山轨道交通三号线工程采用的陀螺全站仪大多数是悬挂带支承技术，悬挂带对环境的敏感程度较高，不利的温度、湿度、风力、震动等干扰因素均会影响陀螺的寻北精度。以一个区间陀螺仪测量为例，见表 5.63。

表 5.63　陀螺方位角统计一览表

测量时段	陀螺方位角（° ′ ″）	互差	出洞前后最大互差	天气因素	振动因素
出洞前	278 38 03.8	15.1″	22.6″	第一天　阴雨　温度 22 °C	陀螺全站仪 20 m 范围内有大型运载设备
	278 38 17.4				
	278 38 02.3				
出洞后	278 38 09.8	15.1″		第二天　晴天　温度 30 °C	
	278 38 13.7				
	278 38 24.9				

（1）出洞前和出洞后两次测量的外界温度有较大的变化，升温约 8 °C，出洞前后的互差最大值为 22.6″，陀螺定向受温度变化有一定影响，因温度变化导致陀螺定向精度减弱。隧道的气候环境相对稳定，利于陀螺全站仪测量。

《城市轨道交通工程测量规范》（GB/T 50308—2017）规定，陀螺仪测量需在 3 天内完成。为避免出洞前后的测量因温度或其他气象因素干扰，应尽可能地在 1 天内完成整套流程的测量。

（2）在地面测量过程中均受到大型运载设备的干扰，地上出洞前后的三测回内互差均较大，超出仪器标称精度的 3 倍误差，陀螺定向精度较差。

在陀螺测设过程中，应尽量减少仪器周边的振动，应协调施工单位暂让工作面，避免重载车、挖机、龙门吊等大型设备在仪器周边作业。隧道内测量应着重协调施工单位暂停隧道内风机、电车的运行，暂停盾构的掘进，为测量提供短暂的窗口期。

2. 对中误差对陀螺方位角的影响规律

垂线陀螺仪无法在固定仪器台上使用，需配备定制脚架使用，如图 5.34。

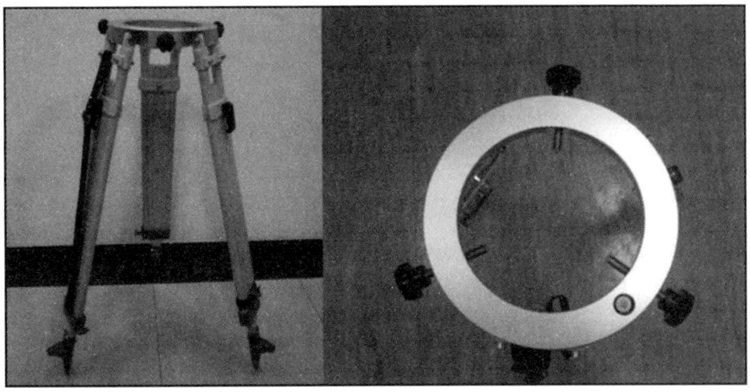

图 5.34　陀螺全站仪定制脚架

垂线陀螺全站仪的对中误差将直接影响角度测量，见表 5.64。

表 5.64　对中误差对陀螺方位角影响统计一览表

陀螺边边长	对中误差对应的偏差角度		
	1 mm	2 mm	3 mm
60 m	3.3″	6.7″	10.0″
150 m	1.3″	2.7″	4.0″
200 m	1.0″	2.0″	3.0″
400 m	0.5″	1″	1.5″

规范中规定地面已知边长度宜长于 60 m，对中误差为 3 mm 时，引起的陀螺仪常数误差约 10″，临近规范要求的检查限差 10″，无法满足检核要求。因此，加测陀螺方位角的地下导线边宜不小于 150 m 左右，因对中误差引起的角度误差约为 2″，相对较小。地上已知边宜按 200 ~ 400 m 的间距进行适当拉长，且架设棱镜端采用固定墩台，减少因对中误差导致的陀螺仪常数误差。

3. 陀螺定向误差对贯通测量的影响估算

陀螺边测算完成后，通常会与导线边的方位角进行对比，查看陀螺的外符合精度，采用规范规定的 12″作为检核值来判定导线边的测量精度是否满足要求，后续不再进行贯通误差的精度分析。

陀螺边的测定具有独立性，能够有效检核为地下导线的精度，统计陀螺边与导线边的测量误差进行贯通误差估算，能有效判断隧道能否顺利贯通。

采用陀螺边与导线边方位角的差值与最不利因素情况下的陀螺定向误差相结合，估算陀螺边的方位角误差，根据陀螺边至贯通面的距离，测算贯通误差。

三、工程案例

本文通过汇总佛山市轨道交通 3 号线第三方测量 2 标部分区段陀螺全站仪测量的过程及成果，分析陀螺全定向误差，改进测量过程，保证测量精度。

根据《城市轨道交通工程测量规范》（GB/T 50308—2017）及《佛山市轨道交通工程测量管理办法》的相关规定，若单向掘进长度超过 1 500 m，掘进至 800 m 时须加测陀螺定向以校核坐标方位，之后每 800 m 均须加测陀螺定向；佛山市轨道交通三号线罗—西右线长 2 042 m，兴—太区间左线长 2 044 m，上述两个区间均超出 1 500 m，按照规定在 800 及 1 600 m 处加测陀螺边做检核。图 5.35 为地下导线示意图。

测量通常选择适宜的天气，并提前与施工单位协调时间和场地。在 1 天内完成整个流程的陀螺边测量工作。地面已知边测量选择长度在 200 ~ 400 m 的边长，以减少对中误差对角度测量的影响。统计标段内部分区段的陀螺全站仪测量数据（详见表 5.65）。

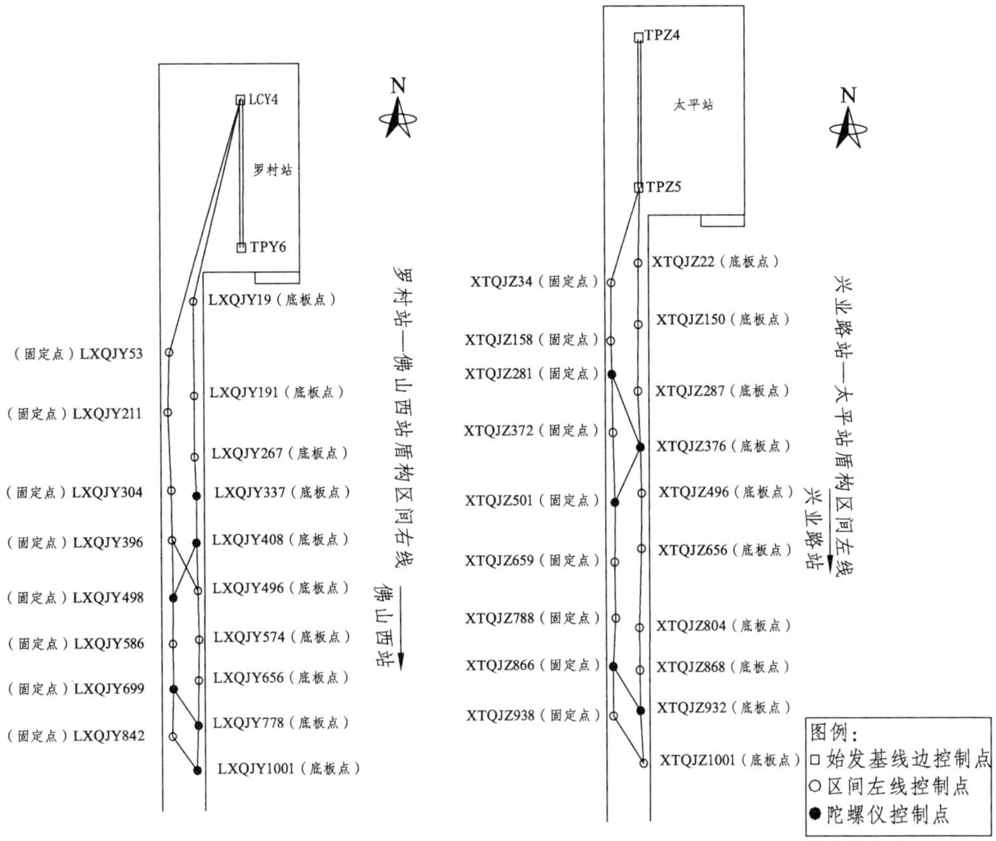

图 5.35　地下导线示意图

表 5.65　陀螺全站仪测角统计一览表

区间名称	陀螺边名称	地上已知边长度/m	地上陀螺边测回互差		地上前后均值互差/（″）	地上总测回互差/（″）	仪器常数一次测定中误差/（″）	仪器常数中误差/（″）
			（出洞前）/（″）	（出洞后）/（″）				
罗—西右线 800	LXQJY337-LXQJY408-LXQJY498	262	6.8	8.4	4.0	12.4	±4.4	±1.8
罗—西右线 1600	LXQJY699-LXQJY778-LXQJY1001	262	1.1	2.0	5.2	6.7	±3.0	±1.2
兴—太左线 800	XTQJZ281-TXQJZ376-TXQJZ501	405	8.4	11.0	1.5	12.4	±5.2	±2.3
兴—太左线 1600	XTQJZ866-XTQJZ932-XTQJZ1001	405	12.2	9.2	4.0	13.0	±5.5	±2.2
			限差：20	限差：20	限差：15	限差：15		限差：5

通过采取上述措施测得的仪器常数中误差为 1.2″ ~ 2.3″，低于仪器标称精度，测量内符合精度良好。陀螺全站仪测角统计一览表如表 5.66。

表 5.66　陀螺全站仪测角统计一览表

区间名称	陀螺边名称	地下陀螺边测回互差/（″）	坐标方位角互差/（″）	是否超限（12″）
罗—西右线 800	LXQJY337-LXQJY408	9.0	-0.9	否
	LXQJY408-LXQJY498	6.2	-1.5	否
罗—西右线 1600	LXQJY699-LXQJY778	10.2	0.2	否
	LXQJY778-LXQJY1001	3.3	-0.1	否
兴—太左线 800	XTQJZ281-TXQJZ376	2.3	2.8	否
	TXQJZ376-TXQJZ501	7.0	1.5	否
兴—太左线 1600	XTQJZ866-XTQJZ932	10.7	-5.5	否
	XTQJZ932-XTQJZ1001	7.0	3.9	否

从上表可知，坐标方位角与陀螺定向方位角较差均小于 10″，证明导线精度较为可靠。

陀螺全站仪需按照地面—地下—地面的操作流程进行测量，测量区间一般超过 1 500 m，上上下下搬运过程中的颠簸使得悬挂带受到一定程度的扰动；为保证测量环境无较大振动，施工配合的方面也较多，会一定程度影响工程施工。建设期的隧道内存在淤泥或积水清扫不及时的情况，人员携带重型设备进出较为困难。为充分利用有限的工作窗口期，在进入隧道测量后，可增加相邻边进行测量。

当兴太左线推进至 1 600 m 时，距离贯通面 444 m，相邻角的坐标方位角累积差为 9.4″，陀螺方位角精度按最不利因素，2 倍标称精度的中误差（10″）计，总的角度偏差约 19.4″，到贯通面的偏差为 4.3 cm<10 cm，因此盾构能正常贯通。

四、小　结

陀螺边的平行检测是提高地下导线方位角精确的重要手段，是保证长区间暗挖隧道贯通的重要技术方法。

陀螺仪测量的时段选择、周边的气象条件以及周边施工动态均会不同程度地影响测量精度，因此在测量过程中宜选定观测时间、减少周边扰动等技术手段保证陀螺边的准确性。

陀螺仪的测量较为耗时费力，可通过采取增长地上导线边、增加地下陀螺边条数的技术措施提高陀螺边检核的正确性。

结合陀螺方位角测量误差及导线测量误差，采用最不利因素估算贯通误差，能有效判断隧道能否顺利贯通，为隧道的顺利贯通提供有力参考。

第九节　城市轨道交通工程测量内外业一体化的思考与实践

城市轨道交通是一项规模大、投资高、周期长的系统性工程，建设难度大；受城市规划、周边已有建构筑分布、地质条件等诸多条件的限制及城市轨道交通本身运行性能的要求，线路结构的走向和标高精度要求高。工程测量工作的有效性是城市轨道交通结构精确就位的前提和保障，城市轨道交通工程测量具有专业性强、精度要求高、及时性要求高等显著特点。

传统测量作业模式质量过于依靠人工干预，受制于员工技术水平、责任心；任何测量环节出错均导致返工、测量周期成倍拉长，关键节点的测量验收时返工更是影响工程施工进度。

随着测量机器人、电子水准仪的普及，以及高性能智能终端、移动通信技术的支撑，城市轨道交通工程测量内外业一体化的作业模式是提高测量工作效率、降低出错概率的有效途径。

一、内外业一体化测量的解决方案

工程测量包括外业测量、内业数据处理两个主要工序。

传统的外业测量班组至少配备观测员 1 名、记录员 1 名、辅助人员 2 名。传统作业模式存在以下局限性：

（1）高精度的测量需求，要求观测员具有丰富的观测经验。实践表明，不同观测员的瞄准、读数等仪器操作习惯易带进成果的系统性误差影响，高强度、长时间的外业损伤易因视觉疲劳导致观测精准下降。长线路测量时更易因误差累计而导致精度迅速降低。

（2）记录员的职业素质要求高。记录员应现场记录观测数据，按测量规范的要求进行繁杂的测站数据计算和检查，以多测回测角为例，需记录多方向的盘左、盘右读数，计算归零差、2C 差、测回差、平均方向值，要求记录员有快速计算能力和较高的数据质量把控能力。记录员在长时间工作中难免会出现易出现听错、记错等问题，导致测量原始数据有误。

（3）内业计算前，测量班组需将原始手簿进行逐项核查，计算对算，耗时费力。

对比传统作业模式的观测员与记录员的高强度配合，内外业一体化测量作业模式下，测量机器人、电子水准仪等设备通过蓝牙或通信线与智能终端连接（可为安卓、苹果等常见型号手机），在测量 APP 软件支撑下自动观测，降低观测员的劳动强度、避免观测习惯带来的系统误差；APP 同步按规范要求计算观测限差，保证外业观测质量；观测数据在移动通信支撑下实时上传云端，内业人员从云端下载数据及时处理，将处理结果反馈至外业人员，对数据异常的部分进行再次现场验证，避免二次进场。一体化模式下，全流程数据“无纸化”“不落地”，有效提高了外业、内业工作的互动效率，降低劳动强度，降本增效。

内外业一体化测量的软件支撑包含移动端 APP 及电脑端桌面软件两部分。我单位使用的软件为《测量云》APP 及相应桌面软件。该软件多测回测角、导线平差的基础功能目前可免费使用，报告定制等进阶功能需要付费使用。电脑端桌面软件是数据后端，可以支持数据下载、本次数据导入、数据解算与发布、数据管理等各项功能。

内外业一体化测量模式可以降低测量从业人员门槛，保证观测精度、成果质量，同时大幅提高工作效率。详细工作流程见图 5.36。

（一）外业采集

内外业一体化首要的条件是实现外业记录的电子化。

轨道交通工程测量运用较多的两种设备为全站仪和水准仪，电子水准仪本身能实现电子化记录。一体化测量的全站仪需采用高精度的测量机器人，机器人自带驱动马达，在 APP 支撑下按需设置观测目标数量和观测顺序，可实现对目标的快速判别、锁定、自动照准和高精度测量，测量后自动存储测量数据；外业观测不含观测习惯带来的系统误差，数据质量稳定。手机 APP 软件交互性强、可视化高、兼容性强，可实时监控测量设备的工作状态和测量结果。

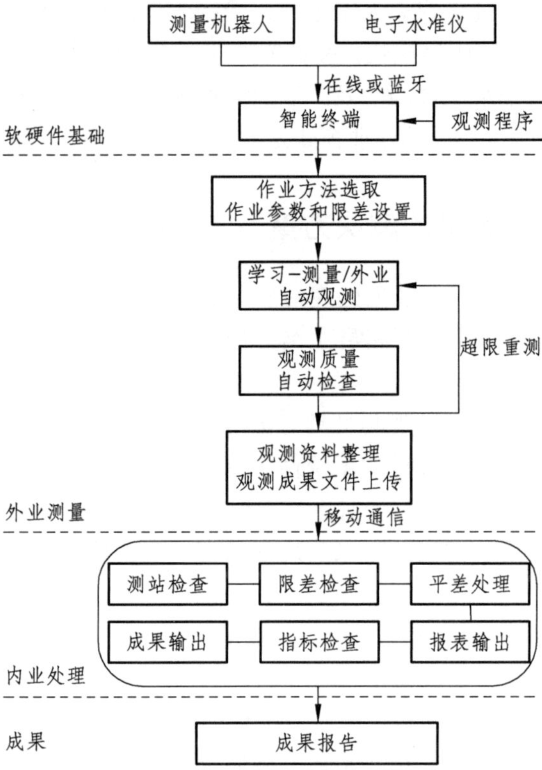

图 5.36 工作流程图

1. 限差设置

软件通过内置测量限差的手段实现了对外业测量精度的控制。例如，四等平面控制网采用全站仪 0.5″级别测角的限差设置包括半测回归零差小于 6″，一测回内 2*C* 互差小于 9″，各测回互差小于 6″，距离的限差设置半测回间距离较差为±1 mm，测回间距离较差±1 mm；等级水准的视距差、两次读数差、尺长读数等。

2. 学习测量

全站仪采用人工瞄准的方式测量第一测回，给予测量机器人提供初始方位。测量机器人通过定向学习后，按技术要求的测回数和设定的观测模式进行自动测量，测量完毕后软件自动生成测站观测报告，质检合格后搬站。

测量成果存储于软件中，在移动通信的支持下，连接云端服务器，进行测量成果上传。测量人员在电子水准仪观测结束后，上传测量数据至服务器中。

（二）内业处理

内业处理系统集成了数据检查、报表输出、数据解算与管理等功能。

1. 数据下载

内业处理人员无须等外业人员的测量数据，直接从云端进行下载。

2. 数据检查

下载后采用软件进行数据检查，再次复核外业成果质量。原始数据报表统计水平角 2*C* 差、互差和测距往返差，水准线路的视距差、读数差、测段不符值等偏差值，并根据线路等级要求，进行限差判定。外业内置限差后，内业的限差判定基本是一次性通过。然后根据数据留底要求，进行输出。

3. 数据解算

原始数据检查无误后，输入已知点，进行平差计算。同时可导出其他通用平差软件的数据格式，进行成果验证。

内业处理人员花费很少的时间进行数据检查及数据解算，能较快地将测量结果反馈至外业人员；指导外业人员对有问题的测段进行返工处理；有效避免因返工导致的二次进场所带来的成本浪费。

二、工程实例

（一）导线测量

佛山市轨道交通三号线第三方测量Ⅱ标段的工程范围包括 15 个车站、15 个区间，标段内控制点位共 58 个，导线全长 47.25 km；其中 GNSS 点 19 个，精密导线点 39 个。按合同及规范的相关规定，全线的精密导线控制网需按照一年一次的频率进行复测。图 5.37 为精密导线网测量示意图。

1. 2019 年度复测采用传统模式进行测量

外业数据采集测量班组配置 4 人，观测员 1 名（外业经验丰富）、记录员 1 名（工作细心、熟知规范要求、字迹工整），棱镜 2 人。外业测量一站平均为 10 min，导线控制网测量完毕需 25 d 左右。

每天作业完成后，测量组回办公室后需专业人员花大量的时间及精力去检查计算外业手簿、观测成果统计和对比，一般情况下层层检查、复核并完成报告需要 4 d 左右。

2. 2020 年采用内外业一体化系统进行

内外业一体化系统是自动测量记录，测量组只需配置 3 个人，其中 2 个架设棱镜，1 个观测者，无需记录者。外业测量一站平均为 3 min，导线控制网测设完成需 15 d 左右。导线控制网内业处理无需花太多时间进行原始手簿的检查，可直接进行计算。图 5.38 为外业手机 APP 蓝牙控制全站仪测量图。

3. 统计分析

测量机器人 4 测回无超限情况，人工测量出现 10 次超限情况，较大增加了作业时间。将两种方法所用人工成本进行统计分析，详见表 5.67。

（二）底板控制点联系测量

以兴太区间的地下车站基线边联系测量为例，本区间采用两井定向直接导线法。图 5.39 为联系测量走向示意图。

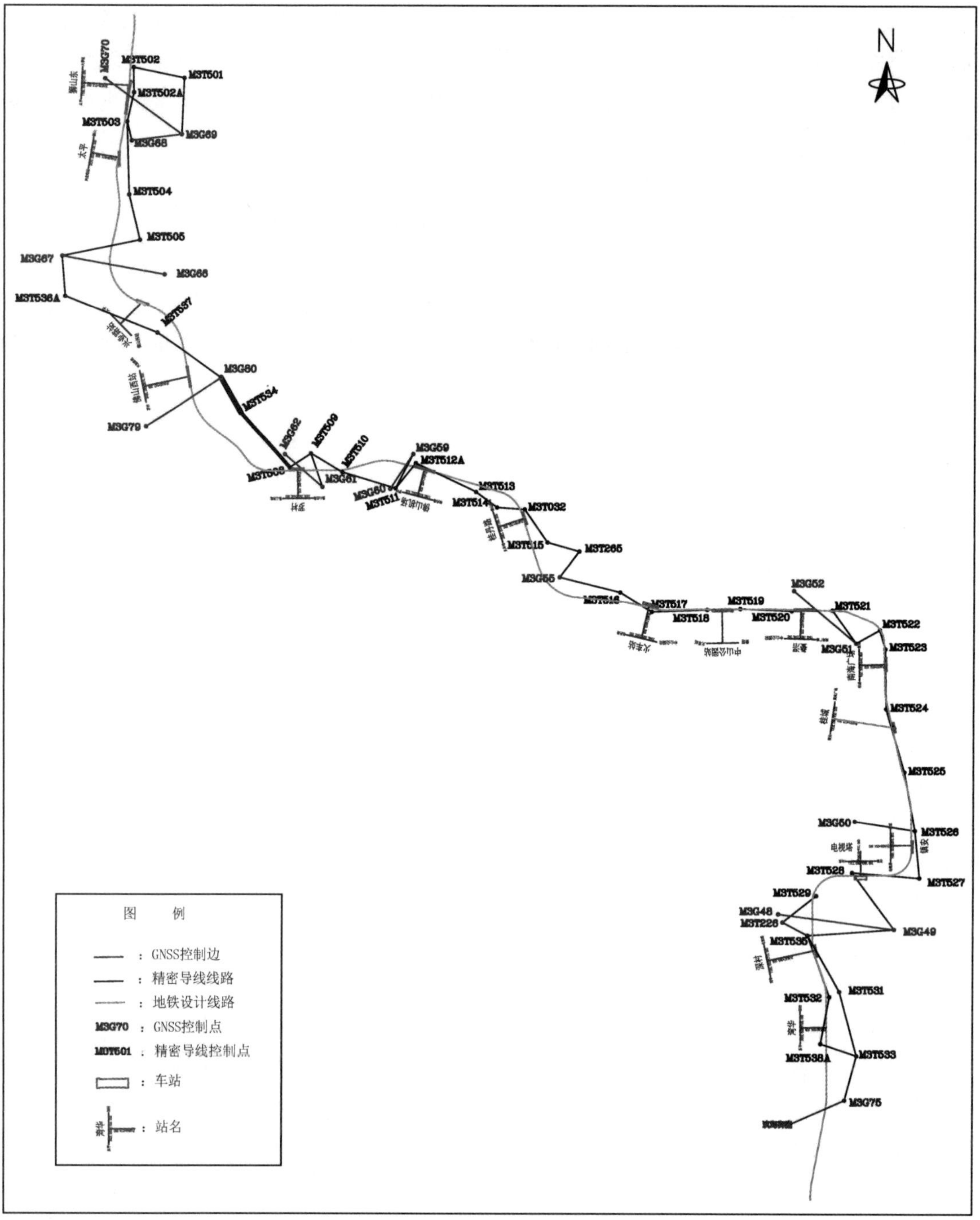

图 5.37 精密导线网测量示意图

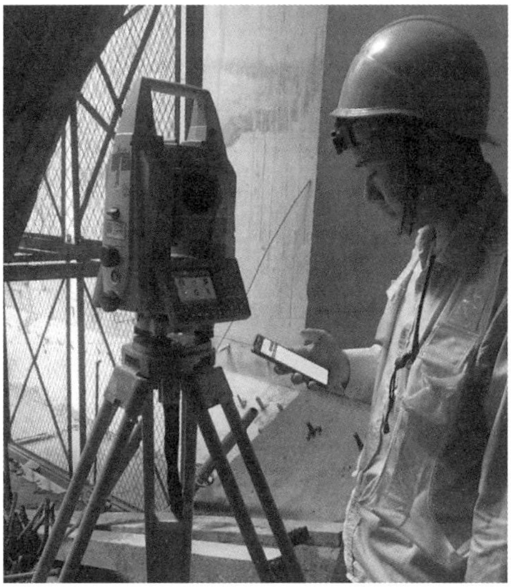

图 5.38　外业手机 APP 蓝牙控制全站仪测量图

表 5.67　资源统计一览表

对比项目	人工测量	内外业一体化	优势
配备人员	4 人	3 人	减少外业记录人员
单站测量时间	10 min	3 min	单站测量时间缩短
测量天数	25 d	15 d	整体测量时间缩短
手簿检查	4 d	3 h	检查时间极大缩短
录入平差、内业核对	2 d	2 h	内业处理时间极大缩短

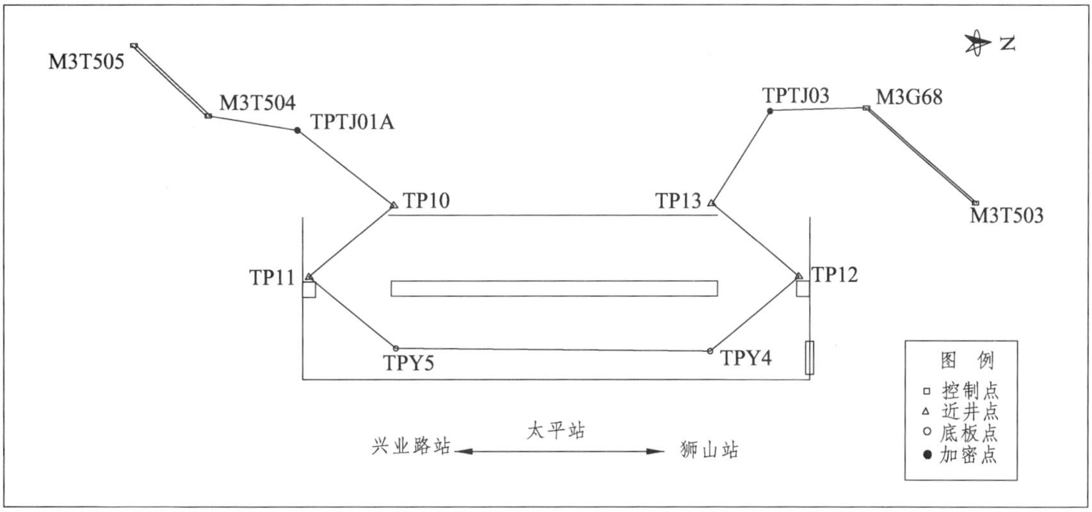

图 5.39　联系测量走向示意图

传统作业模式的联系测量外业数据采集需要 1.5 d，原始数据检查复核并完成报告需要 2 d 左右，总计需 3.5 d 左右。

内外业一体化作业模式下的外业数据采集需要 1 d，约下午 4 点结束测量，内业数据人员下载数据、数据检查、处理及复核完成需要 1 h 左右；外业人员回到办公室时，成果已经处理完毕，极大地缩短了第三方测量检核时间，为工程进度的保障提供了有利检核。

将人工测量及测量机器人的测角测回差进行统计，利用方差 = $\sqrt{\dfrac{\sum \varDelta \times \varDelta}{n}}$ 评估角度测量的稳定性，详见表 5.68。

表 5.68　角度互差统计表

序号	角度名称	人工测量角度各测回互差/（″）	机器人测量角度各测回互差/（″）	备注
1	M3T503-M3G68-TPTJ03	5	2	
2	M3G68-TPTJ03-TP13	5.5	0	
3	TP13-TP12-TPY4	6	1	
4	TP12-TPY4-TPY5	6.5	2	
5	TPY4-TPY5-TP11	2	2	
6	TPY5-TP11-TP10	4.5	1	
7	TP11-TP10-TPTJ01A	4	1	
8	TP10-TPTJ01A-M3T504	3	2	
9	TPTJ01A-M3T504-M3T505	1	1	
方差		4.5	1.5	

从上表得知，测量机器人的测角稳定性明显高于人工测量，能较好地保证测量精度。

三、小　结

内外业一体化作业模式经两年来的实践，已经成熟并推广应用到标段内各类工程测量中。内外业一体化模式采用测量机器人及电子水准仪实现了记录电子化，运用测量云智能终端实现测量数据的及时传输与数据后处理，总结起来，具有以下明显优势：

（1）成果质量稳定，外业效率明显提高，测量外业返工率明显下降。

（2）人员职素要求有所降低，极大节约了人力成本。

（3）极大程度缩短了数据处理和成果报告输出的测量生产周期，测量报告的及时性有了较大提高。

（4）作业人员的数据检查压力有了较大释放，有更多的精力投入于现场精细化管理。

第十节　三维激光扫描技术应用于隧道断面测量的优势及前景展望

地铁隧道土建施工完成之后，受施工误差、沉降变形等因素影响，隧道的主体结构空间位置会和原设计发生一定程度的偏差，因此需要根据实测数据来对线路和坡度进行调整。而隧道断面测量就是为调线调坡工作提供数据基础，为后续铺轨、机电安装等施工提供保障。

传统的隧道断面测量方法主要是全站仪测量法，使用全站仪在隧道内每隔约 5 m 测一个断面，每个断面需要采集 10 个左右点位来进行拟合。传统的隧道断面测量方法存在效率低、精度低、人工成本高且具有一定的局限性等特点。而隧道断面数据的成果又会影响轨道的平顺性及行车的舒适性，因此其对工程质量及进度势必产生一定的影响。

三维激光扫描技术作为一种新兴测量手段，具有高精度、高密度、高效率等优点，能够弥补传统隧道断面测量手段的不足。本节主要介绍地铁隧道断面测量中三维激光扫描技术的优势以及对未来前景的展望。

一、三维激光扫描技术的原理

三维激光扫描技术是基于激光测距的原理，通过发射和接收的激光束测量物体，并利用激光脉冲来进行精准定位，并且计算出各测点的三维坐标。由激光脉冲发出至返回接收的时间差来计算距离 S，同时测出每个激光脉冲横向角度值 α 及纵向角度观测值 θ，以仪器中心坐标为原点，按下式可计算出测点的三维坐标：

$$\begin{cases} X = S\cos\theta\cos\alpha \\ Y = S\cos\theta\sin\alpha \\ Z = S\sin\theta \end{cases}$$

通过大量测点形成带有强度信息和目标物体反射率信息的三维点云，通过三维激光扫描可直接将各种实体或实景的三维点云数据采集到电脑中，经过专门的软件建模，构建出目标的三维实体模型。

二、三维激光扫描技术断面测量

（一）外业操作流程

（1）进入作业现场后观察周围环境，清理扫描范围内的可移动杂物及无关的人员设备。

（2）扫描仪整平之后，新建文件夹查看配套 U 盘的存储状态及空间。

（3）在仪器前后扫描范围内的位置各摆放不少于 2 个靶球；在扫描完成前保持靶球静止[如图 5.40（a）]。

（4）在扫描起始测站、中间间隔 3 ~ 5 站、结束测站设置黑白平面标靶[如图 5.40（b）]，用全站仪获取平面标靶中心的坐标；在全站仪获取坐标后及在扫描完成前须保持平面标靶静止。

（5）设置扫描仪扫描密度及时间，通常设置为每站 3 min 即可满足断面测量要求，启动设备后作业人员移至扫描范围之外。

（6）每站结束后均需在仪器屏幕中确认所获取的点云质量、靶球及平面标靶的辨识度是否满足要求，对不满足要求的需进行重测或对指定目标进行加密观测。

（7）扫描完成后，保持相邻测站连接处的靶球静止，按上述方法和原则移动另一端的靶球和扫描仪进入下一站测量。图 5.41 为外业测量现场图片。

（a）

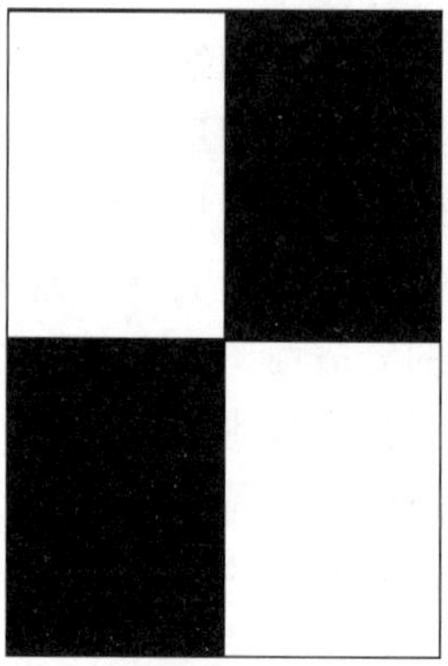

（b）

图 5.40　球形标靶和黑白平面标靶

图 5.41　外业测量现场图片

（二）内业数据处理

1. 点云数据预处理

1）扫描测站配准及坐标转换

通过公共靶球高对比度的特性来匹配扫描和影像并对扫描影像进行定位，选取靶球作为拼接的公共参照点，利用 Trimble Real Works 中的配准功能和相邻测站的公共靶球来进行测站配准拼接（如图 5.42），测站拼接完成后导入平面标靶中心坐标，并将所有点云数据统一至绝对坐标系中。

2）点云噪点去除

采集过程中周边环境会对点云数据造成一定的干扰，这些干扰数据会影响后续断面切片拟合的精度。所以就需要利用 Trimble Real Works 的分割工具对这些点云噪点进行标记分类并去除，提取属性相同且在隧道内壁周围的点云数据作为下一步处理的基础数据。

3）点云取样

由于三维激光扫描采集点云数据密度较大，我们可通过对采集到的点云数据抽稀取样来减轻工作站数据处理的负载，加快断面处理的进度。

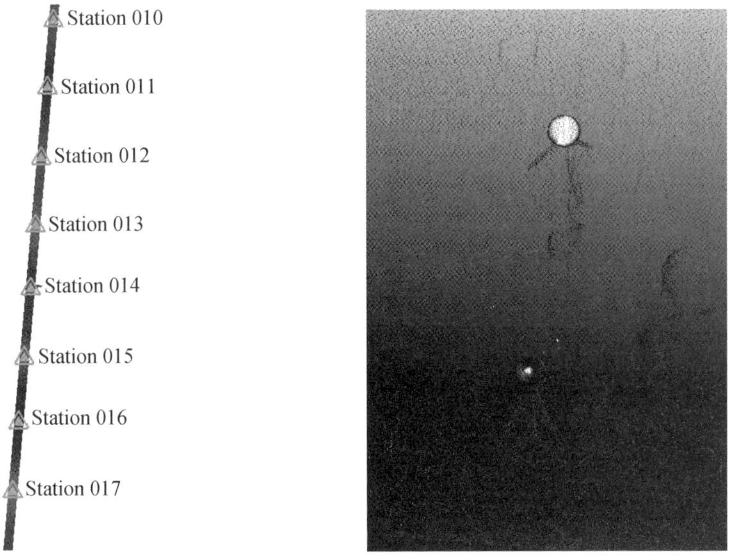

图 5.42　测站配准拼接和公共靶球配准

4）点云输出

点云抽稀取样完成后输出为 LAS 格式的数据，然后转换成 PCD 格式，为下一步“MTPD 激光点云地铁隧道断面处理系统”数据处理提供基础数据。

2. 设计资料录入

依据设计图，将曲线要素数据输入至“MTPD 激光点云地铁隧道断面处理系统”中，为后续自动提取断面位置及获取断面点云切片数据提供设计依据（如图 5.43）。

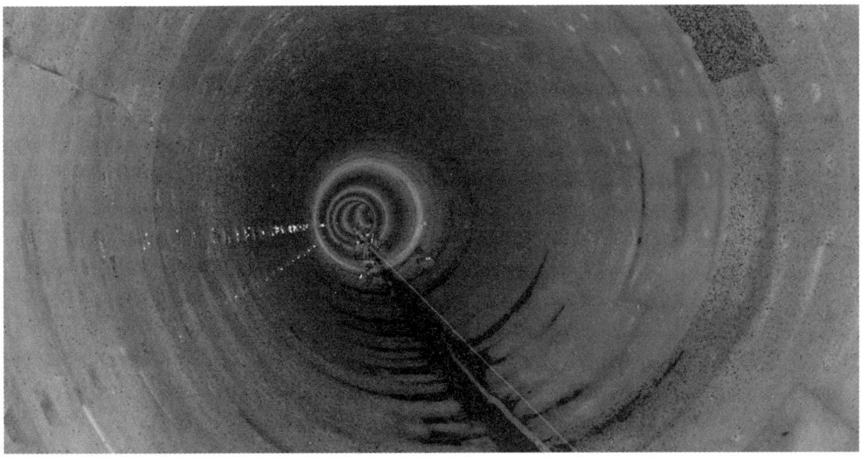

图 5.43　输入曲线要素后自动生成的线路中线

3. 断面成果获取

1）截取断面

以隧道的曲线参数作为依据，沿线路法线方向按一定间距截取断面（如图 5.44）。

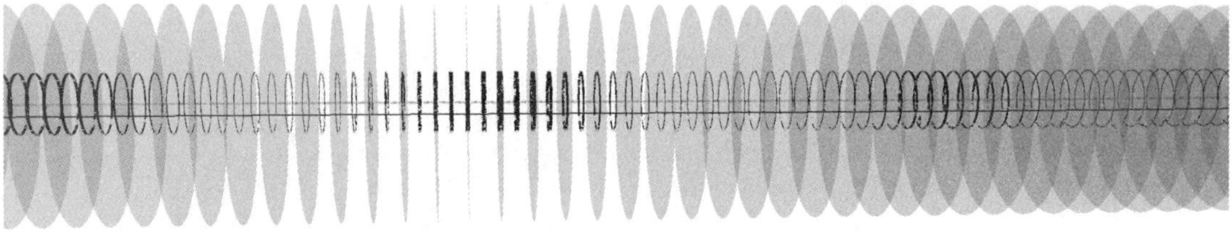

图 5.44　提取的点云切片数据

2）断面拟合

点云断面切片数据提取完成后，以输入的断面位置数据为基础，对已提取的断面进行拟合，从而获得各拟合点至线路中线的横距及隧道顶底高程信息，同时可获取隧道中线的逐桩坐标值。

3）断面成果输出

断面拟合完成后，将断面报表输出。

三、实例分析

在佛山地铁三号线驹荣北路站—东乐路站盾构区间隧道内使用三维激光扫描仪采集生成 223 个断面数据，同时用传统的全站仪法对其中 30 个断面进行复核，复核率为 13%。将两种断面测量方法的数据进行对比，其中左横距最大较差-31.2 mm，右横距最大较差-33.4 mm，顶高最大较差-18.4 mm，底高最大较差-11.2 mm，复核情况如表 5.69 所示。

表 5.69　三维激光扫描断面测量数据与全站仪法测量数据对比（节选）

里程/m	左偏距较差/mm	右偏距较差/mm	顶高较差/mm	底高较差/mm
16 435	-8.1	-31.2	7.3	-4.4
16 564	17.2	-21.0	-18.4	-7.1
16 596	-32.0	-33.0	2.9	3.0
16 612	-8.2	-33.4	8.7	7.4

由以上数据对比可知，使用三维激光扫描仪采集的断面数据精度可以满足设计及规范要求。由于全站仪法一般采用立杆方式进行测量，人工立杆存在一定的误差，测量的点位会存在些许偏差；三维激光扫描仪直接测量环片内壁的点，减少了人工引起的误差，点位精度更高。

三维激光扫描技术在人工成本、工作效率上更具优势，相同的工作量，比全站仪法测量断面少用一半的人工和一半的时间，效率约为全站仪法的 4 倍。采集 223 个隧道断面的工作效率对比见表 5.70。

表 5.70　三维激光扫描断面测量与全站仪法测量效率对比

测量方法	人工需求/人	时间需求/h
三维激光扫描仪	2	6
全站仪	4	12

四、三维激光扫描技术的优势及前景展望

三维激光扫描技术用作隧道断面测量相比于传统隧道断面测量方法有较大的优势，不仅人工成本、工作效率上更具优势；在成果数据质量方面，三维激光扫描采集的数据更为全面，信息量大，并且可以截取任意断面数据，避免了外业工作重复返工，这是传统全站仪测量所无法比拟的。

三维激光扫描技术是目前获取空间三维数据的一项先进技术，可以深入到复杂的环境和空间进行扫描数据采集，未来在轨道交通领域应用有如下几个方面：

（1）运用三维激光扫描技术对已成型的地铁隧道进行信息采集，通过生成的图像叠加分析可判断出隧道裂缝、渗漏水及管片错台的发展趋势，为地铁运营的维保工作提供参考。

（2）三维激光扫描技术可运用于已运营地铁的结构变形监测，采集地铁各种结构沉降、位移、收敛等监测数据，能够有效提高运营监测效率、降低维护成本。

（3）将三维激光扫描技术与 GNSS 技术相结合，可运用于地形测量、土方测量等，相比于传统方法精度更高、效率更高，能够缩短工期、节约成本。

五、小　结

三维激光扫描技术具有高精度、高密度、高效率等特点，应用于地铁隧道断面测量非常具有优势，可取代传统的隧道断面测量方法。

但三维激光扫描技术想要在轨道交通领域发挥其更大作为，仍需解决以下问题：

（1）由于三维激光扫描技术运用于轨道交通方面还处于起步阶段，与之相对应的后处理软件较少，相关专业的研发不多，导致其在轨道交通方面运用受到了制约。

（2）三维激光扫描仪采集的点云数据量庞大，而设计单位所需要的还是传统的 10 点法人工测量数据，对于海量的点云数据没有相关的处理手段，这就导致了点云数据必须转换成对应的 10 点法数据方可满足设计要求，增加了数据处理步骤，设计单位能否利用点云数据也是推动该技术运用的关键。

第三篇

第三方监测

第六章

城市轨道交通工程监测工作重点

工程监测是保证城市轨道交通工程建设安全的必要手段，在我国城市轨道交通行业发展初期，关于城市轨道交通工程监测管理的法律法规及相关文件就明确建设单位应当委托具有相应资质的单位进行第三方监测，同时第三方监测并不取代施工单位自己开展的必要的施工监测，施工单位在施工过程中仍应进行必要的施工监测。第三方监测是指监测单位受建设单位委托，按照合同及标准规范要求，对工程支护结构、主体结构关键部位及重要周边环境等进行的监测工作，其主要作用是为建设单位风险监控预警、险情处置、事故分析以及工后评估提供服务，为监理单位核实及验证施工监测数据提供服务，为客观公正处理建设单位与工程周边环境产权人或管理单位的争议提供基础数据。

一、三号线工程监测管理概况

在佛山市轨道交通三号线工程建设过程中，建设单位工程管理部直接负责整个工程监测工作的管理，监测总体、第三方监测及监理单位作为监测现场管理层并受工程管理部监管，第三方监测单位及施工监测单位为现场监测工作的主要实施方。安全风险管控平台的归口管理部门为安全质量部，工程监测管理模式大致如图 6.1 所示，现场安全监测控制程序示意图如图 6.2 所示。

为加强佛山市城市轨道交通工程监测管理规范化、标准化，使监测工作有效保障轨道交通建设的安全生产，制定了《工程监测管理办法》。该管理办法主要内容有：

（1）明确建设单位、监测总体、设计单位、第三方监测单位、监理单位、施工单位及施工监测单位在工程监测中所承担的具体职责。

（2）对监测总体、第三方监测单位、施工监测单位的单位准入资质做出明确要求，同时对上述单位及监理单位配备的监测管理人员资格提出要求。

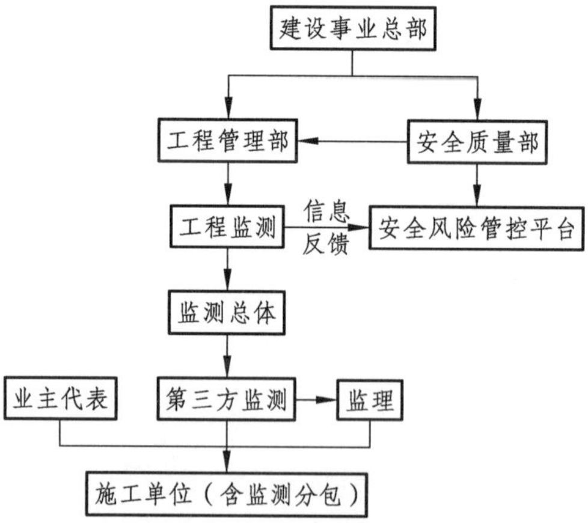

图 6.1　佛山地铁三号线工程监测管理模式示意图

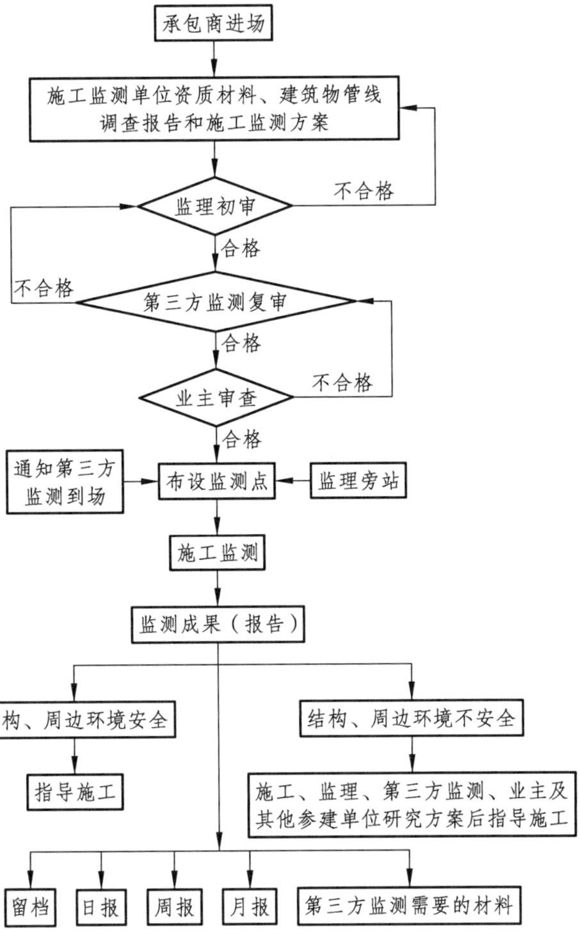

图 6.2　现场安全监测控制程序示意图

（3）要求监测单位做好日常监测工作的人员及仪器管理工作，做好人员报审、考勤、培训、变更以及仪器进场、报审、使用等工作，同时对监测方案管理、监测点管理及监测信息报送提出明确要求。

（4）制定监测预警、消警制度，明确了预警分类、等级、预警发送、响应措施及消警流程。

（5）对停测、监测安全管理、资料管理、会议管理、监测单位制度建设等做出明确要求。

（6）制定对监测单位的考核管理制度等。

佛山地铁三号线工程同时委托独立监测单位承担监测总体工作，由监测总体牵头统一协调全线监测工作的开展及管理工作，解决全线各标段监测管理尺度、监测实施方法不统一等问题，为监测标准化管理提供了渠道。

二、监测技术重点

（一）监测项目

1. 工程自身结构

根据《城市轨道交通工程监测技术规范》（GB50911—2013）的规定，结合佛山市城市轨道交通三号线工程的实际情况，在三号线工程建设过程中涉及的主要工程自身结构监测项目如表 6.1 所示。

表 6.1　工程自身结构监测项目统计表

明挖法和盖挖法基坑支护结构		盾构法隧道管片结构		矿山法隧道支护结构	
序号	监测项目	序号	监测项目	序号	监测项目
1	支护结构顶部水平位移	1	管片结构竖向位移	1	初期支护结构拱顶沉降
2	支护结构顶部竖向位移	2	管片结构水平位移	2	初期支护结构底板竖向位移
3	支护结构体水平位移（测斜）	3	管片结构净空收敛	3	初期支护结构净空收敛
4	立柱结构（如有）竖向位移	4	地表沉降	4	中柱结构（如有）竖向位移
5	立柱结构（如有）水平位移			5	地表沉降
6	支撑轴力			6	地下水位
7	地表沉降				
8	地下水位				

2. 周边环境

佛山市城市轨道交通三号线工程建设过程中涉及的周边环境监测项目如表 6.2 所示。

表 6.2　周边环境监测项目统计表

周边环境		
序号	监测对象	监测项目
1	建（构）筑物	竖向位移
2		裂　缝
3	地下管线	竖向位移
4		差异沉降
5	高速公路与城市道路	路面路基竖向位移
6	桥　梁	墩台竖向位移
7		墩台差异沉降
8		裂　缝

（二）监测点布设技术要求

1. 基准点布设

（1）水准基点选择在施工影响范围外进行布设，保证埋设稳固，数量不少于 3 个，埋设形式可分为埋桩式水准基点和墙脚水准基点。

（2）水平位移基准点埋设于施工影响范围外，分为埋桩式和观测式，可埋设于稳定建筑物顶部，数量不少于 4 个。基准点通常采用角钢材质三角架形式布设，安装整平钢板及强制对中螺栓。工作基点采用观测墩形式布设在基坑边相对稳定地方。

2. 监测点布设

（1）支护桩（墙）体水平位移埋设时，直接绑扎或设置抱箍将测斜管固定在钢筋笼上，钢筋笼入槽（孔）后，水下浇筑混凝土。布设时用自攻螺丝将连接管连接牢固，并用密封胶、防水胶带、透明胶带对连接处进行严格密封，用铁丝以不大于 1.5 m 的间距绑扎，保证测斜管顺直牢固。下孔时保证测槽垂直基坑边缘，下到一定位置后对测斜管注满清水并将管口密封完成下孔，待桩头破除时及时对测斜管进行接长至冠梁上并套上 PVC 管进行保护。

（2）支撑轴力：振弦式钢筋计安装时，将连接杆和已断开的钢筋焊在一起，采用两侧焊的方式，避免偏心受力不均匀，焊接时将钢筋应力计用湿手巾包裹，且边焊边浇水，避免温度过高损坏仪器，之后将电缆线用 PVC 套管保护并接至冠梁面，采用定制箱汇总保护。钢支撑轴力计安装时，在轴力计与钢围檩及钢支撑之间须加焊钢板，增大受力面积。

（3）支护结构顶部水平位移与竖向位移可采用共点形式，直接将预埋件布设于冠梁或挡墙上，另外水平位移监测点也可采用 L 形小棱镜的方式布设。

（4）立柱沉降监测点布设时，在支撑立柱的顶部直接焊接加工件即可。

（5）地表监测点埋设时在地表钻孔，然后埋入半圆头钢筋，钢筋埋入地下原状土长度不得少于 0.5 m，由套管保护至地面，套管四周用水泥砂浆填实固牢。

（6）隧道沉降点一般采用直接埋设标志法，收敛监测点采用反射片或收敛计。

（7）建（构）筑物测点根据不同监测对象采用不同的埋点形式，框架、砖混结构对象采用钻孔埋入 L 形标志测点，钢结构对象采用焊接式测点，特殊装修较好的对象采用隐蔽式测点形式，如采用条形码等。

（8）管线监测点布设分为直接法和间接法两种形式，其中直接法即开挖至管线顶表面，将露出的管线接头或闸门开关等凸出部位或粘贴金属物作为测点，或者由扁铁做成抱箍固定在管线上，抱箍上焊一测杆作为测点。对于无法开挖的情况，采用间接法布设，在其管线邻近地表开孔后，埋入钢筋作为测点，在钢筋底部焊接钢板以增大接触面积，之后用净砂填实。

（9）地下水位监测点布设过程分为成孔、井管加工、井管放置、回填砾料、洗井五步，水位孔布设完成后在附近设置醒目标识，并对水位孔设置保护墩与保护套（铁板），墩均喷涂黑黄间隔色，以作明显标示。

3. 监测方法

1）沉降监测

采用精密水准测量方法，监测时通过测得各测点与基准点高差 ΔH，可得到各监测点的高程 Δh_t，然后与上次测得高程进行比较，差值 Δh 即为该测点的沉降值。建议采用严密平差处理方法，以提高数据采集精度。

2）顶部水平位移

通常采用极坐标法方法进行观测，仪器设备使用全站仪及配套棱镜组，首先在基准点架设全站仪，测量起始方向到工作基点的水平角和基准点到工作基点的距离，通过计算得到工作基点坐标；量测各测点与工作基点的水平角和工作基点与各测点的距离，通过计算得到各测点的坐标值，得两次坐标差，再将坐标差转换至与基坑边缘垂直方向即可的顶部水平位移变化量。图 6.3 为极坐标法示意图。

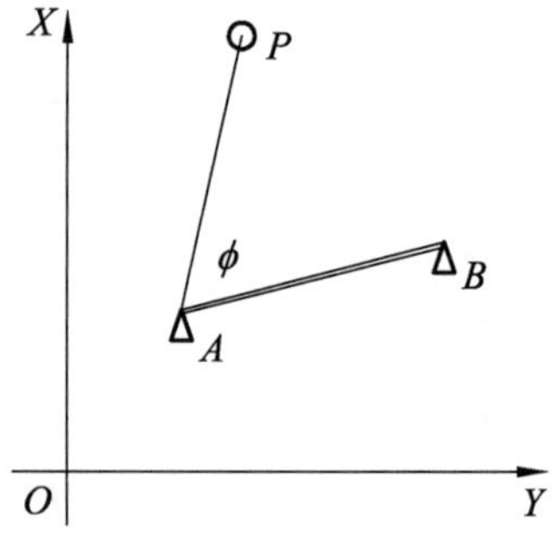

图 6.3 极坐标法示意图

$$\begin{cases} X_P = X_A + S_{A-P} \times \cos\alpha_{A-P} \\ Y_P = Y_A + S_{A-P} \times \sin\alpha_{A-P} \\ \alpha_{A-P} = \alpha_{A-B} - \varphi \end{cases}$$

式中：X_A、Y_A为工作基点坐标；X_P、Y_P为测点坐标；S_{A-P}为工作基点至测点平距；α_{A-P}为工作基点至测点方位角。

3）支护结构体水平位移

采用测斜仪进行数据测试采集，采集时以孔底或孔顶为假设起算基准，以孔顶为起算基准时，则采用孔顶水平位移值作为测斜修正值进行计算。测试时采用带导轮的测斜探头按 0.5 m 点距由下往上逐点进行读数，采取 0°、180°双向读取数据，之后根据相关计算原理对数据进行处理可得支护结构体水平位移量。

4）地下水位

采用电测水位计进行监测，假设读取孔口至水面的深度读数 a，测得管口标高 H，水位标高即为 $H-a$，水位标高之差即是水位的变化数值。

5）支撑轴力

利用振弦式频率读数仪对轴力计或者钢筋计进行频率采集获得读数，然后利用各传感器的频率值计算其受力，其中钢支撑轴力计算公式如下：

$$N = [K_s(f_i^2 - f_0^2) + T_s(T_i - T_0)]$$

式中：K_s为轴力计的标定系数（kN/Hz^2）；f_i为本次频率值（Hz）；f_0为初始频率值（Hz）；T_s为轴力计的温度修正系数（kN/°C）；T_i为轴力计的本次测试温度值（°C）；T_0为轴力计的初始测试温度值（°C）。

混凝土支撑轴力计算如下：

$$F_g = K(f_i^2 - f_0^2)$$

然后根据支撑中混凝土与钢筋应变协调的假定，可得计算公式：

$$F = \left(\frac{A_c E_c}{A_g E_g} + \frac{A_s}{A_g}\right) \cdot F_g$$

式中：F 为混凝土支撑受力（kN）；F_g为钢筋计受力（kN）；A_s为钢筋截面积（m^2）；A_g为钢

筋计截面积（m^2）；A_c 为支撑混凝土截面积（m^2）；f_i 为钢筋计的本次频率（Hz）；f_0 为钢筋计的初始频率（Hz）；K 为钢筋计的标定系数[kN/（$Hz^2 \cdot m^2$）]。

三、监测工作需重点关注的问题

（一）基准点问题

（1）基准点数量不满足检核要求。一般选取 3 个以上水准基点容易做到，但水平位移监测基准点需要满足 4 个以上的要求相对较难实现。若基坑位于地势空旷的场地内，则常常因周边稳定建筑物数量较少，无法选取合适的建构筑物顶部进行基准点布设，而布设于地势较低的位置时又容易形成通视问题，易受场地围蔽、树木遮挡等原因导致无法通视。若基坑位于建构筑物较多的城区，虽然基准点布设位置的选择更多，但常因房屋产权人阻挠等问题导致无法顺利完成基准点布设工作。对于上述问题，首先在有条件的情况下利用线路既有地面控制网作为基准点，对于视线遮挡问题必须由施工方采取围蔽开口、对树木修剪等方法进行解决，必要情况下加强与房屋产权人的协商沟通，确保基准点数量及位置满足规范及实际监测要求。

（2）基准点点位选取不合理。例如部分工点将水准基点布设于浅基础的房屋墙脚，或者基点埋桩深度不足，造成基准点在监测过程中发生沉降变形，导致监测数据失真的现象。又例如水平位移监测基准网构网不合理，相邻导线边存在长短边，导致基准网复测数据精度不足，无法真正检核基准点的稳定性。

（二）监测设计问题

部分施工设计图中对于监测设计的内容考虑不全面。例如深基坑工程中支撑轴力、中立柱监测点与其他类型监测项目未在同一监测断面；又如监测断面布设于基坑变形较小的阴角处，而变形风险较大的基坑阳角及变截面处反而未布设监测断面，未能对工程结构特征部位的变形进行监控量测。

（三）监测点质量问题

部分施工监测单位对监测点布设要求认识不足，往往造成按照自己的习惯进行监测点布设，导致监测点布设质量不满足要求，例如：

（1）如钢筋计焊接时，未用湿巾包裹钢筋计，导致高温损坏仪器；又或者未采用 PVC 管保护电缆线，电缆线未用定制箱汇总保护，导致轴力监测点无法获取读数而失效。

（2）用于地表及管线沉降监测点布设的钢筋头未打磨，导致水准监测数据不稳定，并对水准尺造成损害。部分施工监测单位为节省成本，钻孔未打穿路面硬化层，钢筋未埋入原状土 0.5 m 以上，导致监测点无法真实反映地层及管线真实变形情况。

（3）地下水位孔孔深不足，在钻孔布设时未严格按照要求洗管导致堵孔，花管长度不足，导致水位孔深度不足，地下水位监测失效，无法真实反映地下水位升降情况。

（4）测斜管安装埋设时，连接管密封不严，导致水下混凝土浇筑时混凝土涌入管内，造成测斜管报废。测斜管绑扎不牢固，导致吊笼时测斜管松动，不仅易导致测槽方向偏离，同时可能造成安全事故。

（5）监测点布设没有按照设计要求并结合现场场地情况进行布设，或者监测点经常被机械碾压或者材料堆积覆盖，不能即时、有效、准确地测量数据。

（四）数据处理问题

（1）水准基点稳定性判断问题。部分监测单位对水准基准网复测时，未对基准网点的稳定性进行分析，附合差或闭合差限差的控制标准应用错误，不仅限差过大，且未对基准点之间的高差进行分析，导致无法及时发现已失稳基准点。

（2）测斜数据处理问题。在进行测斜数据处理时，通常默认管底稳定，以管底作为起算基准，从下至上推算测斜管变形情况。但是如果当测斜管底部位于软弱土层中或地连墙坑外底部注浆时，测斜管底通常不再稳定而发生变形，此时若仍然以管底作为起算基准，则会导致处理后的测斜数据失真，无法真实反映地连墙底部变形的事实，此时需要采用管口水平位移的监测数据作为修正值，对测斜数据进行修正，方能真实反映地连墙变形情况。

（3）支撑轴力数据处理问题。部分施工监测单位进行支撑轴力监测数据计算时，存在公式错误、K 值等参数错误等问题，导致计算出的支撑轴力监测数据错误，甚至本应显示受压的支撑轴力因计算错误而导致表现为受拉状态，误导现场施工。该问题反映出部分施工监测单位技术水平不足，对监测计算原理掌握不足，导致监测技术质量问题频出。

（五）监测仪器问题

如果在监测过程中使用未检定或过检的仪器，甚至使用带病仪器进行监测作业，则会导致监测数据错误的问题，例如水准仪 i 角超限、测斜仪电缆线长度标称不准、全站仪测距精度不足等，都会导致监测数据不准确的情况。

（六）监测资料编制问题

施工监测内业资料编制存在不少问题，例如监测方案编制不合理，所表述的监测内容、监测频率、监测控制值、测点布设不满足设计图纸及规范要求；测点验收表内容不详尽，未表述所验收监测点位置、测点标识及成型情况；周边环境调查报告内容不详尽，无法全面识别周边环境风险等。

（七）监测日报等成果报告问题

监测日报提交不及时，未能及时反馈现场监测及巡视风险；监测日报等成果报告审核工作不严谨，或缺少审核环节。

四、监测工作建议

提炼三号线监测工作成功经验，分析过程管理中的不足，结合以上总结与多个城市地铁监测管理经验对比，提出以下建议：

（1）严控施工监测单位准入资格。第三方监测单位、监理单位、施工单位对预进场的施工监测单位资质、人员资格进行更严格审核，对于单位资质低、人员配置水平差、工作能力不满足作业需求的单位列入黑名单。

（2）强化施工单位内部管理机制。要求施工单位建立完善的监测管理制度，明确监测管理责任人，严格落实责任制度，做到“下至一线作业技术人员、上至项目经理”都具备强烈的监测安全意识。加强对监测工作重要性的宣贯，加强监测技术的交底培训，将交底培训工作深入到每一位现场作业工人。施工单位要强化对施工监测单位的管理工作，做好对施工监测的交底，落实对施工监测资料的审核制度，明确监测管理要求和奖惩制度。

（3）强化监理单位管理职能。监理单位对监测工作的管理常常流于形式化，未能发挥重点环节管控作用，例如：未进行隐蔽式监测点布设旁站，导致监测点布设质量差；监测资料审核不严谨，导致资料内容错误频处等等。所以必须强化监理单位对施工监测的管理职能，加大管理力度。

（4）做好培训交底及考核。在项目初期，第三方监测单位要对监理单位、施工单位及施工监测单位主要人员开展监测技术交底工作。同时施工单位要对施工监测单位所有参建人员进行监测技术交底并进行定期培训。第三方监测单位独立或协助建设单位定期对监理、施工单位、施工监测单位参与监测工作的管理人员及作业人员开展考核工作，对于考核不合格的人员要通过加强培训提升监测技术水平，对于监测技术水平确实太差的人员要坚决清理。

（5）制定明细化奖惩制度，对于监测工作重视程度不足、监测问题反复出现的施工单位进行一定的惩戒，反之，对于监测工作突出的单位进行一定的奖励。

（6）把控关键管理及施工工序，例如：对于监测设计问题，可在图纸会审或方案专家评审的时候进行整改；日常做好对隐蔽式监测点布设的关键点把控工作，等等。

（7）采用自动化监测等先进仪器、技术手段提升监测质量。

（8）建设单位应依据施工现场所反馈的监测管理存在的问题，不断完善监测相关管理办法与制度，优化监测工作程序，提高监测管理工作的效率与成效。

（9）各参建单位应协调联动，提高对监测工作的重视度与关注度，充分利用监测数据分析与监测单位的专业服务辅助现场的施工风险管控。

第七章

地下车站深基坑监测分析与风险防控

第一节　深厚软土基坑开挖对围护结构变形及地表沉降的影响分析

在软土地区采用明挖法施工的基坑工程中，由于地层条件的复杂，基坑开挖往往产生较大的变形，不仅会影响基坑围护结构自身的安全稳定，也会造成基坑周边地表变形，具有较大的安全隐患。基坑围护结构的变形量是判断基坑是否安全的重要指标之一，因此，研究各施工工序对基坑围护结构变形的影响及明挖法基坑开挖引起地表变形一般规律尤为重要。本节通过对三号线某深厚软土车站基坑开挖全过程监测和理论模型分析，总结出软土地区车站基坑明挖过程中围护结构变形的一般规律和变形的主要因素。

一、工程概况

该车站基坑场地地貌属海陆交互相冲洪积平原地带，地形平坦。地面高程为 3.6 ~ 4.2 m，周边现状为农田、水塘和一条小河涌，周边无建构筑物且无管线。基坑标准段宽度为 19.7 m，深度约为 16.13 m，车站北端扩大段基坑宽度为 24.2 m，基坑深度为 18.27 m；车站基坑南端扩大端宽度 24.2 m，深度为 17.68 m。车站采用明挖顺做法施工。基坑围护结构采用厚 800 mm 连续墙+内支撑，基坑竖向设置三道支撑，第一、二道为钢筋砼支撑，第三道为钢支撑。图 7.1 为基坑平面图。

基坑开挖范围内所处地层主要为淤泥质土，分别为淤泥质土<2-1B>、淤泥质粉细砂<2-2>、粉砂细砂<2-2-1>，占总体的 93.31%，为典型软土场地。场地范围内各土层情况见表 7.1，典型地质剖面图见图 7.2。

表 7.1　地层统计表

序号	地　层		百分比	层顶标高	层低标高	层厚	渗透系数/（m/d）
1	<1-1>	素填土	2.17%	1.34	0.12	1.22	*5.0
2	<1-2>	杂填土	3.46%	3.06	−0.06	3.12	*5.0
3	<2-2>	淤泥质粉细砂	19.20%	−12.97	−18.1	5.13	*2.0
4	<2-2-1>	粉砂、细砂	24.65%	−1.70	−9.81	8.11	*5.0
5	<2-1A>	淤泥	0.91%	0.55	−0.81	1.36	*0.001
6	<2-1B>	淤泥质土	49.46%	−16.51	−25.21	8.70	*0.001
7	<3-1>	粉砂、细砂	0.14%	−21.62	−23.42	1.80	*5.0

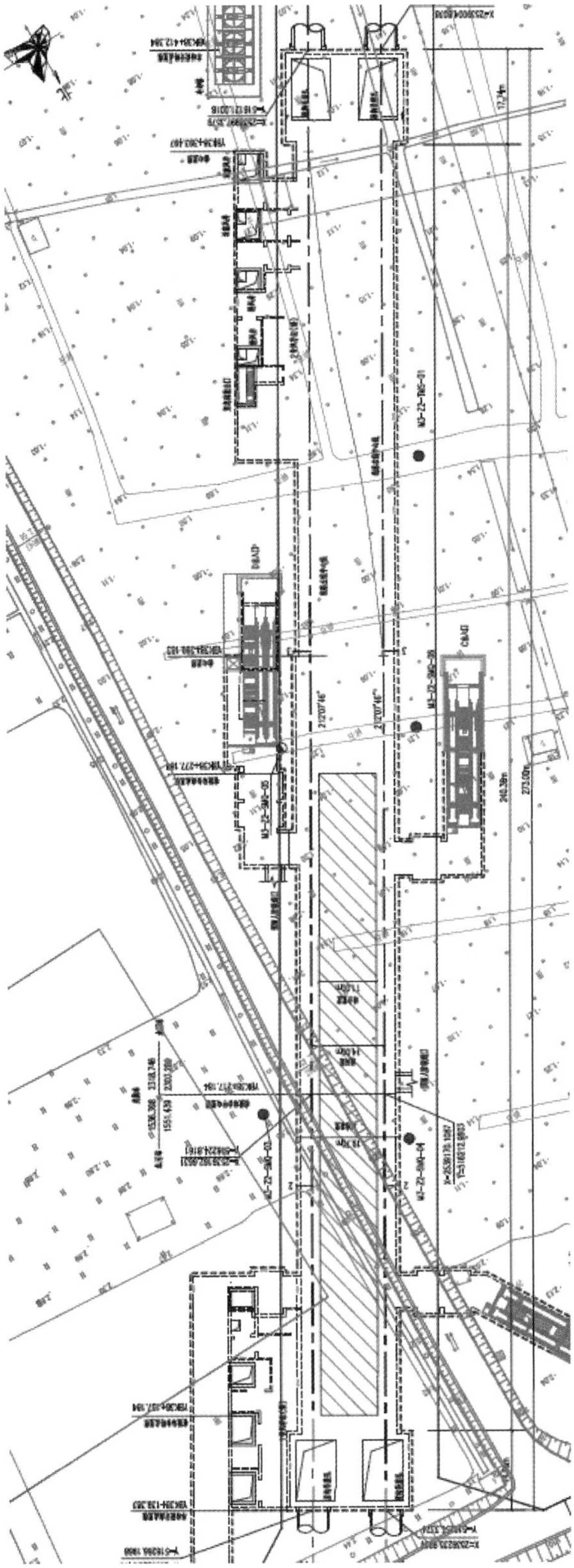

图 7.1 基坑平面图

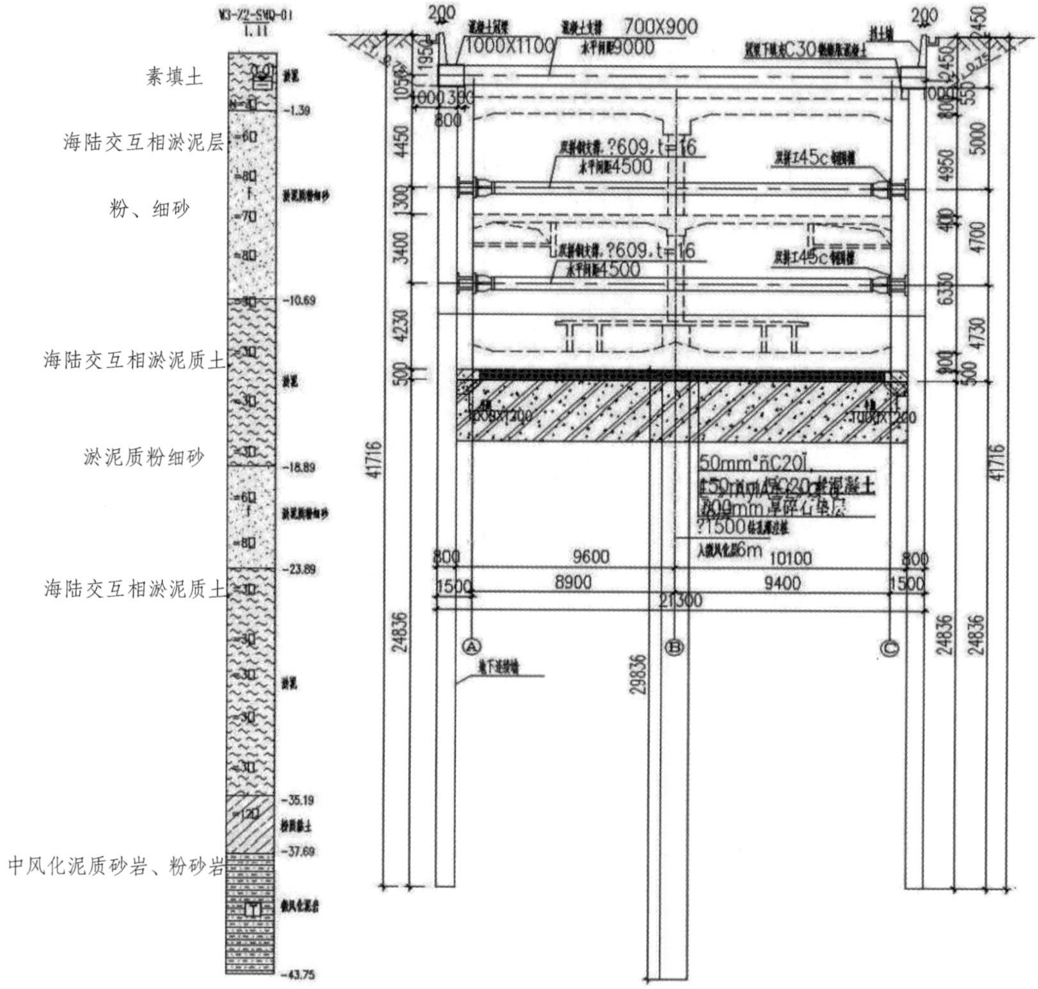

图 7.2　车站地质情况纵断面图

本车站地貌上属于海陆交互相冲洪积平原地貌，所揭露第四系地层为人工填土层，海陆交互相沉积层及冲积—洪积砂层，基岩为白垩系沉积碎屑岩，地下水位的变化受地形地貌和地下水补给来源等因素控制，地下水位埋深较浅。每年 4—10 月为雨季，大气降雨充沛，水位会明显上升，而在冬季因降水减少，地下水位随之下降，水位年变化幅度为 2.5～3.0 m。

地下水水位埋藏变化较小，主要为第四系松散孔隙水，地下水位普遍较浅，实测钻孔静止水位埋深为-0.10～3.40 m，平均埋深为 0.84 m。

二、监测方案简介

（一）围护结构深层水平位移监测点的布设

1. 布设原则

根据规范文件的要求围护结构水平位移监测点布点原则为：① 沿基坑长边围护结构每 30 m 布设 1 个测孔，短边中点各布设 1 个测孔；② 基坑危险部位（基坑截面发生变化的阴角阳角位置）；③ 测孔深度与围护结构同深，同一孔测点间距 0.5 m。

2. 测点埋设及技术要求

测斜管埋设位置如图 7.3，本项目测斜管埋设采用绑扎埋设，测斜管通过直接绑扎或设置抱箍将其固定在桩（墙）体墙钢筋笼上，钢筋笼入槽（孔）后，浇筑混凝土。测斜管与支护结构的钢筋笼绑扎埋设，绑扎间距不宜大于 1.5 m，测斜管与钢筋笼的固定必须十分稳定，以防浇筑混凝土时，测斜管与钢筋笼相脱落。同时必须注意测斜管的纵向扭转，很小的扭转角度就可能使测斜仪探头被导槽卡住；埋设就位的测斜管必须保证有一对凹槽与基坑边缘垂直。

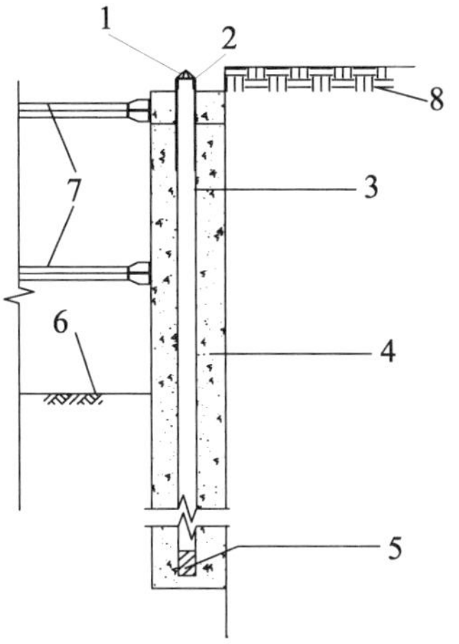

1—测斜管保护盖；2—钢套管；3—测斜管；4—支护桩（墙）体；
5—测斜管底封堵端；6—基坑底部；7—支撑；8—地面。

图 7.3　支护桩（墙）体水平位移监测点

支护结构测斜管埋设与安装应遵守下列原则：

（1）管底宜与钢筋笼底部持平或略低于钢筋笼底部，顶部达到地面（或导墙顶）。

（2）测斜管与支护结构的钢筋笼绑扎埋设，绑扎间距不宜大于 1.5 m。

（3）测斜管的上下管间应对接良好，无缝隙，接头处牢固固定、密封。

（4）管绑扎时应调正方向，使管内一对测槽垂直于测量面（即平行于位移方向）。

（5）封好底部和顶部，保持测斜管的干净、通畅和平直。

（6）做好清晰的标示和可靠的保护措施。

（二）地表沉降监测点的布设

为保护测点不受碾压影响，道路及沉降测点标志采用窨井测点形式，采用人工开挖或钻具成孔的方式进行埋设。道路、地面测点埋设形式如图 7.4。道路、地面沉降监测测点应埋设平整，防止由于高低不平影响人员及车辆通行，同时，测点埋设稳固，做好清晰标记，方便保存。

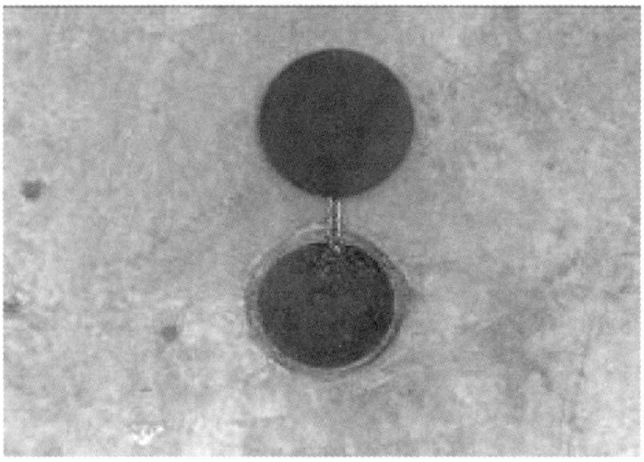

图 7.4　地表沉降监测点埋设实样图

三、监测数据分析

(一) 基坑开挖阶段的划分及监测典型断面的选取

选取有代表性并且累计变形较大的监测断面 ZQT-02、ZQT-31，见图 7.5，并选取相对应的最大累计监测点进行分析。

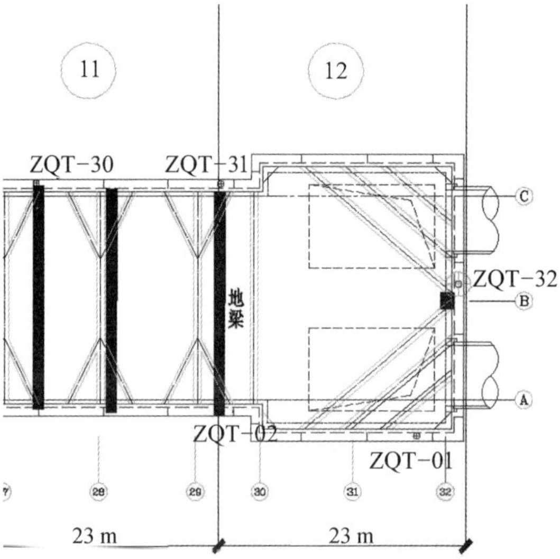

图 7.5　典型监测断面的平面图

基坑开挖施工阶段划分及典型监测断面的监测数据按照相应施工阶段的整理划分，见表 7.2、图 7.6 所示。

表 7.2　基坑开挖施工阶段划分表

施工工况	第二层土方开挖	第二道砼支撑施工	第三层土方开挖	停工	第三道支撑施工（钢支撑）	第四层土方开挖	牛腿、地梁施工	底板浇筑完成
持续时间/d	6.29 ~ 7.22	7.26 ~ 8.2	8.10 ~ 8.16	8.16 ~ 8.24	8.24 ~ 8.30	9.1 ~ 9.18	9.19 ~ 9.30	10.14
代码	①	②	③	④	⑤	⑥	⑦	⑧

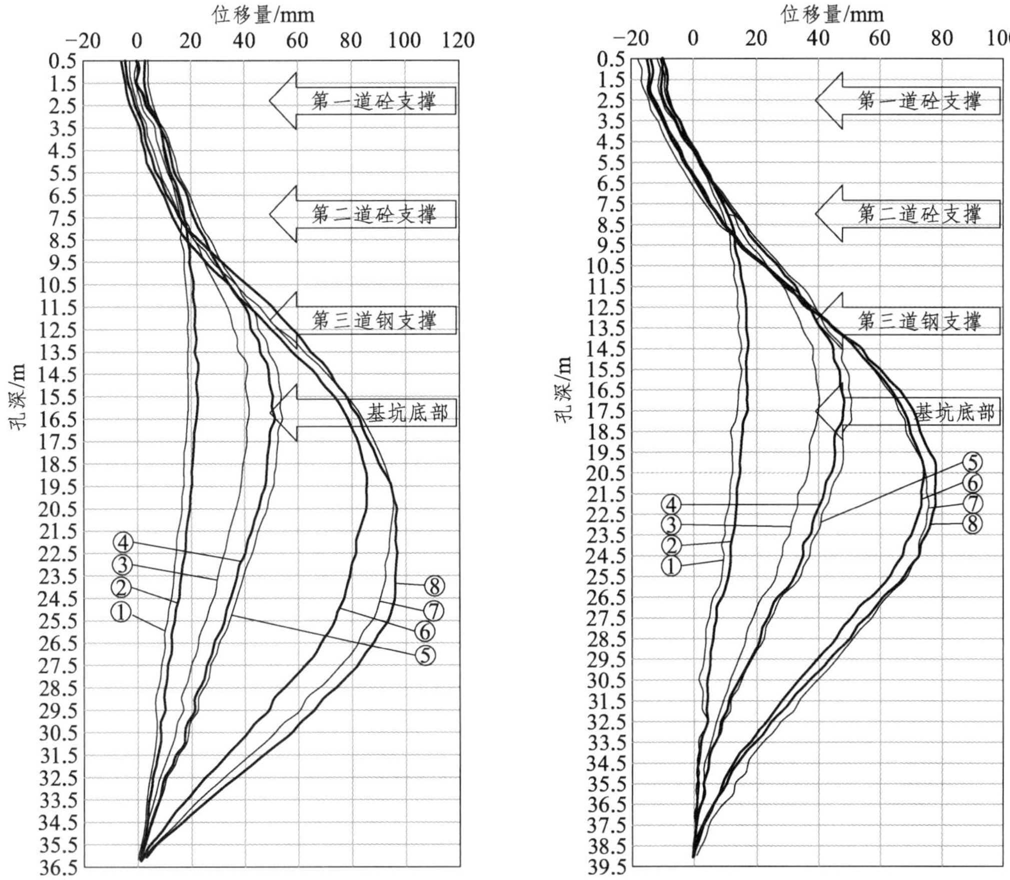

图 7.6 典型监测断面的监测数据

（二）围护结构墙体水平位移监测数据分析

（1）土方开挖是围护结构变形主要影响因素，占据了 42% ~ 62%。

基坑开始土方开挖后，围护结构墙体便开始受力变形。基坑内侧卸去原有的土压力，在基坑围护结构外侧则受到主动土压力；由于总是开挖在前，支撑在后，所以在安装支撑以前总是已发生一定的先期变形，土方开挖造成的变形量为总变形量的 42% ~ 62%，可以看出土方开挖是变形主要影响因素；另外基坑开挖期间的周边荷载特别是土方车的动载在一定程度上增加了墙后的土体压力，加大了变形量。监测数据显示，土方开挖后基坑围护结构内外土压力重新稳定平衡至少需要 3 天时间。

另外，根据监测数据统计分析显示由于软土地层的土体具有流变性，基坑开挖施工除了围护结构内外侧土压力不平衡造成的变形以外，还有施工扰动引起的周边地层移动产生的变形。

（2）内支撑施工时间的及时性对变形控制有一定的影响，占据了变形量 5% ~ 13%。

车站基坑第一、二道支撑为混凝土支撑，第三道支撑为钢管支撑。支撑施工的及时性、钢支撑的预应力是否能达到设计要求等因素对变形的发展控制有一定的影响。

（3）基坑土方开挖过程中停工导致基坑暴露造成的变形占据了 10% ~ 14%。

基坑土方开挖过程中，即使架设支撑后并且基坑内外侧土压力基本重新达到平稳状态，只要基坑底部没有封闭，围护结构深层水平位移的变形仍在缓慢发展。

（4）牛腿、地梁施工变形占据 17% ~ 28%。

当基坑开挖至设计标高后，因设计需要施工牛腿，且牛腿结构施工的位置在连续墙结构的内侧，底板不能及时封闭，造成基坑较长时间的暴露；其次，地梁开挖施工加深了开挖深度，致使变形进一步增加（监测数据显示不少于 5 mm）。

（三）断面地表沉降点数据分析

选取该基坑围护结构最大累计变形点 ZQT-02，ZQT-31 所对应的地表点 DBC14-06、DBC15-06 作为研究对象，地表沉降监测点 DBC14-06 和 ZQT-31 为同一断面，DBC15-06 和 ZQT-02 为同一断面，距离基坑边约 13 m。

监测结果显示在工序 1 即第一层土方开挖，工序 6 即第四层土方开挖，工序 7 即牛腿、地梁施工，工序 8 即底板浇筑完成，两地表点沉降较大均达到 25 mm 左右，其中工序 7 在施工时 DBC14-06 沉降值达到 28.73 mm。由此可见，引起基坑周边地表沉降的主要因素主要来自土方开挖。另外，在第四层土方开挖后进行牛腿和地梁的施工，加大了基坑开挖深度，延长了开挖面的暴露时间，致使在基坑施工牛腿和地梁时地表沉降值最大达到了 28.73 mm，超出设计控制值。该车站基坑在各道工序下地表沉降的具体数值见图 7.7。

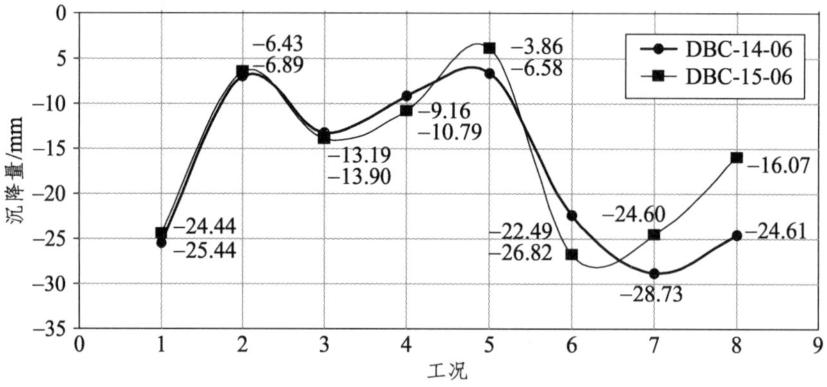

图 7.7　各施工阶段下地表沉降

关于地表沉降变形数据分析：

（1）因为本区域地质条件为深厚的软土层，浅层土体是农田及鱼塘回填土，回填土密实度不够，加上施工现场土方车等重型施工的碾压，导致在开挖第二层土方时基坑周边的地表就产生较大变形。由于软土区域的深基坑不仅在施工阶段因地层损失引起基坑周边地层移动，而且由于地层移动使基坑周围土体受到扰动，因此施工的后期即使在基坑底板结构封闭后，地表沉降变化量的速率仍然比较大。

（2）在基坑土方开挖时周边地表会出现沉降量增大的现象，且沉降变化量随开挖面暴露时间、周边荷载呈现正相关关系，但是当支撑架设完成和底板浇筑完成后，地表沉降能得到有效控制，地表沉降量回落到正常值以内。

（3）通过对地表点的监测数据和基坑围护墙体的变形数据分析发现，沉降量较大的地表点大部分在围护结构变形量较大的测斜监测点的同一断面上，说明随着土方的开挖，基坑外主动土压力大于坑内土体的被动土压力，土压力作用在围护结构上使之开始产生不同程度的变形，且围护结构的变形量越大，相应周边地表点的沉降量越大，二者呈正相关的关系。对比基坑不同围护结构横截面的地表点发现，同一横截面地表点的沉降量呈现“弓”形，最大地表沉降点位于基坑边缘 $0.5H \sim 0.7H$ 处。

四、围护结构变形理论计算与监测数据对比分析

（一）基坑围护结构累计变形量范围统计

本车站基坑共布设 32 根测斜管，在所有底板浇完后仅有 ZQT-15、ZQT-16 两处测点未超出设计控制值 40 mm（原设计控制值为 29.9 mm，后经过监测预警分析会调整为 40 mm），典型监测断面 ZQT-02、ZQT31 在底板结构完成后变形量达到 80 ~ 100 mm。围护结构墙体深层水平位移监测点变形区域值统计具体见图 7.8。

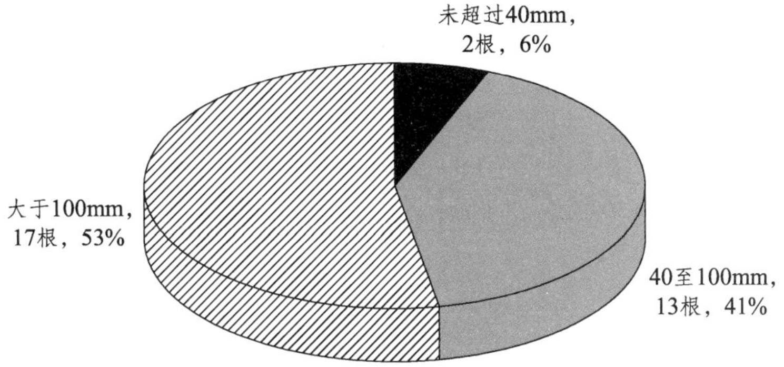

图 7.8　围护结构深层水平位移变形区域统计图

（二）车站围护结构变形理论计算

车站标准段围护结构变形量计算采用典型断面的土层，该断面土层主要有人工填土、淤泥质粉细砂、淤泥、微风化砂岩。围护结构整体稳定计算采用瑞典条分法，应力状态为总应力法，条分法中的土条宽度 0.40 m。经计算围护结构在基坑底的嵌固深度在 24.72 m，计算最大水平位移 29.97 mm，最大弯矩标准值 1 392.19 kN · m。支撑轴力计轴力（标准值）为：第一道 N=2 725 kN，第二道 N=5 108 kN，第三道 N=4 201 kN。围护结构计算位移内力包络图见图 7.9。计算结果表明，整体稳定安全系数 K_s=1.484＞1.35，满足规范要求。最大水平位移 29.97 mm＜0.2%H=33.16 mm（H 为基坑开挖深度），且小于 30 mm，围护桩变形满足规范要求。

（三）理论计算结果与监测数据对比分析

借助于理论计算与实际监测结果相结合的方法，可以对深基坑工程整体结构进行比较系统的分析。根据基坑围护结构变形理论计算与实际变形值差异分析，围护结构的最大侧向变形位置与土质情况、围护体刚度、支撑系统刚度、基坑开挖深度等因素有关，围护墙体厚度的选取和支撑的布置是关键。

在该基坑实例中，通过围护结构理论模型计算，墙体水平位移呈现“弓”形，围护墙最大水平位移位于围护结构顶部向下 13 ~ 15 m 处，最大水平位移 29.97 mm。在实际监测过程中发现围护墙深层水平位移曲线趋势与理论模型一致，整体水平位移呈现“弓”字形，最大水平位移点发生在围护墙中部左右位置。

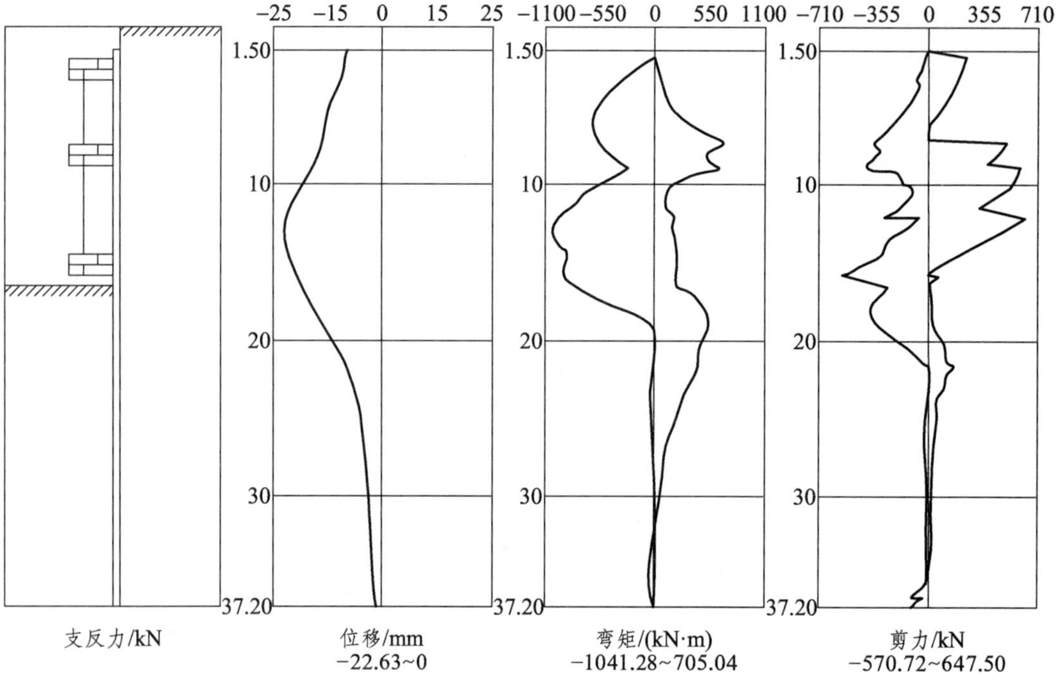

图 7.9　围护结构计算位移内力包络图

根据现场实际监测数据，基坑开挖过程中围护墙体水平位移最大值远大于设计计算预设值。结合实际施工情况，初步判断出现实际情况与理论计算值出现较大区别的原因主要有以下几个方面：

（1）理论计算中的围护结构各项岩土参数与现实情况不符，尤其是软土的水平向反力系数的比例系数，也就是 m 值选取不合理；而 m 值的取值对围护结构的变形计算影响大，如果采用勘察报告里 m 值系数为 4，而相关规范和经验的取值为 1 ~ 1.5；两个取值分别计算出来围护结构变形量相差在 1 倍以上。

（2）基坑开挖施工过程中坑内降水没有按照相关的规范及方案执行，没有按照随挖随降，而是在开挖之前就“一降到底”，地下水的抽排没有达到设计效果，水土合算条件下主动土压力增大，从而无法准确地预估基坑施工的真实环境。按照目前的监测经验，软土区域的围护结构在土方开挖前仅降水就有接近 20 mm 的变形。

（3）设计方案中采取的软基三轴加固要达到 0.8 ~ 1.2 MPa 的强度。但在实施过程中三轴加固在淤泥质土中加固效果一般，往往达不到设计方案中的强度要求，也不能达到控制围护结构变形的目的。

五、深厚软土车站基坑施工重难点及措施建议

软土基坑施工难度大、风险高，造成的风险点和重难点有以下几点：

（1）开挖期间围护结构变形大、变形速率快，易造成围护结构变形大、底部踢脚，支护结构体系失稳。

（2）连续墙成槽施工时，一般情况下外放 10 cm 左右，但软土区域的围护结构变形往往大于 10 cm，甚至超过 20 cm，会造成后期结构施工时连续墙侵限。结构侵限的处理费时费力，

并加大了施工风险。

（3）软土区域基坑开挖时，同时也会造成临近围护结构区域的地表发生较大沉降变形，如果附近有浅埋的压力管线，可能会造成管线不均匀沉降、泄露风险；有浅基础或者天然基础的建筑物，也会造成不均匀沉降、开裂、倾斜的风险。

（4）当基坑开挖后，坑底应力释放，土体回弹；中立柱及围护结构受向上的摩擦力影响产生上抬。并且设计阶段通过数值计算结构上抬的量比较困难，只能通过实施中的监测数据进行控制与调整。

为应对软土基坑施工风险，建议采取以下施工控制措施：

（1）由于施工顺序总是土方开挖在前支撑在后，如果在土方开挖后没有及时架设支撑导致开挖面暴露的时间过长，在支撑架设并且加载后围护墙体的变形已经接近完成，此时的围护墙的水平位移数值已经较大并且趋于稳定，就会使支撑的作用仅为阻止围护墙体的进一步变形，无法达到控制基坑围护结构变形的效果。施工单位应该合理安排工序，及时架设支撑，达到控制围护结构变形的目的。

（2）施工单位在基坑开挖前的坑内降水，要严格按照降水方案，随挖随降，杜绝一降到底；在基坑开挖前坑内降水的环节减少围护结构的变形量。

（3）基坑土方开挖时造成的围护结构变形和周边地表沉降占据了全部变形量的一半左右，开挖方式的选择，应遵循“沿规定的开挖次序逐段开挖；每个开挖段中分层分小段开挖、随挖随撑、及时施加预应力”，严禁进行大面积开挖。

（4）基坑开挖施工期间，严格控制基坑周边荷载的超载，控制临近基坑周边物资的堆放等。在土方车等重型施工机械频繁通过的地段应铺设走道板或者进行地基加固。

（5）基坑土方开挖过程中的停工以及达到设计标高后施工牛腿等造成的基坑长时间暴露占据了 30% ~ 40%的变形量，建议后期在软土区域内的各基坑设计方案及施工方案应以缩短基坑暴露时间为原则，减小围护结构墙体及周边地表的变形。

（6）设计单位在总结以往的工程经验基础上，应合理选择设计参数。尤其是软土区域的基坑设计要对软土的水平反力系数的比例系数（m）值的取值更加合理，从而给出合理的围护结构变形设计控制值。

（7）基坑围护结构变形、地表沉降以及坑内基底隆起三项数据往往有密切的相关性，应在有条件的情况下增加坑底隆起的监测项目，更全面地分析基坑开挖施工期间的周围岩土体的变形情况。

第二节　深大基坑施工对紧邻重要建（构）筑物影响的监测分析

在地铁深大基坑施工过程中，均会对其周边建（构）筑物有影响，基于该基坑周边建筑状况的实际分析，周边建筑因距离基坑侧壁近，极易受到基坑开挖导致的坑壁侧向变形的影响以及基坑地层土质的影响。

一、工程概况

东乐路站设计起点里程 YDK17+164.010，设计终点里程 YDK17+688.810，有效站台中心里程 YDK17+583.710，车站总长度约为 524.8 m，标准段宽度 22.7 m，站台为 14 m 岛式站台，车站为明挖（路口段盖挖）两层（局部三层）双跨/三跨钢筋混凝土箱型框架结构。

东乐路站位于东乐中路，车站横跨环市东路与碧溪路，东西走向设置于东乐中路下。东乐路站车站主体基坑标准段深约 16.9 m，开挖最大深度为 25.1 m（节点换乘处），基坑工程自身风险等级为一级，周边环境风险等级为一级，工程所在区域地质条件复杂，工程监测等级为一级。

本车站主体围护结构采用地下连续墙。地下连续墙厚度取为 800 mm（换乘段 1 000 mm）。车站长度较长，标准段内支撑采用竖向 3 道支撑：第一、二道米字撑为 700 mm×900 mm 的钢筋混凝土支撑，水平间距 9 m；第三道为 Φ609，t=16 mm 钢管支撑，水平间距 3.0 m。基坑大小里程盾构井端头段采用竖向 3 道支撑，基坑端头段采用混凝土斜撑，第一道采用 700×900 的砼撑，第二、三道采用 700×1 000 的砼撑；车站换乘段明挖采用四道支撑+一道换撑，前三道支撑同标准段，第四道支撑及换撑均采用 700×1 000 的钢筋混凝土撑。

根据详勘资料显示，东乐路站勘察深度范围内主要分布的地层有：第四系全新统人工堆积层（Q_4^{ml}）素填土；第四系全新统海陆交互相沉积层（Q_4^{mc}）淤泥质土、淤泥质粉细砂、粉细砂、淤泥质中粗砂、粉质黏土；第四系上更新统—全新统冲积—洪积层（Q_{3+4}^{al+pl}）粉细砂、中粗砂；第四系残积层（Q_{el}）粉质黏土；下伏白垩系百足山组（K_{1b}）泥质粉砂岩、粉砂岩。地质剖面及地层统计详见图 7.10、图 7.11。

地表水及地下水：车站处于珠江三角洲冲积平原，上覆海陆交互相沉积及冲洪积地层，地下水位一般埋深较浅，勘察期间测得钻孔混合稳定水位埋深为 1.70 ~ 3.50 m，标高为−0.66 ~ 1.54 m。根据抽水试验所测量的地下水位，第四系松散含水层与基岩裂隙含水层地下水稳定水位基本一致，水位埋深为 1.80 ~ 2.70 m。站区场地内的地下水主要为第四系地层中的潜水和基岩裂隙水。地下水的补给主要靠大气降雨。

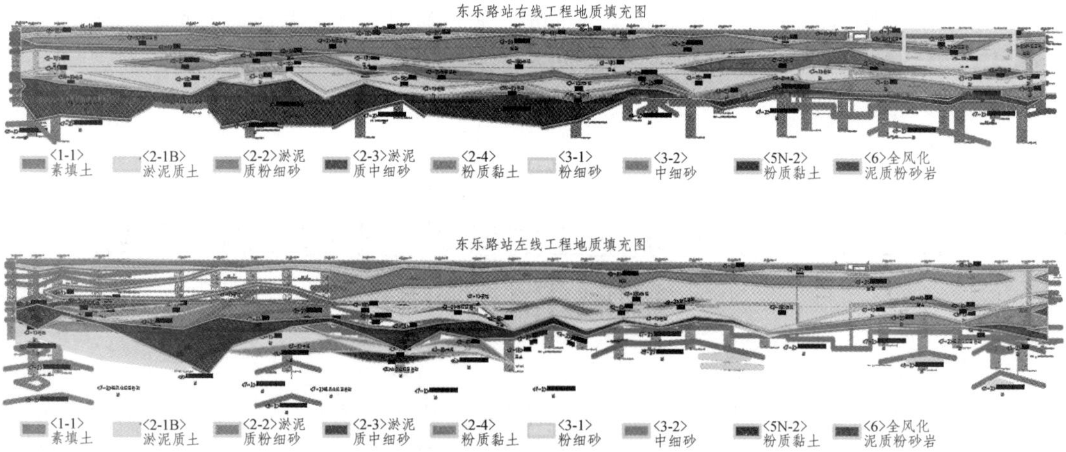

图 7.10　东乐路站地质剖面图

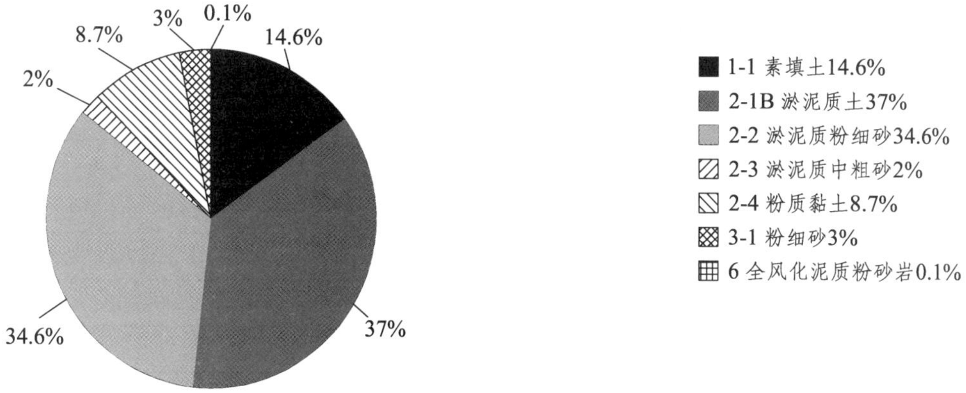

图 7.11　东乐路站地层统计图

二、周边环境概况

基坑周边受影响的建构筑物主要为车站南侧兴荣楼、百合酒店、恒基楼、东乐楼、昌发楼及基坑 50 m 范围内的建构筑物，东乐路站周边建构筑物详见图 7.12、表 7.3 所示。

图 7.12　东乐路站周边建构筑物平面图

表 7.3　东乐路站周边建筑物概况表

序号	建筑物名称	与基坑关系	基础资料	备注
1	新德业商务中心	距离 39.6 m	资料不详	
2	东城酒店	距离 19 m	预应力管桩，桩长 28 m，桩径 0.3 m	
3	东城花园	距离 19.9 m	预应力管桩，桩长 32.5 m，桩径 0.3 m	
4	李兆基中学	距离 40.3 m	预应力管桩，桩长 15 ~ 30 m，桩径 0.4 m	
5	顺德第一附属中学	距离 26.2 m	预应力管桩，桩长 22 ~ 39 m，桩径 0.4 m	

续表

序号	建筑物名称	与基坑关系	基础资料	备注
6	广域大厦	距离 20 m	预应力管桩，桩长 25 ~ 38 m，桩径 0.4、0.5 m	
7	格林公寓	距离 9.4 m	静压预应力管桩，桩长 26 ~ 33 m，桩径 0.4 m	
8	昌发楼 A	距离 10.4 m	静压预应力方桩，桩长 25 ~ 30 m，桩径 0.5×0.7 m；0.4×0.65	
9	昌发楼二期	距离 10.0 m	静压预应力方桩，桩长 25 ~ 30 m，桩径 0.35×0.35 m	
10	恒基楼	距离 10.7 m	高强预应力管桩，桩长 25 m，桩径 0.3 m	
11	百合酒店	距离 10.6 m	桩基础，桩长未知	
12	兴荣楼	距离 8.9 m	桩基础，桩长未知	

三、工程风险分析及处理措施

（一）工程风险点分析

（1）基坑开挖深度为 16.9 ~ 25.1 m，属于深基坑。基坑深度范围主要为<1-1>素填土、<2-1B>淤泥质土、<3-1>粉细砂、<3-2>中粗砂中，基底主要位于<2-2>淤泥质粉细砂层，以及<3-2>中粗砂，地质条件差。

（2）基坑周边建（构）筑物多，且距离基坑较近。东城花园二期地下停车场主体基坑西北侧，侵入基坑约 0.54 m，基坑开挖期间加强周边建筑物的监测及巡视。

（二）施工前期预控措施

针对基坑地质情况，周边环境复杂情况，在基坑开挖施工前期，对基坑内部进行三轴搅拌加固措施，三轴搅拌桩加固施工范围为东乐路主体基坑，桩体从基底穿透淤泥层下 1 m。另有基坑外南侧 2 ~ 3 m 位置。每间隔 20 m 钻有回灌井防控措施。三轴搅拌桩及回灌井布置情况如图 7.13 所示。

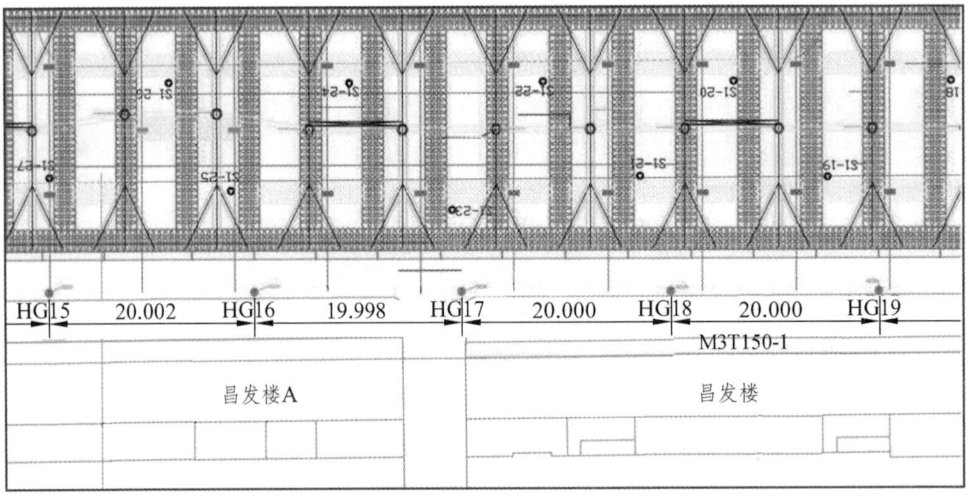

图 7.13　东乐路站三轴搅拌桩加固、回灌井位置示意图

东乐路站建（构）筑物监测范围为基坑周边 50 m 范围内的建（构）筑物，并对 1 倍基坑深度范围内的建（构）筑物预埋注浆袖阀管。根据现场实际情况对周边建（构）筑进行注浆保护，外侧（远离基坑）袖阀管加固标高为中粗砂层中部，内侧（靠近基坑）袖阀管加固标高为中粗砂层与粉砂岩分界面，且袖阀管注浆位置与建（构）筑物桩基距离不小于 0.5 m。根据设计要求，注浆孔分为两排，距离围挡边线分别为 1 m 和 2 m，孔间距离为 2 m，梅花形布置。施工时根据现场情况，适当调整袖阀管布置位置、角度及深度。袖阀管对建（构）筑物监测及保护如图 7.14 所示。

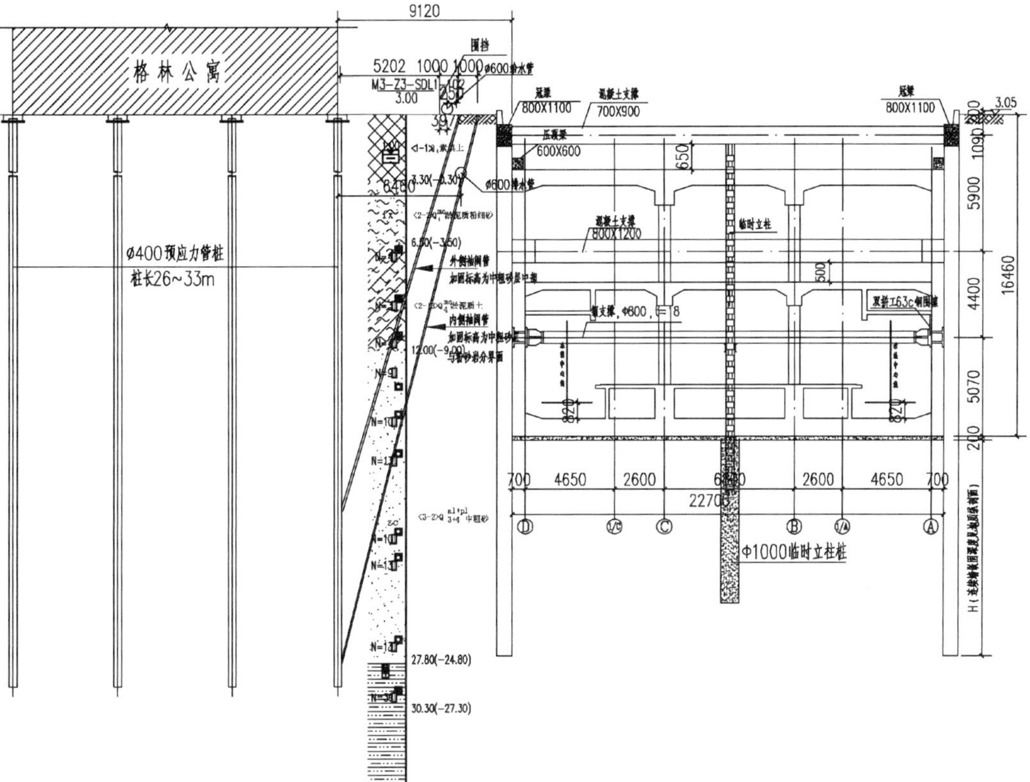

图 7.14　袖阀管对建筑物监测及保护剖面图

（三）第三方监测重点及措施

（1）综合本工程及深基坑施工特点分析，本车站应重点关注：

① 基坑围护结构的变形情况。

② 基坑周边建（构）筑物的变形情况。

③ 基坑周边地下管线的变形情况。

④ 基坑周边地下水位的变化情况。

（2）监测措施：

① 在围护结构施工前布设完建筑物监测点，并取得初始值。

② 重点监测基坑围护结构变形、周边建（构）筑物沉降及地下管线沉降。

③ 在基坑边或建筑物附近设置地下水位监测断面，监测地下水位漏斗，以判断地下水的来源、走向，有利于堵漏、抢险工作的开展。

四、监测布点原则

测点位置和数量应结合工程性质、地质条件、设计要求、施工特点等综合考虑，监测点布设原则如表 7.4 所示。

表 7.4　各监测项目的监测点布设原则

序号	监测项目	位置及监测对象	测点布置	备注
1	墙顶部水平位移	墙上端部	沿车站纵向水平间距为 20 m	应测
2	墙顶部竖向位移	墙上端部	沿车站纵向水平间距 20 m，与桩顶部水平位移测点共用	应测
3	深层水平位移	基坑周边的中部阳角及有代表性的部分	沿车站纵向水平间距为 20 m	应测
4	地下水位	基坑周边	沿车站纵向孔间距为 20 m，孔深应在最低允许地下水位之下 3～5 m	应测
5	周边地表竖向位移	基坑中部或其他有代表性的部分	沿车站纵向水平间距为 20 m	应测
6	建（构）筑物竖向位移	基坑东北侧小涌村民房基坑东侧小桥	建（构）筑物竖向位移观测点应布设在外墙或承重柱上，监测点沿外墙间距宜为 15～30 m，在外墙转角处应有监测点	应测

五、监测数据分析

根据《建筑基坑工程监测技术规范》（GB50497—2019）和中铁二院工程集团有限责任公司《佛山市城市轨道交通三号线工程施工图设计——东乐路站车站工程围护结构设计图》各监测项目的控制标准详见表 7.5 所示。

表 7.5　基坑围护结构与周边环境监测项目控制值统计

序号	监测项目	监测精度	监测控制值	
			累计值	变化速率/（mm/d）
1	墙顶部水平位移	0.6 mm	20 mm	2
2	墙顶部竖向位移	0.6 mm	10 mm	2
3	深层水平位移	0.25 mm/m	f_2	2

续表

序号	监测项目	监测精度	监测控制值	
			累计值	变化速率/（mm/d）
4	地下水位	10.0 mm	2 000 mm	1 000
5	地表沉降	0.6 mm	25 mm	2
6	支撑轴力	≤1/100（F.S）	f_1	
7	建（构）筑物沉降、倾斜	0.6 mm	10 mm	2
8	地下管线沉降	0.6 mm	10 mm	2

东乐路站周边建（构）筑物超出橙色预警值有 2 个监测点，超出黄色预警值有 5 个监测点，以预警点位 JGC-233 沉降变化曲线图为例，说明基坑施工对临近重要建（构）筑物影响，如图 7.15 所示。从沉降变化曲线图中可以看出，至 2019 年 10 月份建（构）筑物下沉趋势开始较大，接近设计预警值[建（构）筑物沉降控制标准累计−10 mm、速率±2 mm/d]。JGC-233 于 2019 年 11 月 8 日累计值超出设计黄色预警值，累计值为−6.95 mm，速率为−2.77 mm。JGC-233 位于东乐路站基坑第十一段 27-29 轴南侧，施工工况为：第十一段第三层土方开挖。分析原因有基坑土方开挖，第三道钢支撑未及时架设，基坑暴露时间较长，引起周边建（构）筑物及其他监测项目变化较大，如图 7.16、7.17 所示。

JGC-233 附近墙体深层水平位移 ZQT-24 在 2019 年 11 月 8 日累计变形 44.99 mm，本次变形 16.07 mm，变化速率 8.04 mm。累计变形、速率变形有较大变化，均已达到红色预警（墙体深层水平位移沉降控制标准累计 30 mm、速率±2 mm/d）。分析原因为第十段开挖第四层土方开挖完成，底板绑扎钢筋施工，底板未封闭，第十一段第三层土方开挖，第三道钢支撑未及时架设，基坑暴露时间较长。

JGC-233 附近地表沉降监测点位在 2019 年 11 月 8 日，DBC13-1 累计沉降−17.40 mm，速率沉降−2.57 mm。DBC13-2 累计沉降−21.21 mm，速率沉降−5.48 mm，地表速率超出橙色预警（地表沉降控制标准累计−25 mm、速率±2 mm/d）。

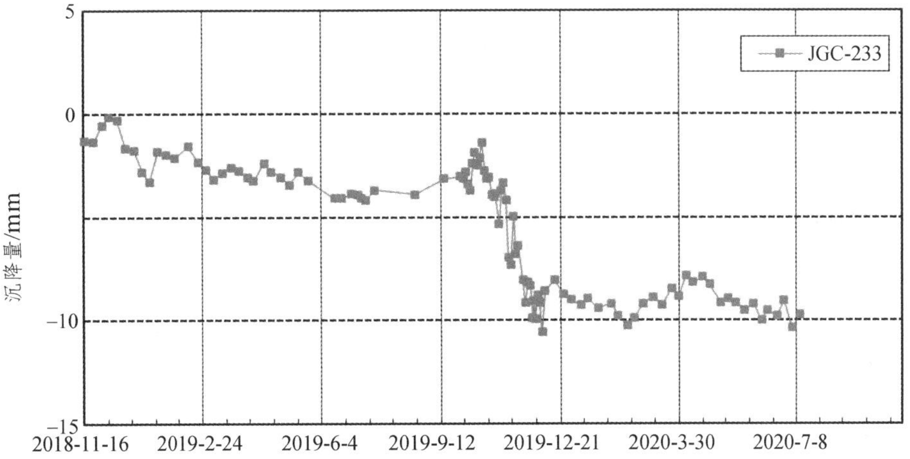

图 7.15　东乐路站周边建（构）筑物沉降 JGC-233 沉降监测曲线图

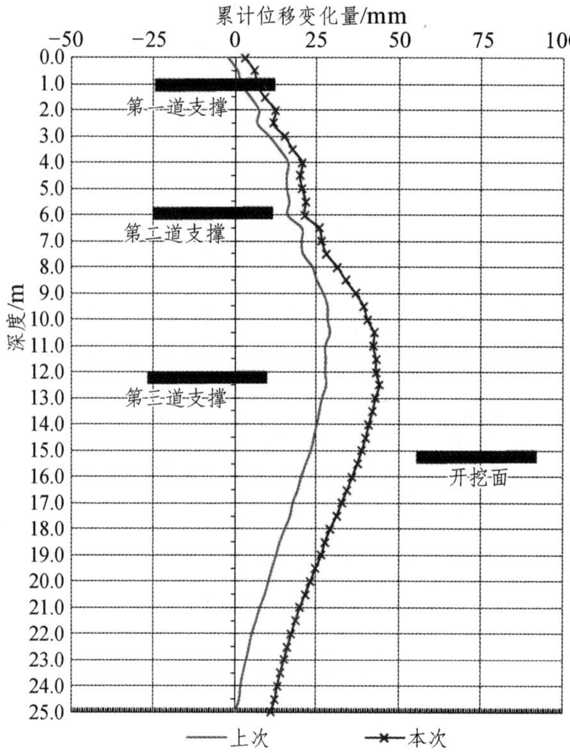

图 7.16　东乐路墙体深层水平位移 ZQT-24 曲线图

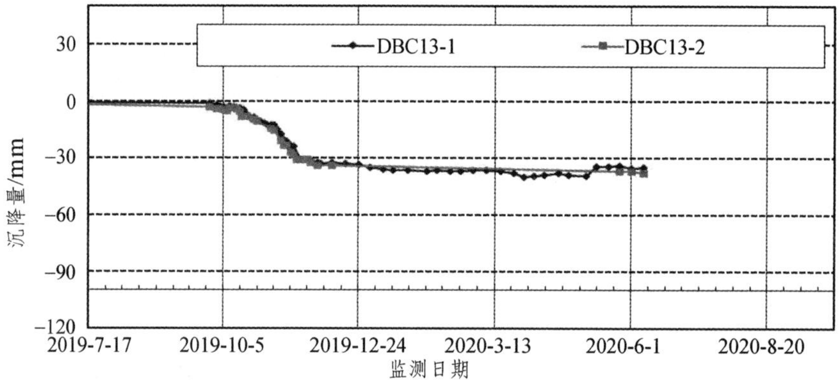

图 7.17　东乐路周边地表 DBC13-1、DBC13-2 沉降监测曲线图

六、基坑涌水涌泥处置

2019 年 7 月 21 日上午 7 时左右，西侧基坑第二十一段土方开挖至底板时，发现 53 轴位置地下连续墙 BQ91 与 BQ92 接头距离基底以上约 1.7 m 和基底以下约 0.3 m 位置处涌水涌泥（涌出方量约 6 m³）。

（一）基坑涌水涌砂情况

在西侧基坑开挖之前，施工单位已经将接头处进行双重管高压旋喷加固；涌水涌泥处距离东城酒店地下停车场较近，平面位置如图 7.18、7.19 所示。

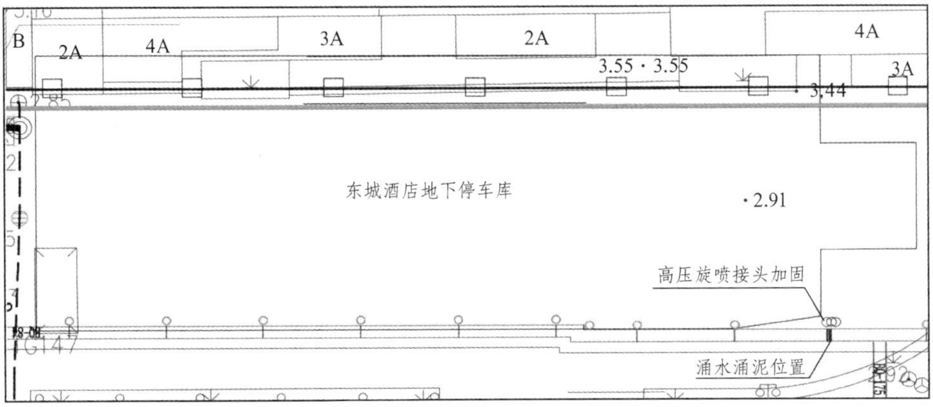

图 7.18　涌水涌泥位置与东城酒店地下停车场平面位置图

图 7.19　现场涌水涌泥实体照片

BQ91 和 BQ92 接头涌水涌泥处地质依次为淤泥质土、淤泥质粉细砂、粉质黏土、粉细砂、中粗砂、全风化泥质粉砂岩（基底为粉质黏土、粉细砂），如图 7.20 所示。

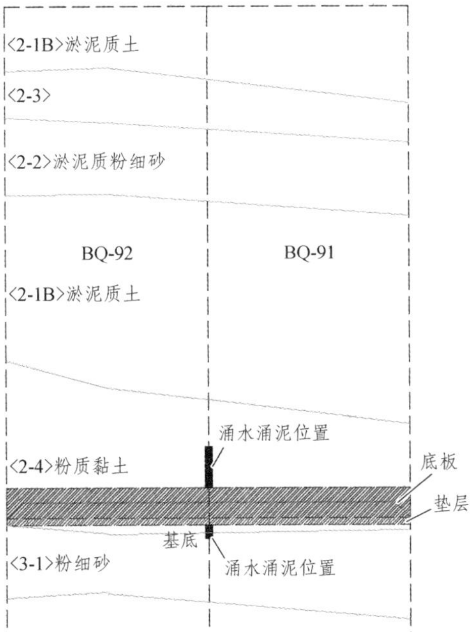

图 7.20　涌水涌泥位置示意图

监测情况：在发生涌水涌泥期间，加大此处监测频率，2019 年 7 月 21 日上午 7：50 监测墙体深层水平位移 0.96 mm（深度在 2.0 m 处），11:00 监测墙体深层水平位移为-1.32 mm（深度在墙体顶部；向基坑内侧移取正值），下午 15:00 监测墙体深层水平位移为-0.86 mm（深度在 11.5 m 处）；2019 年 7 月 22 日上午 9:00 监测墙体深层水平位移 1.47 mm（深度在 11.5 m 处）。

经过现场初步分析判断，涌水涌泥的主要原因是地连墙接头质量问题，该车站地连墙采用两期施工，一期地连墙 BQ92 施工时由于受东城酒店地下停车库单轴桩影响，在成槽过程中（7 m 位置）出现偏孔现象，二期地连墙 BQ91 施工时未能及时将接头清理干净，导致在开挖时接头出现大量回填的砂袋，开挖施工前施工单位提前在 BQ92 与 BQ91 接头位置施工 3 根高压旋喷桩进行加固（桩深 22 m），由于墙体垂直度偏差过大未能有效止水，导致基坑出现涌水涌泥。

（二）基坑涌水涌砂处置

发现此处涌水涌泥后，立即启动应急预案，应急小组人员第一时间到达现场，制订封堵方案如下：

（1）采用后贴钢板将渗漏点进行封堵，后贴钢板与墙体间间隙采用快干水泥填堵密实，如图 7.21 所示。

图 7.21 现场安装后贴钢板

（2）采用吨袋+砂袋等形式将渗漏点进行反压回填，如图 7.22 所示。

图 7.22 现场采用吨袋和砂袋反压

（3）墙体外侧进行应急注浆（水泥浆+水玻璃），水灰比为 1∶1、水玻璃与水的比重为 1∶1，用量水泥约 4.5 t，水玻璃约 4.5 t，注浆压力为 0.1 MPa，现场测试水泥浆凝固时间为 25 s，注浆深度约 20 m（即基底以下 3 ~ 4 m），如图 7.23 所示。

（4）加快第二十一段底板垫层施工，使基底快速封闭。

图 7.23 现场墙体外侧应急注浆加固

（三）后续预防措施

（1）再次对未开挖处地连墙施工质量缺陷进行排查并处理。

（2）加强对渗漏点处地表、水位及轴力等监测力度，及时报送监测数据。

（3）严格落实值班巡查制度，加大夜间基坑巡查力度，安排专职人员每隔 1 小时对基坑进行巡查并拍照发至微信群。

（4）对有质量缺陷的墙体开挖施工前，制订好开挖方案和应急预案，提前在有质量缺陷的墙体外侧进行引孔，缩短应急注浆的时间，对施工人员进行交底，开挖过程中派专人盯守。

（5）安排专人对应急物资的梳理和应急设备的保养。

（6）合理安排工序，加快主体结构施工。

（四）监测情况

受基坑涌水涌泥影响，附近地表沉降最大点为 DBC25-1，本次沉降−6.49 mm，附近地下水位下降最大点为 DSW-47，本次沉降−655 mm，应急加固措施处理之后，附近地下水位有所回升并保持平稳。

基坑涌水涌泥发生后，立即对附近墙体深层水平位移 ZQT-47 进行加密监测，直至应急措施处理完成，底板垫层浇筑完成，附近墙体深层水平位移变化未出现明显变化，说明此次基坑涌水涌泥应急措施处理及时，堵漏及注浆措施效果良好，未对围护结构造成影响。

七、小　结

在土方开挖期间，因受到基坑荷载力卸载、支撑未及时架设、基底未及时封闭等原因，会对周边建（构）筑物有一定影响，现场监测确有一部分监测点位超出设计预警值，沉降速率略大，大部分监测点位量值较小，对周边建（构）筑物影响可控。分析原因如下：① 东乐路站基坑范围内存在深厚的淤泥软土地层，施工方按设计图纸对基坑内进行了三轴搅拌抽条加固，加固深度为桩体从基底穿透淤泥层下 1 m；② 原设计支护为一层混凝土撑加两层钢支撑，后变更为两层混凝土撑加一层钢支撑；③ 距离基坑较近周边建（构）筑物均有桩基础，且桩长深度为 25 ~ 30 m，超出基坑开挖深度，对建（构）筑物有一定保护作用；④ 其次施工单位对较近建（构）筑物有袖阀管及回灌井预防措施。

对于在东乐路基坑工程施工过程中，出现的基底涌水涌泥突发现象，因施工单位及时发现，及时应急响应处置，对基坑底部涌水涌泥位置封堵、基底吨袋反压、基坑外注浆加固等措施，监测单位及时加密监测，并加大现场巡视，除周边地下水位下降较大之外，其他监测项目未出现明显变化，未对基坑围护结构造成较大影响。

第三节　岩溶区深基坑工程的风险识别与应急处置措施

岩溶是水动力对可溶性岩石的化学溶解作用所形成的地表和地下的一种自然现象，在水的冲蚀作用下，可溶性岩石内裂隙与通道会不断扩展变大进而形成洞穴，且洞穴与洞穴之间通常由复杂贯通的岩溶通道连通，可形成大范围的溶洞群。岩溶地区地下工程建设时稍有不慎就可能引起岩溶塌陷、地面塌陷、支护结构变形倒塌、基坑突水突泥等地质灾害，不仅影响施工进度，同时会给工程自身及基坑周边带来巨大的安全隐患。三号线工程中山公园站工程范围内揭露多个溶蚀洞，溶蚀洞发育地段对基坑工程及周边建筑物的安全带来极大隐患，在一定条件下可能会发生地质灾害，造成塌陷或坍塌，严重威胁本工程及周边建筑物的安全。中山公园站主体基坑土方开挖过程中发生了多次涌水险情事件，不仅严重影响施工进度，多次的应急抢险以及后期岩溶注浆处理也耗费了大量的成本。本节对中山公园站各险情事件应急处置措施、监测数据情况及风险识别进行总结分析，并给出相关建议。

一、工程概况

中山公园站位于文昌路与货站路交叉口，呈东西走向，车站设计起始里程为 DK56+850.583，设计终点里程为 DK57+166.083。车站为地下 2 层车站，全长 315.5 m，标准段宽为 22.70 m，车站标准段底板埋深约 16.68 m，换乘节点段底板埋深 24.73 m。起终盾构端头宽度 27.2 m，底板埋深约 17.79 m。

车站采用明挖法施工，主体基坑选用连续墙+内支撑的围护结构形式，地连墙基本宽幅为6 m。车站标准段基坑共设置3道支撑，第一道混凝土米字撑；第二道钢管支撑，靠近文昌大桥段基坑采用混凝土支撑；第三道为钢支撑。车站盾构井段基坑共设置 3 道支撑，第一道混凝土支撑，第二～三道采用混凝土支撑。换乘段设置 4 道支撑和 1 道换撑，第一道混凝土支撑，第二道钢支撑，第三、四道混凝土支撑，换撑采用钢支撑；标准段和换乘节点段均设置中立柱。横断面如图 7.24。

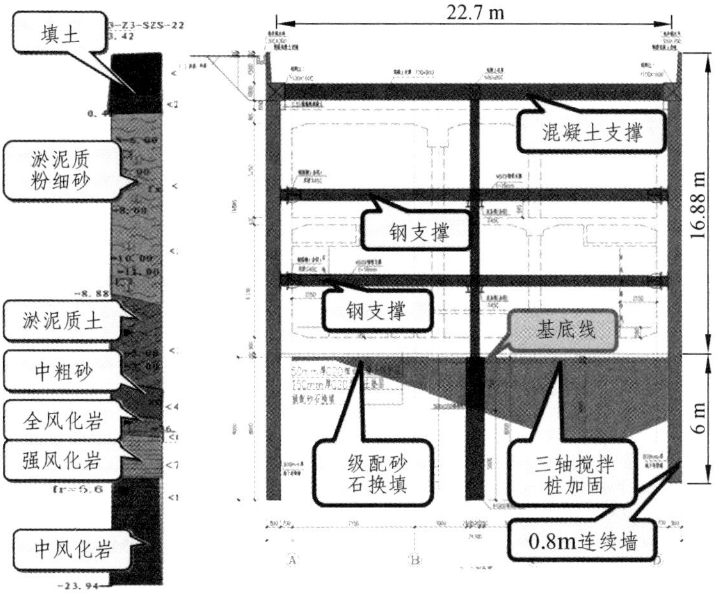

图 7.24 标准段横断面示意图

二、工程地质与水文地质

（一）工程地质情况

车站场地属于海陆交互相冲洪积三角洲平原地形地貌，地面地势平坦，原始地面为市政道路，地面高程 2.25～5.72 m，施工期间场地平整标高 3.2 m，施工场地相对狭小。本场地内从上至下土层分别为：<1>素填土、<2-1A>淤泥、<2-1B>淤泥质土、<2-2>淤泥质粉细砂、<2-3>淤泥质中粗砂、<2-4>粉质黏土、<3-2>中粗砂、<7-2>强风化岩、<8-2>中风化岩。基底位于砂层、黏土层和淤泥质土层，基底淤泥层作加固或换填处理，连续墙底位于<7-2>强风化岩层中或<8-2>中风化岩层中，各土层分层及物理特性见表 7.6，地质剖面图见图 7.25、7.26。

表 7.6 中山公园站场地内土层分层及物理特性

层号	岩土名称	主要工程地质特征	开挖后土岩稳定状态	岩土分类
<1-1>	素填土	松散，由黏性土、砂土和少量碎石等组成，土层透水性较强	易崩塌	松土
<1-2>	杂填土	松散，由黏性土、粗砂、碎石块及少量建筑垃圾、生活垃圾组成，组成成分不一，成分复杂	易崩塌	松土

续表

层号	岩土名称	主要工程地质特征	开挖后土岩稳定状态	岩土分类
<2-1A>	淤泥层	流塑，土层透水性弱	不能自稳	普通土
<2-1B>	淤泥质土层	流塑—软塑，土层透水性弱	不能自稳	普通土
<2-2>	淤泥质粉细砂层	黑灰色，饱和，松散—稍密，透水性较中等	自稳性差，易塌	松土
<3-1>	粉细砂层	灰白色、土黄色，饱和，松散—稍密，透水性较中等	自稳性差，易塌	松土
<3-2>	中粗砂层	浅黄、灰褐、灰黄色，局部为灰白色，饱和，稍密—中密，透水性中等	自稳性差，易塌	松土
<4-2A>	淤泥	流塑状，微透水性	不能自稳	普通土
<5N-2>	粉质黏土	硬塑—坚硬状，黏性较强，透水性极弱	自稳性较好	硬土
<6>	碎屑岩类全风化岩	岩石组织结构已基本破坏，已风化成土状，透水性稍弱	自稳性较好	硬土
<7-2>	泥质粉砂岩、粉砂岩等强风化岩	呈半岩半土状，碎块状，风化裂隙较发育	自稳性较好，但易掉块	硬土—软质岩
<8-2>	泥质粉砂岩、粉砂岩等中等风化岩	岩质较软，裂隙较发育	自稳性较好，但易掉块	软质岩

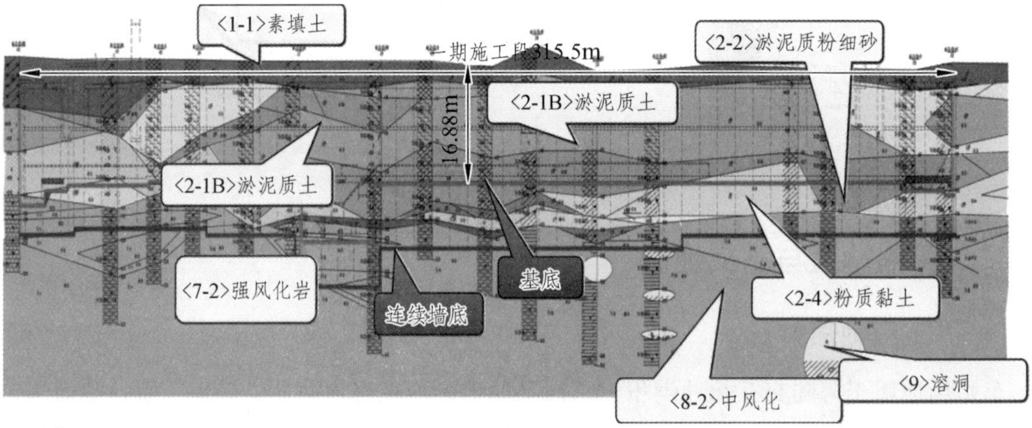

图 7.25　中山公园站左线地质纵剖面图

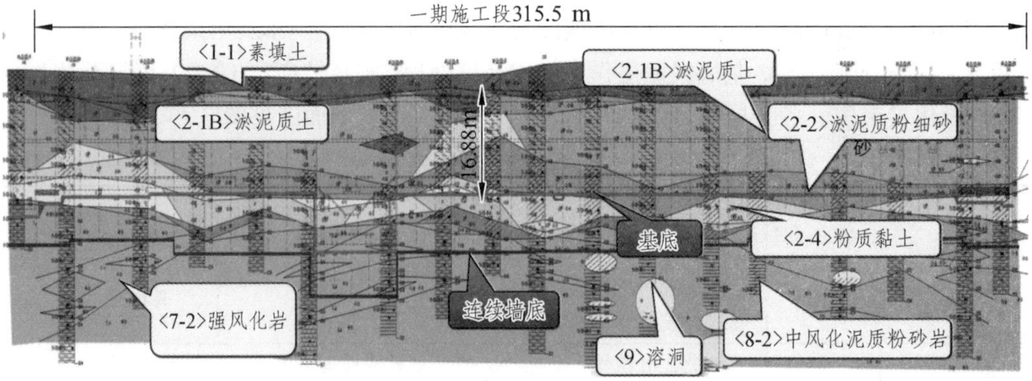

图 7.26　中山公园站右线地质纵剖面图

另外，根据地勘报告显示，本场地内揭露有断裂带及岩溶现象，具体如下。

1. 断裂带

根据区域地质资料显示，断层从场地内通过，该断裂走向近南北向，向东倾斜，区域上隶属于广从断裂带。揭露的断裂痕迹表现为岩芯破碎，断裂带内揭露有断层角砾岩，断层角砾岩再次成岩，风化程度不均一，且断层角砾岩内有溶蚀痕迹。断裂构造常造成岩体破坏、岩石破碎、地层的不连续，基岩面起伏变化加大，岩体的风化程度加深，出现风化深槽等不良工程问题。另外，因破碎带地下水比较发育，易发生涌水、漏水事件甚至造成基坑淹没或坍塌。

2. 岩　溶

岩溶发育区主要集中在 YBK57+010 ~ YBK57+080 里程段，该区域 19 个地勘孔中 13 个发育有溶洞，场地岩溶见洞隙率为 68.4%，岩溶发育程度等级为岩溶强发育；推测受隐伏断裂影响，场地内基岩裂隙水发育，下伏基岩含较多钙质成分，受地下水冲刷，钙质成分流失，形成溶洞。溶蚀洞以半充填或全充填状态为主，少量无充填，串珠状溶洞发育，其充填物主要为流—可塑状黏性土、砂砾及夹少量岩块，有部分钻具自落，有的可直接压入钻进，有的钻进时速度较快，且普遍出现漏水、漏浆现象。如图 7.27。

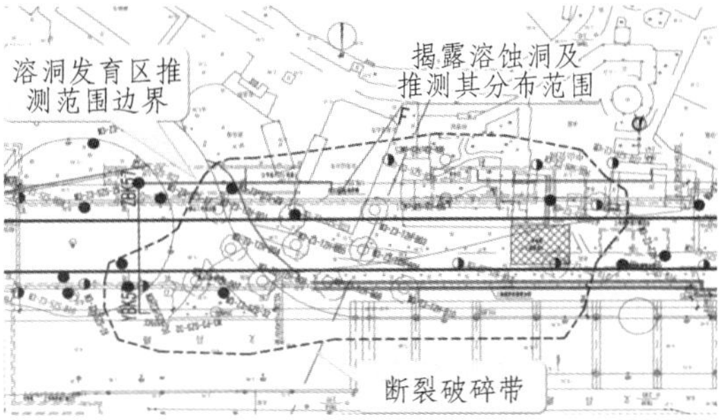

图 7.27　中山公园站岩溶区平面图

（二）水文地质情况

1. 地表水

中山公园站东侧文昌大桥附近为佛山水道，该段水道宽 59 ~ 100 m，水深 3 ~ 5 m，总体呈南北走向，流向南方。该河段没有通航、没有通筏，河床地形错综复杂，水量丰富，洪水期长，且受台风、暴雨影响，年内变化比较复杂。车站南侧中山公园站内存在湖泊秀丽湖。

2. 地下水

1）地下水水位

地下水初见水位埋深为 0.70 ~ 5.40 m（标高-0.57 ~ 2.63 m），稳定水位埋深为 1.30 ~ 5.70 m（标高-0.87 ~ 2.52 m）。场地地下水动态变化具季节性，每年 4—10 月份雨季期间，大气降水丰沛，是地下水的补给期，其水位会明显上升，而 11 月—次年 3 月为地下水的消耗期，地下水位随之下降，年变化幅度一般为 2.50 ~ 3.00 m。

2）地下水类型

主要分为松散层孔隙水和基岩裂隙水。

（1）第四系孔隙水

第四系孔隙水，主要赋存于冲、洪积砂层中，在松散填土之中亦有少量第四系孔隙水。本场地第四系孔隙水含水层主要为海陆交互相淤泥质粉细砂<2-2>、淤泥质中粗砂<2-3>、冲洪积粉细砂层<3-1>、中粗砂层<3-2>和砾砂<3-3>。本场地孔隙水一般为潜水，上覆黏性土层，地下水略具承压性，砂层水稳定水位埋深约 2.67 ~ 2.94 m（标高 0.03 ~ 0.93 m）。

（2）基岩风化裂隙水、岩溶水

主要赋存于强、中风化岩中的风化裂隙之中、含水层无明确界限，埋深和厚度很不稳定，其透水性主要取决于裂隙发育程度、岩石风化程度和含泥量。风化程度越高、裂隙充填程度越大，渗透系数则越低。基岩风化裂隙水为承压水，基岩水稳定水位埋深一般 3.05 ~ 3.17 m（标高−0.20 ~ 0.55 m）。岩溶水赋存于中风化岩中的溶蚀裂隙、溶洞之中，含水层无明确界限，埋深和厚度很不稳定，其透水性主要取决于裂隙、溶洞发育程度、溶洞充填情况。裂隙、孔洞充填程度越大，渗透系数则越低。基岩岩溶水为承压水。根据勘探资料，部分砂层含水层直接覆盖于基岩之上，第四系孔隙水与基岩水、岩溶水有一定的水力联系。

三、岩溶预处理措施

根据详勘报告揭示，本站主体结构 23 ~ 33 轴底板以下存在溶洞。岩溶主要发育于中风化钙泥质粉砂岩，洞顶埋深 23.40 ~ 36.20 m，岩溶发育标高为−20.85 ~ −37.07 m，车站位于岩溶发育深度范围之上。为了确保车站基坑施工期间围护结构的安全，满足车站围护及主体结构的承载力及变形要求，预防溶洞进一步发展，减少后期运营的风险，基坑开挖前对基坑范围内的溶洞进行处理，处理方法如下。

1. 处理范围

（1）车站底板以下 2 m 范围内发现的溶洞；连续墙或中立柱以下 2 m 范围内发现的溶洞。

（2）需处理的溶洞边界线外放 1.5 m，该范围内进行岩面注浆。

2. 岩溶处理措施

由于溶洞主要发育于中风化钙泥质粉砂岩，故对于发现的溶洞采取注浆的方法进行填充加固，对于全充填溶洞采用压力注浆的方法进行填充加固。

四、工程风险识别

将本工程风险分为工程自身风险及周边环境风险，具体描述如下。

（一）该工程自身风险

本场地土层从上到下依次为<1-1>素填土、<2-1A>淤泥、<2-2>淤泥质粉细砂、<2-1B>淤泥质土、<3-1>粉细砂、<7-2>强风化泥质粉砂岩、<8-2>中风化泥质粉砂岩。人工填土、粉细砂、淤泥质土自稳性差；坑底淤泥质土、粉质黏土、粉细砂承载力低，下伏中风化泥质粉砂岩。车站标准段宽 22.7 m，底板埋深约 16.68 m，车站换乘节点段宽 24.1 m，底板埋深约 24.73 m。车站地质条件很差，自身风险主要有：

（1）地层带给基坑支护的不利影响，主要表现为坑壁人工填土、淤泥、淤泥质粉砂、粉砂，含水量丰富，透水能力好，基坑涌水量大，尤其是在强降雨的工况下可能加剧基坑的不稳定性，处理不当容易诱发基坑崩塌、滑坡，对基坑明挖法施工开挖不利。

（2）坑底为粉细砂等软弱土层，地质条件差，围护结构受力较大，变形较大，不利于控制车站沉降。

（3）溶蚀洞对建筑物的安全带来极大隐患，在一定条件下可能会发生地质灾害，造成地面塌陷或坍塌，严重威胁本工程及周边建筑物的安全。场地内存在近南北向走向的断裂，向东倾斜，断裂构造常造成岩体破坏、岩石破碎、地层的不连续，基岩面起伏变化加大，岩体的风化程度加深，出现风化深槽等不良工程问题。同时，破碎带地下水比较发育，易发生涌水、漏水事件甚至造成基坑淹没或坍塌。

（二）周边环境风险

1. 建构筑物

基坑周边主要建构筑物的情况如图 7.28 所示。中山公园站周边建构筑物主要为车站北侧的文昌大桥和文昌路，西北侧的货运站场，东北侧为水果批发市场，东侧的餸朝海鲜酒楼（拆迁），南侧的中山公园内的海盗船等游乐设施以及野生动物救治中心。其中文昌大桥桥墩距离基坑边缘最近仅 6 m，在 0.7～1 倍基坑深度范围内，属主要影响区。其变形控制要求较高，而开挖过程中，将不可避免地造成周边土体损失，引起周边建筑物沉降，施工过程中应对其加强监测及巡视，重点关注建筑物的不均匀沉降。通过监测及巡视信息指导施工，优化施工工艺，减少土层损失，控制建筑物变形。

图 7.28　中山公园站周边建构筑物情况

2. 周边重要管线

场地内主要的重要管线如表 7.7 所示。基坑临近燃气、给水、雨水、污水等多条重要管线，所有管线均沿基坑边缘敷设，管线变形控制要求比较高，在施工过程中极易因变形过大，造成管线破坏，需加强对管线及支护结构进行监测、巡视，重点关注管线差异沉降及开挖面渗漏水情况。通过监测及巡视信息指导施工，优化施工工艺，减少土层损失，控制管线变形。

表 7.7 场地内重要管线信息

序号	名 称	走向	材料	管底埋深/m	与车站位置关系	处理方法
1	给水管 ϕ 500 mm	东西	钢	0.71	平行车站	临时迁改
2	燃气管 ϕ 323 mm	东西	钢	1.20	平行车站	临时迁改
3	雨水箱涵 3 000 mm×1 600 mm	东西	砼	1.76	平行车站	永久迁改
4	污水管 ϕ 500 mm	东西	砼	1.00	平行车站	永久迁改
5	污水管 ϕ 1 000 mm	东西	砼	1.34	平行车站	永久迁改

五、涌水涌砂及应急处置

（一）涌水涌砂概况

中山公园站主体基坑开挖过程中发生多次涌水险性事件，本文对其中主要的 5 次涌水险性事件进行总结分析，5 次险性事件分别发生于 2019 年 8 月 2 日、9 月 22 日、10 月 25 日、10 月 30 日以及 2020 年 3 月 26 日，具体情况如下。

1. 2019 年 8 月 2 日涌水

2019 年 8 月 2 日上午约 10:00，中山公园站主体基坑 32-33 轴位置出现坑内基底涌水现象，初期施工单位用铺盖棉被填堵加压方式，但反压效果不理想，之后采用护筒对涌水点进行封闭，并浇筑混凝土形成围堰。同时采用水泵进行持续抽水卸压，并在坑外进行注浆止水，然而经过几天时间的抽排之后水量仍然未见较小，最后采用土方回填反压的方式将涌水暂时止住。

2019 年 8 月 2 日中山公园站主体基坑 32-33 轴第一层取土至约 6 m，33-34 轴第二层取土至约 12 m，已完成第二道混凝土支撑，该区域开挖面正处于淤泥质粉细砂层，下部为淤泥质土及中粗砂层，根据地勘报告显示，该处基坑下方疑似存在溶洞。涌水点平面位置、剖面位置及附近监测点布设情况如图 7.29 所示。

2. 2019 年 9 月 22 日涌水

2019 年 9 月 22 日晚上 23:00 左右中山公园站主体基坑 16 轴北侧地连墙接缝处出现涌水现象，通过回填反压接通引流管，同步进行坑外注浆的方法进行止水，至 23 日晚上涌水点封死。

2019 年 9 月 22 日中山公园站主体基坑 14-16 轴第一层取土至约 6 m，16-18 轴第二层取土至约 8 m，第二道支撑已完成，该区域开挖面正处于淤泥层，下部为淤泥质土及中粗砂层。涌水点平面位置、剖面位置及附近监测点布设情况如图 7.30 所示。

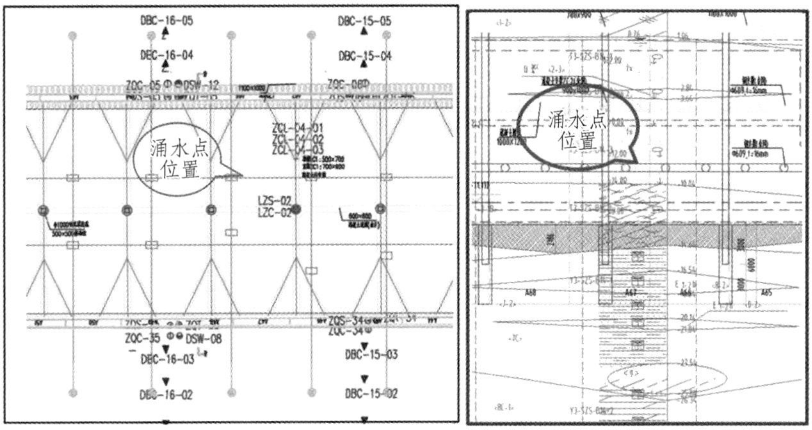

图 7.29　基坑 33 轴涌水处平剖面及监测点布设示意图

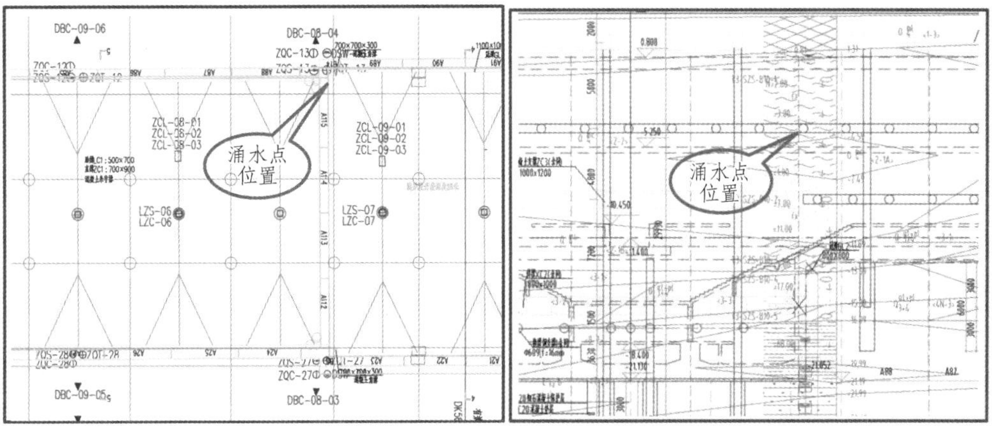

图 7.30　基坑 16 轴涌水处平剖面及监测点布设示意图

3. 2019 年 10 月 25 日涌水

2019 年 10 月 25 日下午 16:00 左右，在 11 轴位置基坑土方开挖过程中，南侧侧壁发生基坑涌水情况，该幅地连墙上出现 0.7 m×1.5 m 缺陷，孔洞位置发生漏水（地面以下 9.5 m 位置），涌水量较大，涌水发生后施工单位采用堆填沙袋以及焊接钢板的方法进行封堵，晚 22:00 时分开始对沙袋形成的围堰进行混凝土浇筑，之后采用外运土方进行回填反压，同时坑外进行注浆处理，至 26 日凌晨 3:30 左右涌水基本得到控制。

2019 年 10 月 25 日中山公园站主体基坑 9-12 轴第三层取土至约 13 m，已架设第二道钢支撑，第三道钢支撑未架设，该区域开挖面正处于<2-1A>淤泥、<2-2>淤泥质粉细砂，涌水点平面位置、剖面位置及附近监测点布设情况如图 7.31 所示。

4. 2019 年 10 月 30 日涌水

2019 年 10 月 30 日晚上 20:00 左右，中山公园站基坑 9 轴北侧地连墙第三道钢支撑围檩处发生涌水情况，涌水点位于基坑深约 13 m，涌水量较大，通过焊接钢板、袋装水泥反压并浇筑混凝土，接通引流管的方式对涌水点进行封堵，坑外进行注浆处理，至 31 日凌晨 2:30 左右涌水封堵完成。

2019 年 10 月 30 日中山公园站主体基坑 7-9 轴取土完成，9-12 轴第三层取土至约 14 m，第三道支撑已完成，该区域开挖面正处于<2-1A>淤泥、<2-2>淤泥质粉细砂。涌水点平面位置、剖面位置及附近监测点布设情况如图 7.32 所示。

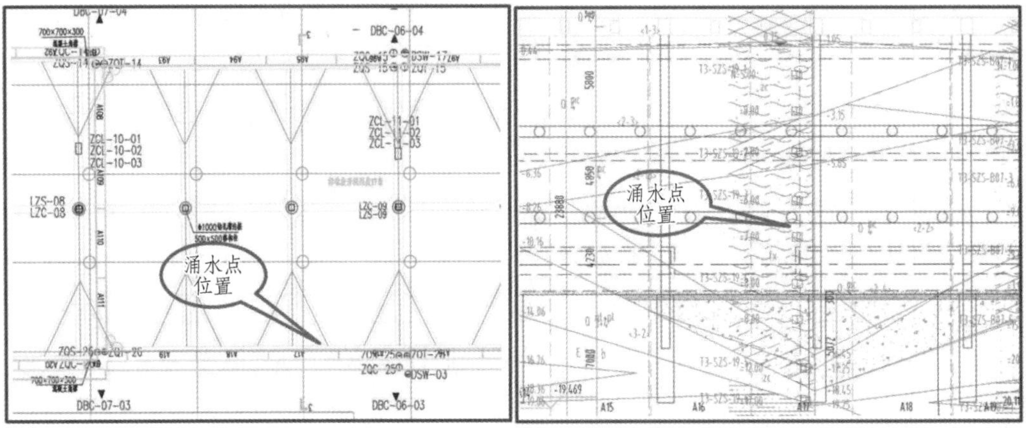

图 7.31　基坑 11 轴涌水处平剖面及监测点布设示意图

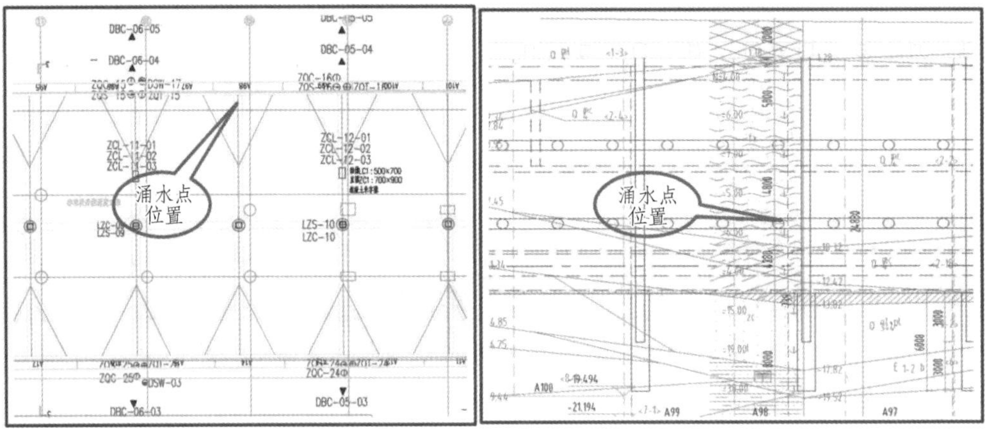

图 7.32　基坑 9 轴涌水处平剖面及监测点布设示意图

5. 2020 年 3 月 26 日涌水

2020 年 3 月 26 日晚上 21:30 左右，基坑 16 轴北侧约 17 m 位置，地连墙连接缝出现涌水涌沙，基坑北侧路面出现小范围塌陷；同样采用焊接钢板、袋装水泥反压并浇筑混凝土，接通引流管的方式对涌水点进行封堵，坑外进行注浆处理，约 23:00 点完成封堵，3 月 27 日约凌晨 1:00 路面塌陷基本完成回填。

2020 年 3 月 26 日中山公园站主体基坑 16 轴处于换乘段位置，正进行第四层取土，已完成第二道混凝土支撑，该区域开挖面正处于<3-1>粉细砂中。涌水点平面位置、剖面位置及附近监测点布设情况如图 7.33 所示。

（二）应急处置措施

1. 基底涌水

施工措施：现场险情发现人员立即将情况通知各方参建单位，由施工单位即刻组织抢险人员及应急物资进场，同时监测单位第一时间到场开展加密监测工作，根据监测数据的变化情况指导现场抢险工作。初期对涌水点堆码砂袋及棉布的形式进行反压，但反压效果不理想，无法阻止突涌现象。各方参建单位现场协商，重新拟订封堵方案，先采用钢护筒将涌水点围住，从钢护筒中抽排涌水，同时在护筒外侧进行采用回填沙袋及浇筑混凝土的形式形成围堰，之后持续抽排护筒内突涌地下水。

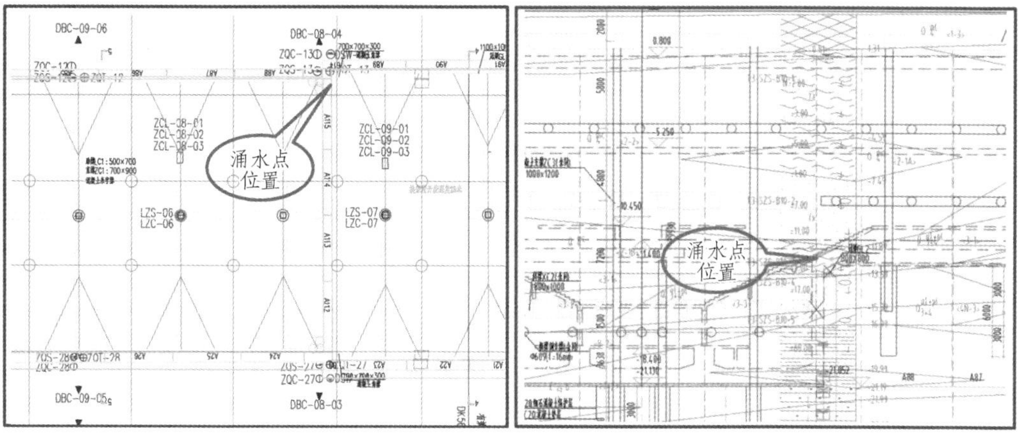

图 7.33　基坑 16 轴涌水处平剖面及监测点布设示意图

上述措施仅仅达到集中排水、防止涌水范围扩大的效果，随着地下水的不断抽排，势必对周边地表及建构筑物的变形产生影响，在抽排数天且水量仍然未见减小的情况下，对涌水点接高钢护筒，护筒外侧回填反压，对护筒外侧进行注浆处理，最终通过回填土反压暂时将涌水止住。

监测措施：收到险情消息后第三方监测与施工监测单位立即组织人员及仪器设备，于半小时内至现场开展加密监测工作。首先做好进场前安全交底，查明涌水位置，明确现场安全作业注意事项。之后开展现场加密监测工作，按照 2 h/次的频率进行现场加密监测，并对现场抢险情况及安全风险进行巡视，同时确定信息报送方式，采取抢险监测数据微信群的方式实时上传加密监测数据及现场巡视情况。监测应急处理流程如图 7.34。

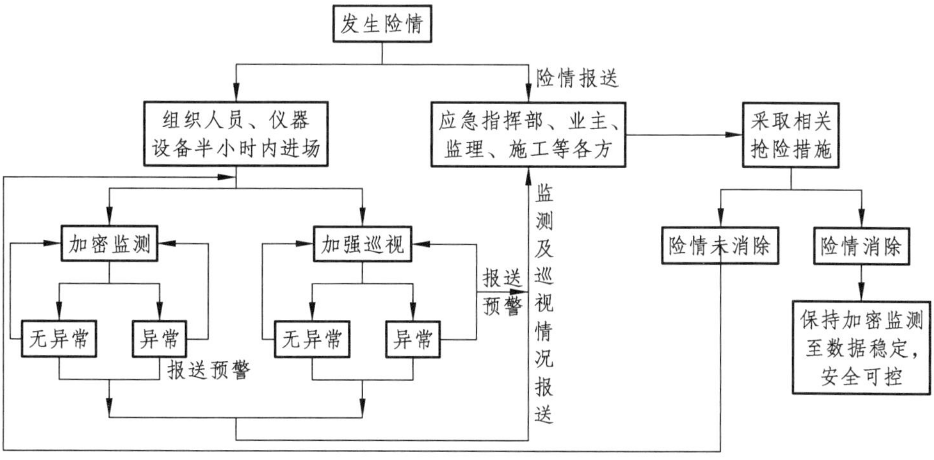

图 7.34　应急处理流程

为保证后续施工安全，需要对岩溶区进行进一步处理，首先对无充填型溶洞进行黏土水泥膏浆固结充填，全充填型、半充填型溶洞采用较大灌浆压力及黏土水泥膏浆浆体自闭性对充填物进行注浆压密；对于较大水流流速的动水条件、直径超过 0.5 m 的溶洞或较大的溶蚀裂隙的特殊孔段，在采用黏土水泥膏浆难以堵水时，采用施工钻孔，先充填惰性材料或模袋膏浆等措施；再灌注黏土水泥膏浆或水泥-水玻璃双液灌浆方法进行处理。各类钻孔只要揭露溶洞即刻停止钻孔开始灌浆。同时通过在基底以下 4 m 范围施工咬合的双管旋喷桩形成加固体隔断地下岩溶水。

2. 基坑侧壁发生涌水

施工措施：基坑侧壁涌水时，首先在涌水点插入导流管，确保导流管与地连墙漏水点接触紧密。用袋装水泥筑第一道围堰，同时筑第二道围堰。在第一道围堰与地下连续墙形成的空仓内填入碎石，然后用木板加盖，再在盖板上用袋装水泥覆压。在第二道围堰与地下连续墙形成的空仓内浇筑混凝土，边浇混凝土边灌入水玻璃，使之快速凝固。或灌入水泥浆液，边灌水泥浆边灌水玻璃，使之快速凝固。同时在地下连续墙外侧注浆处理，待导流管水量减小之后关闭阀门达到完全止水效果。

以 2019 年 10 月 25 日基坑南侧 11 轴涌水事件为例，首先基坑内漏水位置堆码砂袋及袋装水泥，并对地连墙漏水位置加焊钢板止水防止土质流失，在沙袋围堰内浇筑混凝土，再对该位置回填土进行反压（共回填土方 29 车），并在基坑外侧对地连墙接缝及周边建筑物外侧进行注浆。同时为了防止基坑继续变形，对 11 轴位置的钢支撑进行支撑轴力复查，存在轴力损失的及时进行补加；在第三道支撑上方 1 m 架设钢围檩后增设两道钢支撑，分别顶在缺陷两侧 A17、A18 连续墙上，同时对该位置反压土体进行喷锚处理。如图 7.35。

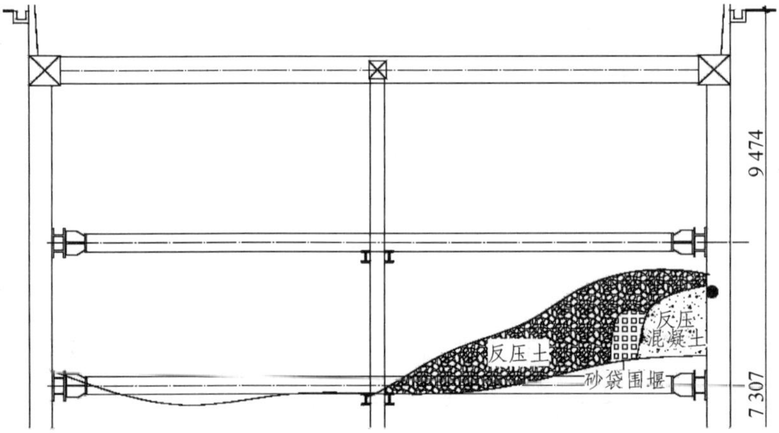

图 7.35　基坑 11 轴止水措施示意图

为防止地连墙接缝缺陷造成基坑开挖过程中再次出现涌水、涌砂现象，在基坑内、外岩溶灌浆结束后，在可能存在渗流通道的地连墙接缝处进行注浆处理。

（三）监测数据分析

因后四次涌水主要原因为地连墙接缝处突涌或地连墙墙体出现破洞进而导致坑外水涌入坑内，因此本书仅对 2019 年 8 月 2 日、2019 年 10 月 25 日涌水险性事件的监测数据情况进行统计分析。

2019 年 8 月 2 日，根据现场监测数据显示，涌水发生后墙顶及立柱水平位移与沉降监测数据变化较小，其他监测项数据变化情况如下：

（1）周边建构筑物（文昌大桥）监测数据时程曲线如图 7.36 所示，由图中可得在 8 月 2 日基坑 33 轴发生涌水之后，直至 8 月 4 日大桥并未立刻发生明显沉降，但随着地下水的不断抽排，导致该区域地下水流失严重，打破了周边水土平衡，导致大桥部分桥台及桥墩点在 8 月 6 日之后发生了较为明显的沉降变化，其中变化的主要为桥墩点 JGC-18、JGC-19、JGC-20 以及桥台外侧挡墙点 JGC-21、JGC-22。截至 2019 年 8 月 22 日，桥墩点最大累计沉降量为 -9.8 mm，为 JGC-18，桥台挡墙最大累计沉降量为 -10.9 mm，为 JGC-22。但是随着后期受坑外注浆、涌水处停止地下水抽排并进行土方回填等因素影响，东侧桥墩及桥台点沉降监测数长时间内还是保持相对稳定。

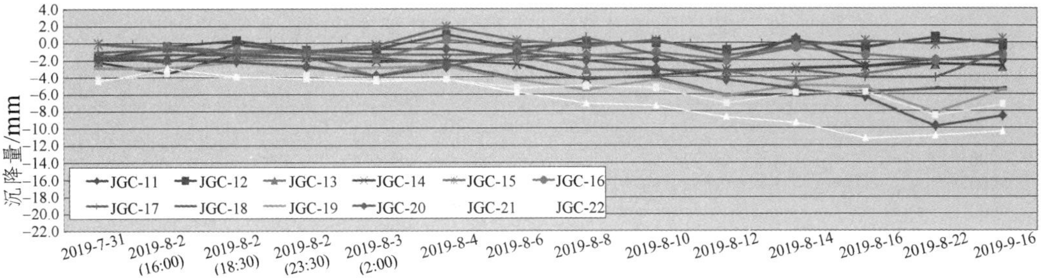

图 7.36 文昌大桥沉降监测数据变化时程曲线图

（2）周边管线及地表沉降监测数据时程曲线如图 7.37、7.38 所示，由图中可得在 8 月 2 日基坑 33 轴发生涌水之后，直至 8 月 10 日之前管线及地表并未发生明显沉降，8 月 10 日之后发生少量沉降原因为现场施工车辆碾压及材料堆载导致。

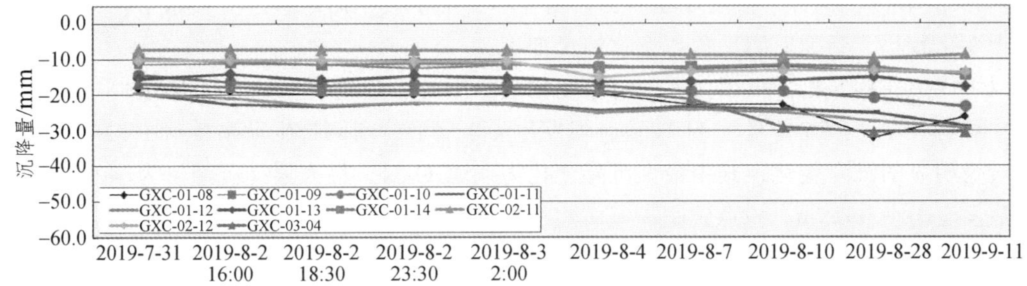

图 7.37 基坑 33 轴附近管线沉降监测数据变化时程曲线图

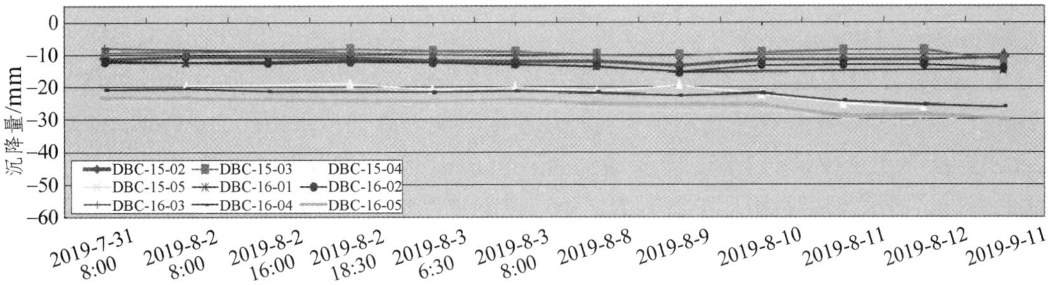

图 7.38 基坑 33 轴附近地表沉降监测数据变化时程曲线图

（3）基坑 33 轴附近地下水位及支撑轴力监测数据时程曲线如图 7.39、7.40 所示，由图中可得在 8 月 2 日基坑 33 轴发生基底涌水之后，支撑轴力变化并不明显，地下水位监测数据同样基本保持相对稳定。但根据现场情况显示，初步分析疑似该处附近地下水位孔受注浆影响已被封堵导致失效。

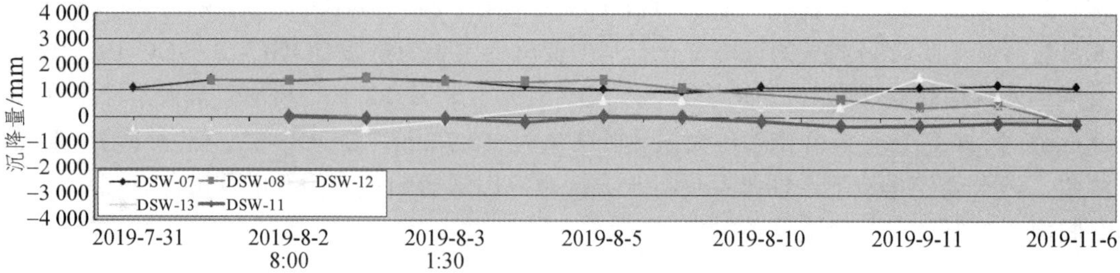

图 7.39　基坑 33 轴附近地下水位监测数据变化时程曲线图

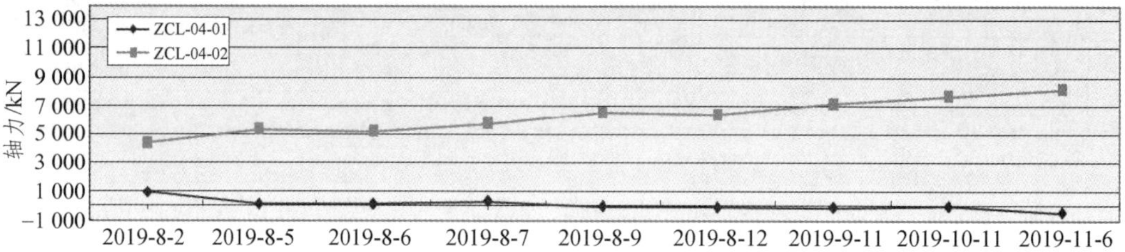

图 7.40　基坑 33 轴附近支撑轴力监测数据变化时程曲线图

（4）基坑 33 轴附近墙体测斜监测数据时程曲线如图 7.41 所示，涌水发生后根据监测数据显示，涌水处测斜在涌水前后并未发现明显变形，但是随着后期注浆措施的实施，不断地在地连墙外侧注浆导致地连墙中下部发生明显变形。

2019 年 10 月 25 日，根据现场监测数据显示，涌水发生后墙顶及立柱水平位移及沉降监测数据变化较小，其他监测项数据变化情况如下：

（1）周边建构筑物（中山公园内野生动物救治中心）监测数据时程曲线如图 7.42 所示。由图中可得在 10 月 25 日基坑 11 轴地连墙发生涌水之后，南侧野生动物救治中心一层平房发生了较为明显的沉降变化，其中最大沉降变化为点 JGC-31，最大累计沉降量为−40.5 mm，涌水前后发生了−13.9 mm，该点位距离基坑边缘仅约 5 m。

（2）周边管线及地表沉降监测数据时程曲线如图 7.43、7.44 所示，由监测数据可得，雨水管线箱涵发生较明显的沉降，管线点 GXC-02-20 期间发生最大沉降量−9.2 mm，管线点 GXC-02-21 最大累计沉降−23 mm。地表点 DBC-07-01 在涌水期间发生最大沉降量−6.7 mm，最大累计沉降−33.4 mm。

（3）基坑 11 轴附近地下水位、支撑轴力及墙体测斜监测数据时程曲线如图 7.45、7.46、7.47 所示，涌水险性事件发生之后由于坑外注浆的影响导致地下水位孔 DSW-02、DSW-03 失效，DSW-04 发生了少量的下降，下降量约为−160 mm。第一道混凝土支撑 ZCL-11-01 发生了明显的变化，涌水前后增大了 1 817 kN，第二道钢支撑轴力变化较小。但是随着抢险过程中坑外不断地注浆加固，引起地连墙中下部发生向坑内较大的变形，涌水前后测斜 ZQT-25 发了明显变形，单次最大变形达 56.3 mm（13.5 m），最大累计变形达 106.6 mm（12.5 m）。同时，在 8 月 29 日对该涌水处进行二次注浆处理时，同样引起了该处测斜及第一道混凝土支撑轴力的变化，测斜 ZQT-25 单次变化 11 mm（10 m），最大累计达 118.9 mm（12 m），支撑轴力 ZCL-11-01 受压逐步变小，由受压转变为受拉状态，单次变化-303.5 kN，待注浆停止后，最终稳定在-1 500 kN 左右，测斜 ZQT-25 之后保持相对稳定。

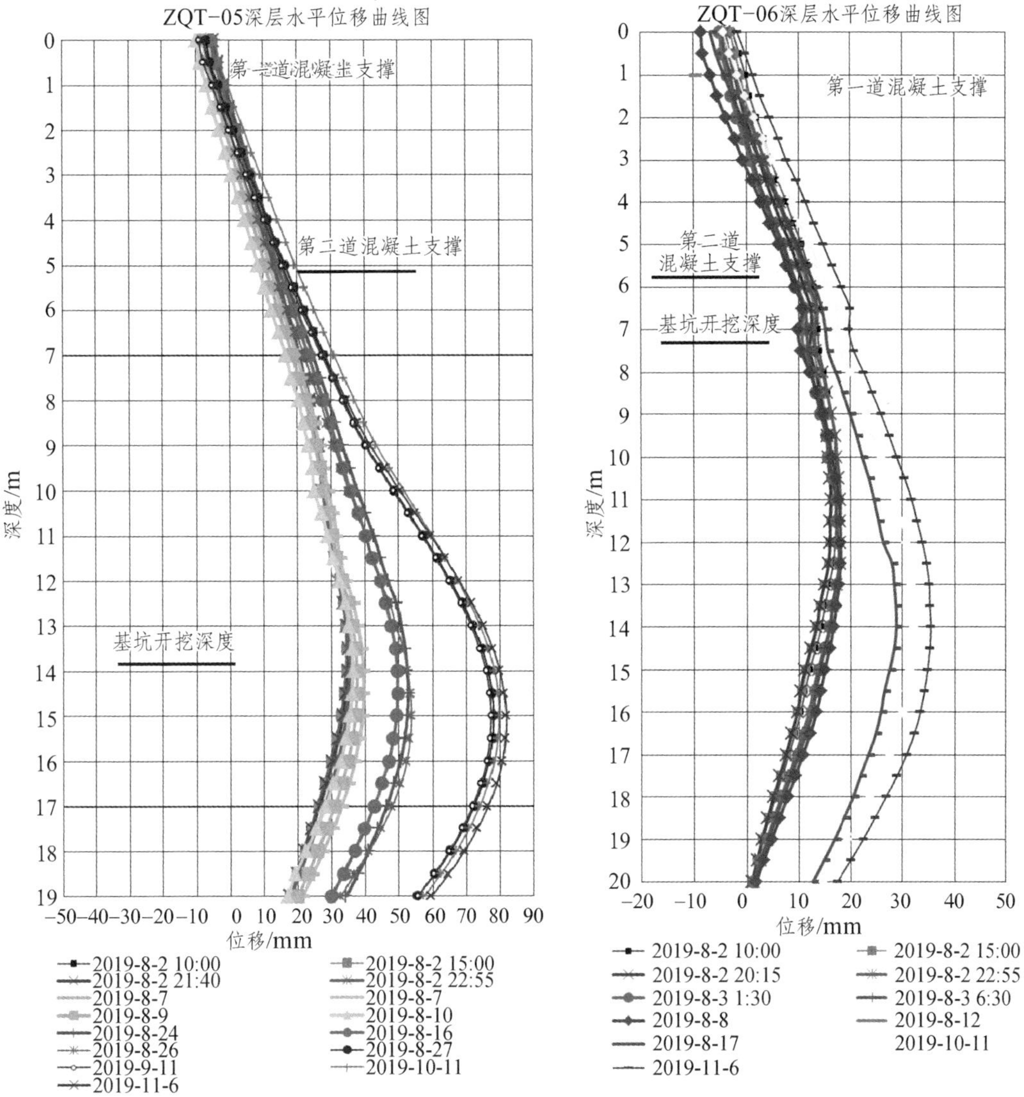

图 7.41　基坑 33 轴附近墙体测斜监测数据变化时程曲线图

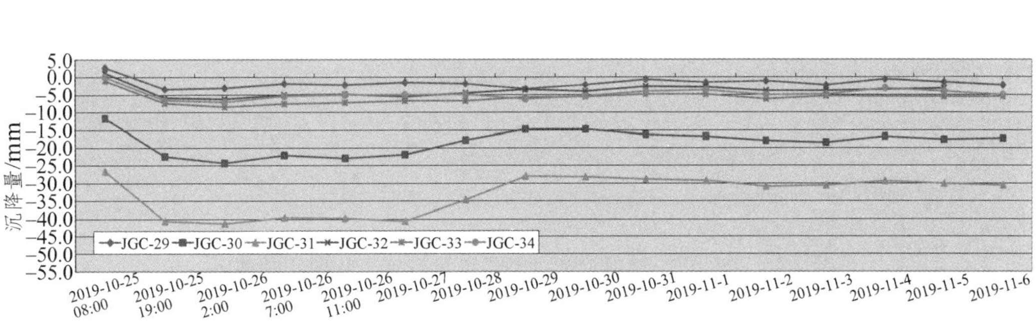

图 7.42　野生动物救治中心沉降监测数据变化时程曲线图

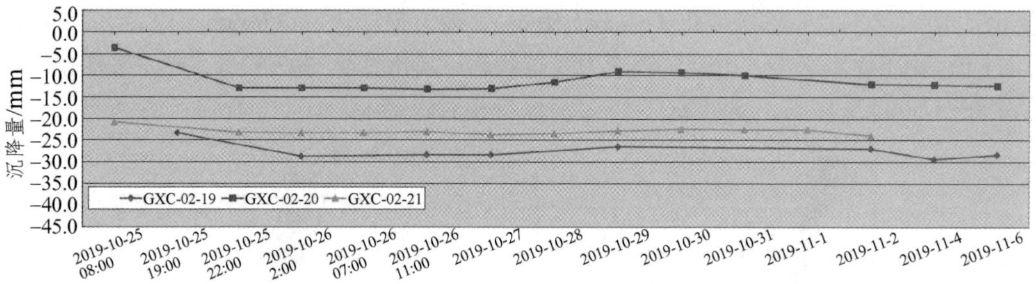

图 7.43　基坑 11 轴附近管线沉降监测数据变化时程曲线图

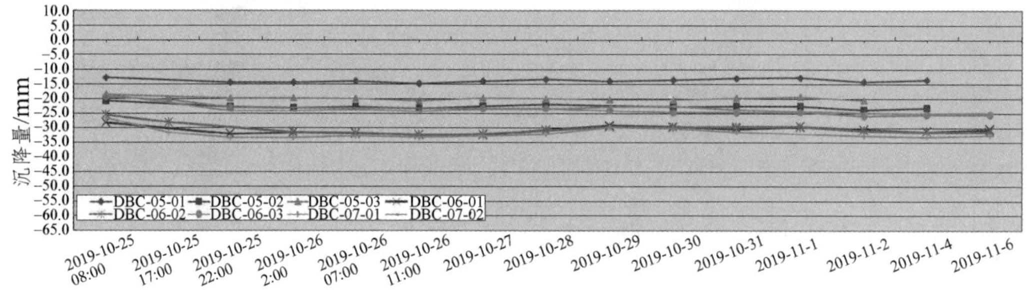

图 7.44　基坑 11 轴附近管线沉降监测数据变化时程曲线图

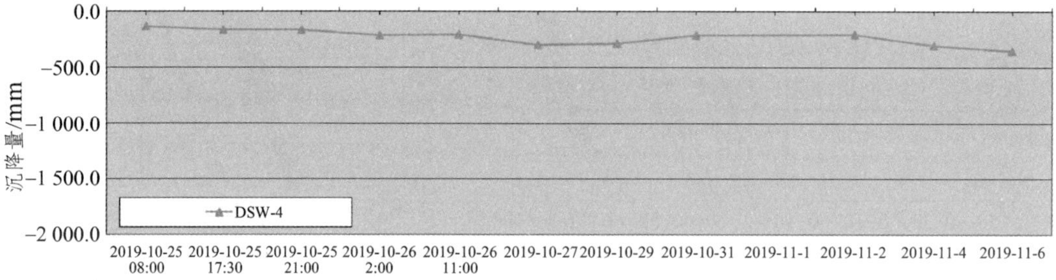

图 7.45　基坑 11 轴附近地下水位监测数据变化时程曲线图

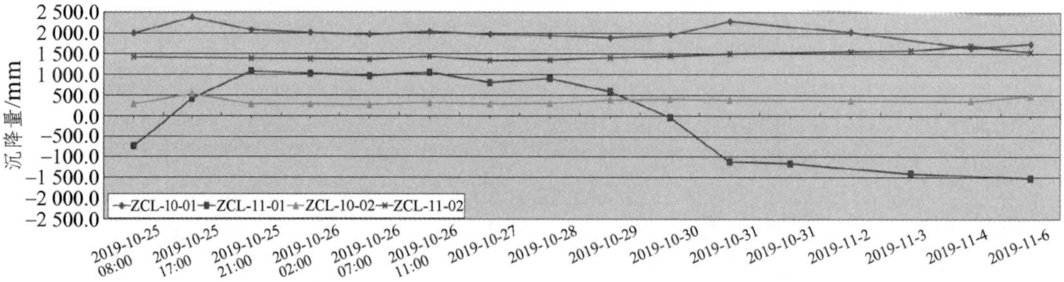

图 7.46　基坑 11 轴附近支撑轴力监测数据变化时程曲线图

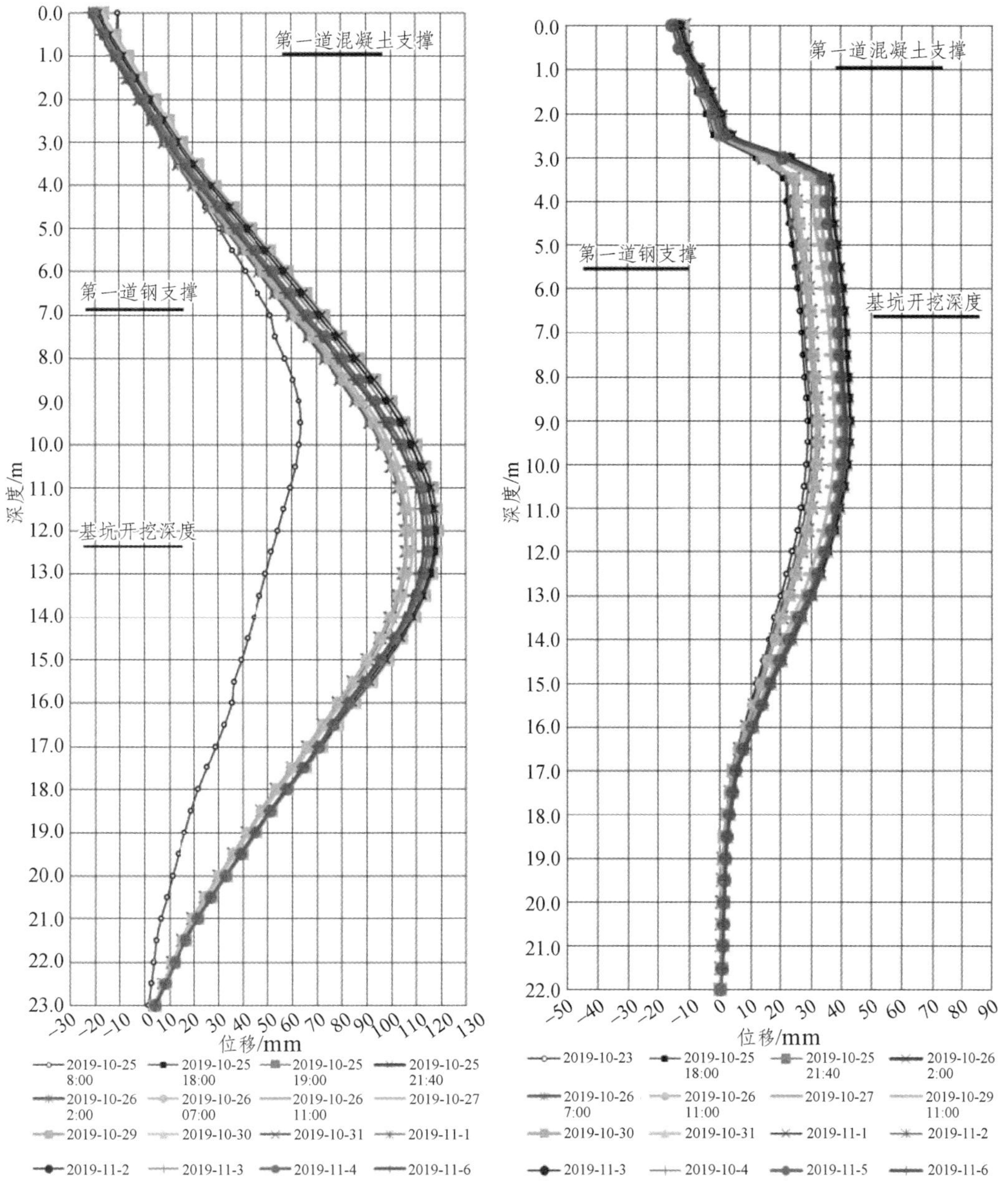

图 7.47　基坑 11 轴附近墙体测斜监测数据变化时程曲线图

六、小　结

由上述监测数据分析可知，当发生涌水险性事件时，不管是事件本身导致地下水流失或者是涌水封堵过程中注浆及周边抢险物资、车辆的堆载等因素，不可避免会对基坑围护结构及周边环境的稳定造成一定的影响，主要反映周边建构筑物、管线及地表的沉降以及地连墙墙体的变形，因此必须事前做好有效的风险控制、事中事后采用妥善的应急措施，因此建议：

1. 做好风险识别及预防

（1）充分掌握场地范围内对基坑支护稳定不利地层情况，例如人工填土、淤泥质土层、砂层、岩溶及断裂带等，必要时开展补勘工作。众所周知，软土及砂层类地层自稳性差，含水量丰富，地下水位浅，易发生涌水。岩溶地区则易引起岩溶塌陷、地面塌陷、支护结构变形倒塌、基坑突水突泥等地质灾害。对影响较大的溶洞须提前进行填充处理，防止基坑开挖施工涌水、底板沉降过大或坍塌的事故发生，降低工后差异沉降，满足运营安全。

（2）做好周边建构筑物及管线保护工作。开工前做好对周边建（构）筑物、管线的详细调查，特别查明施工影响范围内的不明构筑物、地下室轮廓线、建筑物基础等情况，并针对不同建（构）筑物情况制定相应的保护措施，确保施工过程中基坑周边建（构）筑物的安全。对于岩溶区基坑边存在重要建构筑物的情况，可在该处地连墙进行槽壁加固措施。对于迁改管线要保证改迁质量，管底土体进行足够夯实。基坑施工过程中对基坑周围及基坑上方的管线加强监测，控制其变形在允许范围内，发生变形超限等情况，应查找原因。如果管线变形一直在扩大，难以控制时，应停止基坑开挖，及时注浆加固土体或采取其他有效措施进行处理。

2. 保证施工质量

确保围护结构施工质量是保证基坑稳定的关键。地连墙施工过程中必须对地连墙的垂直度、厚度、接缝质量、钢筋笼质量、混凝土密实度、主筋保护层厚度等进行严格的质量控制，确保墙体混凝土密实不渗水，接缝紧密不夹泥和不漏水。除此之外，在基坑开挖过程中密切关注基坑内外的水位变化情况和围护墙体表面渗漏水情况，若发现围护墙体表面出现渗漏情况，立即停止开挖，对渗漏处及时进行注浆止水处理；若渗漏较大，则对正开挖的部位立即回填土，分析原因，查找渗漏点的具体位置，做好止水措施，经检查基坑内外水位无明显变化后再进行基坑土方开挖。基坑土方开挖遵循“纵向分段、竖向分层、先撑后挖”的原则，严禁超挖，及时架设钢管支撑、施加有效预加应力。做好基坑内排水，及时施作垫层封底。同时在基坑开挖过程中严格控制基坑周边荷载，严禁堆载。

3. 建立完善应急体系

施工单位及监测单位要制定完善的应急制度，不仅需要有完整的应急组织架构，同时要做好应急预案的编制，拟定切实有效的应急措施，并且配备充足的应急物资及人员。

第四节　深基坑围护结构深层水平位移变形的影响因素分析

基坑在开挖过程中由于土体卸载应力释放，会对周边土体和围护结构造成挤压和破坏，因此必须开展深基坑施工过程中围护结构深层水平位移监测工作。深层水平位移监测可直观反映围护结构体在土方开挖过程中的变形情况，为确保施工安全提供保障，为指导现场施工作业提供依据。因此，在深基坑施工过程中，掌握围护结构深层水平位移变形原因，采取有效措施控制围护结构变形尤为重要。

一、深层水平位移监测原理

深层水平位移监测点布设通常采用 PVC 材质的专用测斜管，使用测斜仪进行监测数据的采集（图 7.48）。测斜仪主要分为固定式测斜仪、便携式测斜仪，其中应用较为广泛的是便携式测斜仪，便携式测斜仪的组成包括：测斜仪探头、控制电缆、测斜读数仪以及配套的处理软件。

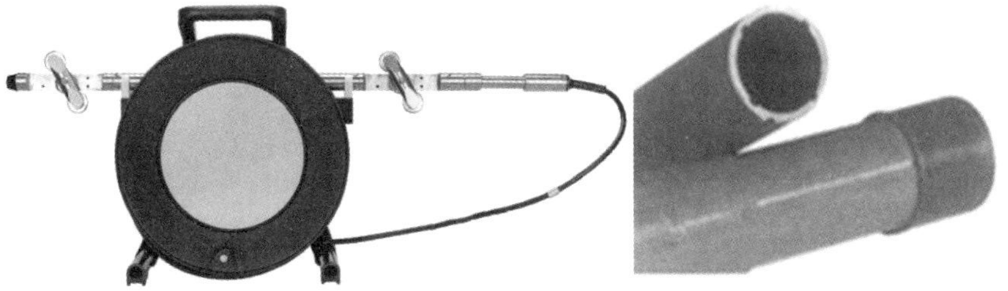

图 7.48　便携式测斜仪及 PVC 测斜管

在深基坑工程中，测斜管通常与围护结构钢筋笼同时进行埋设，在钢筋笼制作时即采用科学稳固的方法将测斜管绑扎在钢筋笼适当位置，在确保测斜管导槽方向垂直基坑边缘以及做好密封措施之后与钢筋笼同时下吊埋入地下。如图 7.49。

图 7.49　测斜管管口样式及绑扎效果图

测斜仪是一种通过测定围护结构倾斜角从而求得水平向位移数据的仪器。在日常数据采集时，将探头导轮对准与所测位移方向一致的槽口放至管底，以管口作为确定测点位置的基准点，均速提升，每隔 1 m 或 0.5 m 读数一次，待探头提升至管口处，旋转 180°后再进行一次测量，以消除测斜仪自身的误差。采集到测斜管管型数据后，通过比对两次测量所得管型差异可得出测斜管管身变形情况，进而反映出围护结构深层水平位移变形情况。如图 7.50。

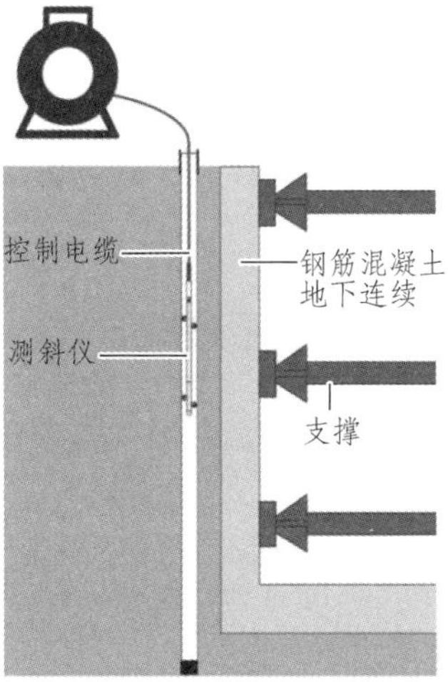

图 7.50　深层水平位移监测数据采集示意图

计算原理：

如图 7.51，假设将测斜管共分成 n 个测段，每个测段的长度为 l_i（l_i=500 mm），在某一深度位置上所测得的两对导轮之间的倾角为 θ_i，通过计算可得到这一区段的水平位移变形量 Δ_i，计算公式如下：

$$\Delta_i = l_i \sin\theta_i$$

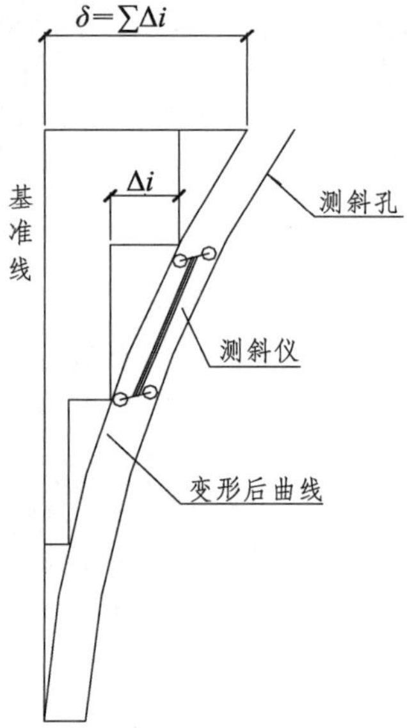

图 7.51　测斜原理图

某一深度的水平位移变形量 δ_i 可通过区段变位 Δ_i 的累计得出，即：

$$\delta_i = \sum \Delta_i = \sum l_i \sin\theta_i$$

设初次测量的变形量为 $\delta_i(0)$，则在进行第 j 次测量时，所得的某一深度上相对前一次测量时的位移值 Δx_i 即为：

$$\Delta x_i = \delta_i^{(j)} - \delta_i^{(j-1)}$$

相对初次测量时总的位移值为：

$$\sum \Delta x_i = \delta_i^{(j)} - \delta_i^{(0)}$$

二、深层水平位移变形形式及原因分析

根据围护结构的变形形式，以地下连续墙为例，将围护结构深层水平位移变形大致总结为以下几种形式。

1. 前倾变形

前倾变形是指随着基坑开挖深度的逐步增加，在处于未开挖区域的地连墙下部结构保持相对稳定的情况下，已开挖部分的地连墙上部结构发生栽头或前倾从而导致墙体往基坑内变

形的现象。前倾变形在基坑施工过程中如果不能及时有效地控制，当变形过大时有可能引发基坑倾覆的安全事故，该变形形式如图 7.52 所示。

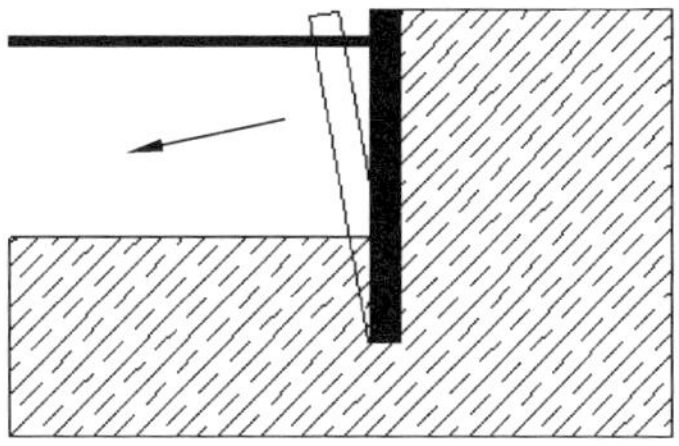

图 7.52　地连墙前倾变形示意图

引发该类变形的原因总结为：

（1）地连墙所处地层为上软下硬，地连墙底部嵌入强风化、中风化或微风化岩层，因此随着基坑内部取土卸载，基坑内外土压平衡受到破坏，基坑外部土体对地连墙产生往坑内挤压的压力，进而可能导致地连墙发生前倾变形。

（2）第一道支撑强度不足等原因导致支撑效果不理想，支撑力不足以平衡基坑外部土压力进而导致地连墙发生变形。

（3）钢支撑架设不及时或预加力不足导致支撑效果不佳。

（4）基坑边荷载过大，基坑边存在大量堆载或重型机械作业时可能导致基坑上部往坑内变形。

（5）在坑内注浆的情况下，因为注浆压力或注浆量过大，有可能造成地连墙底部往基坑外变形，在第一道混凝土支撑拉力作用的影响下反而使得地连墙顶部往基坑内变形，引发倾覆变形。

2. 鼓包变形

鼓包变形是指开挖至一定深度时，地连墙顶部和底部在保持相对稳定的情况下，中部发生凸起变形，犹如一个鼓包。鼓包变形过大则有可能造成地连墙中部开裂甚至折断，进而引发基坑坍塌的安全事故。该变形形式如图 7.53 所示。

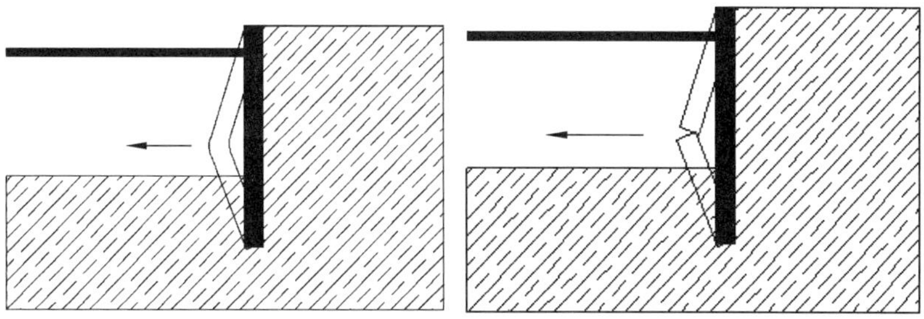

图 7.53　地连墙鼓包变形及断裂示意图

引发该类变形的原因总结为：

（1）地连墙所处地层为上软下硬，地连墙底部嵌入强风化、中风化或微风化岩层，同时第一道支撑效果较好，进而易导致地连墙顶底部保持相对稳定，而中部发生变形的情况。

（2）第二道或第三道钢支撑架设不及时或预加应力不足时，使得支撑力不足以平衡基坑外部土压力进而导致地连墙发生变形。

（3）地连墙施工质量不满足设计要求，地连墙中部存在薄弱位置，受基坑外部土压力及水压力的影响，容易引发中部鼓包变形甚至断裂的风险。

（4）在对基坑外接缝处注浆处理过程中，可能因为注浆压力或注浆量过大的原因，导致基坑外部压力增大引起地连墙中部产生鼓包变形。

3. 整体位移变形

整体位移变形是指在基坑开挖过程中，地连墙整体发生位移变形的现象。整体位移变形分为单侧地连墙变形及同断面地连墙与支撑结构同时变形两种形式，该类变形如果不及时有效地控制，将严重影响车站结构的成型质量，严重时引发基坑失稳坍塌的安全事故。该变形形式如图 7.54 所示。

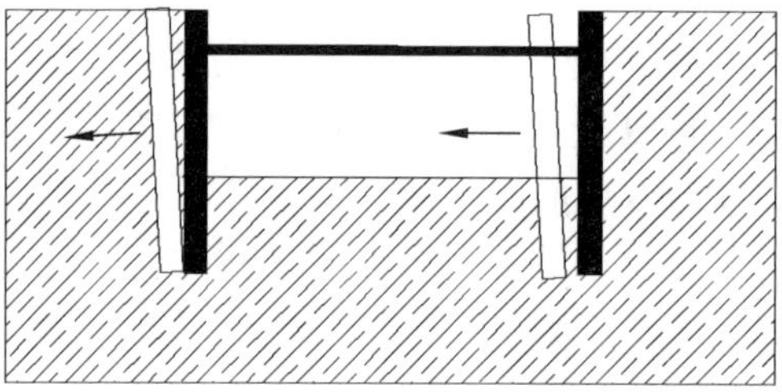

图 7.54　地连墙整体位移变形示意图

引发该类变形的原因总结为：

（1）地连墙整体处于软弱地层当中，地连墙底部未嵌入强风化、中风化或微风化等稳定岩层，因而随着基坑取土卸载，基坑周边土压失衡，基坑外部土压力大的一侧对地连墙产生更大的挤压力，迫使该处同一断面的两幅地连墙连同支撑发生平移现象。

（2）基坑外注浆时，可能由于注浆压力或注浆量过大，导致基坑外地层结构遭到破坏，迫使整幅地连墙往远离注浆区方向平移变形。

（3）基坑边荷载过大，大量的材料堆载或施工车辆停放，可能导致地连墙整体变形。

4. 踢脚变形

踢脚变形是指在基坑开挖过程中，地连墙顶部保持相对稳定，而地连墙底部反而发生向坑内变形的情况。踢脚变形如果不能及时有效地控制，有可能导致坑底上浮，使支撑受压力减小，甚至可能混凝土支撑由受压变为受拉，钢支撑应力直接消散等情况，使得整个围护结构应力体系受到严重破坏，引发基坑坍塌的安全事故。该变形形式如图 7.55 所示。

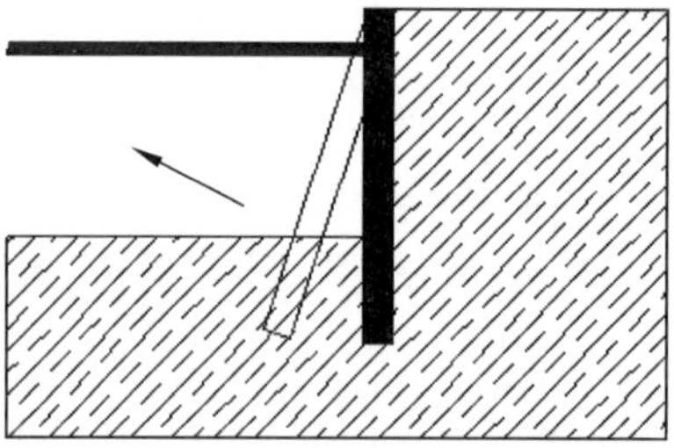

图 7.55　地连墙踢脚变形示意图

引发该类变形的原因总结为：

（1）地连墙底部未嵌入强风化、中风化或微风化等稳定岩层，地连墙底部稳定性不足，随着开挖深度的增加，基坑下部土压力失衡进而引起地连墙底部发生踢脚变形。

（2）基坑开挖过程中，钢支撑架设不及时或预加力不足，易导致地连墙下部发生变形。

（3）基坑外注浆时，如果注浆位置正好靠近地连墙底部附近，则极有可能由于注浆压力或注浆量过大，导致地连墙底部往坑内变形，形成踢脚变形。

三、工程案例分析

就上述各类变形情况，对佛山市城市轨道交通三号线工程部分典型工点所发生的类似变形进行比对分析，主要选取桂丹路站、太平站、中山公园站及佛山机场站为例，各案例站点工程概况如下。

1. 桂丹路站

桂丹路站为地下二层 11 m 岛式站台车站，全长 486.2 m，标准段宽为 19.7 m，标准段基坑深约 17.2 m；小里程端端头加宽段基坑宽度 24.2 m，端头加宽段基坑深约 18.5 m；大里程端端头加宽段基坑宽度 24.4 m，端头加宽段基坑深约 18.0 m。车站基坑需采用明挖法+局部铺盖法施工，围护结构采用ϕ1 000@1 200 钻孔灌注桩加 3 道内支撑的支护形式，内支撑形式标准段采用三道支撑：第一道支撑采用 700×900 砼撑，第二、三道端头段和第二道临近名城酒店 51 ~ 55 轴采用 800×1 000 砼支撑，其余支撑采用钢支撑。该站所在场地地层从上至下主要为素填土<1-1>、粉质黏土<4N-2>、全风化碎屑岩<6>、强风化泥质粉砂岩<7-2>以及中风化泥质粉砂岩<8-2>，地质条件以硬土层为主，对保持基坑围护结构稳定非常有利。该站点典型横剖面如图 7.56 所示。

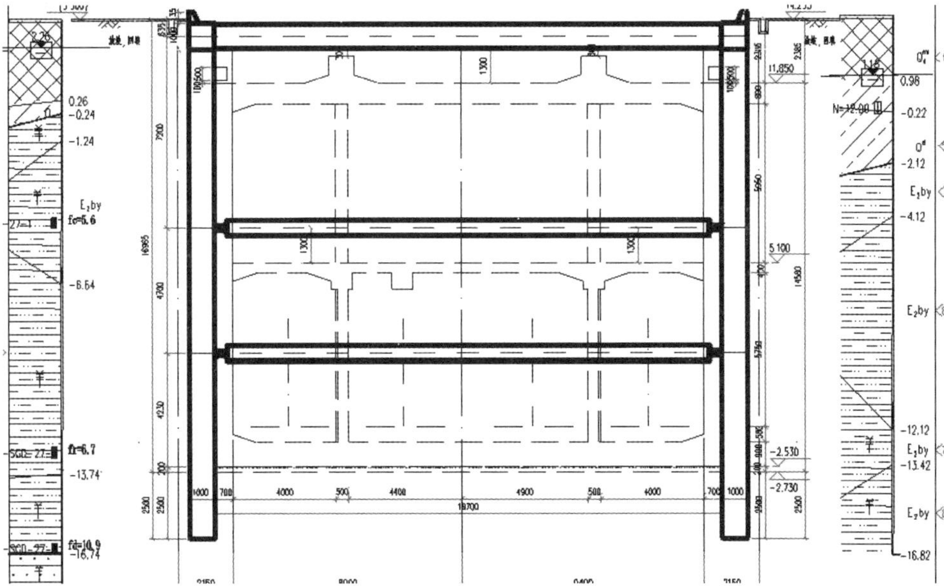

图 7.56 桂丹路站主体基坑标准段典型横剖面示意图

2. 太平站

太平站车站为地下二层单柱双跨车站，全长 209.60 m，标准段宽为 19.70 m，车站标准段底板埋深约 16.58 m。车站大里程端头为盾构到达端，小里程端头为盾构始发端。车站采用明挖法施工，主体基坑选用钻孔桩+内支撑的围护结构形式，标准段基坑共设置三道支撑，第一道采用混凝土米字撑，第二、三道支撑采用钢管支撑。盾构井段基坑共设置三道支撑，第一~三道均采用混凝土支撑，坑内地下水采用明排降水。太平站所在场地上部地层主要为素填土<1-1>、可塑状残积粉质黏土<5N-1>、硬塑状残积粉质黏土<5N-2>及全风化碎屑岩<6>，下部为强风化及中风化岩，其中可塑状残积粉质黏土<5N-1>、硬塑状残积粉质黏土<5N-2>及全风化碎屑岩<6>存在遇水易软化的特性，不利于控制基坑围护结构变形。该站点典型横剖面如图7.57所示。

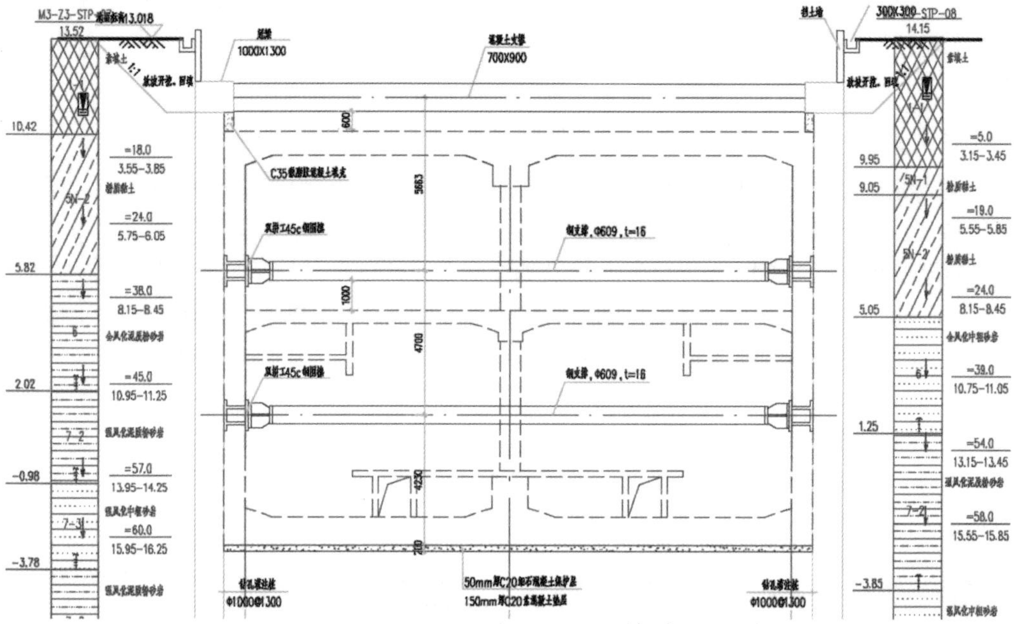

图 7.57　太平站主体基坑标准段典型横剖面示意图

3. 中山公园站

中山公园站车站为地下二层车站，全长 315.5 m，标准段宽为 22.70 m，车站标准段底板埋深约 16.68 m，换乘节点段底板埋深 24.73 m。起终盾构端头宽度 27.2 m，底板埋深约 17.79 m。车站大、小里程端头均为盾构接收端。车站主体基坑采用明挖法施工，主体基坑选用连续墙+内支撑的围护结构形式，地连墙基本宽幅为 6 m。车站标准段基坑共设置三道支撑，第一道采用混凝土米字撑，第二道支撑除靠近文沙大桥段基坑采用混凝土支撑外，其他区域采用钢管支撑，第三道支撑采用。车站盾构井段基坑共设置三道支撑，第一~三道均采用混凝土支撑。换乘段设置四道支撑和一道换撑，第一道采用混凝土支撑，第二道采用钢管支撑，第三道、四道采用混凝土支撑，换撑采用钢管支撑；标准段和换乘节点段均设置中立柱。中山公园站场地内从上至下地层分别为：素填土<1-1>、淤泥<2-1A>、淤泥质土<2-1B>、淤泥质粉细砂<2-2>、淤泥质中粗砂<2-3>、粉质黏土<2-4>、中粗砂<3-2>、强风化及中风化岩，基底位于砂层、黏土层和淤泥质土层，地质条件非常不利于基坑围护结构的稳定。该站点典型横剖面如图 7.58 所示。

4. 佛山机场站

佛山机场车站为地下主体两层 11 m 岛式车站，车站全长 219.6 m，标准段宽为 19.7 m。

主体结构顶板覆土厚度 2.4 ~ 3.95 m，底板埋深 16.7 m（有效站台中心处），车站基坑开挖深度为 16.405 ~ 19.320 m。车站两端均为盾构接收端。车站采用明挖法施工，主体基坑选用连续墙+内支撑的围护结构形式，标准段采用竖向设置三道支撑，第一道采用混凝土支撑，二、三道采用钢支撑。端头井部位设置三道钢筋混凝土支撑。基坑采用坑内降水。佛山机场站场地内从上至下地层分别为：素填土<1-1>、粉质黏土<2-4>、淤泥质土<2-1B>、中粗砂<3-2>、强风化及中风化岩，基底位于主要位于强风化岩层，上部地层不利于基坑围护结构的稳定。该站点典型横剖面如图 7.59 所示。

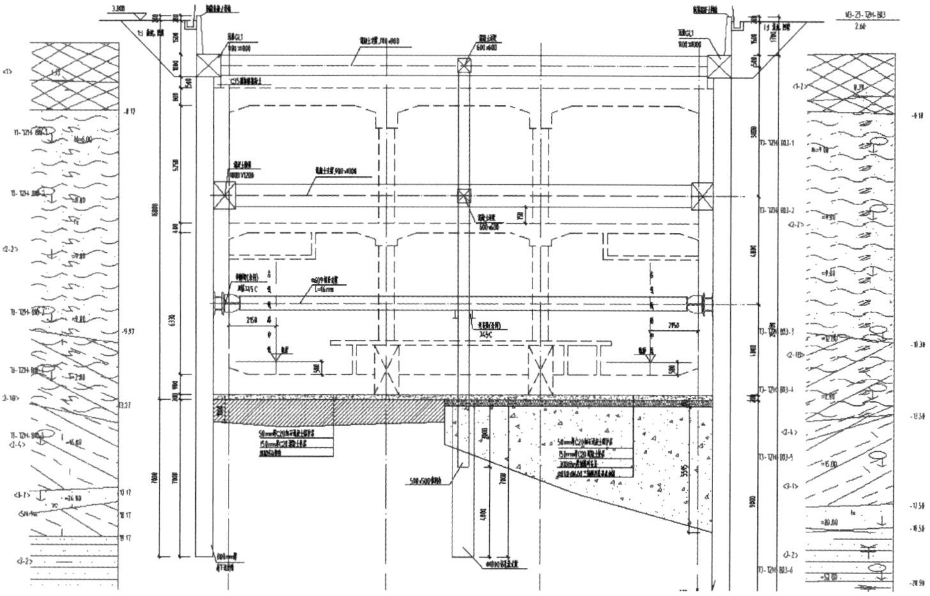

图 7.58　中山公园站主体基坑标准段典型横剖面示意图

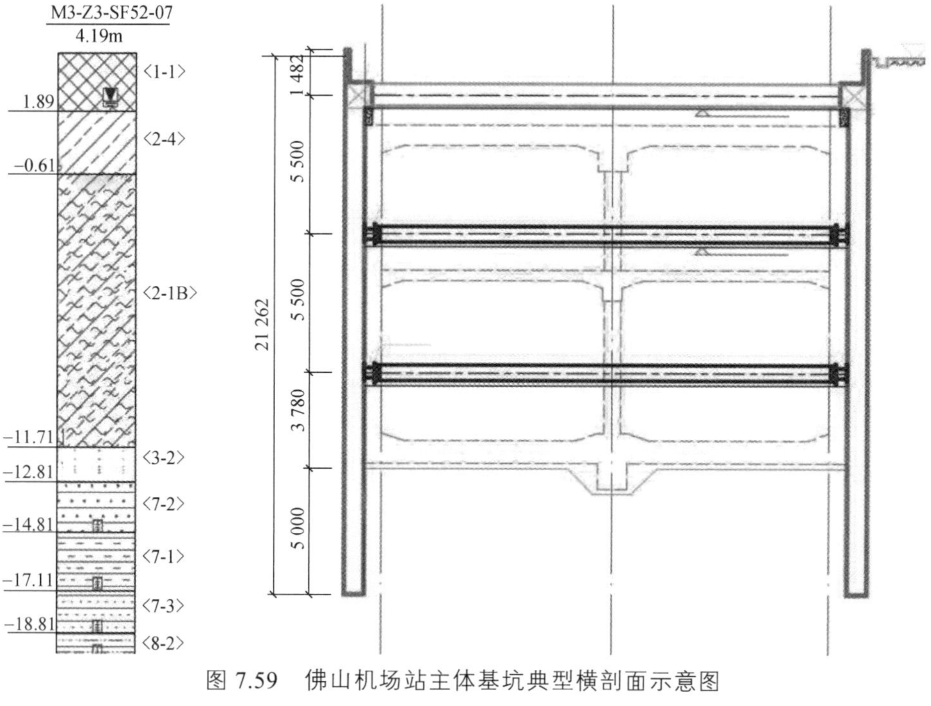

图 7.59　佛山机场站主体基坑典型横剖面示意图

对上述各车站典型围护结构深层水平位移进行比对分析。

1. 正常开挖时地连墙变形

在不考虑地层因素及其他环境因素影响的情况下，在基坑开挖过程中，若采取合理分段、分层的方式进行开挖，做到随挖随撑、先撑后挖、对称均衡开挖，开挖后及时架设钢支撑或施作混凝土支撑，同时确保钢支撑预应力施加到位的情况下，仅因基坑取土卸载而导致的围护结构深层水平位移变形应表现为一个缓慢渐变的过程，且最终变形量基本可控制在设计控制值之内。如图 7.60 所示，该图为桂丹路站测斜 ZQT-08 在基坑开挖全过程中监测数据变化情况，该测斜监测数据始终处于一个渐变的过程，变形速率未超过 2 mm/d，最终累计变化量最大为 10.9 mm（6 m），围护结构变形控制效果较好。

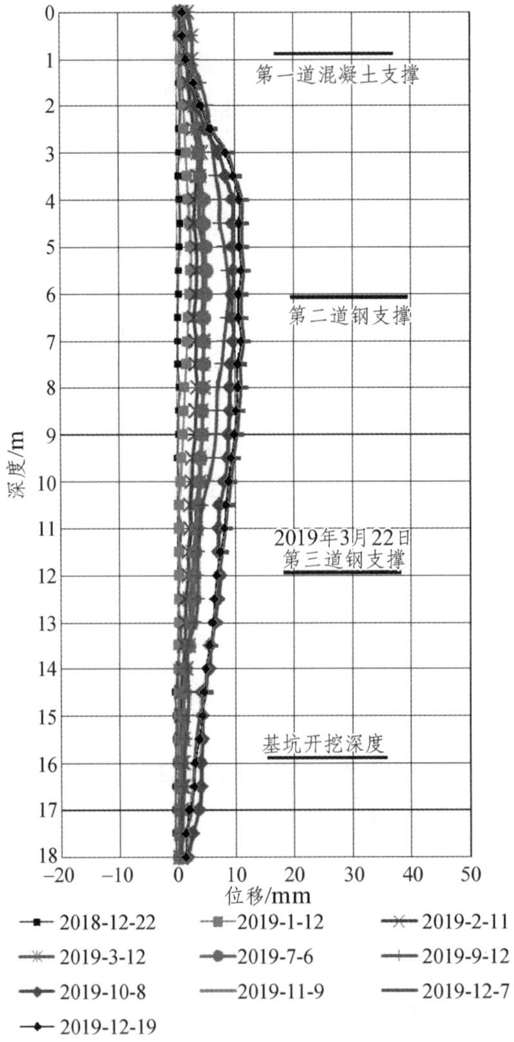

图 7.60　正常开挖时基坑围护结构深层水平位移变化示意图

2. 超挖时地连墙变形

当施工过程中未严格按照设计要求施工，基坑存在超挖、支撑架设不及时、钢支撑应力消散等情况时，势必对围护结构深层水平位移产生一定的影响，分别列举桂丹路站、太平站及中山公园站基坑存在超挖时，超挖处测斜变形情况，如图 7.61 所示。

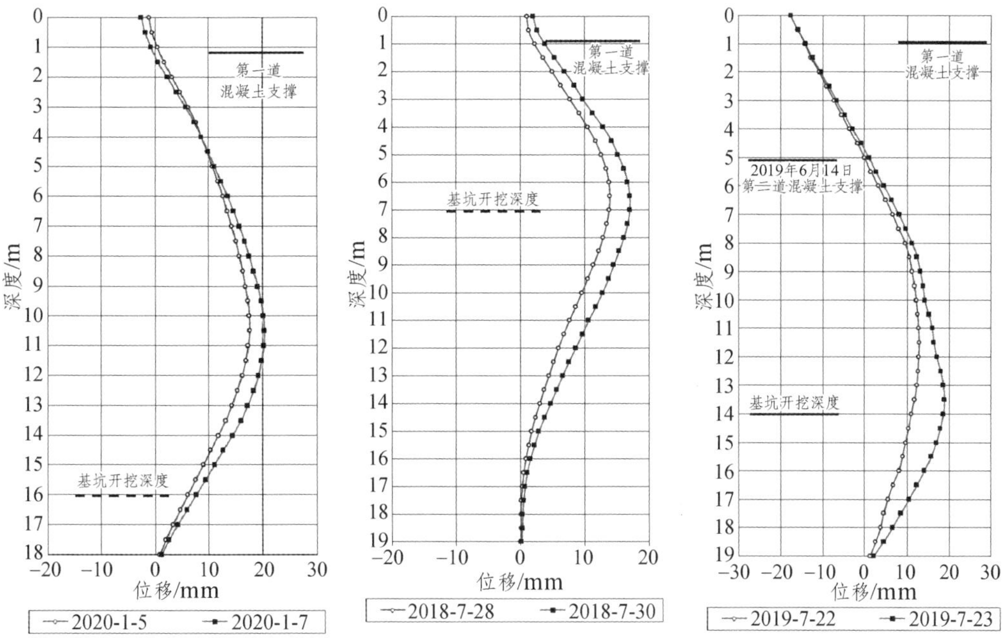

图 7.61　桂丹路站 ZQT-12/太平站 ZQT-10/中山公园站 ZQT-05 在基坑超挖时变形情况

由上图可知，2020 年 1 月 7 日桂丹路站测斜 ZQT-12 所在位置基坑开挖至第三层土，深约 16 m，但第二道钢支撑及第三道钢支撑均未能及时架设，因此导致 2020 年 1 月 5 日至 7 日期间 ZQT-12 发生最大变形 3 mm，最大累计变形量达 20.3 mm（10.5 m）。2018 年 7 月 30 日太平站测斜 ZQT-10 所在位置基坑开挖至第二层土，深约 7 m，但第一道钢支撑未能及时架设，因此导致 2018 年 7 月 28 日至 30 日期间 ZQT-10 发生最大变形 3.2 mm（7 m），最大累计变形量达 17 mm（7 m）。2019 年 7 月 23 日，中山公园站测斜 ZQT-05 所在位置基坑开挖至第三层土，深约 14 m，但第三道钢支撑均未能及时架设，因此导致 2019 年 7 月 22 日至 23 日期间 ZQT-05 发生最大变形 7.6 mm（14 m），最大累计变形量达 18.7 mm（14 m）。

综上所述，不管是在地层条件较好的桂丹路站还是在遇水易松散地层的太平站，或者是以软土及砂层为主的中山公园站，超挖均会导致围护结构发生明显的变形，且地质条件越差的地方影响越大、深层水平位移单次变形量越大。此外，图 7.61 中测斜 ZQT-12 与 ZQT-10 变形表现为鼓包变形，而测斜 ZQT-05 疑似已经发生踢脚变形。

3. 注浆引起的踢脚变形

2019 年 8 月 27 日，中山公园站测斜 ZQT-05 处基坑外侧进行了注浆止水处理，受注浆影响，测斜 ZQT-05 发生了明显的变形，且此时 ZQT-05 已明显处于踢脚变形状态，如图 7.62 所示。若不通过顶部水平位移监测数据对深层水平位移数据进行修正，则数据反映出 2019 年 8 月 26 日至 27 日期间 ZQT-05 发生最大变形量达 51.3 mm（15 m），且为整根测斜均发生变形，与仅在地连墙下部注浆的事实不符。通过对数据进行修正，则 2019 年 8 月 26 日至 27 日期间 ZQT-05 发生最大变形量达 24.4 mm（15 m），且管型基本保持一致，真实反映出围护结构深层水平位移的变形量，从管型来看该处地连墙已发生了明显的底部踢脚变形。

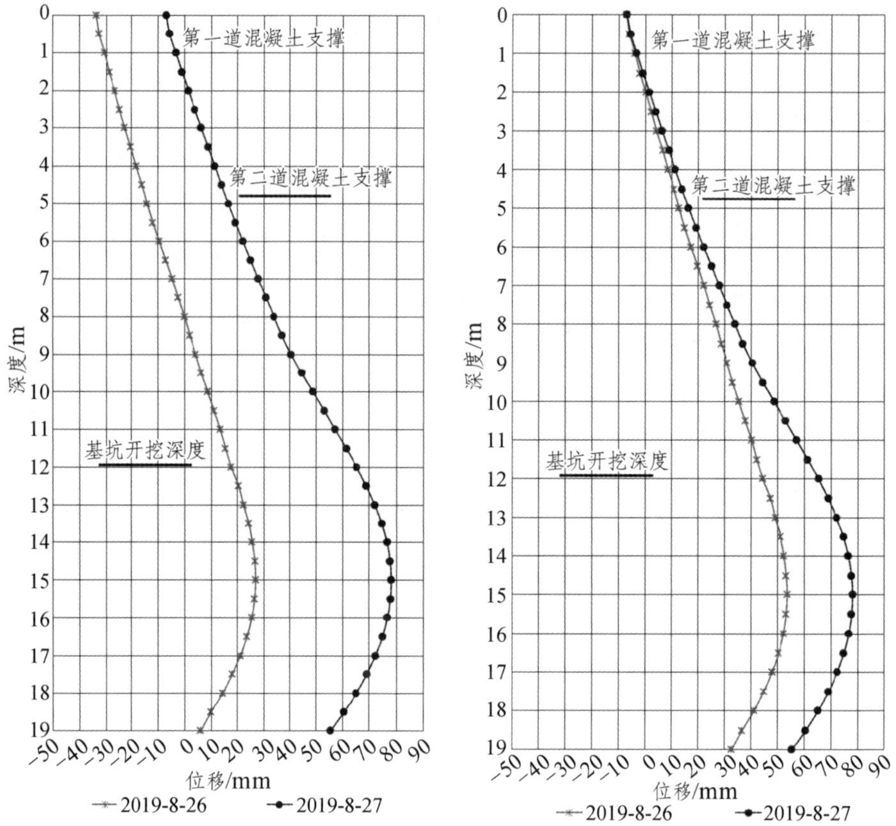

图 7.62　中山公园站 ZQT-05 踢脚变形情况

4. 整体位移变形

以佛山机场站测斜 ZQT-07 及其对面测斜 ZQT-25 为例，如图 7.63 所示，在基坑完成第一层取土时，该断面围护结构上部产生了一定的整体位移变形，其中北侧测斜 ZQT-07 往坑内（南）发生最大累计变形量为 4.3 mm，南侧测斜 ZQT-25 往坑外（南）发生最大累计变形量为−8.9 mm，因此该断面整体往南最大变形约−13.2 mm。分析原因，可能是基坑第一层地层主要为硬塑状残积粉质黏土<5N-2>，遇水软化，同时第二道钢支撑架设不及时，导致上部地连墙发生整体往南变形现象。

四、措施建议

围护结构深层水平位移存在多种变形形式，不同的变形形式反映出围护结构不同的形变状态。除围护结构本身质量之外，地质条件、超挖、注浆处理以及基坑边堆载等是导致围护结构变形的主要原因。因此深基坑施工过程中，严格按照设计要求施工，对地层较差的地段开挖前采取槽壁加固等预处理措施，开挖过程中做到“分段分层开、先撑后挖、均衡开挖”是控制围护结构变形的基础。针对围护结构深层水平位移变形，建议以下控制措施：

（1）保证围护结构施工质量，确保围护结构具备足够的强度、刚度及稳定性。保证地连接接缝处的密封性，防止坑外水通过地连墙接缝处渗流至坑内，更须杜绝涌水涌沙现象。

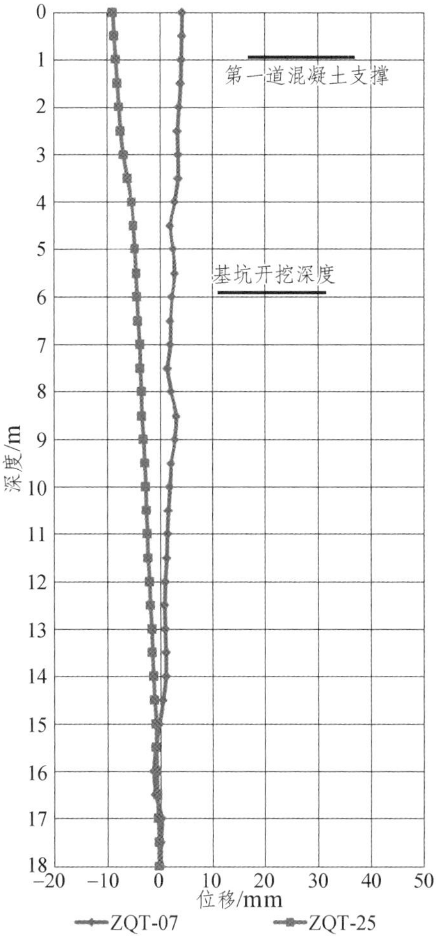

图 7.63　佛山机场站 ZQT-07 与 ZQT-25 整体变形情况

（2）基坑开挖过程中采取合理分段、分层的方式进行开挖，开挖后及时进行钢支撑的架设，做到随挖随撑、先撑后挖、对称均衡开挖，先中间后两边，对称安装钢支撑。一般建议在基坑开挖至支撑位置后 8～24 小时内完成钢支撑架设。同时要确保钢支撑的预加力效果，防止预应力的消散，及时补加预应力，减少基坑暴露时间。对于变形较大的位置，可采取增设钢支撑的方法以确保基坑的稳定性。

（3）基坑开挖过程中如发现围护结构变形过大，及时停止开挖，如果为围护结构顶部变形过大，则检查围护结构左右侧荷载是否失衡，检查支撑与冠梁等结构是否存在变形或裂缝，若存在变形或裂缝及时采取修复措施。如果围护结构中间变形过大，则检查围护结构质量、钢支撑是否正确安装到位、钢支撑是否有效受力。若出现墙体质量不合格及时进行修复，及时补加预应力或增设钢支撑。如果围护结构底变形过大，可采取坑内注浆加固的方法进行加固，并及时有效地架设支撑。

（4）在必须进行坑内外注浆时，务必科学合理地设置注浆参数，控制注浆压力及注浆量，优化注浆工艺，尽量减小注浆对地连墙变形造成的影响。

（5）减少基坑边缘地面荷载，施工材料堆载至远离基坑处，施工车辆在施工完成后不得长时间停放在基坑边缘，对于已经发生明显变形的区域严禁停放重型机械或堆载材料。

（6）在基坑开挖及结构施工期间，必须保持正常监测，通过监测手段对开挖施工过程进行跟踪，根据监测数据分析判定施工安全，指导施工工序。

五、小　结

在深基坑土方开挖过程中，必须通过对深层水平位移的实时监测，由监测数据反映围护结构体的真实变形情况，进而引导下一步施工作业。针对不同的变形形式需要采取不同的措施保证围护结构的稳定性，最终确保整个施工过程的安全。

第八章

盾构区间施工监测分析与风险防控

第一节　盾构下穿典型环境单元施工风险识别与监测分析

区间盾构掘进施工中面临众多下穿复杂环境的情况，有重要建（构）筑物、管线、河涌、既有轨道交通等。如何在施工中既做好自身施工风险的防控，又把对周边环境的影响降到最低，是盾构施工的重难点。本节以三号线工程的典型盾构区间施工情况为例，对盾构区间下穿典型环境单元施工进行风险识别及监测数据分析，整理出盾构施工下穿典型环境单元的施工控制措施。

一、盾构下穿密集村民房屋

（一）工程概况

三号线工程土建工程 3201 标段包括一站（大墩站）两区间（大墩站—东平站区间、东平站—湾华站区间），区间采用盾构法施工。本下穿工程位于大墩站—东平站区间，盾构由东平站向大墩站掘进，于 DK43+200 ~ 43+620 约 420 m 里程范围内下穿小涌村建筑物群，如图 8.1 所示。区间采用 2 台海瑞克土压平衡盾构机施工，开挖直径为 6.28 m。

图 8.1　盾构下穿小涌村示意图

根据线路设计情况，盾构机在 DK43+200 ~ 43+620 约 420 m 左、右线里程范围内下穿小涌村建筑物群，即盾构机在掘进第 270 环的位置开始下穿，在第 555 环位置完成下穿。根据平面图统计，涉及的隧道两侧需要加固保护的房屋共计 113 栋，房屋下方隧道埋深为 13 ~ 22 m，房屋基础主要以天然地基为主，个别房屋基础为木桩，上部为单层 ~ 三层砖混结构。另外，由于隧道线路上方房屋（108 栋）拆迁未能完成，有 52 栋房屋加固无法实施。

地貌上属于海陆交互相冲洪积平原地貌，所揭露第四系地层为人工填土层，海陆交互相沉积层砂层、土层及冲洪积砂层、土层，基岩为古近系坳心组碎屑岩，地下水位的变化受地形地貌和地下水补给来源等因素控制，地下水位埋深较浅。每年 4—10 月为雨季，大气降雨充沛，水位会明显上升，而在冬季因降水减少，地下水位随之下降，水位年变化幅度为 2.5 ~ 3.0 m。地下水水位埋藏变化较小，主要为第四系松散孔隙水，地下水位普遍较浅，实测钻孔砂层静止水位埋深为 0.10 ~ 4.60 m，平均埋深为 2.57 m，高程为−0.59 ~ 6.30 m，平均高程为 2.00 m，基岩地下水位略低。

右线盾构穿越小涌村房屋部分地质情况详见图 8.2。区间主要穿越<7-1>强风化层、<5N-2>粉质黏土层、<8-2>岩石中风化带地层，房屋下方主要为<2-1A>淤泥层、<2-1B>淤泥层、<2-2>淤泥质粉砂等。

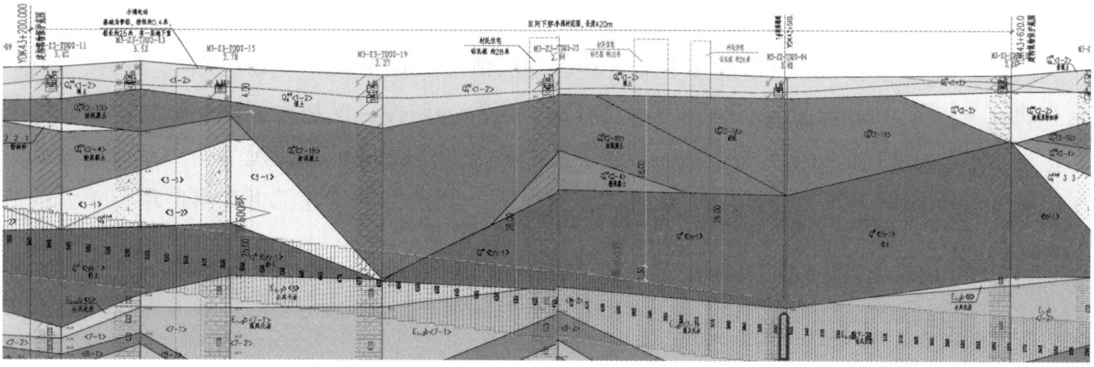

图 8.2　盾构穿越小涌村房屋地质剖面图

盾构机由北向南掘进，下穿房屋群，房屋基础大部分为天然地基，少量房屋为桩基础（钻孔桩、预制管桩、木桩），侵入房屋的桩基础已完成预处理。除房屋外，还下穿村内的南胜涌及排水管，该河涌宽约 6 m，深约 2 m，村内雨水均经过排水管进入此河涌。

（二）预处理措施及风险识别

1. 房屋预处理情况

1）天然地基房屋

采用袖阀管注浆，袖阀管长度 5 m，斜向打孔，注浆压力 0.4 MPa。注浆结束后清洗管路并封管，部分孔位受拆迁影响无法布置。

2）具备冲孔条件的房屋

该房屋上部结构拆除后，采用 D800 的冲锤对桩基进行冲除，空孔采用低等级的砂浆和混凝土回填。

3）不具备冲孔条件的房屋

房屋上部结构拆除后，采用 D100 的钻头对桩基础进行抽芯破碎处理。

下穿过程中对房屋中的居民临时迁出安置。

2. 风险识别

（1）根据以往案例可以看出，盾构下穿密集民房，往往民房基础较弱，一般都会进行预处理，但民房过于密集，施工空间过小，受现场条件限制有些区域无法进行预加固处理，导致有些房屋在盾构下穿过程中存在一定的风险，这就对监测提出更高要求。盾构下穿该房屋过程中需不间断监测，最快速度处理监测成果，根据监测数据及时调整掘进参数。

（2）盾构下穿小涌村密集房屋过程中，临近有基坑开挖施工，在盾构下穿房屋后，建筑物出现下沉现象，但建筑物在周边工程施工影响区域，导致监测数据的变化无法判断是盾构施工造成还是临近施工造成的。

（3）盾构洞身上方有粉质黏土和砂层，由于该地区水位较高，地下水丰富，掘进过程中易造成漏水漏砂，导致地层沉降。

（4）在软土地层及上软下硬的地层中，由于开挖面水量大、透水性大，容易发生喷涌现象，从而增加出土量，产生超挖，引发地层沉降。

（三）监测数据分析

1. 监测方案

该段施工过程中，施工方及第三方监测人员现场值班对隧道上方重点房屋进行沉降和倾斜监测，对盾构施工影响区域加密监测并加强安全巡视。

房屋沉降监测点采用“L”形标志点：测点用直径$\phi 20$的螺纹钢，前部为弯头，顶部为半球形，弯头和顶部圆头涂防锈油漆。

根据《城市轨道交通工程监测技术规范》要求，建构筑物竖向位移监测点应布设在外墙或承重柱上，且位于主要影响区监测点沿外墙间距宜为 10 ~ 15 m。本项目测点基本布设于建筑物结构墙体上，根据房屋情况增加了部分沉降监测点，用于采集房屋不同部位沉降情况，由此计算房屋倾斜率等。监测点布置图如图 8.3 所示。

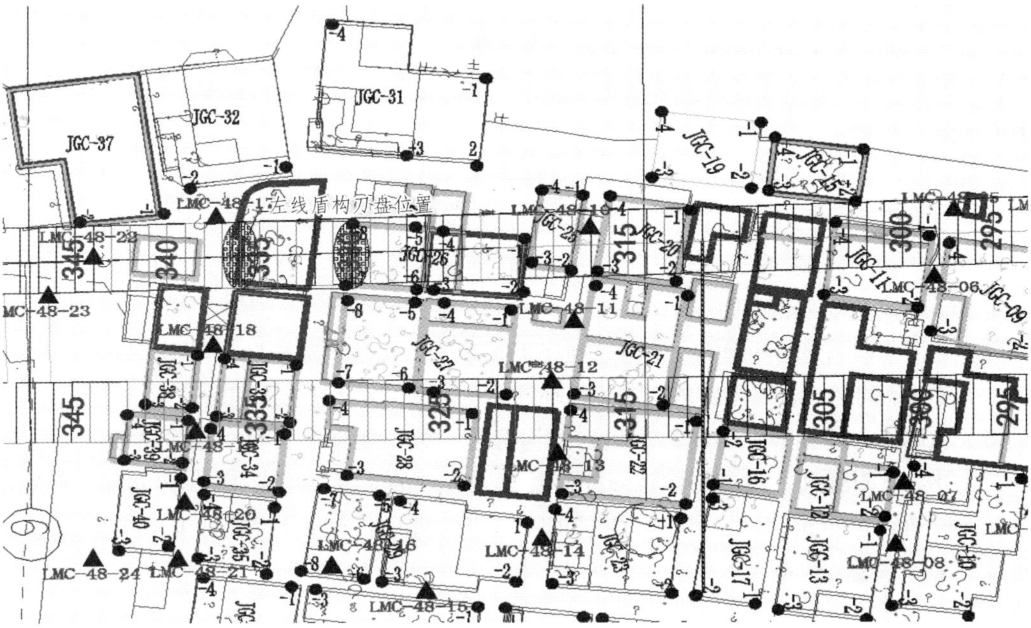

图 8.3　监测平面布置图

2. 监测分析

图 8.4 为盾构下穿过程村民房屋沉降监测曲线。根据设计图纸及调查资料得知小涌村西龙

街一巷 1 号建筑物为天然基础。根据上述数据统计表中左右线盾构在下穿前小涌村西龙街一巷 1 号建筑物时（建筑物测点编号 JGC-31）最大变化测点 JGC-31-04 累计下沉-1 mm。在下穿过程中累计最大下沉-1.7 mm，未超控制值 20 mm，在下穿后 7 天内此房屋沉降最大测点 JGC-31-03 累计下沉-5.7 mm，未超控制值，区间于 2018 年 1 月 2 号左右线盾构均已贯通。该建筑物在盾构贯通后数月内沉降速率稳定，但在后期沉降速率明显加快，累计值达到 40 mm，超过控制指标。

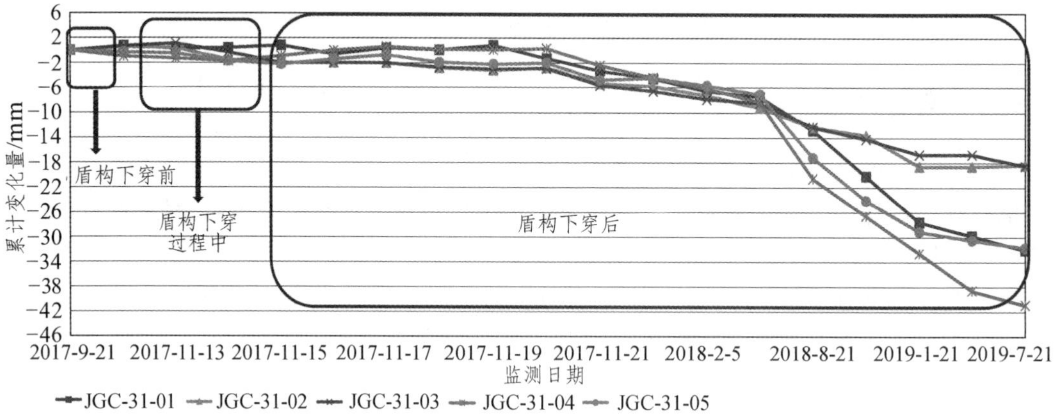

图 8.4　盾构下穿过程村民房屋沉降监测曲线

依据现场施工情况及周边环境进行分析，造成该建筑物后期沉降过大的原因有：

（1）该房屋自身为天然基础，抗施工扰动的能力较差，及本区域地质条件多为填土、淤泥软土层、淤泥砂层；压缩性高、易扰动、稳定期长。

（2）附近 100 ~ 150 m 范围内有其他房建基坑施工，基坑土方开挖及降水，会造成周边地层水位下降，扰动地层不稳定。

针对建筑物后期沉降较大，施工单位采取了以下措施控制地层变形：

（1）总体上姿态处于可控范围，水平姿态控制较好，经过渣土改正后，扭矩总体较为稳定，与经验中地层对应的扭矩基本符合，刀盘转速较为稳定，土仓压力适当提高，对掘进期间地面沉降的控制效果较为明显。

（2）经过前期调整每环同步注浆量控制在 7 m^3 以上，配合二次补浆，有效控制了工后沉降。

（3）在本区间黏土、风化岩地层中，每环注 150 ~ 200 L 的泡沫达到的渣土改良效果较好。

（4）总体上，盾构下穿小涌村优化的盾构掘进参数（提高土压力、加强同步注浆、快速跟进二次补浆）对地面、建筑物的沉降控制是相当有效的，沉降均未超过 30 mm，绝大部分地面沉降控制在 10 mm 以内，且未发生过沉降突变的情况，个别位置累计沉降接近 30 mm 也可通过二次补浆进行控制。

（四）总　结

监测数据的及时性、有效性对风险防控起到基础性重要作用。在施工过程中，监测点必须在盾构到达前半个月到 10 天左右时间完成，并提前取得初始值；监测频率应根据变化速率情况进行调整，在盾构到达前 24 h 和盾构脱出后 72 h 内为重点监测时段，监测成果的反馈要及时，一方面通知施工单位及时调整盾构参数，另一方面也检验设计的各种假设和参数的正确性，为优化设计提供依据。

对地质条件差、自身结构较弱的环境风险对象，施工通过后要进行长期的沉降观测；并在巡视过程中对其他影响范围内的周边施工情况要充分了解并进行有效记录，为后期的维权善后提供充分依据。

及时总结工程经验，优化监测控制指标，提高监测预警的科学性，及时消除风险隐患，对于现场的风险防控都有积极的作用。

二、盾构下穿既有车站

（一）工程概况

三号线工程土建工程 3201 标段，包括一站（大墩站）两区间（大墩站—东平站区间、东平站—湾华站区间），区间采用盾构法施工。本下穿既有车站工程位于大墩站—东平站区间，盾构由东平站向大墩站掘进，在君兰路与文华南路交叉路口自北向南开始下穿广佛环城际东平站，如图 8.5、8.6 所示。盾构穿越城际车站下方隧道长度约 55 m（第 72 环 ~ 108 环），区间采用两台海瑞克土压水平衡盾构机，管片外径为 6 m，内径为 5.4 m，宽度为 1.5 m。

广佛环城际东平站为地下二层六跨钢筋混凝土框架结构，基坑宽度 53.53 m，基坑深度为 20.031 m，设计上为盾构下穿预留的条件如下：

（1）在车站下方沿三号线隧道两侧增设抗拔桩，桩基与隧道水平净距为 949 ~ 1 344 mm，具体关系详见图 8.7。

（2）车站地下连续墙在盾构区间通过范围内采用玻璃纤维筋。

图 8.5　盾构下穿广佛环城际东平站平面图

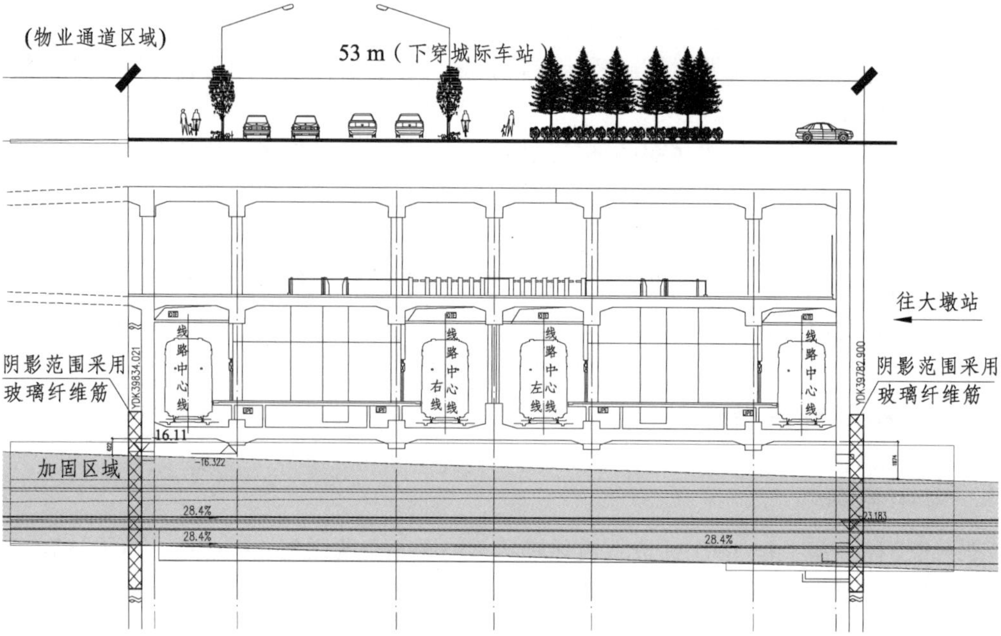

图 8.6　区间纵断面图

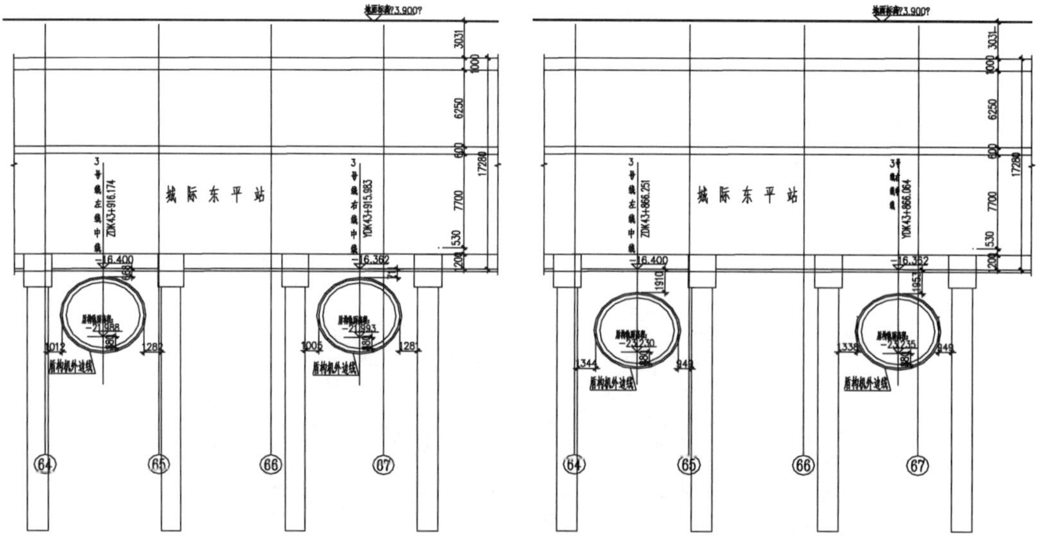

图 8.7　区间横断面图

（3）盾构在车站北侧开始通过时，左线盾构中心高程应为-20.162 m，盾构机上方与城际车站底板之间的净高差为 622 mm（应为最小净高差），右线盾构中心高程应为-20.166 m，盾构机与城际车站底板之间的净高差为 664 mm；盾构到达车站南侧时，左线盾构中心高程应为-21.414 m，盾构机上方与城际车站底板之间的净高差为 1 933 mm，右线盾构中心高程应为-21.477 m，盾构机与城际车站底板之间的净高差为 1 974 mm。

盾构穿越前城际车站主体结构已封顶，如图 8.8。

图 8.8　城际车站施工现状（已封顶）

根据城际车站既有资料，广佛环城际东平站下方的地层从上到下依次为粉质黏土层<5>、全风化层<7-1>、中风化层<7-2>、弱风化层<7-3>、微风化灰岩<9C-2>。隧道区间穿越地层主要为全风化、强风化层，隧底基本位于基岩面附近，如图 8.9、8.10 所示。

地貌上属于海陆交互相冲洪积平原地貌，所揭露第四系地层为人工填土层，海陆交互相沉积层砂层、土层及冲洪积砂层、土层，基岩为古近系坳心组碎屑岩，地下水位的变化受地形地貌和地下水补给来源等因素控制，地下水位埋深较浅。每年 4—10 月为雨季，大气降雨充沛，水位会明显上升，而在冬季因降水减少，地下水位随之下降，水位年变化幅度为 2.5 ~ 3.0 m。地下水水位埋藏变化较小，在主要为第四系松散孔隙水，地下水位普遍较浅，实测钻孔砂层静止水位埋深为 0.10 ~ 4.60 m，平均埋深为 2.57 m，高程为−0.59 ~ 6.30 m，平均高程为 2.00 m，基岩地下水位略低。

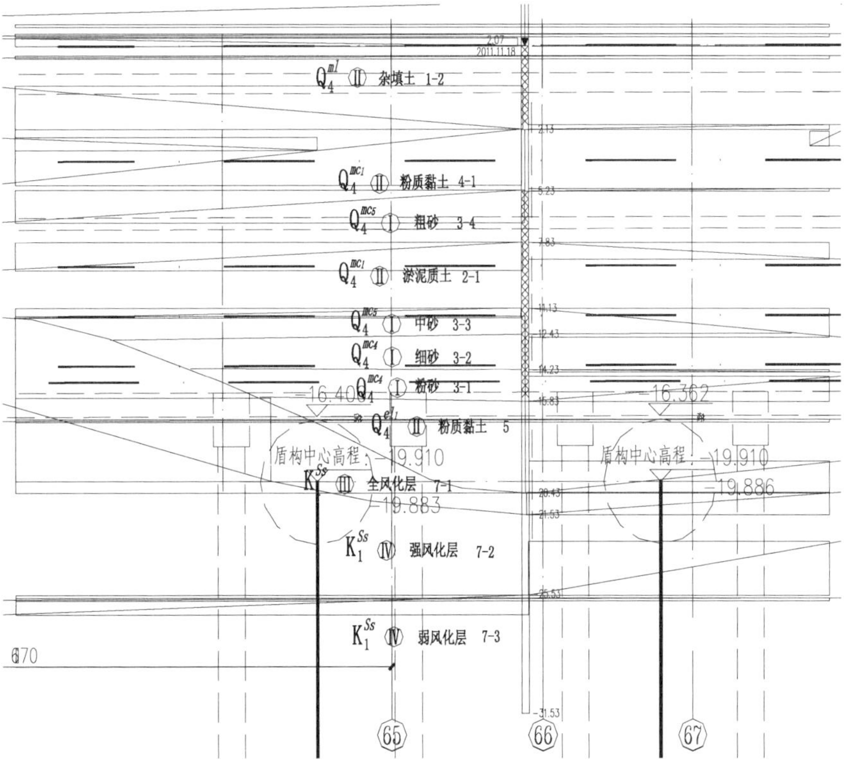

图 8.9　下穿城际的地质情况剖面图（开始通过）

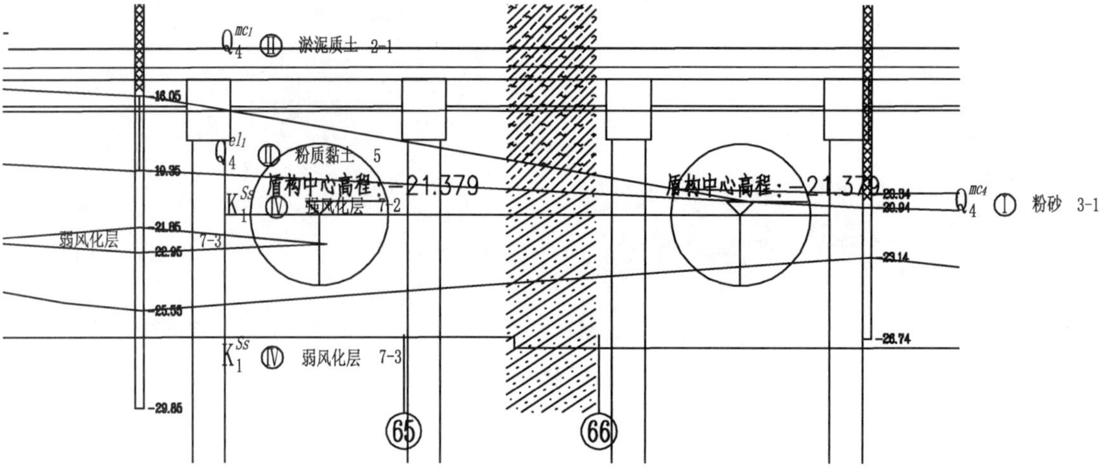

图 8.10 下穿城际的地质情况剖面图（通过完成）

第四系含水层主要为海陆交互相砂层<2-2>、<2-2-1>、<2-3-1>，其富水性和透水性与砂土颗粒组成有关，砂质颗粒越粗，分选性好，砂质纯净，则富水性好，径流通畅，透水性强，反之则差。本次勘察揭露砂层以海陆交互相粉细砂<2-2-1>、淤泥质粉细砂和中、粗砂层<2-3-1>为主，属中等—强透水层，其中淤泥质粉细砂层中含有较多黏粒或淤泥团块，富水性相对较差，海陆交互相土层，含水贫乏，透水性较差，多属弱、微透水层。

本段基岩裂隙水主要赋存在强—中风化带基岩岩体中的节理裂隙带之中，地下水的赋存条件不均一，主要与岩性、岩石风化程度、裂隙发育程度等有关。补给来源主要靠大气降水、地表水和砂层地下水的越流补给。

（二）下穿风险识别及应对措施

主要风险有以下几点：

（1）盾构隧道边线离城际车站的桩基和底板较近，盾构下穿过程中要减少对周边土体的扰动，防止桩基周边土体的扰动和底板下卧地层的扰动而引起既有结构的不均匀沉降。

（2）盾构穿越地层主要为淤泥、粉质黏土、风化岩，地层气密性好，有泥饼形成的条件，盾构在黏性土层和风化泥质岩层等地层中掘进时，可能会在刀盘中心区部位及土仓隔板前刀盘支撑之间产生泥饼。“泥饼”形成后，刀盘主轴旋转处被土粘牢，土仓及刀盘正反面泥土板结，推力变大，刀盘扭矩过大或过小，就会造成掘进困难，掘进速度急剧下降，刀盘扭矩也会上升，同时造成刀盘油温过高而使盾构无法掘进，大大降低开挖效率。

（3）穿越车站范围内为下坡掘进。注浆时，浆液可能会往前流入土仓内，因此，需注意提高注浆质量。

针对下穿既有车站施工存在的风险应对措施如下。

1. 确保车站结构基底土体稳定

车站基底稳定影响因素包括：① 掌子面不稳定，掌子面上方土体被不均匀刮落；② 盾构机筒体上方出现间隙导致土体下沉；③ 盾尾漏气，压力不稳定，导致土体下沉。

因此掘进期间应注意：

（1）刀盘掘进控制土仓压力，确保掌子面稳定。本次施工使用的是海瑞克 S850/851 土压平衡盾构机，该机型配置了气压辅助掘进系统。施工时，初定使用气压辅助系统掘进，压力控制在 50 ~ 60 kPa。必要时，采用满仓掘进。

（2）加强注浆管理，确保筒体及后方土体稳定。盾构掘进时不间断地利用径向注浆孔通过膨润土系统向筒体外侧注入惰性浆液（膨润土+砂）。同时，盾构后方同时补注双液浆，这样就可确保盾构机筒体与土体之间保持被浆液填满的状态。为了实现该目的，本次使用的机型配置了强大的注浆系统，包括：3 台 KSP12 注浆泵作为正常掘进使用，2 台加泥系统也可作为备用注浆系统。另外，增加了稳压装置，确保注浆压力稳定。

（3）加强盾尾管理，防止盾尾漏气。本次施工使用的盾构机在盾尾已配置了 4 道盾尾刷，因此，若做好盾尾刷保护即可确保盾尾密封效果，防止漏气。

2. 预防“结泥饼”

（1）刀盘设计和刀具配置充分考虑预防泥饼问题，适量加大刀盘开口率，本标段刀盘开口率设置为 28%，减少刀盘与开挖面及渣土的接触面积。

（2）不定时对渣土进行温度检测及时反映土舱内泥土粘附情况，预防“泥饼 ”的形成。

（3）盾构机设计时配置中心冲水系统，可对刀盘和土仓进行高压水清洗，同时具备通过人闸系统进入土仓人工清理泥饼的功能。

（4）盾构机在刀盘、土仓、螺旋机多点设有单管单泵泡沫注入系统，通过注入泡沫降低渣土对盾构机的附着性，同时具有良好的流动性和弹性，便于螺旋出土器排出；对于易结泥饼地层，还可以通过在泡沫剂内加入分散剂，在掘进期间迅速分解渣土，防止渣土在刀盘上和土仓内堆积，起到防治泥饼的作用。

图 8.11 为渣土改良系统。

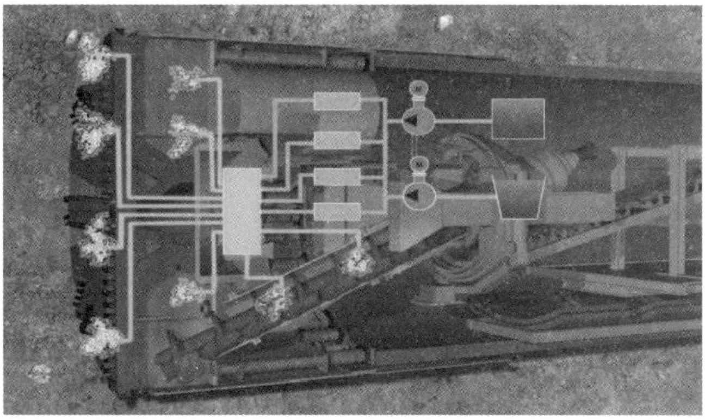

图 8.11　渣土改良系统

（5）通过土舱喷水提高黏土的流动性和出土效率，并防止土仓高温高热，有效防止泥饼形成。

（6）根据地质情况，采用合适的掘进模式、掘进速度和刀盘转速，当地层条件允许的情况下，掘进速度控制为 50 ~ 60 mm/min，刀盘转速增加至 2 ~ 3 转，同时可采用气压辅助模式，利于渣土掉入土仓并携带出土仓。

（7）增加主动和被动搅拌棒，充分搅拌渣土，提高其和易性和流动性。如图 8.12 所示。

图 8.12　搅拌渣土的搅拌棒

（三）监测数据分析

由于开挖面距离东平站较近，对该建筑物的监测频率不超过 3 天。当支撑轴力或支护结构水平变形接近警戒值时每天 1 次；当支撑轴力或支撑结构水平变形超过警戒值时或出现险情时，应按每小时监测 1 次或根据现场情况决定。测点布置如图 8.13 所示。

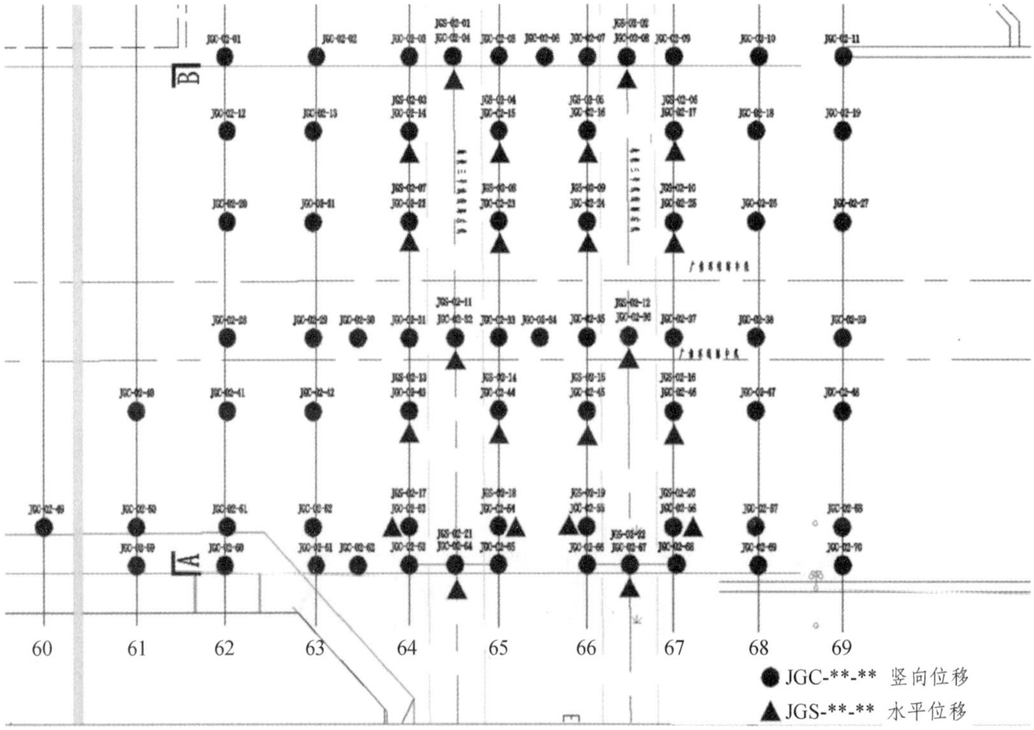

图 8.13　下穿广佛环车站监测布点图

图 8.14、8.15 为盾构下穿过程中广佛环东平站监测曲线图。从图中数据可知，2017 年 7 月 28 日—2017 年 8 月 22 日大东区间下穿广佛环线东平站期间所有测点均未达到预警值，最大沉降测点为 JGC-02-49，累计沉降为−2.7 mm，变化速率为−0.39 mm/d，全部测点变形量区在为 1.8 ~ −2.7 mm 之前，从监测数据看整体结构稳定，风险安全可控，安全巡视未发现异常。

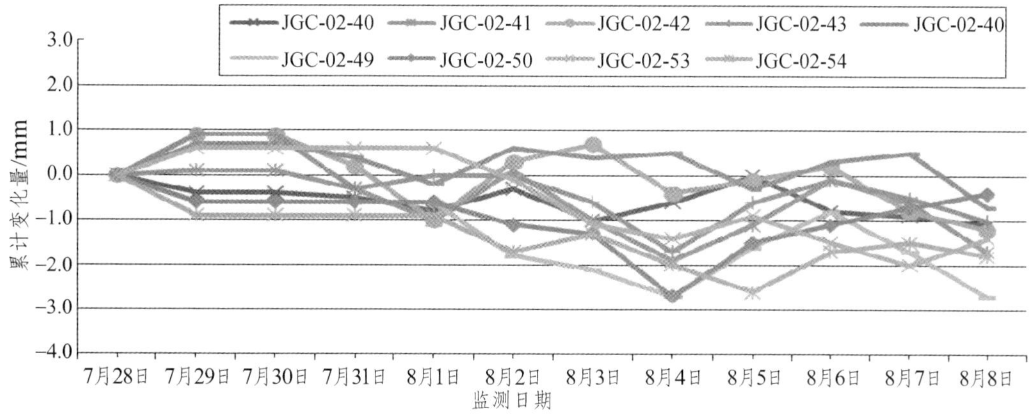

图 8.14　大东区间左线下穿广佛环线东平站变化量曲线图

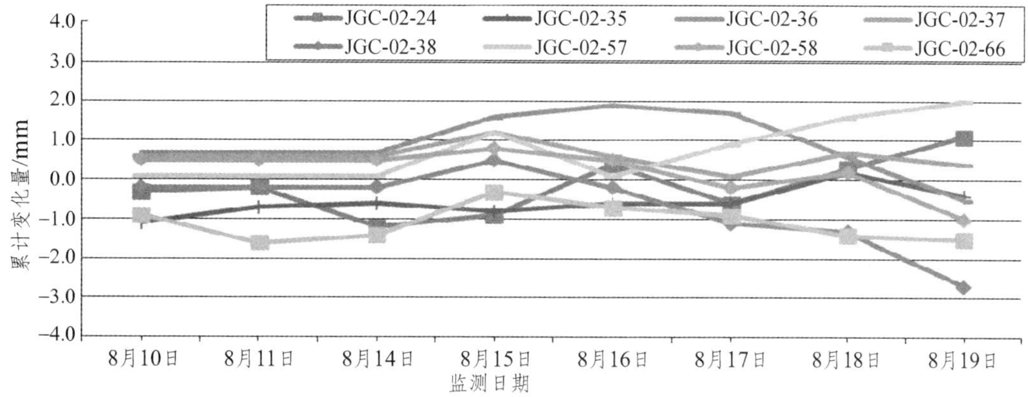

图 8.15　大东区间右线下穿广佛环线东平站变化量曲线图

（四）总　结

（1）施工前要对盾构沿线的地质情况和要穿越的车站结构的详细情况调查，根据不同的情况做好应对处理措施。

（2）对盾构推进过程中的各参数进行调整（包括盾构推力、掘进速度、刀盘扭矩、排土量、同步注浆压力、注浆量等）；盾构掘进速度与地表控制的沉降值、正面土压平衡调整值及同步注浆等相协调。连续掘进过程中，要严格控制盾构机的纠偏量；尽可能减少超挖或者欠挖，确保盾构施工的土层损失率。

（3）盾构机在施工此段前要做好刀盘改造，改造需要考虑膨胀土结泥饼的问题，避免因各种原因在此区段开仓。

（4）配合地面量测做好盾构壁后注浆及二次注浆；在盾构通过后，若沉降大应进行补注浆。

（5）严格监测措施，实行信息化施工。制定合理的监测内容和监测频率，将地面沉降监测、建筑物变形监测都作为监测的重点内容，监测数据现场处理，及时向各参建方报送，监测数据异常时快速响应，及时调整掘进参数，并同时启动应急预案，将安全隐患降至最低。

三、盾构下穿既有顶管通道

（一）工程概况

三号线工程镇安站—桂城站区间从桂城站出发，沿南海大道由北向南延伸，为地下 6 m 直径双线盾构区间。盾构段右线里程为 YDK51+570.050 ~ YDK52+879.427，长链 2.696 m，右线总长度为 1 312.073 m；左线里程为 ZDK51+571.058 ~ ZDK52+879.427，长链 2.696 m，短链 2.53 m，左线总长度为 1 308.535 m。

区间盾构下穿顶管过街通道位置距离桂城站小里程始发端 10.8 m，通道总宽度约 29 m，长约 59 m，高约 4.9 m，顶部埋深约 5.7 m，通道底距隧道顶约 6.7 m，通道基础为天然基础，盾构隧道与顶管通道之间的地层主要为细砂和中粗砂层。图 8.16 为镇安站—桂城站区间线路平面图，图 8.17 为镇安站—桂城站区间下穿顶管通道平面图。

镇安站—桂城站区间隧道覆土从上至下依次为<1-2>杂填土、<2-2>淤泥质粉（细）砂、<2-1B>淤泥质土、<2-2-1>粉细砂、<3-2>中砂、<4N-2>粉质黏土，区间隧道穿越地层主要为全断面中砂层、粉细砂，隧道上部为中砂层，下部为强、中等风化泥质粉砂岩。

盾构下穿顶管过街通道位置为始发端头加固段，里程范围为 YDK52+879.4 ~ YDK52+833.3，加固段长度 46 m，平面线型为直线。隧道范围内主要地层为可塑粉质黏土、中砂和强风化粉砂质泥岩的复合地层。坡度为 4‰，覆土深度为 17.33 m，隧道沿南海大道由北向南掘进。地下水位相对稳定埋深为−0.42 ~ 0.71 m。图 8.18 为下穿段地质剖面图。

图 8.16　镇安站—桂城站区间线路平面图

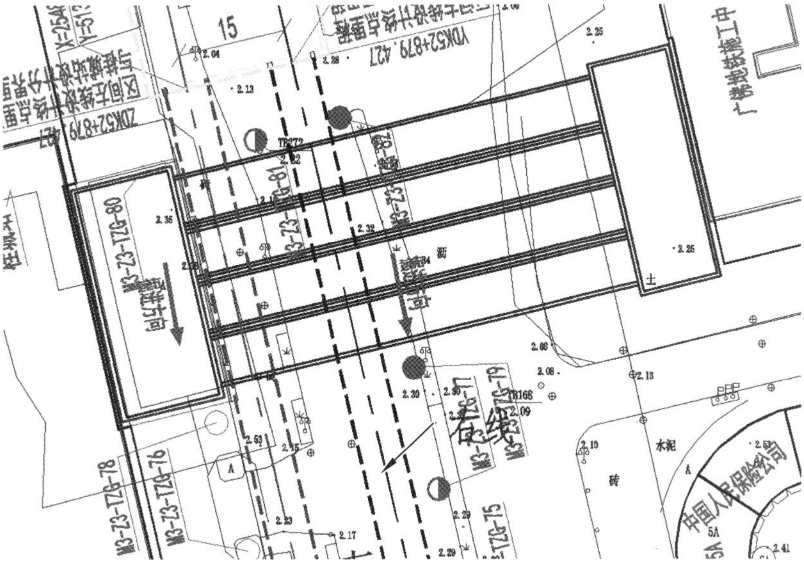

图 8.17　镇安站—桂城站区间下穿顶管通道平面图

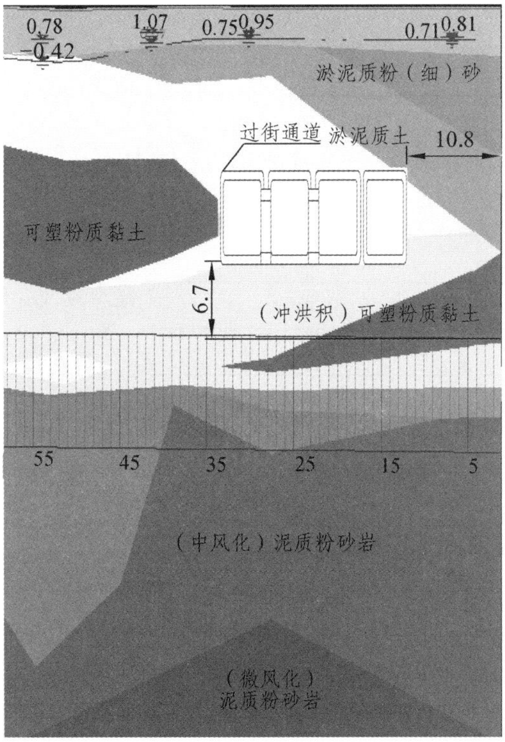

图 8.18　下穿段地质剖面图

（二）下穿风险识别及管控措施

1. 风险识别

（1）盾构下穿期间顶管通道结构可能出现过大变形，进而导致地面沉降过大。

（2）盾构下穿期间顶管通道结构可能因变形导致结构开裂、渗漏水。

（3）盾构掘进断面为上砂下岩地层，顶管通道结构处于淤泥质粉砂、中砂层中，盾构掘进对周边地层的扰动较大，顶管通道结构所处地层的抗扰动能力偏弱，下穿掘进地质环境较差，需加强盾构施工管控。

2. 风险预防措施

（1）严格控制盾构掘进参数。对盾构机的推进速度、推力、同步注浆技术、二次注浆严格控制，加强掘进面的稳定控制技术。表 8.1 为下穿顶管通道段盾构掘进参数表。

（2）做好地面及通道内监控量测，根据监测结果调整盾构机推进速度、掘进参数及加强注浆技术。确保加固区地表沉降控制在允许范围内。

（3）加强泥浆循环控制，配制优质性能泥浆。

（4）提前对顶管通道周边地层进行注浆预加固。采用钻孔注浆，共 65 个孔（长 10 m，宽 9 m，孔间隔 1.5 m，梅花形布置），深度一般 21 ~ 27 m（盾构机范围内 21 m，前方及两侧 27 m），注浆压力 2 MPa。注浆期间地表出现明显隆起。

表 8.1　下穿顶管通道段盾构掘进参数表

<table>
<tr><th>序号</th><th>项目</th><th>参数</th><th>备　注</th></tr>
<tr><td>1</td><td>刀盘转速</td><td>1 ~ 1.3 r/min</td><td rowspan="10">（1）盾构下穿时加强对设备保养，确保盾构机及配套设备的正常使用。
（2）盾构下穿时减少对周围地层扰动，要保持匀速掘进，减少盾构机无谓的停止与启动。
（3）盾构试掘进段平曲线为直线段，纵向为 4‰上坡，过程中加强盾构姿态控制，在盾构机姿态如无特别问题，不宜在顶管通道下方做纠偏调整。
（4）二次补浆作业以注浆压力为准</td></tr>
<tr><td>2</td><td>推力</td><td>7 000 ~ 10 000 kN</td></tr>
<tr><td>3</td><td>掘进速度</td><td>15 ~ 25 mm/min</td></tr>
<tr><td>4</td><td>刀盘扭矩</td><td>不宜大于 2 500 kN · m</td></tr>
<tr><td>5</td><td>泥水仓压力</td><td>上土压 0.19 ~ 0.21 MPa</td></tr>
<tr><td>6</td><td>泥水仓压力波动</td><td>≤0.01 MPa</td></tr>
<tr><td>7</td><td>同步注浆量</td><td>6 ~ 8 m^3/环</td></tr>
<tr><td>8</td><td>出土量</td><td>37.5 m^3左右/环</td></tr>
<tr><td>9</td><td>盾构机纠偏</td><td>纠偏量/环＜5 mm</td></tr>
<tr><td>10</td><td>二次补浆</td><td>注浆压力 0.25 ~ 0.35 MPa</td></tr>
</table>

3. 应急处置措施

1）下穿期间顶管通道变形过大的应急处理措施

首先，要保证行人安全。一旦出现通道变形过大情况，应立即停止盾构隧道掘进，并保持泥水仓压力或适当提高泥水仓压力，有效控制通道结构继续下沉，在沉降还没控制、沉降原因还没分析清楚、沉降控制措施没有到位的条件下，严禁继续掘进。根据现场实际情况和监测情况研究决定实施下一步最有效的应急处置方案。

其次，要关注盾构掘进参数。沉降过大主要是由于泥水仓压力偏小或水土流失严重、多出土原因造成的，根据监测情况及时调整掘进参数，适当增加泥水仓压力，严格控制每环出土量与理论计算相符，严禁多出土，尽量减少对围岩的扰动。出现隆起现象则是由于推力和土仓压力过大造成，适当降低泥水仓压力。

下穿段地下水丰富，成型盾构隧道同步注浆浆液采用单液浆，保证注浆量，使管片和围岩之间的空隙填充密实。盾构通过通道结构后，如出现后期沉降继续增加的情况，及时通过管片注浆孔进行二次注浆，采用双液浆。

2）顶管通道结构出现裂缝、渗漏水应急处理措施

优化掘进参数、泥浆性能等参数，降低盾构掘进对地层的扰动。

对通道结构裂缝及渗漏水进行处理：

（1）对裂缝处沿缝开凿“V”槽，采用水泥对裂缝进行抹补。

（2）用电钻沿裂缝钻 Φ5 ~ 10 mm 小孔，钻好孔后在孔内埋设注浆枪头，并用水泥密封埋管处。

（3）等强 1 d 后对裂缝处进行灌浆，灌浆材料采用环氧树脂浆液，浆液采用灌浆泵泵送，灌浆压力为 0.2 ~ 0.4 MPa。

（4）再等强 1 d 后，检查裂缝情况，未达到堵漏效果的再次进行灌浆，必要时以上述方法另钻孔灌浆。补浆效果满足要求后切除外露的注浆管。

3）顶管通道地面、路面沉降过大应急处理措施

盾构下穿通道期间相应地表位置还处于车站施工场地围蔽范围内，随时有条件对地面进行注浆加固。如出现地陷等情况，采取填砂灌水、回填混凝土、钻孔注浆等控制影响范围。

（三）监测数据分析

图 8.19 为下穿顶管通道结构监测点布置平面图。图 8.20 为预注浆及盾构下穿期间地表沉降曲线图。从图中曲线可知，预注浆期间地表隆起很明显，最大地表隆起量达 159.1 mm，随着盾构下穿掘进通过，部分地表监测点的隆起量有所下降，总体上下穿期间地表沉降变形较为稳定。从监测分析看出，前期地表预注浆施工本身就是对顶管通道结构周边地层的扰动，注浆压力与注浆量过大进而引起地表隆起，同样的顶管通道结构也会跟着隆起。

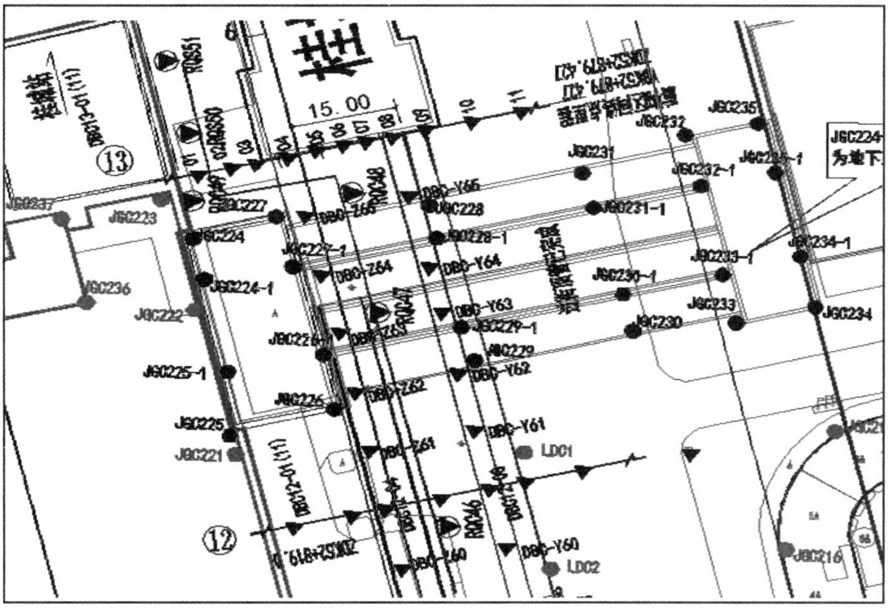

图 8.19　下穿顶管通道结构监测点布置图

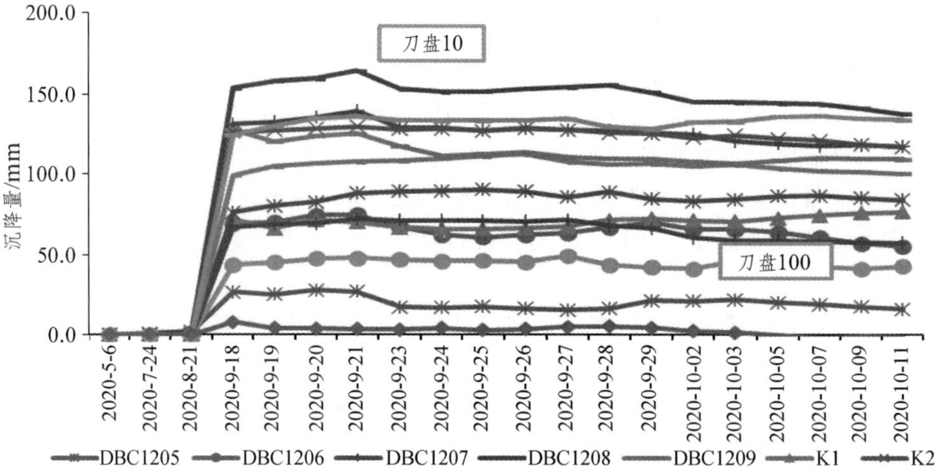

图 8.20　预注浆及盾构下穿期间地表沉降曲线

图 8.21 为预注浆及盾构下穿期间顶管通道结构的沉降曲线图。从图中曲线趋势可知，预注浆期间随着地层隆起，顶管通道结构的部分测点也跟着出现隆起，最大隆起量为 22.1 mm。由于提前对顶管通道结构进行了预注浆加固，盾构下穿期间顶管通道结构的沉降变形较为可控，最大沉降量为 11.4 mm，最大变化速率为 1.5 mm/d。

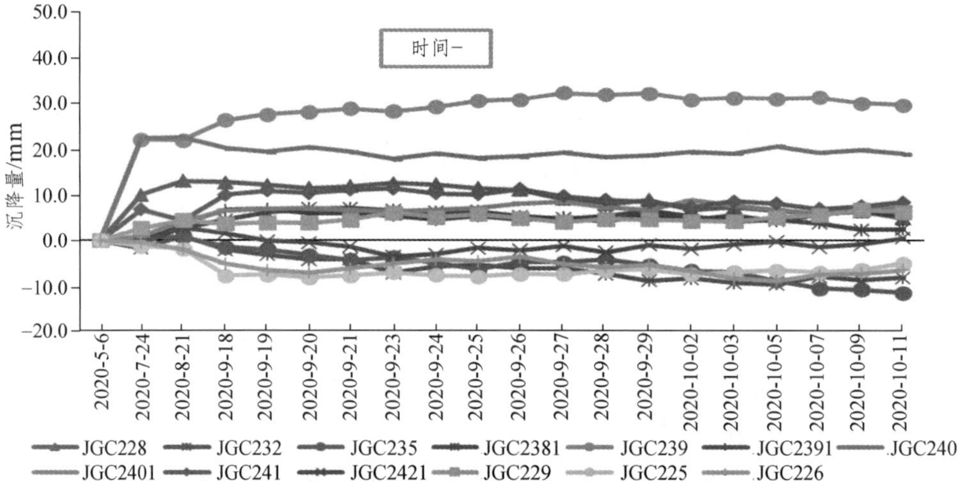

图 8.21　预注浆及盾构下穿期间顶管通道结构的沉降曲线

四、小　结

（1）提前对软弱地层进行注浆加固，可有效降低盾构下穿掘进对顶管通道结构及上覆地层的扰动影响。但注浆加固时应控制好注浆压力和注浆量，减小注浆施工对周边环境的影响。

（2）盾构下穿顶管通道施工过程中，根据高精度水准测量、地表竖向位移沉降监测和顶管内部的监测的信息反馈，及时调整盾构机泥水压力设定值和出土量，采用均衡施工的思路使盾构较为均匀向前掘进，从而达到控制顶管通道的整体变形的目的。

（3）当盾尾全部脱出顶管施工区域后，同步注浆量根据各项监测数据，定出不同的注浆量，使得盾构脱出后顶管隧道未出现较明显的工后沉降。

第二节　盾构穿越重点文物建筑的风险识别与监测分析

以佛山地铁三号线东乐路站—大良站区间盾构侧穿国家级文物保护区（清晖园保护区）为背景，对隧道施工引起的清晖园建筑物沉降进行分析。

一、工程概况

三号线工程东乐路站—大良站区间线路出东乐路站后，沿东乐路向西延伸，旁穿兴荣楼、东城花园商住楼、德福楼、富丽阁、广德业大厦，在东苑路口处拐向西北，下穿东晖楼、乐景阁，之后沿清晖路前进，在区间里程 ZDK18+520 ~ ZDK18+570 范围侧穿国家级文物保护区（清晖园保护区）、旁穿新世界商业广场、盈建大楼主楼，到达终点大良站。线路走向如图 8.22 所示。

图 8.22　东乐路站—大良站区间线路走向

区间左线隧道结构外边线与清晖园核心保护区平面最小净距约 8.39 m，竖向最小净距约 26.41 m，如图 8.23 和图 8.24 所示，隧道拱顶及洞内为<7-2>强风化泥质粉砂岩，地质条件较好。清晖园古建筑主要采用天然基础，砖木结构，稳定性差，盾构掘进过程中容易扰动基础持力层，引起地面沉降的同时损坏周边建筑既有结构，使其产生不均匀沉降。

清晖园场地范围内工程地质从上到下依次为：

<1-1>素填土，<2-1B>淤泥质土，<2-4>粉质黏土，<3-1>粉细砂，<3-2>中粗砂，<4-2B>淤泥质土，<5N-1>粉质黏土，<5N-2>粉质黏土，<6>全风化泥质粉细沙岩、粉砂岩，<7-2>强风化泥质粉沙岩、粉砂岩，<8-2>中风化泥质粉砂岩、粉砂岩。

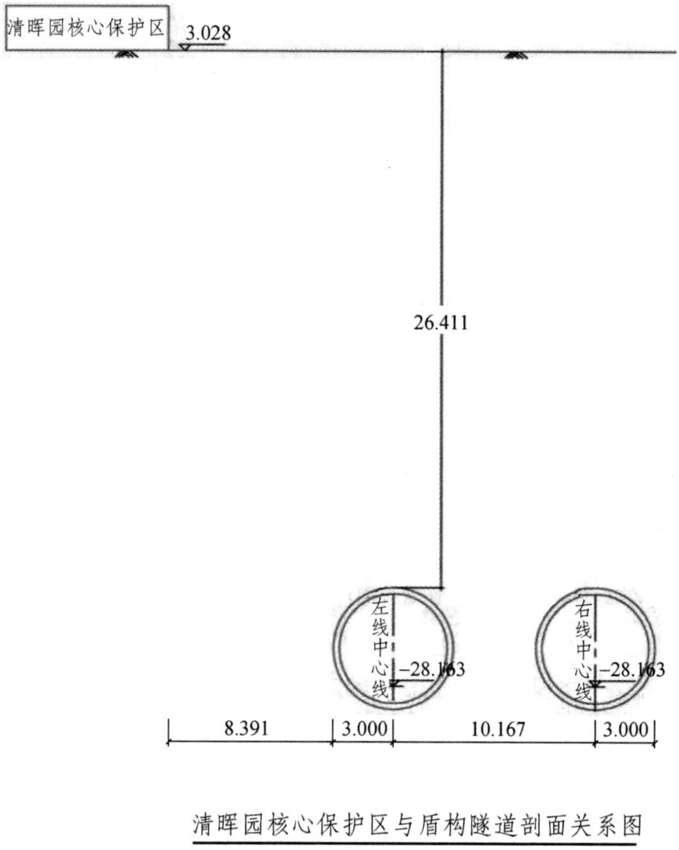

图 8.23　清晖园和隧道剖面关系图

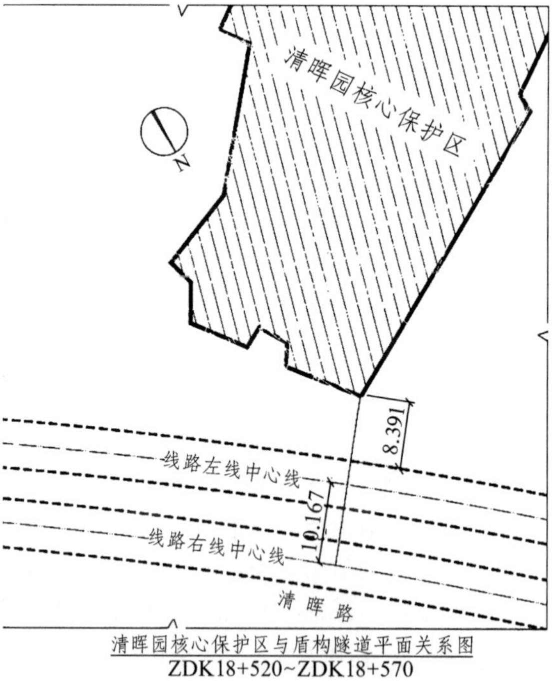

图 8.24　清晖园和盾构隧道平面关系图

隧道洞身在影响古建筑物清晖园范围内主要穿越<7-2>强风化泥质粉砂岩、粉砂岩、<8-2>中风化泥质粉砂岩、粉砂岩。表 8.2 为清晖园场地范围内土层分层及物理特性。

盾构影响古建筑物清晖园范围内地表水体不发育，地表水主要为地表散流。场地范围内稳定地下水位埋深为 1.40 ~ 3.50 m，场区地下水位年变化幅度一般为 1.00 ~ 2.50 m。

表 8.2　清晖园场地范围内土层分层及物理特性

层号	岩土名称	层厚	地质特征	稳定状况	岩土分类
1-1	素填土	1.30 ~ 3.50 m	松散，由黏性土、砂土和少量碎石等组成，土层透水性	易崩塌	松土
2-1B	淤泥质土	0.50 ~ 12.00 m	流塑—软塑，土层透水性弱	不能自稳	普通土
2-4	粉质黏土	0.50 ~ 9.70 m	黏塑性较好，主要由粉黏粒组成，刀切面较为光滑	软塑状、硬塑状、可塑性较好	普通土
3-1	粉细砂	1.00 ~ 12.60 m	松散—稍密状，饱和状态，颗粒成分以石英、长石为主，局部含少量黏性土	分选性较好	松土
3-2	中粗砂	1.10 ~ 9.30 m	稍密—中密，饱和，砂粒成分以石英、长石为主，砂质较纯	分选性较好	松土
4-2B	淤泥质土	1.30 ~ 12.90 m	主流塑状，局部软塑状。主要由粉黏粒组成，含少量有机质，略具臭味	土质较均匀，黏性较好	普通土
5N-2	粉质黏土	0.50 ~ 9.40 m	硬塑状，由泥质粉砂岩、粉砂岩风化残积而成。主要由粉黏粒组成	土质较为均匀，黏塑性较好	普通土
6	全风化泥质粉细沙岩、粉砂岩	0.50 ~ 9.90 m	原岩结构基本破裂，风化强烈，岩质极软。岩芯呈坚硬土状，风化不均匀，局部夹强风化碎块	手捏即碎	硬土
7-2	强风化泥质粉砂岩、粉砂岩	0.50 ~ 26.50 m	原岩结构构造大部分破坏，岩质软弱，岩芯呈半岩半土状，局部呈土包石状	敲击易碎	极软岩
8-2	中风化泥质粉砂岩、粉砂岩	0.60 ~ 11.00 m	泥沙质结构，层厚状构造，泥质胶结。岩芯呈块状为主，少量短柱状，岩质软，锤击声哑	岩体破碎，裂隙发育，敲击易碎裂	软岩

二、监测方案主要内容

（一）沉降监测控制点布设及埋设方法

古建筑物沉降监测采用几何水准法进行。沉降监测控制点包括基准点和工作基点。根据本工程的沉降监测点的布设情况及周边环境，本项目基准点在基坑影响范围之外进行布设，共布设 3 组共 9 个基准点，基准点由既有建筑墙柱基准点组成，埋设方法如下。

用冲击钻在具有深桩基础的高层建筑的墙柱上成孔，成孔后用清水冲洗干净，然后在孔内灌注云石胶及其凝固剂将测点（“L” 形 Φ16 或以上的不锈钢）进行固定（测点固定部位做成螺纹），如图 8.25 所示。

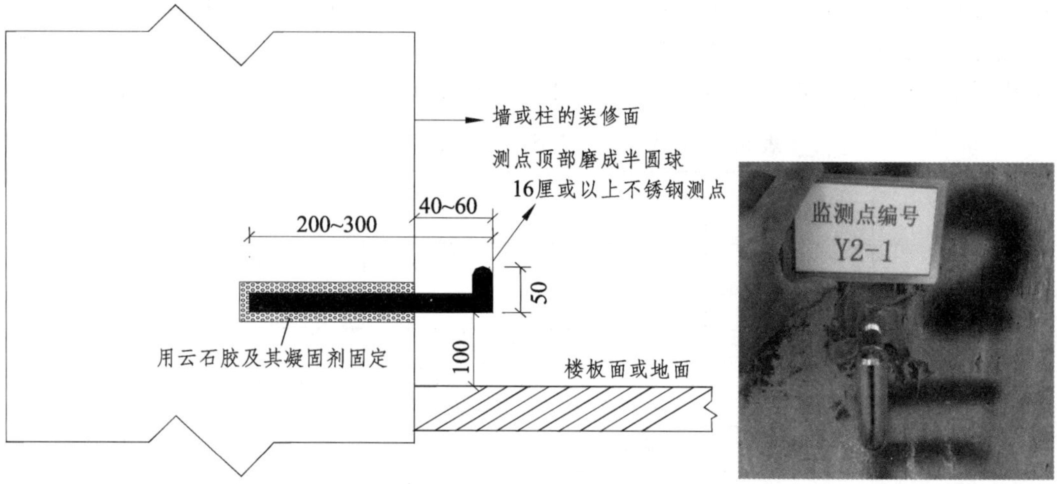

图 8.25　监测控制点埋设

（二）沉降监测基准点稳定性检查的频率及方法

施工前，两组基准点进行联测，进行 3 次检验，保证监测工作实施前工作基点已处于稳定状态。在施工过程中，每组基准点每月进行 1 次基准点稳定性检查，两组基准点间的稳定性检查每两月复测 1 次，点位稳定后每个季度或每半年复测 1 次。当观测点变形测量成果出现异常，或测区受到地震、洪水等外界影响时，应及时进行复测。

沉降监测基准点《建筑变形测量规范》（JGJ8—2016）二等水准观测技术要求进行往返测，取两次观测高差中数进行平差。各站观测的测站观测顺序：

奇数站：后、前、前、后；偶数站：前、后、后、前。

在布设水准控制路线时，为确保前后视距差满足二等精度要求，同时满足变形监测的“三定”要求（测站固定、仪器固定、人员固定），在布设的同时量测出每次仪器的安置位置，并用红油漆在地面做出标记。基准点观测主要技术指标如表 8.3 所示。

表 8.3　基准点观测主要技术指标

序号	项　目	限　差
1	测站高差中误差	0.15 mm
2	往返较差及附合或环线闭合差限差	$0.3\sqrt{n}$ mm（n 为测站数）
3	视线长度	≥4 m 且≤30 m
4	前后视距差	≤1.0 m
5	前后视距差累积	≤3.0 m
6	视线高度	≥0.65 m

（三）沉降监测点埋设方法

沉降监测点点位的制作除了要满足精度的要求之外，还要做到不影响建筑物的外观，不影响车辆或行人的交通。根据具体情况，考虑到部分特殊的重点保护的古建筑物，在该类建筑物布设沉降监测点时应采用条码贴形式，待监测工作完成后可以撕掉条码，不影响美观也不影响建筑结构，如图 8.26 所示。

图 8.26　监测点条形码

（四）控制值及监测频率

各监测项目的控制标准及预警标准应在满足相关规范要求、保证安全的前提下，根据工程监测等级及周边环境的具体情况而定，实际工作中主要依据设计结果、相关规范标准，如《工程测量规范》（GB50026—2007）、《建筑变形测量规范》（JGJ8—2016）等的规定值以及有关部门的规定、经验类比值来确定监测项目的报警值。清晖园变形控制值如表 8.4 所示。在正常施工情况下，监测频率如表 8.5 所示。当出现监测值达到报警标准、监测值变化量较大或者速率加快、建（构）筑物或地面突然出现大量沉降、不均匀沉降或严重的开裂时，根据现场情况确定加密监测频率。

表 8.4　清晖园古建筑物变形控制值

重要性等级	破坏后果	建（构）筑物类型、使用性和规模	允许沉降控制值/mm	速率控制值/（mm/d）	差异沉降控制值/mm
I	很严重，重大国际影响或非常严重的政治影响，经济损失重大	古建筑物，近代优秀建筑物、重要的工业民用建筑物，10 以上高层、超高层建筑物，大于 24 m 的地上建筑物及重要的地下构筑物	15	1	0.002L

表 8.5　清晖园古建筑物监测频率

序号	施工阶段	监测项目	监测频率
1	盾构法隧道施工	建（构）筑物沉降、倾斜、裂缝监测	掘进面前后 $L \leqslant 3D$，1 d 1 次
2			掘进面后 $3D < L \leqslant 8D$，2 d 1 次
3			掘进面后 $L > 8D$，7 d 1 次
1. D—盾构隧道开挖直径（m）；L—开挖面至监测点或监测断面的水平距离（m）。 2. 监测数据趋于稳定后，监测频率宜为 1 次/（15 d～30 d）			

三、风险识别及控制措施

（一）风险识别

1. 盾构掘进自身风险

见表 8.6。

表 8.6 东大区间盾构掘进自身风险识别表

序号	施工工法	风险描述	风险等级
1	盾构	东大区间穿越地层从上至下主要为：素填土、淤泥质土、粉质黏土、淤泥质粉细砂、细粉砂、中粗砂、全风化粉砂岩、强风化泥质粉砂岩、粉砂岩，盾构自身穿越时存在一定风险	Ⅲ级

2. 周边环境风险

见表 8.7。

表 8.7 区间重要建（构）筑物风险识别表

序号	建筑物名称	风险分类	结构类型	风险等级	风险描述
1	清晖园国家级文物	侧穿	砖木结构	Ⅱ级	侧穿清晖园国家级文物，和文物保护控制线水平距离 8.4 m
2	周边煤气管线	侧穿	刚性管道	Ⅲ级	场地范围存在煤气管，主要敷设在清晖路与东乐路交叉口，埋设深度 3～5 m

（二）古建筑物变形控制措施

基于区间地质条件及穿越古建筑物的相关位置关系等上述状况，在盾构施工掘进过程中，为了保障施工的顺利进行，在监测重点的机理时应该做好以下几个方面的工作。

1. 加强现场巡查巡视

现场巡查可以提供可靠的信息，用以评定工程安全性及施工对周边的影响，并对可能发生的安全隐患或事故及时准确地预报，以便及时采取措施消除隐患，避免事故的发生。其目的主要有：

（1）直观查看盾构施工有无异常变化，便于综合各种信息进行工程安全风险分析。

（2）作为现场监测工作的一项重要补充，可对监测点未覆盖的区域进行查看，确保及时发现未监测区域古建筑物的异常病害情况，并根据巡查情况调整监测工作。

2. 对既有建（构）筑物采取一定的预加固措施

若隧道穿越地段土体力学参数较差，而地面又有加固条件，优先考虑对既有建（构）筑物采取一定的预加固措施。地面加固采用袖阀管预注浆：

（1）地面袖阀管预注浆加固盾构通过的地层区域。盾构隧道通过浅基础建筑物时，加密监测频率。

（2）如地面沉降与地下水位观测数据发现异常，应及时调整土仓压力，加大同步注浆量和二次注浆量，并立即启动地面跟踪注浆工作，注浆范围为盾构上方临邻近周边地层，防止因地层失水而造成地面大面积下沉，确保地面建筑的安全。

（3）地面预注浆与跟踪注浆方法采用袖阀管注浆工艺，地面预注浆及跟踪注浆选取水泥液浆，注浆压力控制在 0.3 ~ 0.5 MPa。

3. 加强监测数据反馈及分析

（1）建立完善的变形监测系统，在影响范围内的古建筑物结构上布设沉降观测点，进行系统、全面的跟踪测量，实行信息化施工。

（2）根据建（构）筑物的结构形式及其与隧道的关系，制定其最大沉降和沉降差的警界值。

（3）根据监测结果及时调整盾构的掘进施工参数，以验证选择施工参数的合理性，保证盾构开挖面的稳定，从而从盾构施工工艺上控制地层损失，减少建筑变形。

四、监测数据分析

对古建筑清晖园的监测，从 2019 年 3 月 22 日采取初始值，到 2019 年 6 月 23 日，历时约 3 个月共 90 天时间。盾构施工自大良站始发向东乐路站掘进，左线盾构于 2019 年 3 月 6 日始发，左线盾构于 2019 年 4 月 12 日在里程 DK18+640 位置（190 环）附近进入对清晖园影响区，于 2019 年 5 月 22 日在里程 DK18+470 位置（292 环）附近离开对清晖园影响区，历时约 40 天。其中在 2019 年 5 月 1 日，左线盾构在清晖园位置附近进行开仓作业。盾构右线掘进时间慢于左线，右线盾构于 2019 年 4 月 29 日始发，于 2019 年 6 月 5 日在里程 DK18+640 位置（190 环）附近进入对清晖园影响区，于 2019 年 6 月 20 日在里程 DK18+470 位置（292 环）附近离开对清晖园影响区，历时约 15 天。

（一）左线掘进监测分析

图 8.27 为左线盾构侧穿期间清晖园古建筑物的沉降曲线。左线盾构自 4 月 12 日开始进入影响区以来，古建筑清晖园的变形趋势为下沉状态，最大沉降量约-4 mm。4 月 14 日至 4 月 27 日期间沉降变形较为稳定，但出现盾构上方地表附近水位孔冒水等现象，为确保一次性顺利穿越古建筑群区，施工单位于 2019 年 5 月 1 日进行盾构开仓作业更换刀具，在此期间连续采用地面跟踪注浆的方式对古建筑物进行预加固，导致盾构隧道上方建筑物出现明显上抬趋势。其中 JGC-923 累计单日变形达 9.03 mm，超出设计速率预警值，变形速率超过预警值的点位数量有 36 个，立即对古建筑物启动加密监测措施，同时施工单位也根据监测数据对注浆部位及注浆量进行了调整与修正。

待注浆结束后，建筑物恢复值正常形变，随着盾构掘进，建筑物累计下沉最大约-6 mm，后期盾构掘进过程中于 5 月 7 日至 9 日再次进行注浆，建筑物累计变形上升 2 ~ 3 mm。其中单日变形速率超预警值的点有 28 个，JGC-920 最大单日变形-5.69 mm。最终累计变形量稳定在-3 mm 左右，处于安全可控范围内，未超出设计预警值。

（二）右线掘进监测分析

图 8.28 为右线盾构侧穿期间清晖园古建筑物的沉降曲线。右线盾构掘进过程中，古建筑变形量较小，累计变形值最大在-6 mm 左右且变形较为稳定，表明前期左线盾构掘进过程中

采取的注浆措施起到了加固的效果，且右线相对于左线，处于远离对建筑物影响范围一侧。右线掘进过程中对古建筑物的扰动较小。

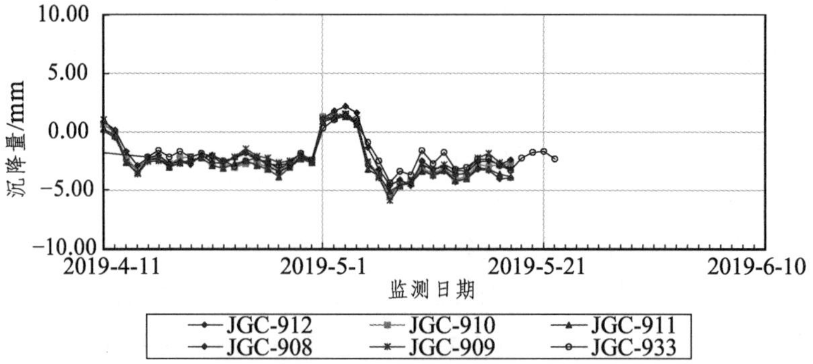

图 8.27　左线盾构侧穿期间清晖园古建筑物的沉降曲线

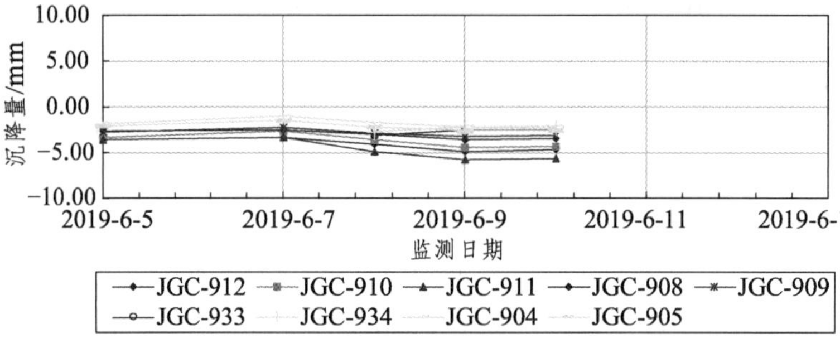

图 8.28　右线盾构侧穿期间清晖园古建筑物的沉降曲线

（三）古建筑物变形控制总结

（1）施工前应开展文物建筑的勘察和结构稳定性评估，及时加固处理脆弱的结构节点，保持文物安全、稳定的状态。

（2）盾构下穿重要建筑物前对地质条件进行详细勘察，与原勘察报告存在差异位置应制定相应的勘察、施工措施及应急预案。

（3）应充分考虑砖木架构文物的建筑特殊性，切实加强监测工作，制订必要的应急处理措施和预案，应设置专门的监测工作站进行施工振动、地面沉降和变形、列车振动等方面的监测和评估，及时发现、妥善处理影响文物安全的因素，并建立完备的数据和记录档案。

（4）在盾构通过时，注意控制盾构掘进参数及注浆参数，及时盾尾注浆，适时二次注浆，并适当加大注浆量，以尽量减少超挖及对底层扰动，控制地层变形。

（5）在盾构施工过程中，进行系统全面的跟踪监测，加强洞内洞外联动联测，如遇异常情况及时反馈监测数据并进行加密监测，实现信息化指导施工。

（6）施工完毕应对文物的安全性进行评价，并根据破坏情况进行修复。

五、小　结

盾构隧道掘进过程中对建筑物的沉降影响主要受制于地质条件及施工参数的影响，而监测数据正是指导掘进参数、分析地质风险及判定盾构注浆效果的重要参考资料，既能从地铁盾构法隧道工程整体上考虑盾构掘进的风险，又能验证盾构掘进与地质条件、建筑物形式之间的相互关系，可使地铁盾构法隧道工程穿越古建筑物的风险识别更全面、更科学，并且更具有可操作性。

第三节　盾构穿越浅覆土地段的风险识别和监测分析

盾构施工扰动地层，进而引起地面沉降或隆起，对地面建筑或地下建构筑物造成风险甚至破坏，尤其在浅覆土段进行盾构施工，由于土层较薄，土体无法有效形成拱效应，盾构在掘进过程中若出现土仓压力控制不当，极易引起地面隆沉，从而导致地面及周边建筑物沉降、倾斜或开裂。以三号线工程荔村站—伦教站区间盾构浅覆土掘进施工为例，对浅覆土盾构施工前风险源识别及施工过程地表、建筑物监测数据进行分析，重点分析了地表及建筑物沉降变形规律，并针对变形规律提出了过程控制的施工参数。

一、工程概况

佛山市城市轨道交通三号线荔村站—伦教站区间起止里程为 DK24+011.850 ~ DK25+368.730，长 1 370 m，共 914 环，采用土压平衡盾构机掘进，线路纵断面呈 V 字形节能坡形式。线路出荔村站后，以−2‰、−25‰、−5‰、17‰、20‰、15‰的坡度到达荔—伦区间明挖段，区间隧道覆土 4.6 ~ 17.3 m，线间距 14 m 左右。区间下穿羊大河及南侧一片多层村民房屋，侧穿爱莲桥、新爱玲幼儿园以及伦荔桥，在接近荔—伦区间明挖段时区间覆土仅为 5 ~ 8 m，属浅覆土施工地段，该浅覆土段上部地表为顺德大道，地面交通繁忙。图 8.29 为区间线路平面图。

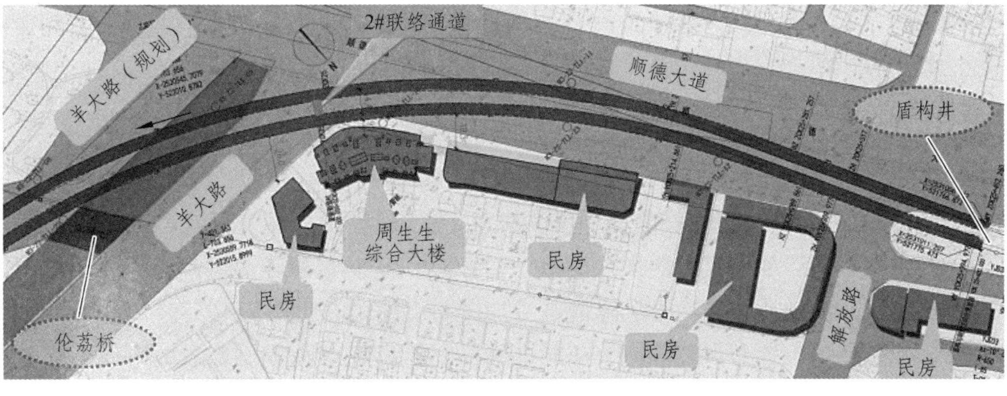

图 8.29　区间线路平面图

荔—伦区间主要为软土地层，区间地层由上往下依次为<1>人工填土层、<2-1A>淤泥层、<2-2>淤泥质粉细砂层、<2-3>淤泥质中粗砂层、<2-4>粉质黏土层、<4N-2>可塑状粉质黏土。

隧道穿越土层主要为<2-1B>淤泥质土、<2-2>淤泥质粉细砂层、<2-3>淤泥质中粗砂、<2-4>粉质黏土、<3-1>粉细砂、<3-2>中粗砂、<4-2B>淤泥质土，该地层具有高含水量，孔隙比大，压缩性高，灵敏度高，地层自稳性较差。浅覆土段穿越土层主要为<2-2>淤泥质粉细砂层及<3-2>中粗砂，该地层较松散，无黏聚力，自稳能力较差。图 8.30 为荔村站—伦教站区间地质纵断面图，表 8.8 为荔村站—伦教站区间浅覆土掘进段地层信息统计表。

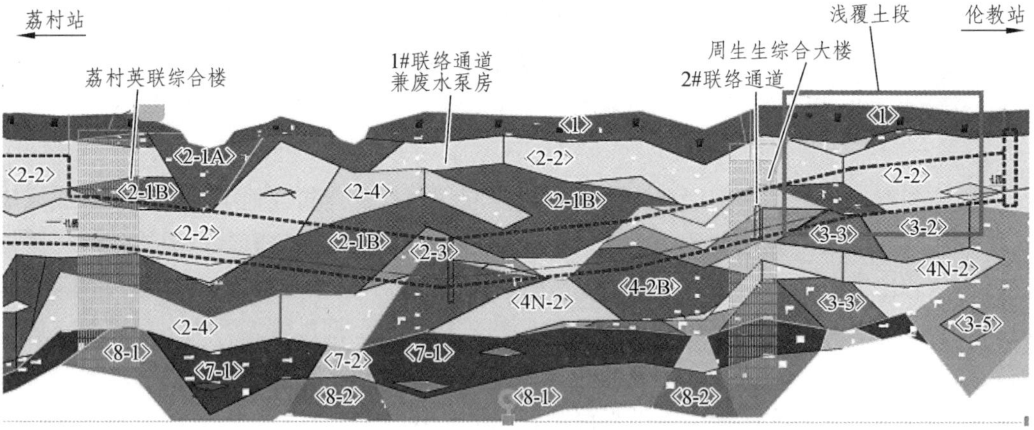

图 8.30　荔村站—伦教站区间地质纵断面图

表 8.8　荔村站—伦教站区间浅覆土掘进段地层信息统计表

土层序号	土层名称	层厚/m	层顶埋深/m	特性
<1>	人工填土	2.1	0	人工堆填的黏性土、砂土及少量碎石等、结构松散
<2-2>	淤泥质粉细砂	6.4	2.1	高含水量、孔隙比大、压缩性高、灵敏度高、呈松散状
<3-2>	中粗砂	4.9	8.5	松散—稍密为主，磨圆度差，含少量黏粒

区间沿线主要途经地表水系有羊大河，地下水主要赋存在第四系砂层，该层部分为潜水，根据勘察文件，潜水层与地表水系（羊大河）有直接的水力联系，河涌水位跟两岸地下水稳定水位相当，说明河涌与两岸地下水存在相互补给和排泄关系。涨潮时，河涌水对地下水进行补给；退潮时，河涌成为地下水排泄通道。

二、监测点布设及监测频率

每 10 ~ 15 m 间距布点设一横断面，沿纵向每 10 m 埋设一个中线测点，临近重要建（构）物结合其测点布置适当加密监测断面或测点。图 8.31 为盾构区间地表沉降点布设示意图。

针对浅覆土软土地质，对地表沉降应适当加密布点间距，此处按 10 ~ 15 m 间距布点，建筑物按每栋建筑转角位置布设监测点，在掘进过程中加密监测频率，按 2 次/d ~ 3 次/d 进行加密监测，及时反馈现场地表及周边建筑物的变形监测数据。图 8.32 荔村站—伦教站区间浅覆土掘进段地表及建筑物监测布点图。

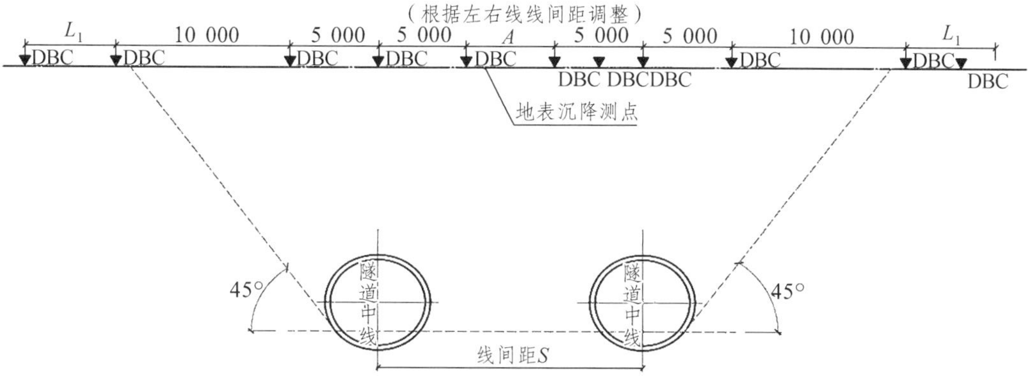

图 8.31　盾构区间地表沉降点布置示意图

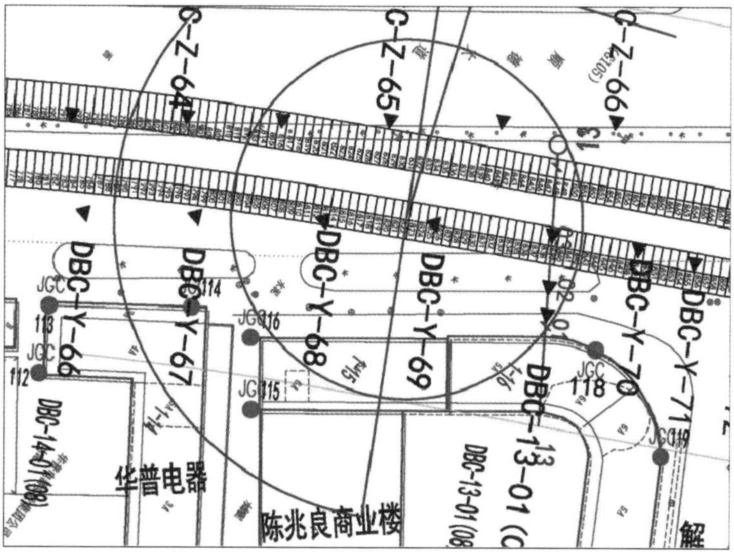

图 8.32　荔村站—伦教站区间浅覆土掘进段地表及建筑物监测布点图

三、浅覆土盾构掘进风险识别及应对措施

（一）工程自身风险

荔—伦区间该浅覆土段埋深仅为 5 ~ 8 m，且上部均为自稳性较差的淤泥质粉细砂层及填土层，由于盾构机上覆土层较薄，在盾构掘进过程中，造成作用在开挖面上的最小与最大极限土压力之间的变化范围减小，故控制开挖面前方土体过大隆起和沉降变形所需要的盾构挤压力变化幅度也减小，使得开挖面的稳定性不易控制。掌子面稳定性极大程度取决于盾构机土仓压力，压力设定过大，极易造成土体隆起，设定过小，又容易引起刀盘掌子面坍塌，造成地面沉降。另外，由于覆土较浅，开挖洞体上部土压较小，盾构及成型管片可能发生上飘现象，盾构机及管片姿态不好控制。

（二）周边环境风险

该浅覆土段上部地表为交通要道顺德大道，顺德大道地面交通繁忙，盾构影响范围内地表任何微小的隆沉均有可能影响地面行车安全，若因盾构掘进影响产生路面塌陷则会产生严重的社会影响，故顺德大道为该浅覆土施工段主要环境风险源。区间右线存在陈兆良商业楼和华普电器两栋建筑物，陈兆良商业楼距离区间右线 15 m，华普电器距离区间右线 12 m，盾构掘进期间周边建构筑物可能出现隆沉、倾斜等。建筑物的沉降变形极大程度取决于建筑物的基础形式，对于天然基础或浅基础受土体沉降影响较大，而桩基础由于基础深埋于地下，受浅部土层的隆沉影响较小，其中端沉桩由于落底于稳固的岩层，抗变形能力较好。

该区间浅覆土段附近地下管线主要有一根 Φ1 200 混凝土污水管，埋深 7.82 m，离浅覆土段平面距离约 41 m。

表 8.9 为荔村站—伦教站区间浅覆土盾构掘进主要风险源统计表。

表 8.9 荔村站—伦教站区间浅覆土盾构掘进主要风险源统计表

序号	风险源类别	风险源名称	风险等级	监测目的
1	自身风险源	荔—伦区间浅覆土段盾构掘进施工	Ⅰ级	上部土体沉降变形
2	环境风险源	盾构下穿顺德大道	Ⅲ级	路面沉降变形
3		盾构侧穿陈兆良商业楼	Ⅲ级	房屋沉降、倾斜、开裂
4		盾构侧穿华普电器大楼	Ⅲ级	房屋沉降、倾斜、开裂
5		盾构侧穿污水管	Ⅲ级	管线沉降、开裂

四、监测数据分析

荔—伦区间右线盾构于 2020 年 6 月 18 日至 28 日期间穿越浅覆土段，穿越地层主要为<2-2>淤泥质粉细砂层，图 8.33 为区间右线浅覆土段（右线第 798 环 ~ 849 环）地表沉降变形曲线。由各监测点沉降曲线可看出，在盾构掘进过程，地面各监测点（DBCY-65 ~ DBCY70）均出现不同程度的隆起变形，穿越前监测数据均在 5 mm 以内，穿越过程中普遍上抬 10 ~ 30 mm，且随着刀盘的推进依次出现有规律的隆起，掌子面到达前方 5 m，前方土体便产生隆起，随着掌子面掘进通过后，地表隆起又逐渐出现回沉。

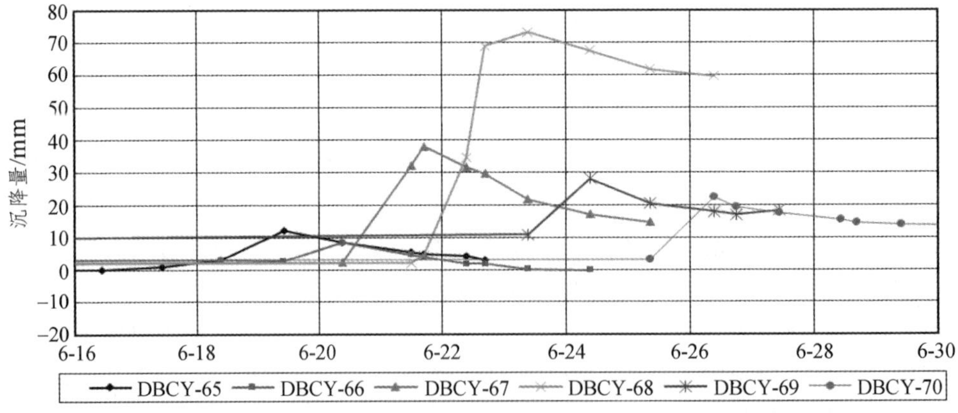

图 8.33 区间右线浅覆土段地表沉降曲线图

由 DBCY-68 点位的地表沉降曲线图可知，2020 年 6 月 20 日—6 月 24 日盾构下穿期间，地面急剧隆起。其中变形最为显著的是 DBCY-68 点于 6 月 23 日隆起 64.67 mm，主要原因为该段盾构上方覆土仅为 7 m 左右，且上覆土层为淤泥质粉细砂和粉质黏土，土层灵敏度高，受开挖扰动后强度下降显著，自稳性差，且土层层厚较薄，无法形成稳固有效的拱效应。且因盾构处于 V 形坡上坡段，随着盾构掘进覆土厚度逐渐减少，上覆土层重度急剧减小，小于下部土仓压力，从而出现上抬隆起。且由图可知，盾构机在下穿前，掌子面前方便产生了隆起。

图 8.34 为浅覆土段周边建筑物沉降变形曲线图。周边建筑物陈兆良商业楼及华普电器商业楼沉降监测较为稳定，主要原因为两栋建筑物距离盾构区间右线较远，受施工影响较小，且房屋基础形式均为桩基础，端承于稳固的岩层上，桩体抗变形能力较好。

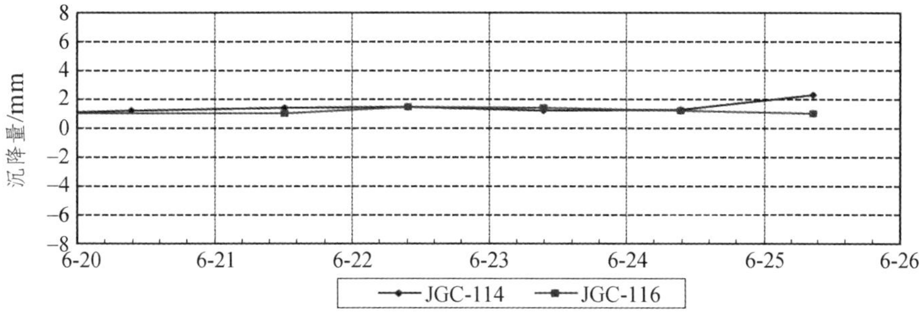

图 8.34　陈兆良商业楼及华普电器商业楼建筑物沉降变形曲线图

为防止超方与纠偏需求及地表顺德大道出现地面塌陷，盾构在掘进中保持了较高的土压（0.12 MPa），土仓压力显著高于掌子面水土压力。出现地面隆起现象后，通过预警分析，得出主要原因为土仓压力设定过高，现场立即降低了设定的土仓压力，由原 0.12 MPa 调整至 0.08 MPa。随着仓压的调整，地表隆起变形得到有效控制，地面开始出现回沉。可见浅覆土段盾构施工土仓压力控制尤为重要，一般经验设定为土仓压力=上部土压+0.02 MPa。土仓压力高于设计压力值，易出现地面隆起；土仓压力低于设计压力值，易出现地面沉降。

盾构穿越浅覆土段，应及时做好同步注浆，既要确保注浆饱满又不能过量，注浆量一般控制在 6 ~ 7 m^3 为宜。同步注浆量不足，易出现地表沉降；为保护成型管片及防止过量注浆，同步注浆压力宜小于 0.5 MPa，注浆压力过大易出现地表隆起。为减小浅覆土段穿越后出现过量沉降，盾构掘进完成后现场应及时进行二次注浆，确保盾尾脱出管片后的间隙能得到及时的补充，防止盾构穿越后出现过量沉降。盾构穿越浅覆土段适当降低掘进速度，均衡施工，掘进速度控制在 10 ~ 30 mm/min，防止刀盘、盾体对土层产生过度扰动，同时可让填充的浆液有充足的时间凝固，确保管片脱出盾尾时有足够的支撑力，防止管片变形，从而引起地层工后变形。

五、小　结

荔村站—伦教站区间浅覆土段盾构掘进施工期间，由于浅覆土段地层埋深小、土层自稳定性差、土仓压力控制不当等原因导致地表普遍出现 10 ~ 30 mm 隆起变形，其中 DBCY-68 地表点单日隆起 64.67 mm，变形最为显著。浅覆土段掘进刀盘掌子面前方 5 m 的土层在仓压作用下会先行产生隆起变形，随着掌子面通过时变形最为显著，通过后又逐渐出现回沉。本工程浅覆土段上覆土层为淤泥质粉细砂和粉质黏土，土层灵敏度高，受开挖扰动后强度下降显著，自稳性差，且土层层厚较薄，无法形成稳固有效的拱效应，随着盾构掘进覆土厚度的逐渐减少，上覆土层重度急剧减小，小于下部土仓压力，从而出现上抬隆起。针对类似情况建议采取以下措施：

（1）盾构施工前应做好详尽的风险源识别及分析，针对具体的风险源制定相应的预控措施。掘进过程中须严格控制盾构的土仓压力及掘进速度，建议土仓压力=上部土压+0.02 MPa，掘进速度控制在 10 ~ 30 mm/min，以减少对土体的扰动，防止土体出现显著的沉降和隆起。

（2）浅覆土掘进段因地表隆沉受土仓压力、同步注浆量影响较为敏感，监测布点时应适当加密布点间距，并加密监测频率，以期更精准地捕捉地表变形，以指导施工及时调整掘进参数，确保盾构顺利掘进。

（3）当建筑物距离隧道开挖面较近，施工前可考虑对覆土较浅处地表的建筑物基础进行加固，通过预埋斜向袖阀管对建筑物基地进行加固，确保盾构通过时地表建筑物的稳定。掘进过程中建筑物除沉降监测外，亦可增加倾斜监测。

第四节　盾构掘进过程中地表沉降监测与控制技术探讨

从大量的工程实践中可知，盾构施工引起的地层变形仍不可避免，而较大的地层变形必然会危及地面建筑物和地下管线等各类设施的安全，因此必须严格控制盾构掘进过程中地表的沉降量。一般来讲，引起地层位移的直接原因是在施工过程中引起的地层损失、地层原始应力状态的改变、土体的固结及土体的蠕变效应、衬砌结构的变形等。本节以三号线工程罗村站—佛山西站盾构区间为例，基于整个盾构施工过程中地表沉降监测数据的变化情况，结合周边环境因素及施工因素，分析发生地表沉降变形的原因，并提出控制地表沉降变形的建议。

一、工程概况

罗村站至佛山西站盾构区间采用外径为 6 m 的盾构管片，隧道设计均为双线圆形隧道，右线总长 2 023.170 m，左线总长 2 042.961 m（图 8.35）。区间从罗村站出发，沿着规划的机场路西沿线敷设，首先需穿越一段有 9.26 m 高差的陡坡，侧穿罗村彭建村 7 座民房，然后经过一片农田，下穿、侧穿一片芦塘村民房，再下穿一片芦塘村厂房，最后到达佛山西站。罗村站、佛山西站均为地下两层站，区间自罗村站至佛山西站的线路纵断面呈“V”字形形式，线路出罗村站后以先下坡后上坡走向到佛山西站，线路轨面埋深 6.11 ~ 25.03 m，隧道现状覆土埋深 1.29 ~ 20.21 m。隧道穿越土层主要为<7-2>泥质粉砂岩强风化带、<8-2>泥质粉砂岩中风化带、<6>全风化碎屑岩，局部地区穿越<5N-2>残积粉质黏土、<3-2>中粗砂层、<4-2B>淤泥质土。本区间盾构机选用土压平衡式盾构机。

本区间场地地貌属残丘地貌，线路地面标高在 0.87 ~ 18.25 m，总体地貌稍起伏。场地西部为堆土场，大量土方堆积于此，场地东部为鱼塘，标高为 1.55 ~ 10.00 m。地表土层为堆土及素填土，下伏基岩为泥质粉砂层。场地内岩土层分为人工填土层、粉质黏土、淤泥、淤泥质土、中粗砂层、全风化碎屑岩、强风化泥质粉砂岩、中风化粗砂岩等，详见图 8.36、表 8.10。

图 8.35　罗村站—佛山西站区间线路平面图

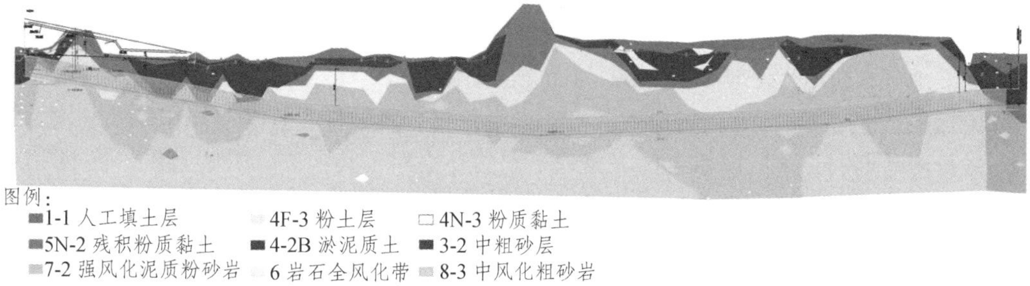

图 8.36　罗村站—佛山西站区间地质纵断面图

表 8.10　罗村站—佛山西站区间土层分层及物理特性

土层序号	土层名称	层厚/m	层顶埋深	层底埋深/m	特　性
1-1	人工填土层	0.40～5.90	—	0.40～5.90	灰色、灰黄色、黄褐色、灰褐色等，松散—稍压实，稍湿，主要由黏性土、砂组成，含少量碎石。填土大多为近代人工堆填，基本上未完成自重固结
4F-3	粉土层	1.00～3.60	0.80～11.80	3.10～13.50	黄褐色，密实，稍湿—湿，以粉、黏粒为主，含较多砂粒，韧性差，干强度中等
4N-3	粉质黏土	0.70～8.00	0.00～11.30	2.70～13.30	黄褐色、棕红色，硬塑—坚硬状，以粉、黏粒为主，局部含较多砂粒，韧性差
4-2B	淤泥质土	0.90～10.80	0.00～11.00	1.40～13.30	灰黑色、深灰色，流塑，主要由黏粒、粉粒组成，土质较均匀，黏滑，含有机质，局部含砂粒，部分夹朽木
5N-2	残积粉质黏土	0.60～19.20	0.00～16.00	1.00～19.20	红褐色、棕红色、黄褐色，硬塑—坚硬，干强度和韧性高，含石英砂粒，遇水易软化，为下伏基岩风化残积而成
3-2	中粗砂层	0.50～4.50	0.00～14.00	0.60～16.10	灰黄色、黄褐色、灰色、灰白色，饱和，稍密—中密状，级配良好，成分主要为石英颗粒，含少量黏粒

续表

土层序号	土层名称	层厚/m	层顶埋深	层底埋深/m	特性
6	全风化泥岩、砂岩	0.50～12.50	0.00～24.40	3.60～28.00	棕红色、黄褐色、灰褐色、灰色等，风化剧烈，原岩结构基本破坏，但呈坚硬土状，岩芯浸水软化易散
7-2	强风化泥质粉砂岩	0.50～25.40	2.50～44.60	9.70～48.00	棕红色、黄褐色、灰褐色，岩石风化强烈，原岩组织结构大部分破坏，节理裂隙发育，呈半岩半土状，局部呈碎块状，浸水软化易散
8-3	中风化粗砂岩	0.80～7.12	13.00～47.20	15.30～49.23	黄褐色、棕红色、灰色，砂状结构，层状构造，泥钙质胶结，局部夹砾，砾径以 5～15 mm 为主，最大 20 mm，裂隙较发育，岩质较软

本区间需下穿河涌，河涌水深一般 0.50～1.50 m，线路下穿池塘，地表水体流量受季节影响较大，丰水季节流量较大，枯水季节则水量较小。线路范围内地表水稍发育，河涌底下多为黏性土或软土，与地下水水力联系较小。场地属于残丘地貌，地势稍有起伏，地下水位有一定波动。地下水初见水位埋深为 0.00～4.30 m（标高-1.45～8.57 m），稳定水位埋深为 0.00～4.60 m（标高-1.65～8.47 m）。场地地下水动态变化具有季节性，主要受降雨季节支配，每年4—10 月份雨季期间，大气降水丰沛，是地下水的补给期，其水位会明显上升，而 11 月—次年 3 月为地下水的消耗期，地下水位随之下降，年变化幅度一般为 2.50～3.00 m。

二、监测点布设

图 8.37 为盾构区间地表监测点布设横断面示意图。

（1）纵向沿隧道轴线上方地表设置地表监测点，由始发井开始，始发和到达井 100 m 范围内测点间距 10 m，其他范围每 20 m 设 1 个测点。

（2）横向断面布置在距始发井、到达井 50～100 m，联络通道位置处、其余位置间隔约 100 m。一般在地铁结构两侧 30 m 范围内布设，每个横断面布置 11 个测点，依据近密远疏的原则布置。

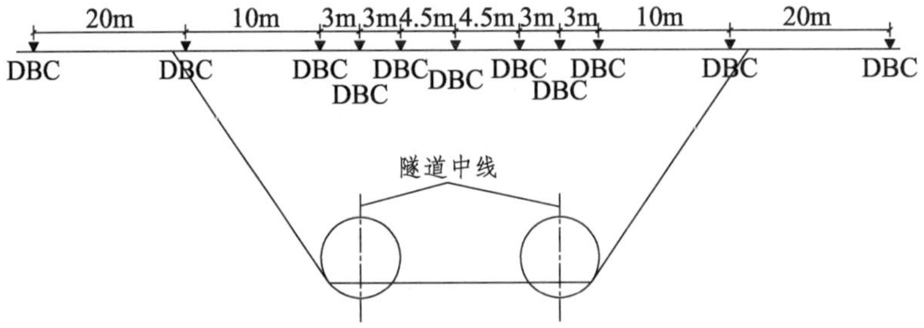

图 8.37　盾构区间地表监测点布设横断面示意图

三、地表沉降数据分析

（一）纵向地表沉降分析

罗—佛区间右线盾构于 2019 年 10 月 12 日始发，左线盾构于 2019 年 12 月 6 日始发，盾构掘进过程中各区域轴线上方地表沉降曲线如图 8.38、图 8.39 所示。

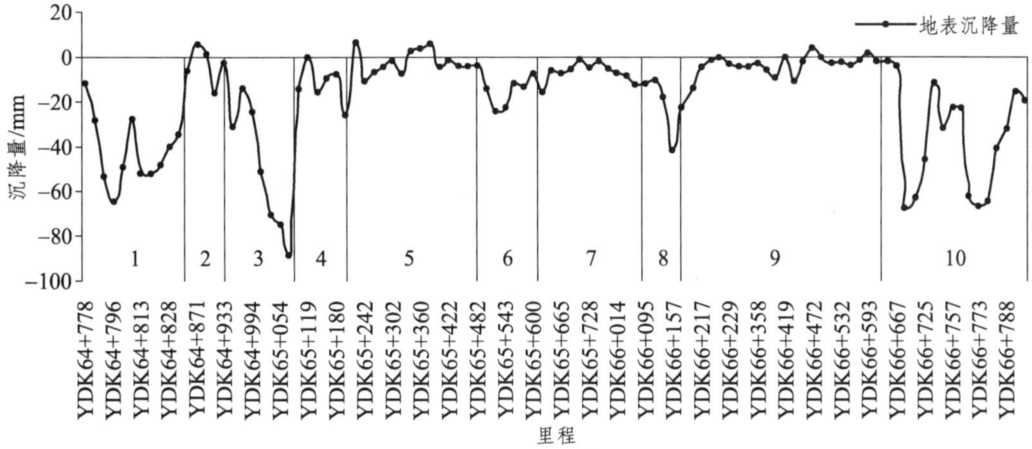

图 8.38　罗—佛区间右线隧道轴线地表降沉曲线图

图中：

1—始发端，表层为盾构始发之前重新回填的人工填土，层厚最大处约 8 m，盾构机位于淤泥质地层及粉质黏土层。

2—上层覆土多为粉质黏土及全风化泥岩、砂岩，盾构机位于岩石全风化带、强风化泥质粉砂岩。

3—表层为盾构始发之前重新回填的人工填土，层厚最大处约 5 m，中部覆土多为粉质黏土及淤泥，盾构机位于淤泥质地层、残积粉质黏土、砂层及全风化带。

4—上层覆土多为淤泥层，盾构机位于砂层、岩石全风化带及强风化泥质粉砂岩。

5—上层覆土多为粉质黏土、全风化及强风化带，盾构机位于岩石全风化带、强风化泥质粉砂岩及中风化粗砂岩。

6—上层覆土多为淤泥，盾构机位于强风化泥质粉砂岩及中风化粗砂岩。

7—上层覆土多为粉质黏土、全风化及强风化带，盾构机位于强风化带。

8—上层覆土存在淤泥层，盾构机位于岩石强风化带。

9—上层覆土多为粉质黏土、全风化及强风化带，盾构机位于强风化及中风化带。

10—接近到达端，下穿河涌，上覆厚实淤泥层，盾构机位于淤泥层。

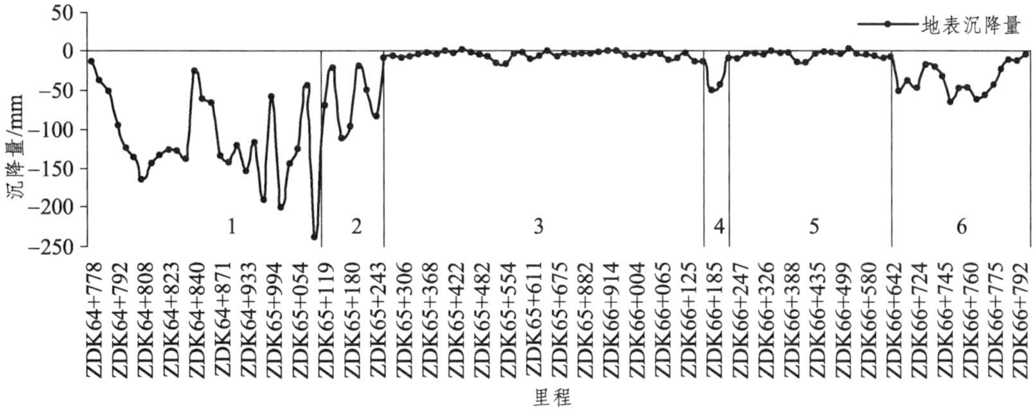

图 8.39　罗—佛区间左线隧道轴线地表降沉曲线图

图中：

1—始发端，表层为盾构始发之前重新回填的人工填土，层厚最大处约 8 m；盾构机位于粉质黏土层、淤泥层及砂层中。

2—上层覆土多为厚实淤泥，盾构机位于砂层、粉质黏土层及少许强风化带。

3—上层覆土多为粉质黏土、全风化带及强风化带，盾构机位于岩石全风化带、强风化泥质粉砂岩及中风化粗砂岩。

4—上层覆土存在淤泥层，盾构机位于岩石强风化带。

5—上层覆土多为粉质黏土、全风化及强风化带，盾构机位于强风化及中风化带。

6—接近到达端，下穿河涌，上覆厚实淤泥层，盾构机位于淤泥层。

对以上实测沉降曲线分析可以得出：

（1）罗—佛区间盾构掘进时，在图 8.38 中 2、5、7、9 区域与图 8.39 中 3、5 区域，即当盾构机穿越岩石全风化带、强风化泥质粉砂岩时，若上层覆土主要以粉质黏土、全风化及强风化带，在上层覆土不存在淤泥层、砂层及未压实的人工回填土的情况下，地表沉降控制效果较好，绝大多数沉降基本控制-20 mm 以内，其中右线地表最大沉降-16.1 mm，位于 YDK64+913 处，左线地表最大沉降-18.2 mm，位于 ZDK65+554 处。

（2）盾构始发端和到达端地表沉降较大，尤其是在盾构始发前施工单位重新进行回填的区域地表沉降尤为明显，如图 8.38 中 1、3、10 区域与图 8.39 中 1、6 区域所示。右线始发区域在盾构机穿越上覆回填土时，右线地表最大沉降达-88.9 mm，位于 YDK65+077 处；左线地表最大沉降达-238 mm，位于 ZDK65+098 处。对于该区域地表沉降变形的原因初步分析有以下几点：

① 盾构在始发和到达时，上层原状土变薄，上层覆土主要以回填土以及淤泥为主，且盾构机穿越的区域又为粉质黏土层、淤泥层及砂层，回填土的压实度不足以及淤泥质土的高流塑性使得在盾构掘进过程中极易产生地层的损失，引起地表沉降。

② 盾构始发到达阶段，土仓压力处于不断调整阶段，始发时土压在逐渐增大，到达时土压则减小。在土压调整过程中，未能建立真正意义上的土压平衡，因而引起部分地层损失，使地面沉降较大。尤其是右线盾构始发掘进时尚处于摸索阶段，掘进参数设置不尽合理易引起一定的地层沉降。在正常掘进段，盾构掘进时基本建立了土压平衡，盾构其他掘进参数在监测的反馈指导下设置较好，地面沉降得以有效控制。

③ 端头土体加固对控制地表沉降变形影响较明显。土体加固方案、加固范围、效果等对始发和到达端的地层沉降影响大，本区间在始发端及到达端 10 m 范围内采用一排 800@600 双管旋喷桩+直径 800@600 单轴搅拌桩进行了加固。从监测结果看，位于加固区域的第一个及最后一个地表监测点沉降控制较好，由于地层经加固处理后，地层强度、止水性、均匀性、整体稳定性都有改善，使得盾构掘进时其加固区内的沉降较小，沉降量控制在-4.7 ~ -19.3 mm，变形远小于非加固区域。

④ 盾构上方若为富水软弱地层，例如软流塑淤泥质土，则盾构掘进引起的地表沉降量较明显。如图 8.38 中 4、6、8 区域与图 8.39 中 2、4 区域，上述区域盾构上方均存在软流塑淤泥质，在盾构掘进过程中对地层的扰动相对较大，且该地层后期固结沉降稳定时间长。其中：右线地表最大沉降达-42.0 mm，位于 YDK66+157 处；左线地表最大沉降达-111.2 mm，位于 ZDK65+158 处。

（二）地表沉降发展过程分析

将盾构机下穿不同地层时引起的地表变形分为 5 个阶段，分别是先行沉降、开挖面前的隆沉、通过沉降、盾尾空隙沉降、后期沉降，如图 8.40 所示。

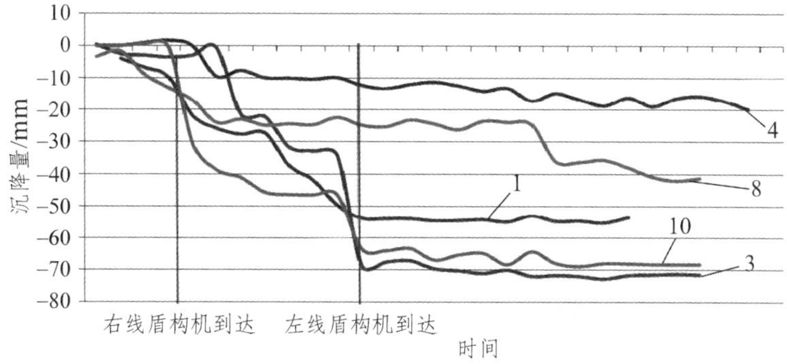

图 8.40　盾构隧道施工地层变位规律图

（图中 1、3、4、8、10 表示的地层情况与图 8.38 中相同编号地层一致）

（1）先行沉降，指自开挖面距地表监测点还有一定距离（约 30 m）时，直到开挖面到达监测点之前所产生的沉降，是随着盾构掘进因地下水水位降低而产生的，是由地基有效上覆土厚度增加而产生的压缩、固结沉降。本区间先行沉降不明显，沉降变形在-10 mm 以内。

（2）开挖面前的隆沉，指自开挖面接近地表监测点时起直至开挖面位于监测点正下方之间所产生的隆沉现象，多由于开挖面的崩塌、盾构机的推力过大等所引起的开挖面土压力失衡所致，是由土体应力释放或盾构反向土仓压力引起的地基塑性变形。隆沉大小主要与盾构正面压力平衡状态有关。盾构土仓内压力小于土体正面压力时，盾构开挖产生地层损失，盾构上方地面会出现沉降；相反，当土仓内压力高于土体正面压力，则盾构上方地面会出现升隆现象。由图 8.40 可见，当盾构机到达地表监测点位置下方时极易产生较为明显的沉降，最大沉降值可达-20 mm。

（3）通过沉降。由图 8.40 可见，在开挖面到达监测点的正下方之后直到盾构机尾部通过监测点期间地表沉降变形在进一步加剧，分析原因主要是土的扰动和由盾构掘进直径与盾构直径差引起土体应力释放所致。

（4）盾尾空隙沉降，指盾构机的尾部通过观测点的正下方之后所产生的沉降。是盾尾空隙的土体应力释放所引起的弹塑性变形，沉降大小与盾尾同步注浆压力、浆液充填率密切相关，充填较理想时，沉降就小，反之就大。

（5）后期沉降，指固结和蠕变残余变形，主要是地基扰动所致。

由图 8.40 可知，在盾构上方以淤泥层及回填土为主的区域自盾构机到达开始，其开挖面的隆沉、通过沉降、盾尾空隙沉降以及后期沉降均不可避免，自盾构机达到开始地表即发生较为明显的沉降变形，同时在右线先行通过后，待左线盾构机再次侧穿该区域时仍然会引起较为明显的地表沉降变形。各阶段沉降除与地层有重要关联外，盾构掘进参数对其有重要影响，关键需控制开挖面的隆沉、通过沉降、盾尾空隙这三个阶段，要做好土仓内的压力控制以及盾尾间隙注浆的及时性和充填率。

（三）地表沉降的横向沉陷槽和影响范围分析

不同地层中盾构掘进时地面隆沉横向沉陷槽和影响范围见图 8.41。

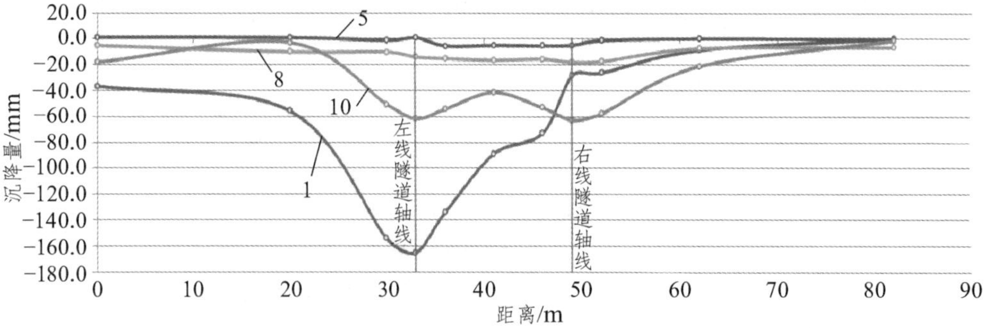

图 8.41　不同地层的地表横向沉降槽曲线图

（图中 1、5、8、10 表示的地层情况与图 8.4 中相同编号地层一致）

实测地表沉降槽曲线表明：

（1）地层条件是判断盾构掘进对地层影响程度的关键，在自稳性好的地层中，盾构掘进对地表影响小，反之则相反。图 8.41 中，各沉降槽相对深度和曲线曲率从大到小依次为未压实回填土、淤泥质土、粉质黏土。

（2）对于非未压实回填土区域，盾构掘进主要影响区域在隧道轴线两侧 3 m 范围内，沉降槽曲线基本沿隧道轴线点呈典型的正态分布，在轴线处以及轴线 3 m 以内（即洞径范围以内）的沉降值最大，淤泥质土层、粉质黏土层分别为−165.4 mm、−62.6 mm、−5.5 mm；但对于未压实回填土的区域主要影响区单侧范围已超过 30 m，30 m 处仍可达到−36.5 mm 的变形量。对于非回填区域，轴线 3～13 m 为次要沉降区，距轴线 13 m 处的沉降依次为−21 mm、0.1 mm，未超过最大沉降量的 34%；距轴线 23 m 外的−18 mm、−0.3 mm，可见在上覆淤泥质及未压实回填土区域，盾构掘进对地层变形的影响范围已超过盾构外边线 30 m，上覆粉质黏土层区域影响范围在 30 m 之内即可得到控制。

（四）地表沉降与掘进参数的关系

优化盾构掘进参数是控制地层沉降变形的关键因素之一，配置合适的土压力、掘进速度、同步注浆量及注浆压力、出渣量等掘进参数都是控制地层沉降的重要手段。随着盾构的推进，在盾壳外径与管片外径之间会产生建筑空隙，建筑空隙的充分充填和及时充填是减少地表沉降的关键环节，需要通过及时对建筑空隙进行同步注浆，并控制好注浆压力与注浆量。而保持渣土的排出量与掘进的挖掘量相匹配，以此获得稳定而合适的支撑压力值是使盾构机处于最佳状态的重要手段。由于本次未能收集每一环管片拼装时真实有效的同步注浆量、注浆压力以及出渣量，因此不对上述参数进行比对分析。

在盾构掘进中，保持土仓压力与作业面压力平衡是防止地表沉降、保证建筑物安全的一个很重要的因素，土仓压力应能与地层土压力和静水压力相抗衡。土仓压力的调整需根据掘进过程中地质、埋深及地表沉降监测信息，通过维持开挖土量与排土量的平衡来实现。可通过设定掘进速度、调整排土量或设定排土量、调整掘进速度等方式来进行土仓压力调整。罗佛区间隧道轴线地表沉降和盾构土仓上部压力的关系见图 8.42、图 8.43 所示。隧道轴线地表沉降和盾构掘进速度的关系见图 8.44、图 8.45 所示。罗佛区间隧道轴线地表隆沉与推力关系见图 8.46、图 8.47 所示。

通过对比地表沉降和盾构土仓压力以及掘进速度的关系得，罗佛区间在整个盾构掘进过程中，土压力调整量并不明显，说明地表的沉降变形主要仍然受地层影响所致，未能通过适当的调整土压力及掘进速度等掘进参数更好地控制地表沉降变形。但当盾构上方覆土多为粉质黏土、全风化带及强风化带为主的情况下，且盾构机穿越岩石全风化带、强风化泥质粉砂岩及中风化粗砂岩时，更大的推力对控制地表沉降起到了更好的效果。

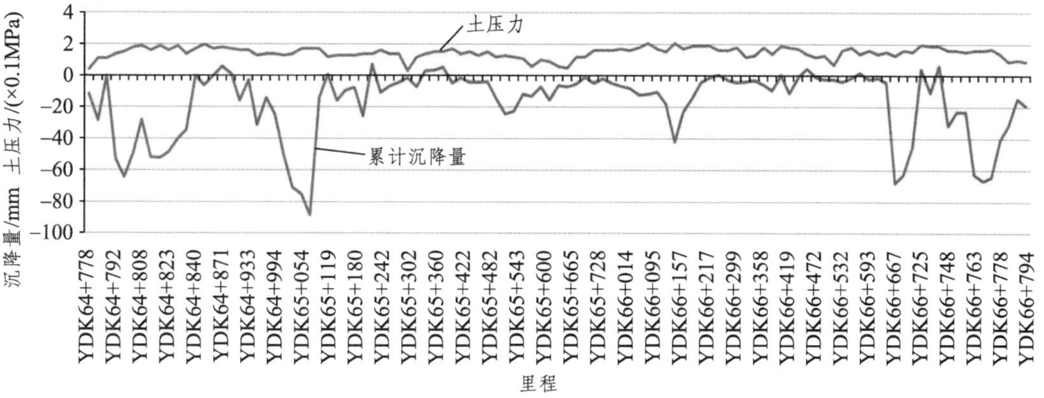

图 8.42　罗—佛区间隧道右线轴线地表隆沉与土仓压力关系曲线图

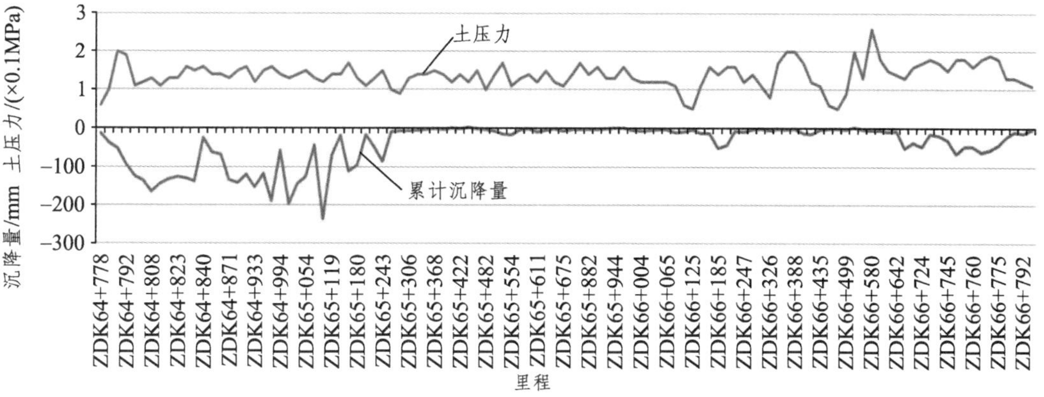

图 8.43　罗—佛区间隧道左线轴线地表隆沉与土仓压力关系曲线图

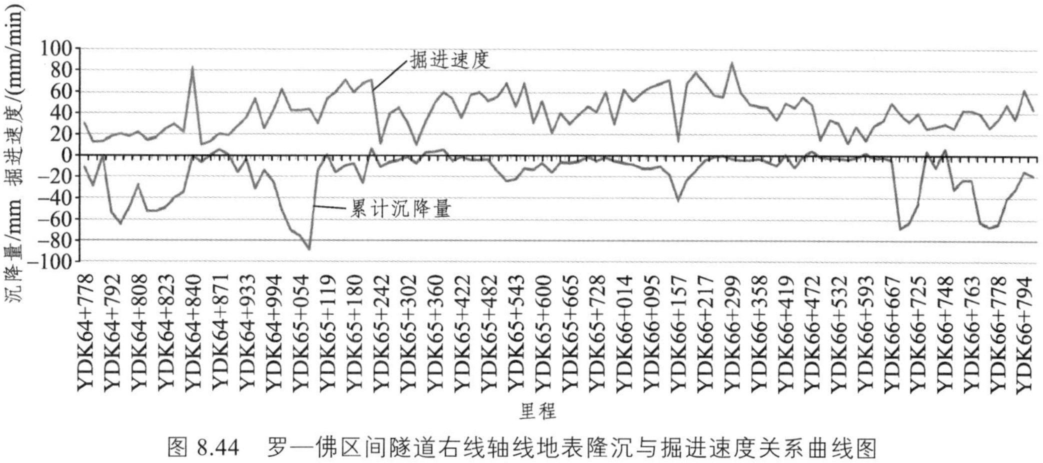

图 8.44　罗—佛区间隧道右线轴线地表隆沉与掘进速度关系曲线图

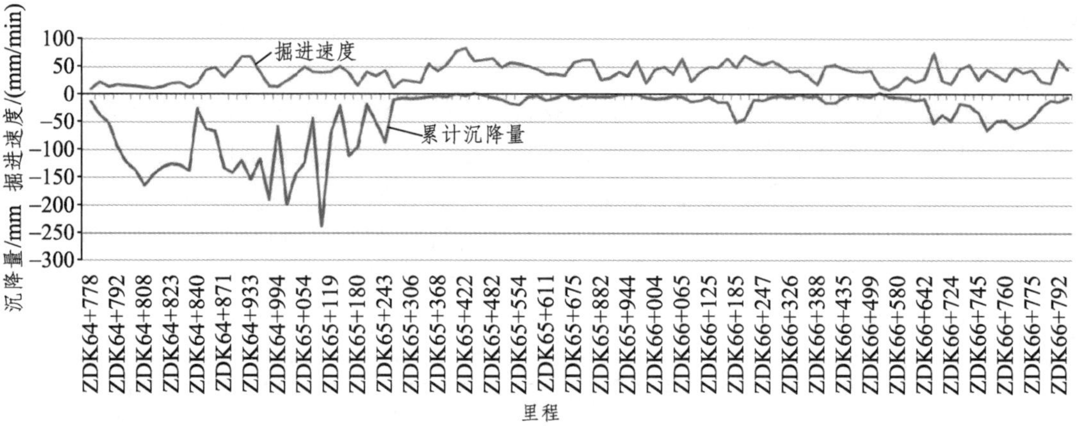

图 8.45 罗—佛区间隧道左线轴线地表降沉与掘进速度关系曲线图

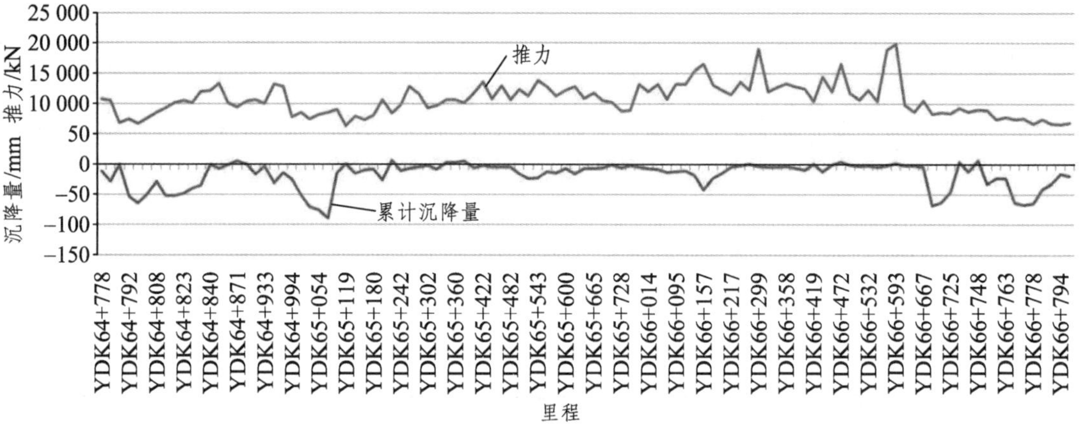

图 8.46 罗—佛区间隧道右线轴线地表降沉与推力关系曲线图

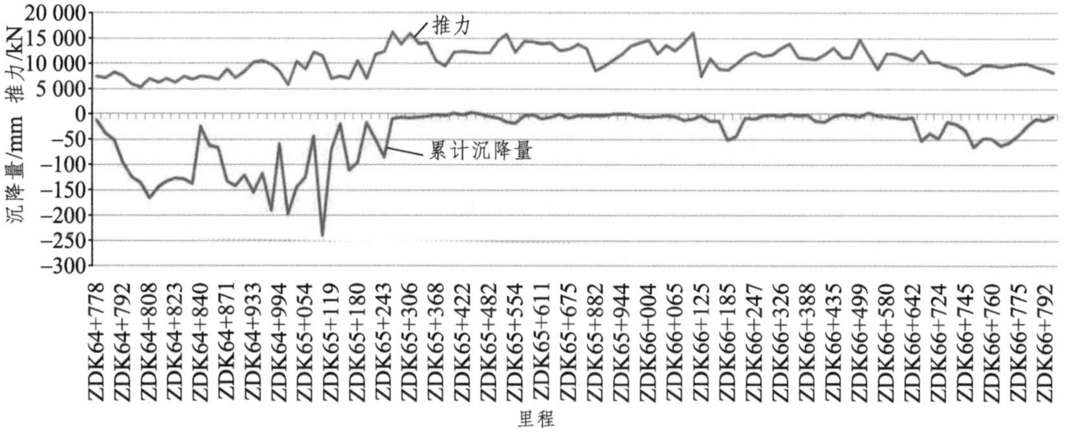

图 8.47 罗—佛区间隧道左线轴线地表降沉与推力关系曲线图

四、地表沉降的影响因素

地表沉降变形的直接原因为盾构掘进引起地层损失以及盾构隧道受扰动或受剪切破坏的重塑土的再固结。将影响地面沉降的因素分为环境因素及施工因素两部分，其中：

（1）环境因素包括隧道介质种类、隧道埋深、隧道上部荷载、土体性质等，盾构法施工地面沉陷槽宽度主要取决于最接近隧道拱顶的那一层土的状况，如果隧道完全位于地下水位下，那么紧挨隧道上方的承压水土层对沉陷槽有重大影响。隧道埋深、隧道上方的竖直压力以及土体的压缩性、强度性质对地层位移均有重大影响。由于盾构在始发端和达到端掘进时隧道埋深较浅，通过监测数据可得盾构在穿越隧道浅埋区域以及上方覆土含未压实回填土、淤泥质及砂层时，地表沉降变形均较为明显。

（2）盾构施工因素则包括：开挖面土压是否不平衡，盾构推力及掘进速度是否合适，盾构机姿态控制是否良好，盾构尾部空隙控制效果，回填注浆是否充足、及时，衬砌管片拼装质量是否完善等。上述因素如未能控制好极有可能发生以下几种不良情况：

① 开挖面土体移动。盾构掘进时，开挖面土体受到的水平支护应力小于原始侧向应力，则开挖面土体向盾构内移动，引起地层损失而导致盾构上方地面沉降。当盾构推进时，如作用在正面土体的推应力大于原始侧向应力，则正面土体向上向前移动，引起负地层损失而导致盾构上方地面隆起。

② 盾构后退。在盾构暂停推进时，由于盾构推进千斤顶漏油回缩可能引起盾构后退，使开挖面土体坍落或松动，造成地层损失。

③ 土体挤入盾尾空隙。由于向盾尾后面隧道空隙中压浆不及时，压浆量不足，压浆压力不适当，使盾尾后隧道周边土体失去原始平衡状态，而向盾尾空隙中移动，引起地层损失，尤其是在含水层不稳定地层中尤为明显。

④ 改变推进方向，盾构在曲线推进、纠偏、抬头或叩头推进过程中，实际开挖断面不是圆形而是椭圆，因此引起地层损失。

⑤ 如推进的盾构外周粘附一层黏土时，盾尾后隧道外周环形空隙会有较大量的增加，如不相应增加压浆量，地层损失必然大量增加。

⑥ 在土压力作用下，隧道管片产生的变形也会引起少量的地层损失。

五、小　结

通过对罗佛区间地表沉降监测数据分析可得：

（1）本区间在盾构掘进过程中，在始发端与到达端地表沉降控制效果较差，原因系始发端表层为盾构始发之前重新回填的人工填土，压实度不足；同时盾构机穿越粉质黏土层、淤泥层及砂层中，导致地层损失较大进而发生明显地表沉降变形；而到达端盾构穿越淤泥层且上方覆土同样为淤泥层，因此易发生明显地表沉降。当盾构穿越上方为粉质黏土、全风化带及强风化带区域时，地表沉降控制效果较好，说明地层条件是影响盾构掘进过程中地层变形的关键。在自稳性好的地层中，盾构掘进对地表影响小。因此为了减小盾构施工时由于地表沉降而对周边建构筑物发生扰动，建议对于压实度不足、淤泥层及砂层区域存在重要建构筑物的情况下进行一定的地层加固处理。

（2）在淤泥层及回填土区域，开挖面的隆沉、通过沉降、盾尾空隙沉降较为明显，因此在盾构掘进过程中需重点控制该阶段的地表沉降变形，做好掘进参数的优化调整，确保同步注浆及二次注浆的效果。

（3）盾构施工引起的地表横向沉陷槽呈正态曲线分布，各沉降槽相对深度和曲线曲率从大到小依次为未压实回填土、淤泥质土、粉质黏土。对于粉质黏土层等自稳性较好的区域，盾构掘进影响区域在隧道轴线两侧 13 m 范围内，但对于上覆淤泥质及未压实回填土区域，盾构掘进对地层变形的影响范围已超过盾构外边线 30 m。

（4）优化盾构掘进参数是控制地层沉降变形的关键，盾构掘进过程中需要配置合适的土压力、掘进速度、同步注浆量及注浆压力、出渣量等掘进参数以达到对地层沉降的良好控制效果。通过对比地表沉降和盾构土仓压力以及掘进速度的关系得，罗佛区间在整个盾构掘进过程中，土压力调整量并不明显，地表的沉降变形主要仍然受地层影响所致。但当盾构上方覆土多为粉质黏土、全风化带及强风化带为主，盾构机穿越岩石全风化带、强风化泥质粉砂岩及中风化粗砂岩时，更大的推力对控制地表沉降起到了更好的效果。

控制地表沉降变形建议措施：

（1）需要重点控制盾构穿越或穿越区域上方存在自稳性较差地层的地表沉降，如淤泥质土、砂层、压实度不足的回填土等，对于区域内存在重要建构筑物或重要管线的情况，可进行一定的地层加固。

（2）同步注浆时，注浆压力过大会引起地表有害隆起或破坏管片衬砌，注浆压力过小又达不到良好的注浆效果，因此合适的注浆压力是保证注浆效果的前提。同时应根据地质条件、地表沉降等及时调整、确定与推进速度相匹配的注浆速度，确保充填效果，以达到控制沉降的目的。

（3）必须设定合理的盾构掘进参数，建立起有效土压平衡，包括土仓压力、推进速度、推力、盾构姿态和同步注浆参数等。掘进参数的设定应根据不同地层、埋深及现场监测数据分析反馈的基础上确定，应确保同步注浆的浆液注入率和注浆的及时性，并及时跟进二次注浆。盾构施工过程中，尤其应注重控制开挖面前沉降、通过沉降、盾尾空隙沉降三阶段，通过优化掘进参数达到良好控制效果。

（4）需重点关注盾构始发及达到端地表沉降变形，良好的端头加固效果可有效控制端头区域的地表沉降,但实际作业中端头加固范围通常是有限的,例如罗佛区间仅加固端头前 10 m 范围。因此需要重点控制未加固区域的地表沉降，尤其是回填土区域必须进行良好的压实，在盾构始发前保证回填土具备足够的压实度以及先行自然沉降。

（5）做好外勤工作，保证注浆材料储备充足、渣土及时外运等，同时提高盾构掘进速度，快速掘进、防止人为机械设备故障、保持施工的均匀性和连续性，做好短期停等施工技术措施，以进一步控制地层沉降，确保重点、难点地段的安全。盾构短期停期间尽可能地采取保压措施，防止开挖面由于土压衰减而出现坍塌。

第五节　盾构始发穿越端头加固区的风险控制与监测分析

以三号线创意园站—驹荣北路站区间盾构施工为例，对土压平衡盾构机由端头加固区进入区间非加固区时引起的地表沉降数据结合施工参数进行分析，总结地表沉降发生的规律，提出合理化的风险控制建议。

一、工程概况

创意园站—驹荣北路站区间为盾构区间，右线起讫里程 YDK14+695.200 ~ YDK16+125.624，长 1 428.071 m，短链长 2.353。左线起讫里程为 ZDK14+695.200 ~ ZDK16+125.624，长 1 422.862 m，短链 7.562 m。区间采用盾构法施工。取左线始发进入区间 30 m 后的区段进行研究。

场地地层从上至下依次为<1-1>素填土、<2-1B>淤泥质土、<2-2>淤泥质粉细砂、<2-3>淤泥质中粗砂、<2-1B>淤泥质土、<3-2>中粗砂、<5H-2>硬塑状砂质黏性土、<6H>全风化花岗岩，盾构隧道主要在淤泥质中粗砂层<2-3>、淤泥质土层<2-1B>中掘进。图 8.48 为创驹区间始发段地质纵剖面图。

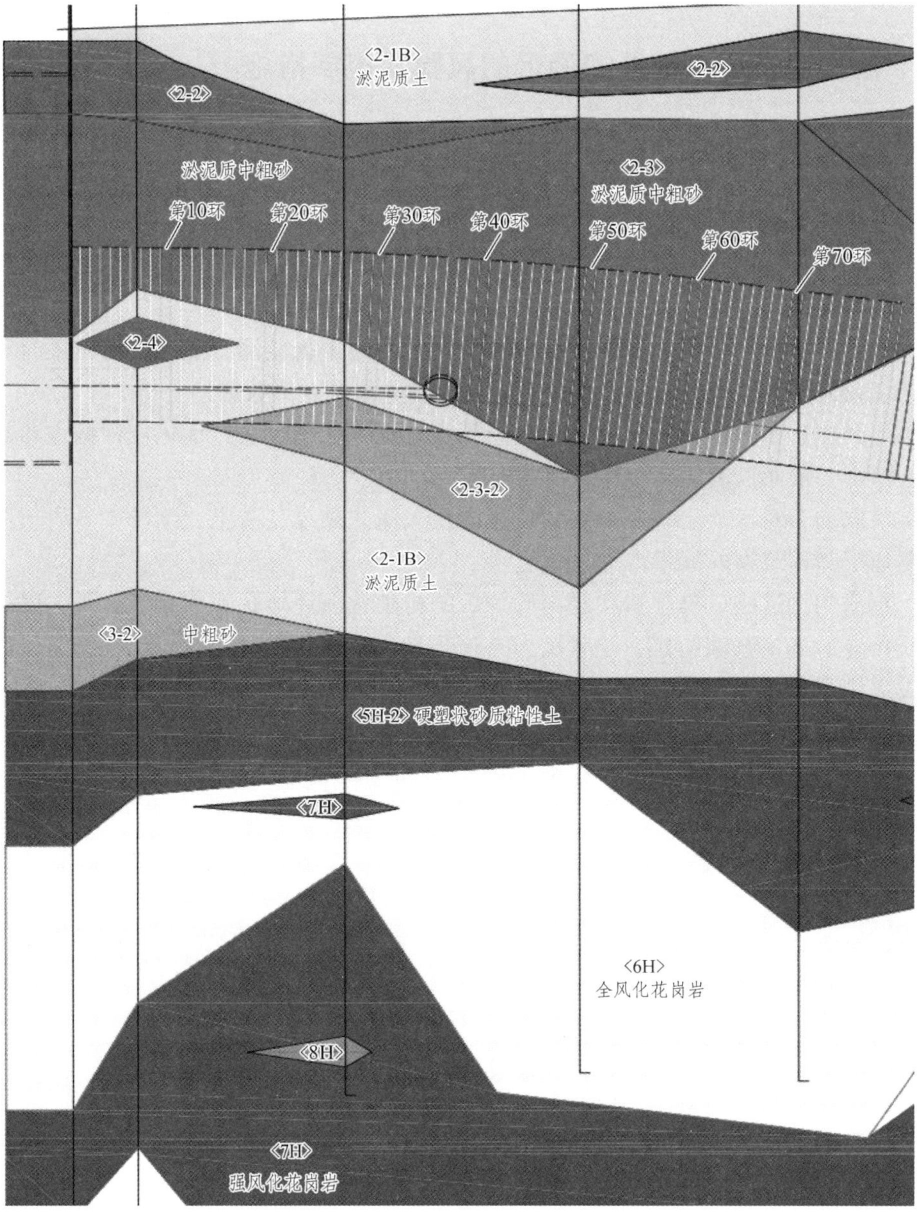

图 8.48　创驹区间始发段地质纵剖面图

场地地下水主要有两种类型：第一类是潜水；第二类是承压水。潜水主要为第四系孔隙水，是埋藏在第四纪松散沉积物孔隙中的地下水。根据钻探揭露，场地主要分布有：人工填土、软土、粉质黏土、淤泥质砂、冲洪积卵石层。软土含水率较高，但渗透性差，属微透水性地层；黏性土属弱—微透水层；淤泥质砂层厚度较大，具中等透水性，赋水性较强；冲洪积卵石则属强透水性地层，具赋水性强。总体上看，松散的填土层、淤泥质砂层、冲洪积卵石层为本场区的主要含水层，由于砂层厚度较大，赋水性较强，其第四系孔隙水的水量亦较大。

区内的基岩风化裂隙水主要赋存于岩石强、中风化带中，全风化岩及土状强风化带由于黏粒含量较高，其透水性相对较弱，赋水性差；基岩风化裂隙水埋藏较深，上覆隔水层，因此一般具承压。

二、盾构始发穿越端头加固区的风险及控制措施

盾构始发穿越端头加固区的过程中，由于盾构掘进由加固区进入非加固区，土层性质出现突变，由硬到软，盾构机土仓压力控制难度大，难以确保开挖面稳定，容易出现地表沉降过大，甚至局部塌陷。针对性的控制措施有以下几点：

（1）盾构机掘进前，掌握施工影响范围内的地面建筑物、地下管线、地下障碍物、地下设施等，必要时进行物探，对重要建筑物采取事前保护措施。

（2）建立严格的隧道沉降监测控制网，及时定期地进行监测，掌握隧道施工时和建成后对周围环境及对隧道本身的影响。注意对盾构前方监测点监测数据的分析。

（3）加强掘进参数的管理，尤其是土仓压力设定要合理，通过优化盾构掘进参数来保持开挖面的稳定，从而控制地层和建筑物的隆降。

（4）采取向刀盘面、土仓和螺旋输送机内注入泡沫来改良渣土，维持土仓内土压平衡，从而控制地层和建筑物的沉降。

（5）在盾构掘进中，要尽快在脱出盾构后的衬砌背面环形孔隙中充填足量的浆液材料。根据地质条件，确定浆液配比，注浆压力、注浆量及注浆起止时间对同步注浆能否达到预期效果起关键作用。

（6）防止从管片接头、壁后注浆孔等漏水而引起地层下沉，进行管片安装和防水施工按施工要求进行，保证施工质量。若出现管片漏水及时采取二次注浆，达到防水效果。

三、盾构掘进参数

盾构掘进通过创驹区间 1 ~ 30 环过程中的掘进参数如表 8.11 所示，掘进速度统计如表 8.12 所示。

表 8.11　盾构掘进参数

环号	掘进速度/（mm/min）	刀盘转速/（r/min）	推力/t	刀盘扭矩/（N·m）	土压力/MPa	出土量/m³
1	30	0.9	700	1 100	0.05	63
2	35	0.8	700	1 000	0.12	64
3	30	1	750	660	0.09	65
4	32	1	800	1 700	0.09	66

续表

环号	掘进速度/（mm/min）	刀盘转速/（r/min）	推力/t	刀盘扭矩/（N·m）	土压力/MPa	出土量/m³
5	30	0.9	800	1 600	0.1	65
6	35	0.85	780	800	0.11	68
7	35	0.85	750	600	0.13	63
8	32	0.9	1 000	400	0.12	66
9	35	1	1 100	700	0.12	64
10	30	1.2	1 100	800	0.105	64
11	30	1.5	1 200	1 000	0.115	66
12	32	1.2	1 250	1 200	0.11	67
13	32	2	1 500	1 500	0.13	68
14	33	1.9	1 400	1 200	0.14	68
15	34	1.8	1 450	1 300	0.13	64
20	32	1.5	1 300	1 250	0.115	64
26	33	1.2	1 200	1 250	0.12	65
27	33	0.9	1 000	600	0.11	65
28	35	1	1 100	800	0.13	64
29	38	1	1 200	1 000	0.13	65
30	35	1	1 300	1 200	0.14	69

表 8.12　盾构掘进速度统计

日期	当日掘进	累计掘进	日期	当日掘进	累计掘进
12 月 17 日	2	−1	12 月 27 日	0	19
12 月 18 日	2	1	12 月 28 日	0	19
12 月 19 日	1	2	12 月 29 日	1	20
12 月 20 日	3	5	12 月 30 日	0	20
12 月 21 日	2	7	12 月 31 日	2	22
12 月 22 日	3	10	1 月 1 日	3	25
12 月 23 日	0	10	1 月 2 日	1	26
12 月 24 日	2	12	1 月 3 日	5	31
12 月 25 日	4	16	1 月 4 日	6	37
12 月 26 日	3	19	1 月 5 日	3	40

四、监测点布设与监测数据分析

（一）监测点布设

该段监测范围的地表测点沿左右线中线按 10 m 间隔进行布点，所选取段包含一个横向监测断面，如图 8.49 所示。

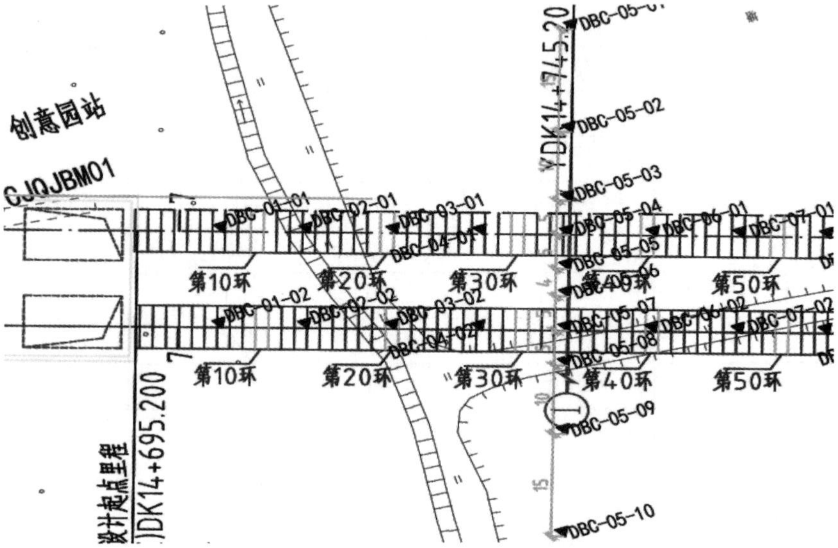

图 8.49　监测点平面布置图

（二）监测数据分析

图 8.50 为盾构掘进通过端头加固区的地表沉降曲线。由图中曲线可知，创驹区间盾构掘进通过创意园站端头加固区进入区间非加固区时，地表出现急剧下沉，下沉速率及下沉量均较大，盾体全部进入非加固区后变形趋于平稳。

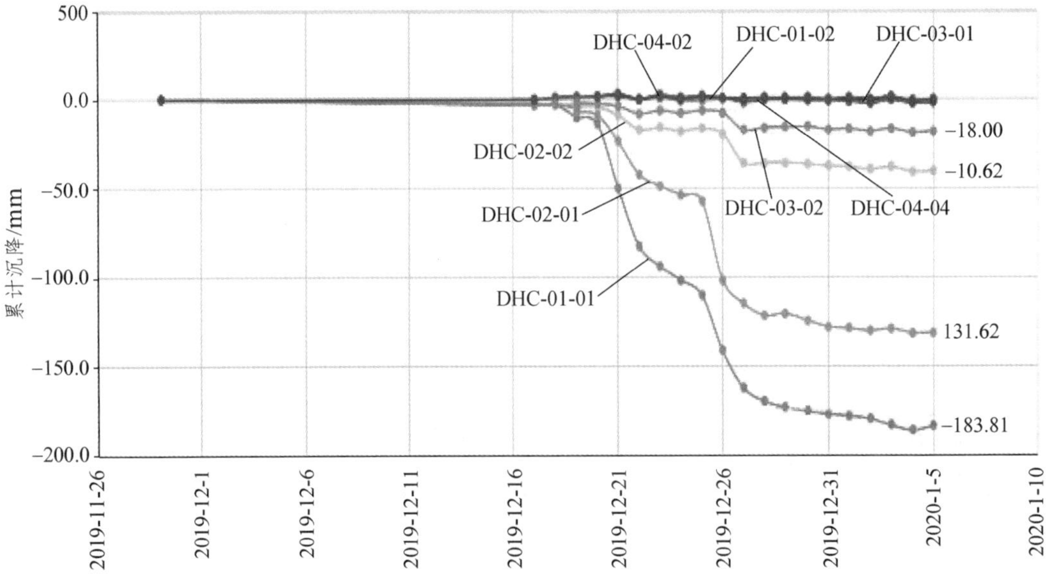

图 8.50　盾构掘进通过端头加固区的地表沉降曲线

图 8.51 为盾构掘进进入区间非加固区的地表沉降趋势曲线。由图中曲线可知，创驹区间盾构掘进由端头加固区进入区间非加固区后，沿隧道轴线方向的地表沉降槽在刚出端头加固区时较为明显，随着盾构进入区间后逐渐减小且趋于平稳。

综合地质情况与盾构施工情况分析如下：

（1）盾构始发掘进，未进行封环注浆，盾体周围土体因开挖卸荷导致弹性或弹塑性变形。

（2）地质条件较差，中粗砂层较厚，且受盾构就扰动影响大。再加上创驹区间所穿越地层为富水层，盾构掘进期间水量较大，大量水土流失致使盾体穿越的中粗砂层形成漏斗状下沉，进一步带动上部粉细砂层的失水下沉，反馈至地表，导致沉陷。

（3）软土区间对盾构掘进地层范围进行预先加固是非常必要的，尤其是建筑区和市政道路区域，可极大减小地表沉降，降低路面沉陷和人事伤亡事故发生率。

（4）盾构掘进穿越端头加固区进入非加固区段，监测单位应加强监测和巡视，及时向各方反馈监测信息。发生监测预警后，应立即加密监测和巡视频率。施工方应及时组织各方商讨应对方案，及时采取合理措施，避免地表沉降进一步加剧。

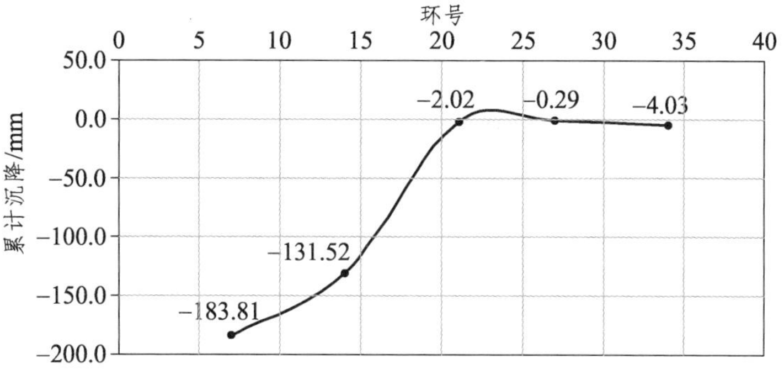

图 8.51　盾构通过后沿隧道方向隧道中线地表最终沉降

五、小　结

为避免盾构掘进穿越端头加固区诱发过大地表沉降，建议采取以下措施：

（1）盾构掘进穿越端头加固区进入非加固区段前应调整好掘进参数，避免盾构机叩头或抬头。具备封环条件时及时封环，及时注浆。

（2）端头加固与区间加固衔接应循序渐变，避免“断崖式”跳跃，或根据地质情况适当调整端头加固区长度。隧道穿越市政道路和住宅等建筑区时，应预先进行区间加固。另外，可先对非加固区进行空洞探测，查明土洞、溶洞，提前处理。对于勘察钻孔，还需现场检查其封孔质量，以免盾构施工时漏浆，影响注浆效果。

（3）第三方监测单位和施工监测单位应充分辨识非加固区盾构施工的风险源，针对性编制监测方案并通过专家评审。在盾构施工时，按方案开展各项监测工作，及时分析并反馈监测信息，根据监测数据或现场巡视信息第一时间向各方发送预警信息，并加密监测和巡视频率。

（4）根据工程地质及水文地质情况做好有针对性的应急预案，明确触发应急反应的条件，如有险情，及时启动应急预警，避免发生严重沉陷事故。在非加固区掘进时，盾首前后 30 ~ 50 m 范围可设置明晰警示标志或临时防护栏（线），防止路人进入变形区。如在人、车流量较大区域无法设置警示标志或护栏，可在地面铺设大面积钢板。

第六节　盾构穿越软弱地层的风险控制与监测分析

以三号线逢沙站—创意园站区间盾构施工为例，对土压平衡盾构机通过软弱地层时引起的地表沉降数据结合施工工况进行分析，总结地表沉降发生的规律，提出合理化的风险控制建议。

一、工程概况

逢沙站—创意园站区间左线长 1 958.021 m，右线起讫里程 YDK12+463.505 ~ YDK14+422.200，长 1 960.147 m，长链 1.452 m。逢沙站—创意园站区间为盾构区间，区间从逢沙站出发，沿规划环湖路向西北方向敷设，下穿环湖路回旋通道 A，侧穿现状逢沙村民房、新河涌、规划泛悦公馆，下穿同江医院人行天桥，侧穿 110 kV 良世联线终端塔及 2#塔、规划同江医院妇产儿中心大楼、致慧路信号塔、石排涌桥、110 kV 良世联线 3#塔。本节分析所选取的为右线里程段 YDK13+280.5 ~ ZDK13+325.5，长度 45 m。

右线隧道上覆地层从上至下依次为：<2-1B>淤泥质土、<2-2>淤泥质粉细砂、<2-1B>淤泥质土、<2-4>粉质黏土、<3-1>粉细砂、<3-2>中粗砂、<5H-1>砂质黏性土、<6H>全风化花岗岩、<7H>强风化花岗岩、<8H>中风化花岗岩。隧道主要穿越<3-1>粉细砂、<3-2>中粗砂、<2-4>粉质黏土、<5H-1>砂质黏性土、<6H>全风化花岗岩、<7H>强风化花岗岩。图 8.52 为逢创区间软弱地层段地质纵剖面图。

场地地下水主要有两种类型：第一类是第四系孔隙水；第二类是基岩裂隙水。

1. 第四系孔隙水

第四系孔隙水是埋藏在第四纪松散沉积物孔隙中的地下水。总体上看，松散的填土层、淤泥质砂层、冲洪积砂层为本场区的主要含水层，由于砂层厚度大，赋水性较强，其第四系孔隙水的水量亦较大。一般具微承压性。

2. 基岩裂隙水

区内的基岩风化裂隙水主要赋存于岩石强、中风化带中，全风化岩及土状强风化带由于黏粒含量较高，其透水性相对较弱，赋水性差；基岩风化裂隙水埋藏较深，上覆隔水层，因此一般具承压性。

根据抽水试验所测量的地下水位，第四系松散含水层与基岩裂隙稳定地下水位基本一致，水位埋深为 0.2 ~ 1.6 m。

二、盾构穿越软弱地层的风险及控制措施

针对盾构穿越软弱地层可能出现的地表沉降过大、地表塌陷、地表建筑物沉降或倾斜、周边管线位移过大、盾尾刷失效、喷涌等风险，应采取以下盾构施工控制措施：

（1）随时调整盾构掘进参数，确保土舱压力稳定，防止盾构超挖，改善盾构前方土体塌落现象。

（2）采用同步注浆，适时二次注浆，及时填充管片外部空隙，加强注浆质量，减弱隧道周围土体位移、沉降的影响。

（3）信息化施工，加强施工监测，包括对建（构）筑物的变形、沉降的监测，在加强同步注浆的同时根据监测数据及时进行壁后二次注浆，保证施工期间建筑物的安全。

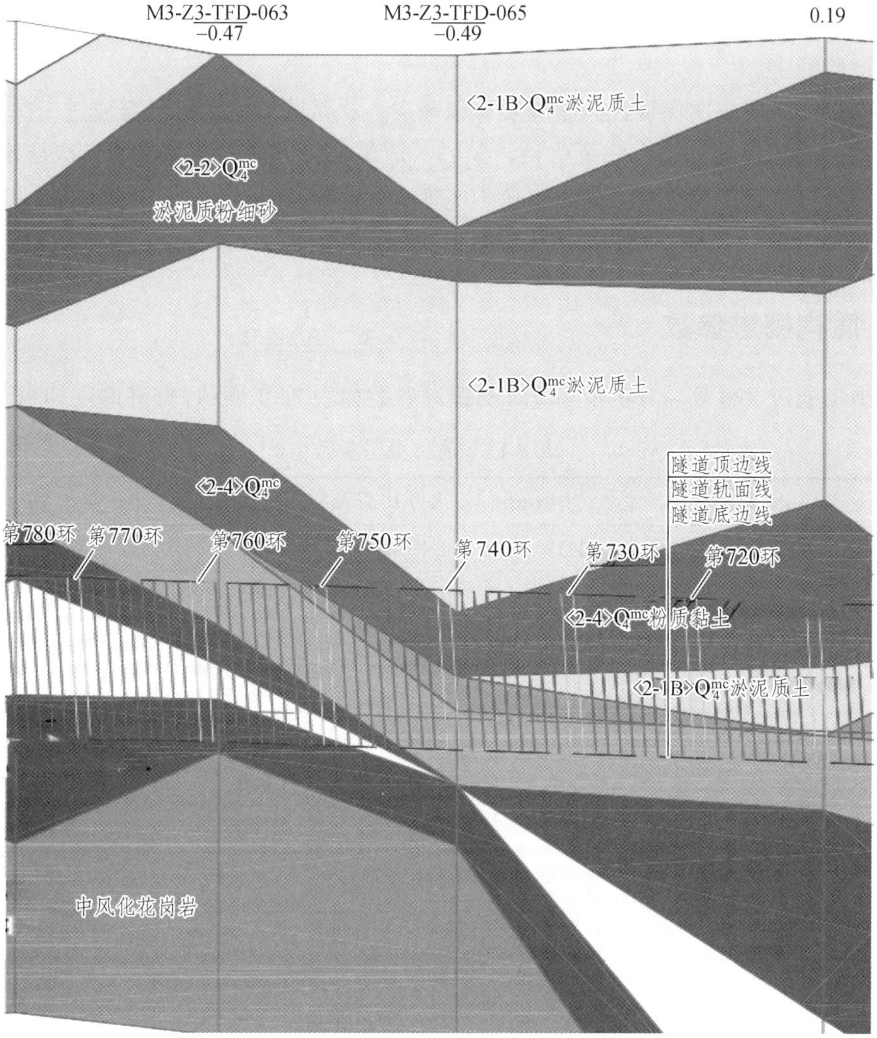

图 8.52　逢创区间软弱地层段地质纵剖面图

（4）加强盾尾密封油脂压力的监控，使油脂有良好的使用效果，确保盾尾的密封性，防止盾尾漏水、漏浆。

（5）盾构掘进过程中，向土仓内及刀盘面注入泡沫、膨润土等渣土改良剂，改善土体液化状态，防止涌水流砂和发生喷涌现象，有利于螺旋输送机排土。

（6）加强施工管理，提高管片止水条及管片拼装质量，保证成型管片不出现严重渗漏水。

（7）预先在逢沙村民房、110 kV 良世联线终端塔及 2#塔、致慧路信号塔、110 kV 良世联线 3#塔周边采用袖阀管注浆加固，同时预埋袖阀管。盾构掘进至该区域时，依据地面监测情况，必要时进行跟踪注浆。

盾构掘进侧穿建筑物较多，地面沉降的控制是重难点。壁后注浆浆液性能的考虑尤其重要。盾构主要穿越的土层灵敏度高。故浆液需要一定的稠度和固含量，以减小浆液出盾尾后有水析出造成的浆液体积收缩，便于对地面沉降的控制。同步注浆浆液密度 1.9 g/cm^3，泌水率≤5%，塌落度 12 ~ 16 cm，20 h 屈服强度≥800 Pa，7 d 的抗压强度≥0.5 MPa，28 d 的抗压强度≥1.0 MPa，并确保在列车震动和 7 度地震下不液化。胶凝时间一般为 5 ~ 7.5 h。根据地层条件和掘进速度，通过现场试验加入促凝剂及变更配比来调整胶凝时间。最终同步注浆配比需经过试验确定。

对于同步注浆应一次保证注入量充足，以减少一次沉降；后期沉降需通过二次注浆控制。

在盾构穿越建筑物区二次注浆改良，及时、适量地打开管片内预留的二次注浆孔，对隧道周围土体进行二次注浆改良，改良浆液为水泥-水玻璃（体积比 2∶1）双液浆，注浆压力不大于 0.5 MPa，改良后土体强度 0.2 ~ 0.3 MPa，具有良好均匀性。

三、盾构掘进参数

盾构施工通过 720 环 ~ 760 环区段时的掘进参数如表 8.13 所示，掘进速度如表 8.14 所示。

表 8.13　盾构掘进参数

环号	掘进速度/（mm/min）	刀盘转速/（r/min）	推力 t	刀盘扭矩/（MN · m）	土压力/MPa	出土量/m³
710	40	1.25	1 400	3 200	0.25	60
720	40	1.4	1 800	3 000	0.25	58
730	42	1.5	1 800	2 800	0.23	58
740	38	1.4	1 950	2 200	0.24	58
750	36	1.4	2 000	1 800	0.23	58
760	36	1.4	1 800	1 600	0.24	58
770	33	1.5	1 400	1 100	0.23	58

表 8.14　盾构掘进速度

日期	当日掘进	累计掘进	日期	当日掘进	累计掘进
9 月 6 日	4	726	9 月 15 日	4	761
9 月 7 日	5	731	9 月 16 日	0	761
9 月 8 日	3	734	9 月 17 日	0	761
9 月 9 日	7	741	9 月 18 日	4	765
9 月 10 日	1	742	9 月 19 日	6	771
9 月 11 日	5	747	9 月 20 日	2	773
9 月 12 日	1	748	9 月 21 日	2	775
9 月 13 日	1	749	9 月 22 日	0	775
9 月 14 日	8	757	9 月 15 日	4	761

四、监测数据分析

（一）监测点布设

建筑物测点布置：盾构在右线 630 环 ~ 800 环间侧穿洺悦华府小区 12 栋（33 层）住宅楼，住宅楼的基本情况：旋挖灌注桩+管桩；旋挖灌注桩桩径 0.8 m，管桩桩径 0.5 m，桩底嵌岩。

桩基距离左线区间隧道平面最小水平净距 5 m。区间隧道位于中粗砂层。洺悦华府各测点主要布设在角点处。

地表测点沿左右线中线按 20 m 间隔进行布点，选取段包含一个横向监测断面，断面上测点间距为 5 m。

建筑物和地表沉降测点布置图如图 8.53 所示。

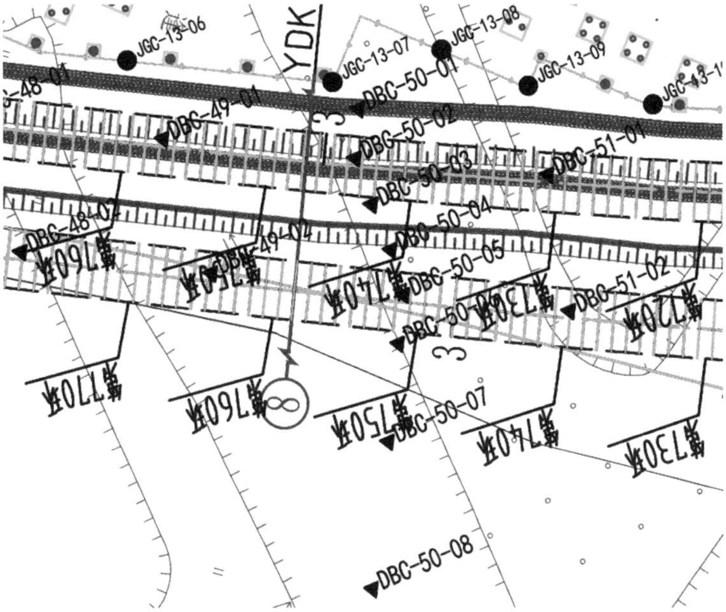

图 8.53　监测点平面布置图

（二）建筑物沉降分析

洺悦华府小区既有建筑物均为桩基础，桩底嵌岩。在盾构机达到前，对既有构建筑物采取区间隧道与桩基间采用三排单轴搅拌桩隔离措施。建筑物的桩基础施工质量较好，监测数据表明施工措施有效。

盾构机到达前，建筑物最大沉降为-5.5 mm；盾构机下穿时，各建筑物测点变形均较小，在-2 到+2 mm 范围内波动；盾构机通过后，建筑物最大累计沉降为-1.9 mm，最大累计隆起为+2.3 mm。具体见图 8.54。

位置	日期 / 测点编号	累计变化量(mm)																													
		盾构达到前			盾构下穿时																		盾构机通过后								
		9/16	9/17	9/18	9/19	9/20	9/21	9/22	9/23	9/24	9/25	9/26	9/27	9/28	9/29	9/30	10/1	10/2	10/3	10/4	10/5	10/6	10/7	10/8	10/9	10/10	10/11	10/12	10/13	10/14	10/15
逢创盾构区间（洺悦华府）	JGC-13-01	0.0	0.0	0.0	0.5	2.0	0.6	0.2	1.0	2.3	1.6	1.2	1.2	0.4	-0.5	-0.4	-0.3	-0.3	0.0	-0.1	-0.1	0.2	0.3	-0.1	0.2	0.3	-1.0	0.5	-0.2	0.2	0.7
	JGC-13-02	0.0	0.0	0.0	0.4	1.2	-0.1	0.6	1.2	2.3	1.6	1.3	0.8	1.0	-0.2	0.0	-0.1	0.7	0.9	0.7	0.6	1.7	0.5	0.6	1.7	0.5	-0.2	1.3	0.3	0.2	0.3
	JGC-13-03	-1.0	-1.0	-1.0	-0.8	-1.2	0.1	-0.4	0.4	1.1	0.0	0.8	1.3	0.1	-1.1	-1.0	-2.1	-1.6	-0.4	-1.5	-0.1	-0.4	-1.0	-0.1	-0.4	-1.0	-1.8	-0.6	-0.6	-0.9	0.7
	JGC-13-04	0.4	0.4	0.4	-0.6	-0.4	-0.9	-1.3	-0.5	1.1	1.5	0.7	0.0	0.3	-1.1	-0.6	-1.1	-0.8	-0.2	-0.8	0.8	-0.1	0.1	0.8	-0.1	0.1	-0.3	0.6	0.7	0.2	1.0
	JGC-13-05	1.2	1.2	1.2	-0.1	0.6	1.7	1.6	2.2	3.0	2.7	3.3	3.4	1.5	0.6	1.1	1.3	1.2	1.9	1.5	0.7	1.1	1.1	0.7	1.1	1.1	1.4	1.5	0.9	1.4	1.7
	JGC-13-06	0.9	0.9	0.9	-0.6	1.3	1.3	1.3	2.0	2.7	2.5	2.7	2.3	1.2	-0.4	0.5	0.4	0.6	0.9	0.6	-0.3	0.3	0.4	-0.3	0.3	0.4	0.1	0.5	0.2	0.5	1.1
	JGC-13-07	-1.3	-1.4	-2.6	-2.6	-1.2	-1.6	0.1	0.2	-0.6	-0.1	0.7	0.5	-0.7	-1.0	-0.4	1.6	0.3	0.3	0.3	-1.2	0.2	0.2	-1.2	0.2	0.2	-0.8	-0.1	-0.5	-0.8	0.2
	JGC-13-08	-0.6	-1.1	-1.7	-1.1	0.1	-0.4	0.6	0.9	1.9	1.1	2.3	2.9	3.0	1.1	1.4	2.0	1.5	3.0	2.9	1.8	2.2	2.9	1.8	2.2	2.9	1.9	0.9	1.6	1.6	2.3
	JGC-13-09	-5.1	-4.9	-5.5	-5.3	-4.3	-4.6	-5.0	-3.0	-2.5	-3.2	-1.6	-1.8	-2.4	-3.4	-2.8	-2.2	-2.7	-1.8	-2.5	-3.3	-3.5	-1.8	-3.3	-3.5	-1.8	-2.6	-3.5	-2.9	-3.2	-1.9
	JGC-13-10	-2.4	-2.3	-3.3	-3.0	-1.2	-2.1	-1.2	0.2	-1.0	-0.2	0.8	0.5	-1.2	-2.1	-1.3	1.7	0.3	0.3	-0.5	-1.7	-0.9	-0.9	-1.7	-0.9	-0.9	-1.6	-1.4	-1.4	-1.9	-0.5

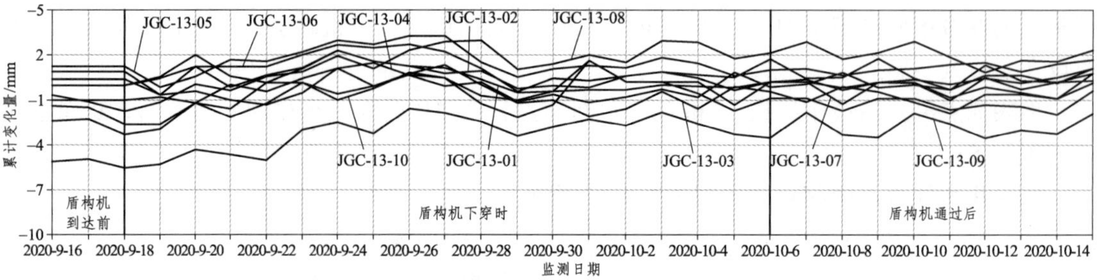

图 8.54　盾构穿越软弱地层过程地表建筑物的沉降曲线

（三）地表沉降分析

右线盾构通过期间，其上覆地层随时间逐渐下沉，由曲线变化可以看出，下沉速率及下沉量均较大。盾构机到达前 10 环左右地表开始出现较显著沉降，盾构下穿期间沉降最大，约占总沉降量的 55%。盾构通过后变形趋于平稳，但因区间位于软弱地层，地表沉降在盾尾通过后仍难以控制，因盾尾空隙而产生的沉降和后期的固结沉降还占总沉降量的 15% ~ 20%，如图 8.55 所示。

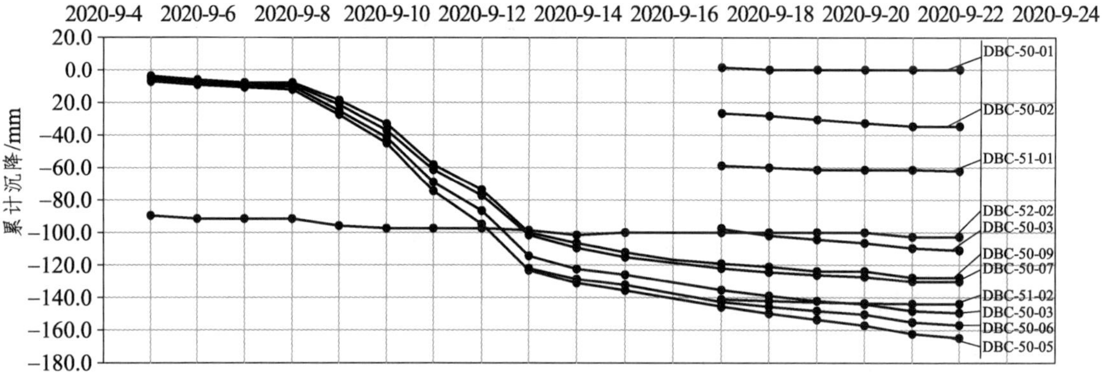

图 8.55　盾构穿越软弱地层过程地表沉降曲线

盾构通过期间，垂直隧道方向的地表沉降槽呈抛物线状，隧道中线沉降最大，离中线位置越远沉降越小。如图 8.56 所示。

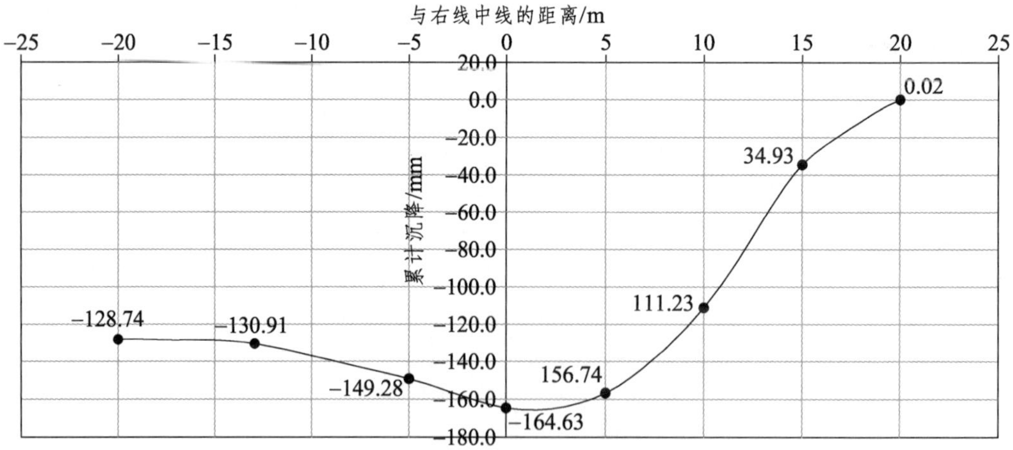

图 8.56　垂直隧道方向的地表沉降槽曲线

盾构通过期间，沿隧道方向的地表沉降槽随地质情况的变化而变化，软弱地层厚的区域累计变形较大，坚硬地层区域累计变形较小，在地层变化区域沉降最大（740 ~ 750 环），如图 8.57 所示。

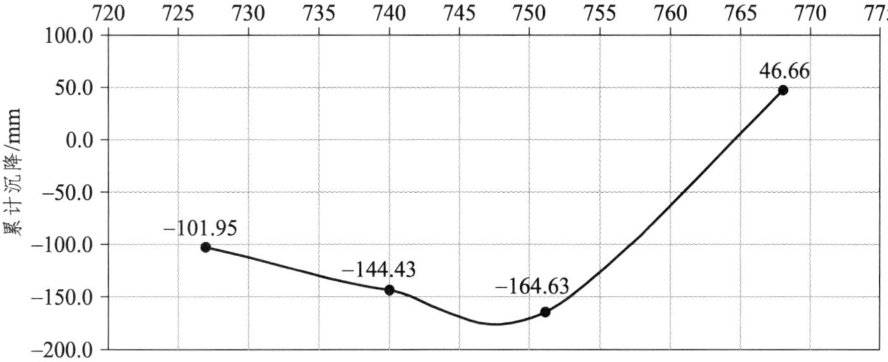

图 8.57　沿隧道方向的地表沉降趋势曲线

综合场地地质条件及施工情况分析如下：

（1）此区域地质条件较差，中粗砂层较厚，且存在全风化及中风化花岗岩岩层。变形较大区域地层上软下硬，盾构机容易“抬头”，出土量难以控制，水土流失导致上覆地层发生固结沉降。

（2）同步注浆虽然及时，但二次补浆时间间隔较长，不能及时补充已损失的水土等。围岩随时间蠕变而产生的塑性变形，包括超孔隙水压消散引起的主固结沉降和土体骨架蠕变引起的次固结沉降。

（3）盾构穿越软弱地层地表沉降比较大。本次逢创区间右线盾构施工期间，其上覆地层随时间逐渐下沉，在盾构下穿期间沉降最大，约占总沉降量的 50%，因盾尾空隙而产生的地表沉降和后期地层固结沉降也较明显。

（4）盾构通过期间，垂直隧道方向的地表沉降槽呈抛物线状，隧道中线正上方沉降最大，离中线位置越远沉降越小。

（5）盾构穿越建筑物时，建筑物的桩基形式决定了其沉降量的大小。逢创区间所穿越的建筑物为嵌岩桩基础，再加上穿越期间盾构施工参数比较合理，其沉降极小，基本可视为测量误差。

（6）当监测数据报警后，监测单位应及时向各方反馈报警信息，建设单位或监理单位应及时召集各参建方召开报警分析会，采取针对性施工措施。监测单位也应及时加密监测和巡视，及时发生监测信息。

五、小　结

（1）盾构穿越软弱地层区域，存在建筑物、管线等控制性建构筑物的情况，应提前调查其基础形式等详细资料，浅基础建构筑物应进行加固。对区间所通过的地层也应预先进行加固，并对加固效果进行检测，保证质量，以减小地层扰动、固结而产生的地表沉降。

（2）盾构穿越软弱地层时应科学设置盾构参数。适当控制掘进速度，尽量在控制地表沉降的前提下保持盾构机匀速前进。在盾构开始掘进时，可在前 100 ~ 200 m 段设试推段，根据地表监测数据合理调整盾构参数，尽可能减小地表沉降。在正式掘进时，如地表沉降速率连续 2 ~ 3 天超出预警值时，应停止掘进，各参建方会议判断安全状态、调整掘进参数，进行信息化施工。

（3）根据工程地质及水文地质情况做好有针对性的应急预案，明确触发应急反应的条件。如有险情，及时启动应急预警，避免严重的水土流失。

（4）加强现场作业人员培训、交底，提高人员素质，加强施工监测和第三方监测工作力度，重视现场监测和巡视，及时发现险情，及时上报。

第九章

城市轨道交通监测总体咨询服务工作总结

城市的地铁建设具有规模大、投资大、建设周期长、涉及领域广、综合性强等特点，近年来，地铁施工及运营过程中事故时有发生。为了加强地铁建设的安全，2010 年住建部发布的《城市轨道交通工程安全质量管理暂行办法》（建质〔2010〕5 号）中规定：建设单位应当委托具有相应工程勘察资质的工程监测单位进行第三方监测，从事城市轨道交通工程第三方监测业务的工程监测单位。与施工监测不同，第三方监测单位是受建设单位直接委托，按照合同及标准规范要求，对工程支护结构及重要周边环境等进行监测。

从各地轨道交通工程现场实际情况来看，第三方监测单位从项目机构的组建，人员及仪器设备的配备，技术方案编制、审查及监测工作的实施，监测信息反馈、预警及应急响应等方面都基本满足工程需要，较好地发挥了第三方监测工作的作用，大大减少和预防了工程安全事故的发生。然而，仍有以下几个方面的问题亟待解决：

（1）监测管理制度建设存在短板，监测工作规范化有待进一步提高。

目前我国城市轨道交通工程建设发展迅速，建设城市和参建单位众多，各方对“监控量测”的实施和技术要求等方面的了解和掌握程度不够，而现行针对“监控量测”方面的国家、行业、地方标准和政府规范性文件相对较少，缺乏有效的技术指导和规范。

（2）监测管理不够系统化，技术标准化建设不足。

从目前各地实际情况来看，凡是监测工作做得较为出色的在建城市，建设单位对监测的技术要求和管理方面都制定了一系列管理办法或规定，工作过程中的监督管理也比较到位。但仍存在轨道交通建设新兴城市缺乏监测工作相关制度要求，在监测方案的编制及审查、监测点的埋设及验收、现场监测实施及巡查、信息反馈的形式及内容、监测预警及响应等方面缺少相关的技术要求和管理规定。

（3）监测技术力量偏薄弱，技术人员缺乏专业培训。

随着城市轨道交通工程建设发展，从事监测工作的技术人员、作业人员及管理人员越来越多。总体来讲，目前的技术力量和管理水平与建设发展规模不相匹配，不能满足工程需要。一方面，有监测经验的勘测单位随着承担监测任务量的不断增大，技术力量不断被摊薄；另一方面，监测经验相对缺乏的单位也不断进入轨道交通工程监测市场；再者是随着轨道交通新建城市的增多，建设单位及建设主管部门对监测工作的管理经验还相对薄弱：这些都需要加强相关的学习与培训，提高监测技术水平和管理水平。另外，对现场作业人员也应开展城市轨道交通工程监测方面的知识与技能培训，并颁发相应的上岗证书。

一、监测总体咨询的工作目的

三号线工程具有路线长度长、工程规模巨大、线路上的车站和区间较多、多点同时开工、工作任务重、参建的监测施工单位（含施工监测和第三方监测）多的特点，因此现场相关的统筹协调工作任务繁重，且各家监测单位的技术水平和管理方式各不相同，相对增加了管控难度。如何统一全线的监测要求，提高监测数据的真实性和准确性，是现场管控的难点和重点，为此引进了专业的监测总体咨询服务开展统筹协调工作，确保相关的管理工作落实到位。

监测总体咨询的工作目的就是协助建设单位对三号线的第三方监测单位进行监督管理。具体要达到的目标有以下几点：

（1）完善监测管理的制度化建设，规范监测工作标准化实施。

（2）梳理打通现场监测工作的系统化流程，为建设单位监测工作专业化管理提供咨询服务。

（3）监督、检查监测单位日常监测过程中的制度执行情况，促进三号线监测技术人员能力与水平的稳步提升。

二、监测总体咨询的工作内容

监测总体咨询服务工作的具体内容如下：

（1）协助建设单位制定关于监测技术要求统一标准化方面的规章管理制度。

（2）对各标段监测单位人员进行统一培训，包括人员组织、仪器设备、监测工作内容及工作流程等。

（3）依据建设单位的要求，对各标段第三方监测单位人员的资格、数量及组织机构进行不定期检查。

（4）对各标段第三方监测单位所使用的监测仪器的精度、数量等技术指标，提出统一的技术要求。对各标段第三方监测单位所使用的监测仪器进行不定期检查。

（5）对各标段第三方监测单位的监测实施方案所包含的内容框架进行统一，协助建设单位审核监测实施方案。对各标段第三方监测单位的监测成果所包含的内容框架进行统一。

（6）按照第三方监测实施方案及规范的要求，定期对各标段第三方监测单位的施测工作进行监督、检查与指导。同时不定期检查第三方监测单位各项规章管理制度落实情况。

（7）为检查现有监测体系的运行效果，强化施工监测和第三方监测的工作成效，在已建立的监测体系的基础上，对基坑及区间的监测点进行随机三方抽测，有效督促各方监测数据的准确、一致、有效。

（8）参加预警分析会议，协助建设单位制订预警处置方案并监督施工单位、监测单位实施；参与月度例会；参加建设单位安排的其他工作。

（9）提交成果主要有工作联系单、工作周报、工作月报等。

三、监测总体咨询的工作方法

（一）制度先行

协助建设单位制定并完善了《佛山市城市轨道交通三号线工程工程监测管理办法》。

该办法分为六大部分，分别为：① 总则；② 各方职责；③ 管理细则；④ 技术要求；⑤ 工作考核；⑥ 附则。

总则明确了本办法的目的和适用范围。

各方职责明确了建设单位、监测总体单位、设计单位、第三方监测单位、监理单位、施工单位、施工监测单位等 7 家责任主体的具体责任要求。

管理细则从一般要求、单位资质管理、人员管理、仪器管理、方案管理、测点管理、信息成果报送、预警消警、停测、监测安全管理、会议管理、制度管理等 13 个方面进行了详细规定。

技术要求明确了监测项目、监测方案的组成、基准点的布设、监测的及时性、监测报告形式、总结报告内容等 8 个方面进行了描述。

工作考核分别提出了对第三方监测单位和施工监测单位的具体考核内容和考核办法，首次提出来红黄牌管理办法。

附则提供了 6 个附表和 1 个附件，分别是流程管理表、测点管理表、检查考核表、警情管理表、监测管理表、编号规则和监测点埋设技术要求。

该管理办法是佛山地铁三号线监测工作的一个总的指导文件，它不仅满足国家和地方监测相关规范和制度的要求，也适应当地工程开展的实际情况，为现场的监测工作开展打下了坚实的制度基础。

（二）培训考核

监测总体咨询项目部正式成立于 2017 年 9 月，正值三号线工程大范围工点开工伊始，总体咨询单位根据现场的迫切需要，邀请了专家针对全线主要监测技术人员进行了一次“城市轨道交通工程建设与风险监控”的培训讲座。随后，对三号线已开工点的监测单位进行了一次全覆盖的测点抽测及巡检，为全线的施工做了一次全面体检。根据体检结果，于 2017 年 12 月又开展了“监测设备管理和监测数据处理方法”“地铁工程事故案例分析与监测风险管控”两次培训讲座。如图 9.1 所示。

图 9.1　培训现场图

在体检过程中边诊断、边分析，并依据国家、地方相关法规编制了《佛山市轨道交通工程三号线第三方监测管理办法（第一版）》。为了保证《工程监测管理办法》的切实落地和检验各家单位监测人员的技术水平，监测总体咨询单位有目的地开展了相关制度宣贯、知识考试以及现场实操比武的工作。

培训工作内容主要如下：

（1）《佛山市城市轨道交通三号线工程监测管理办法》宣贯（2017 年 12 月）。

（2）《轨道交通工程事故案例分析与风险管控》讲座（2017 年 12 月）。

（3）《2018 佛山市轨道交通工程监测风险手册》（2018 年 4 月）。

（4）《佛山市城市轨道交通三号线工程质量、安全巡查管理制度》宣贯（2018 年 11 月）。

（5）城市轨道交通工程监测质量安全管理—— 法规、检查要点解读与交流（2018 年）。

（6）岩土工程自动化监测技术案例分享与交流（2018 年）。

（7）《佛山市城市轨道交通三号线公司工程监测管理办法》（修编稿）宣贯（2019 年 6 月）。

（8）监测外业标准化手册（2020 年 6 月）。

（9）轨道交通结构安全监护监测技术汇报（2020 年 8 月）。

考核工作内容主要如下：

（1）日常管理工作联系单、方案审核意见单等。

（2）不定期对全线第三方监测单位进行检查并形成考核报告。

（3）2018 年对全线第三方监测技术人员的技术能力进行考核。

（4）2019 年对全线第三方监测技术人员的技术能力进行考核。

（5）2020 年对全线第三方监测技术人员的技术能力进行考核，同时开展了监测现场实操比赛。

（6）每月对全线第三方监测的工作进行汇总点评。

（7）每周对全线的开工工点进行随机抽测，核查数据的准确性。

通过开展以上有针对性的培训和考核工作，全线与监测工作有关的人员都加深了对监测工作的理解和认识，相关管理工作也有了明确程序和方法，为下一步工作的进行扫清了障碍。如图 9.2 ~ 9.6 所示。

图 9.2　比武大赛开幕 1

图 9.3　比武大赛开幕 2

图 9.4　比武大赛数据采集

图 9.5 比武大赛内业处理

2019 年度佛山轨道交通三号线工程监测管理及技术考核补考人员成绩统计表

单位类别	标段	单位名称	姓名	成绩
第三方监测	监测 2 标	北京城建勘测设计研究院有限责任公司	梅冰	病假
			王聪	离岗
	监测 4 标	北京城建勘测设计研究院有限责任公司	崔瑜伦	97
监理单位	3101 标	广东铁路建设监理有限公司	余贤建	75
	3104 标	中铁二院咨询监理有限责任公司	沈应明	78
施工单位	3201	广东华道建设集团股份有限公司	李华强	61
	3202-1	中交第二公路工程局	魏建森	88
	3202-2	中交隧道局	邵兵	89
	3202-3	中交路桥	汪心生	93
	3203-2	中铁一局	黄程军	87
	3203-3	中铁广州局	王明波	84
	3203-4	中铁六局	刘文哲	91
	3204-3	广东害源天工程有限公司	李欣欣	79
	3205-2	中建四局	陈进忠	91
	3206-2	中铁十四局	王鹏鹏	92
施工监测	3202-1	西北综合勘察设计研究院	赵永杰	93
			王海星	92
	3202-2	南京勘察工程有限公司	陈心房	85
			曹小峰	79
	3204-1	南京勘察工程有限公司	张金锋	85
	3204-2	长春建工勘测规划设计有限公司	成进科	90
			成建康	85
			成浩华	87
		广东省工程勘察院	蒙尚雁	93
			黄明涛	85
			石鑫坡	93
	3205-2	中国电建集团中南勘测设计研究院有限公司	张邦铁	82
	3206-1	上海海洋地质勘察设计有限公司	黎根	81
	3206-1	上海海洋地质勘察设计有限公司	[illegible]	77

佛山市城市轨道交通三号线工程
第三方监测及监测总体咨询项目部
2019 年 12 月 6 日

图 9.6　培训考试试题及成绩

（三）狠抓落实

在日常工作的开展过程中，监测总体单位认真落实相关管理制度，及时进行各种检查、巡视和抽测工作，积极参与报警情况的分析和处置，确保了监测工作在三号线的施工过程中发挥了应有的作用。监测总体咨询单位主要狠抓以下几个方面：

（1）方案审核。

（2）人员、仪器到位情况。

（3）月度检查。

（4）现场抽测。

（5）跟踪督促。

监测工作，方案先行，实施方案的编制质量严重影响后面的监测成果。因此，监测总体咨询单位对每个工点的第三方监测方案都进行了严格仔细的审查，发现问题后及时发出“第三方监测审核意见单”，让每份监测方案的质量都能保持在一定的水平。

人员、仪器是监测工作的保证条件。在人员不到位、仪器短缺的情况下，监测工作不可能开展得满足要求。因此，监测总体咨询单位要求各家第三方监测单位在每个工点进场时，均提前上报该工点的相关测量人员和仪器，在施工过程中，如果有人员及仪器更换，要提前发送变更申请单，经过确认后再更换。如果对上报过来的人员的能力有疑问，还会对其进行当面的问询考核，确定其能满足现场工作的实际需要。

方案、人员、仪器都满足要求后，最重要的就是监测过程的实施。如何掌握各个监测单位的监测成果的真实性、准确性和有效性，是监测总体咨询单位关注的头等大事。监测总体咨询单位在地铁公司相关领导的指导下，形成了月度检查制度，每月都抽调有丰富监测经验的工作人员对全线的监测单位进行检查。检查形式分为两个方面：外业巡查和内业核查。外业巡查主要检查现场基准点的合理性、测点的完整性、保护措施的到位度和监测的有效性等方面，确保监测现场的真实和发挥作用。内业核查主要检查人员资质、仪器精度、数据报表、计算过程和报警处置程序等方面，确保监测成果的准确和及时。

为了保证对高风险工点变形数据的全面掌控，咨询总体还单独安排一组监测人员，每周对全线不同的施工工点进行现场监测工作，独立进行监测数据处理，然后将结果和第三方、施工监测的数据进行对比，确保各家数据的准确性。如果发现各家数据有出入，差值超过误差允许范围的时候，及时组织大家进行讨论分析，发现问题并解决问题。

制度实施前期，监测总体和各家第三方监测对相关制度要求的理解不尽相同，执行情况有较大出入，针对这种情况，监测总体主动发挥作用，召集各家监测单位沟通宣讲各种制度的目的和具体实施办法，及时到现场检查其执行情况，督促监测单位保质保量地完成相关监测工作。监测过程及相关现场情况如图 9.7 ~ 9.13 所示。

佛山市城市轨道交通三号线工程监测总体咨询项目

工作联系单

编号：001

主　题	关于“水口站监测抽测数据相关问题”
主送单位	北京城建勘测设计研究院有限责任公司佛山市城市轨道交通三号线工程第三方监测 02 标项目部
□ 紧急　□ 请审阅　□ 请批注　□请尽快回复	
抄送单位	佛山市铁路投资建设集团有限公司工程管理部
	三号线水口站监理单位
	三号线水口站施工单位（施工监测）

联系事项

2017 年 10 月 25 日，我方（监测总体）对 3 号线水口站进行了基坑周边地表竖向位移监测抽测工作，根据现场实际情况共抽测 43 个测点，三方数据对比情况，发现如下问题：（数据对比详见附表 1）

（1）经巡视发现基坑周边地表竖向位移监测点约 30%左右已经无法采用常规测量手段采集数据；

（2）根据三方 10 月 25 号的数据对比，施工监测的数据与我方及第三方存在较大偏差，其中偏差大于 4mm 以上的测点比例为 51%，偏差大于 10mm 以上的比例为 33%，偏差大于 20mm 以上的比例为 23%；

（3）第三方监测提交的报表中有些测点提供本次测量高程值，但未提供本次位移量，经核查实际测点被压或无法测量，本次测量高程值实际是上次测量高程值，建议严谨对待报表中各项数据，避免报表阅读人员误解。

请第三方监测单位（北京城建）认真核查上述问题，督促并配合相关单位尽快整改完成并回复。

签发人：　　　　日期：2017.10.26

签收单位		签收人		日期	

佛山市公路桥梁工程监测站

上海岩土工程勘察设计研究院有限公司

第三方监测检查问题汇总表

标段	单位	问题描述
监测一标	广东省重工建筑设计院有限公司	1、外业巡查记录不是很全面。
		2、监测报表桩体深层位移、立柱沉降测项控制指标有误。
		3、部分墙顶沉降监测点（ZQC-01~ZQC-06）采用三角高程，与方案不符。
		4、东乐路站测点验收数量不足，验收记录不全（需对每个测点保留记录）。
		5、东乐路站东侧基坑测点初始值采集不全（条件验收已完成）。
		6、建议：管线测点区域留出监测工作面。
监测二标	北京城建勘察设计研究院有限公司	1、电视塔站监测点初始值采集记录签字不全。
		2、电视塔站监测点验收记录不全（应含每个测点的记录）。
		3、大墩二期地表、水位监测点部分测点长时间占压，无监测数据。
		4、大墩二期监测点损坏后未及时恢复或补救。
		5、大墩二期现场地表测点被泥沙覆盖较多，第三方已发出问题整改联系单，但后续工作要跟进整改落实到位。
监测三标	中铁工程设计咨询集团有限公司	1、中山公园监测报告中仪器型号、监测时间不规范或不符（6月21、6月23日报）。
		2、中山公园站测点验收滞后，测点验收资料不全，部分测点验收质量不满足要求。
		3、中山公园站第三方监测方案签字不全。
		4、中山公园站监测控网联测频率不满足第三方监测方案的要求。
		5、中山公园个别地表、管线测点长时间被占压。
监测四标	北京城建勘察设计研究院有限公司	1、创意园站测斜ZQT-23~ZQT-27范围，测斜孔长期被占压无法监测，本区域轴力较大。
		2、创意园站外业现场巡视记录描述不全面（围护体方面巡视）。
		3、创意园站墙体水平位移监测点验收记录不全（缺1-8）。
		4、个别地表测点长期被占压后，泥土清理好。

图 9.7　过程检查资料

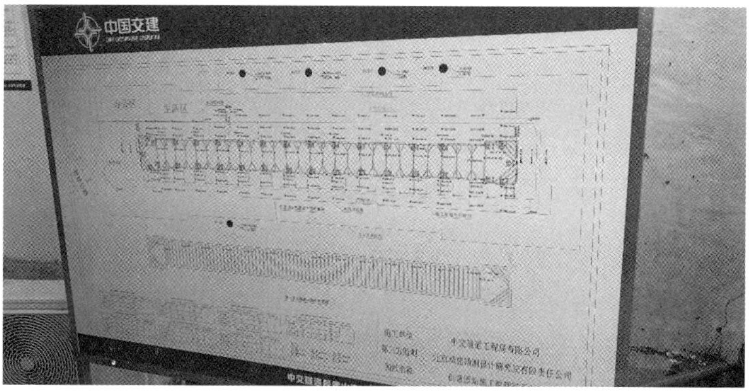

图 9.8　施工现场监测点布置图

图 9.9　地表沉降监测点

图 9.10　支撑轴力监测点

图 9.11　水平位移监测点

图 9.12　测斜监测点

图 9.13　水位监测点

（四）及时反馈和调整

通过咨询过程中和建设单位、施工单位、监测单位的沟通交流，发现了共性问题后，监测总体咨询单位及时进行汇总分析，每月组织召开全线的监测工作会议协商解决，统一各方的思路与认识，树立共同的方向目标。

监测工作例会制度是由监测总体咨询单位组织实施的，由各第三方监测单位对上个月度监测工作开展情况和现场工程风险分析及应对情况、下个月度监测工作的计划、需要协商解决的问题等进行汇报讨论，及时高效地形成问题解决方法与方案，监督各项会议共识与成果落地，促进三号线施工现场监测工作的健康有序开展。

四、小　结

监测总体咨询服务旨在通过前期调查摸底、制定规章制度、培训考核、狠抓落实和及时反馈调整等专业化技术咨询服务，促成三号线工程的监测工作逐步制度化、标准化、系统化。

第四篇

第三方检测

第十章

城市轨道交通工程检测工作总结

佛山市城市轨道交通三号线工程项目作为佛山市最长的地铁线，路线长度长、工程规模巨大，车站和区间较多，多点同时开工，工作任务重，参建的施工单位（含其委托的试验室）、监理单位、勘察设计单位多，相关的统筹协调工作难度大，且混凝土等主要原材料全部向多个商品混凝土供应商采购，检测和质量控制难度大。本章立足于佛山市城市轨道交通三号线工程施工过程中的各项试验检测工作，从试验检测管理模式为切入点，探讨城市轨道交通工程项目在试验检测领域的标准化工作方案；从原材料抽样方案的选择，电子化检测台账的建立以及检测数据的深化分析为立脚点，深入分析城市轨道交通工程项目第三方检测的实施方法及重要作用性。

一、试验检测管理模式探讨

试验检测作为工程质量把控的重要手段，试验检测管理对城市轨道交通工程项目的质量把控至关重要。作为项目的主体，建设单位如何选择一个合适的管理模式，施工单位如何在已确定的管理模式下高效地完成试验检测，如何让试验检测真正地为工程质量服务，是值得认真思考的问题。

佛山市城市轨道交通三号线工程及佛山市城市轨道交通二号线一期工程为佛山市同时期建设的两条地铁线路，在试验检测方面选择不同的管理模式，因此通过对比不同模式下城市轨道交通工程项目的试验检测管理方面的优劣，初步探讨城市轨道交通工程项目试验检测管理的多样性以及系统性的管理体系。

（一）管理模式的选择

佛山市在建及已建城市轨道交通工程项目目前有广佛线延长线、2 号线、3 号线、7 号线及南海新交通城市轨道交通工程项目，根据项目的组织形式不同，试验检测管理模式也有所不同，主要有两种管理模式：自建工地试验室管理模式和委托第三方检测机构管理模式。

1. 自建工地试验室管理模式

佛山市城市轨道交通二号线一期工程采用的是施工单位自建工地试验室的管理模式，建设单位联合监理单位成立中心实验室。其中施工单位自建工地试验室负责所有进场原材料的检测（母体实验室授权范围内），监理负责外委具备资质的第三方检测机构进行进场原材料抽测（频率为施工自检的 20%），建设单位联合监理单位建设的中心试验室负责整体的质量把控及进场原材料抽测（频率为施工自检的 5%）。具体管理模式如图 10.1 所示。该模式下，试验检测工作从施工、监理至建设方均可以形成一个闭环的管理体系，且各自试验室人员配备均为专业的试验检测管理人员及技术人员，有利于更快速地响应原材料、半成品、实体质量的问题反馈，从而更好地指导现场实际施工。

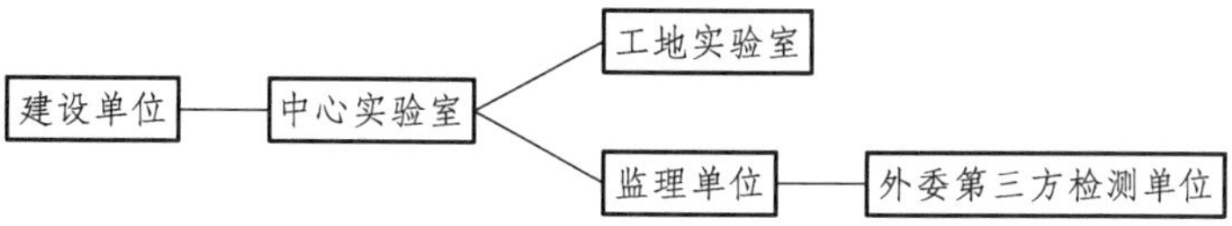

图 10.1　自建工地试验室管理模式

2. 委托第三方检测机构管理模式

佛山市城市轨道交通三号线工程项目采用的是委托第三方检测机构管理模式。施工单位、监理单位及建设单位均外委具备资质的第三方检测机构，并由建设单位外委的第三方检测机构负责施工单位、监理单位外委的第三方检测机构的准入审核及管理。根据《佛山市轨道交通三号线有限公司检测管理办法》，施工单位负责原材料进场的见证取样检测（频率为 100%），监理单位负责原材料平行检测（频率为施工单位的 20%），建设单位负责原材料抽检（频率为施工单位的 5%）及实体飞行检测并承担佛山市城市轨道交通三号线工程项目第三方检测工作的管理。具体管理模式如图 10.2 所示。由于三号线项目路线较长，参建单位众多，该模式下，一方面方便各参建单位对第三方检测机构择优选取，另一方面建设单位外委的第三方检测单位作为试验检测的总体，丰富了建设单位对试验检测工作的管理的手段，强化了监管作用。

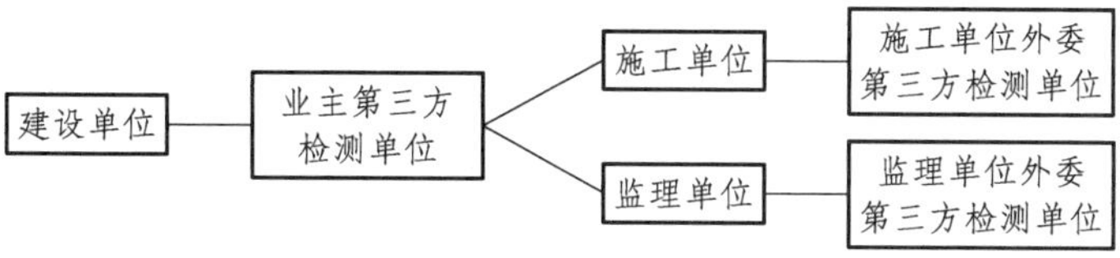

图 10.2　委托第三方检测机构管理模式

（二）管理现状及存在的问题

2016 年至 2020 年，监测站分别受监督站及建设单位委托，对两种管理模型在试验检测方面进行相关咨询及原材料抽检工作。经过多年的经验积累，两种管理模式在试验检测方面存在的问题汇总如表 10.1、表 10.2 所示。

表 10.1　委托第三方检测机构管理模式存在的问题

序号	存在问题
1	外委检测报告不符合规范要求，诸如修约错误，规范选择错误，检测指标不全等
2	原材料抽检频率不足
3	自检设备未进行计量确认
4	原材料、半成品保护措施不足
5	实体检测操作不规范，原始记录不满足规范要求
6	台账登记滞后（外委检测台账）

表 10.2　自建工地试验室管理模式存在的问题

序号	类别	主要存在问题
（一）体系方面		
1.1	人员管理	人员培训不到位，培训效果欠验证，实操欠规范，检测能力较薄弱，试验检测管理体系基础知识薄弱

续表

序号	类别	主要存在问题
（一）体系方面		
1.2	文件控制	文件管理版本控制不到位
1.3	能力验证	能力验证活动流于形式，比对结果未有效闭合
1.4	规范查新	查新流程欠完善，资料参差不齐，更新规范培训不到位
1.5	设备管理	设备管理台账信息欠完整，量值溯源计划未能具体体现量值溯源需要，设备计量参数提取无具体依据且计量结果确认不到位
1.6	样品管理	①样品管理无样品标签及流转记录、留样样品处置未按制度实施审签程序
		②不合格样品的处理流程不清晰，无程序规定相应的不合格结果闭合手续；不合格样品的复检及时性严重滞后
1.7	报告管理	①统一规定的技术标准、规范、规程资料无相关的出处、规定或依据，未能提供有效的评审过程资料
		②外委报告检验依据错乱
		③外委单位符合性检查不到位
（二）管理方面		
2.1	台账管理	台账记录多而杂，登记流于形式且不及时，未能体现抽检频率要求（自检100%、监理抽检20%；监督抽检10%，建设单位抽检5%）
2.2	档案管理	①人员及设备档案资料欠完善，技术档案规整零散
		②档案资料管理制度要求过于宽泛，无法指导试验室档案资料的规整工作，各工地试验室资料内容规整不统一，未能满足交竣工对实验室档案资料归档的要求

通过表10.1、表10.2对比可知：在试验检测管理方面，委托第三方检测机构管理模式存在的问题多为常规技术性的问题，如外委报告检测依据使用错误、检测设备未进行计量确认等；而自建工地试验室管理模式存在的问题多为管理体系及工作流程的不健全，如人员、设备、台账的管理缺失等问题。因此从管理模式分析，自建工地实验室是一个完整的个体，有完整的管理体系，从原材料抽检、送检到实验检测，到最终的结果反馈，形成一个独立的工作流程，而参与其中的管理人员按要求均为持证的试验检测人员，专业业务能力相对较强，且建设单位建立的中心实验室直接管理各参建单位的工地实验室，减少了管理难度，加强了建设单位监督管理作用。

委托第三方检测机构管理模式下各参建施工及监理方均采购第三方检测机构对进场原材料及实体检测，项目部技术管理人员不参与具体的原材料、实体的检测及试验检测管理，因此对于涉及的管理人员业务能力相对要求不高。这样直接导致了各标段试验检测管理的人员素质参差不齐，且对外委第三方检测单位的管理严重不足，主要体现以下几点：

（1）试验室检测管理人员持证率低，试验检测管理人员专业技术水平不高。

（2）试验室管理人员对规范、操作规程不熟悉，导致实体检测操作不规范，原始记录数据填写不规范、不完整。

（3）各个参建施工及监理标段没有自身专业的试验室机构，未建立完整的试验室管理体系，因此试验室管理人员对于诸如原材料进场检测管理、仪器设备管理、报告台账管理等日常工作缺乏清晰的工作程序和问题闭合思路，容易导致不合格材料进入施工现场引起工程质量问题。

（三）合理化建议

佛山市城市轨道交通三号线工程所选择的试验检测管理模式存在其不可避免的缺点，如试验检测管理人员业务水平不高、试验管理工作无系统的流程和体系、第三方检测机构管理困难等，但也不能否认该管理模式成本投入少、资源整合效率高、灵活性强的特点。针对佛山市城市轨道交通三号线工程存在的问题，提出以下几点建议，为后续的新线建设提供参考。

1. 加强对施工单位外委检测机构的检查

由于施工单位外委的检测机构的资质、能力、管理水平等参差不齐，而其试验检测数据和结论是佛山市轨道交通工程质量控制的重要基础资料，应加强对其的检查，以确保检测数据的真实性和准确性。另可通过组织试验室间比对、留样复测、建立检测结果质量控制台账和进行动态分析评价等，对外委检测机构的技术能力进行评价和持续监控。

2. 提高试验检测管理人员的业务能力

建设方在招标或合同签订期间，建议明确试验检测管理人员的持证要求或业绩经验要求，保证参建各方投入的人员满足工程建设需要。

3. 强化第三方检测的统筹管理

建设方采购第三方试验检测机构作为整个轨道项目的第三方试验检测总体管理单位，承担所有第三方检测机构的审核、管理等，建立“一中多头”的管理模式。由第三方试验检测总体单位牵头把关，各第三方检测单位共同协作，对工程实体、原材料质量等进行专业的管理。

二、标准化工作方案的建立

试验检测是一项十分复杂而细致的工作，要求试验人员在日常的试验检测工作中，一定要严格按照试验规程及仪器操作规程的要求，一步一步有条不紊地进行，确保试验的完备与精确，为施工现场提供科学、准确、可靠的试验检测数据来指导生产。我国基础设施建设迅速发展，工地试验室作为工程建设项目质量管理的重要部门，其作用也越发重要。所谓标准化试验检测，就是要明确设置符合实际、符合规范的标准要求并真正推动落实，真正做到“标准成为习惯、习惯符合标准、结果达到标准”。

从目前佛山轨道交通建设工程的试验检测管理模式来看，无论选择哪种试验检测管理模式，其重点还是在于整个管理体系、人员、设备的建立或管理。自建工地试验室可以更快地对工程实体、原材料质量进行反应；试验检测人员持证率高，业务水平较好。但是如果管理不善，更容易出现数据不真实等情况。而委托第三方检测机构的管理模式，因目前整个试验检测行业环境较为混乱，各检测机构的质量水平参差不齐，因此在选择第三方检测机构的时候要进行全方面的考察、甄选，确保采购的第三方试验检测机构能很好地满足工程的需要。结合佛山市轨道交通三号线项工程目的实际情况，在建立试验检测标准化工作方案方面主要从以下几点进行优化和改进。

（1）建立人员岗位责任制：使每个员工都明确自己的工作范围、任务和职责。

（2）设置仪器设备管理员：由专人负责仪器设备的保养、维修及维护工作。

（3）建立动态的检测管理信息台账、不合格台账等，做好资料档案的建立管理。

（4）建立工作联系和工作汇报制度：加强与施工现场和质检部门的工作联系，及时将检测数据和结果提供给现场和质检部门。同时定期对试验数据进行统计和分析，从检测角度分析工程质量控制情况，辅助质检部门共同把工程质量控制。

（一）管理体系的建立

管理质量体系的好坏与试验室的有效运行息息相关，因此，试验室需要完善管理质量体系与相关的管理规章制度。其管理质量体系主要包括试验的抽检程序、不合格样品的处理程序、机器设备的保养程序以及试验室内部的规章制度等。试验室在实际检测过程中通过加强人员与技术的管理，在工程原料质量管理上要做好质量控制，制订施工环节的控制方案，并按照抽检频率的标准进行操作，确保检测工作的顺利完成。

佛山市轨道交通三号线工程项目各参建单位没有建立专业的工地实验室，多由质量管理部门牵头对原材料及施工现场实体质量进行把关，试验检测部门的作用无法有效体现。监测站在月度检查或专项检查中发现，虽然各标段试验检测部门都编制有相关的检测方案或制度，但实际操作性不强。方案或制度中未结合建设单位的相关管理制度及三号线工程项目的实际情况进行编制有针对性的原材料抽检方案、抽检工作流程、不合格样品闭合流程等体系性文件，无法从制度中指导试验检测管理人员的日常工作。因此，建议三号线工程项目各参建单位在后续的施工项目中，强化试验检测部门的作用，建立完善的试验检测部门的管理体系，从源头纲领性文件中建立标准化的工作方案，用以指导整个试验检测的正常、有效运转。

（二）检测人员的管理

佛山市轨道交通三号线工程项目试验检测人员持证率普遍不高，其人员所具备的相关专业理论知识有所欠缺，因此导致在日常工作时出现诸如钢筋保护层测试仪操作不规范，结构实体回弹未进行碳化深度检测，原材料检测使用规范错误等问题。

2018 年 10 月 10 日，由建设方组织的混凝土钢筋保护层比对活动在土建 3201 标大墩一期现场开展，活动现场如图 10.3。

图 10.3　活动现场

比对活动分为两部分，一为标准块测试，二为现场实体检测。通过两部分的比对，对各参建单位检测仪器的精密度，试验检测人员的实操水平及日常记录的规范性有了较为全面的了解。整体来说，三号线各参建单位钢筋保护层检测技术能力处于正常水平，但个别单位检测仪器的精密度存在较大偏差，且试验检测人员对仪器操作不熟练，结论处理不规范等问题普遍存在，需引起重视。

试验检测人员的配备关系到整个试验检测工作的正常开展。试验室必须配备足够的试验检测人员，熟悉与城市轨道交通工程试验检测有关的标准、规范、规程及仪器设备的原理、性能和操作等，并具有一定的工程试验检测工作经历和试验检测技术水平，试验室负责人还必须具备相应的任职资格。

加强质量安全教育，使员工要在思想上提高质量安全意识：开展培训，不断提高员工的道德修养及专业理论知识和操作技能，进行定期考核，形成工作机制。

只有坚持加强对人员的管理，才能适应科学技术发展的需要，才能使全体员工具备高质量完成本岗位工作的能力，才能不断地提高员工的综合素质，确保所有检验人员以及评价结果和签署报告人员具备相应的能力，确保检测工作的质量，提高工作效率。

（三）设备管理

轨道交通工程工地试验室要结合本工地的实际情况和工程建设需要来进行仪器设备的配备，并满足日常检测和常规试验的检测。仪器设备在室内应进行合理布局和放置，仪器设备、计量器具均按时进行检定和校准。省检的、市检的、县检的、自检的全部按规定要求进行检定和校准。所有仪器设备需经计量检测单位的检定及校准合格后方才可投入使用。对于检定合格的仪器设备应在其显著位置贴“绿色”状态标识标签，并设专人加强日常试验检测仪器设备的维修保养工作，以保证仪器设备的准确性、可靠性。

三号线工程项目由于原材料、半成品及实体检测均外委第三方检测机构，因此属于项目部自己管理的试验检测仪器不多，如混凝土养护系统、回弹仪、钢筋保护层仪等常规仪器，管理难度不大。但是监测站在日常检查工作中普遍发现各参建单位对仪器设备管理不当，如未配备足够的试验检测仪器，未及时对试验检测仪器进行计量或未进行计量确认，未建立完善的仪器设备管理台账。因此，建议各参建单位重视仪器设备的管理，建立相关管理制度，包括仪器设备计量计划、仪器设备信息台账、计量确认等。

（四）内业档案管理

在试验室管理过程中，加强对试验室档案的归纳管理工作也是一项十分重要的内容，可以依照试验室的有关数据信息来反映出试验室具体的完成情况，也能够实现实时的监控。但需要注意的是，试验室内的资料和档案必须要确保其真实性，且要妥善保管好所有的重要信息，做到不丢失不损毁。任何一项试验记录档案均需相关负责人签字后方可存档，对于存档后的试验资料不可涂改，同时在保管档案的过程中也要注意分门别类，以便后期查阅。

试验检测标准化方案是一个系统的工程，如何建立合适、高效的管理体系是其中关键。从人员、设备、各类信息化台账方面去建立标准化工作方案，需要我们根据地铁项目的特点，不断调整及完善各种管理制度，使标准化方案合理有效地指导我们试验检测的日常工作。

三、多样式原材料抽样方案的制订

原材料（半成品）、实体检测抽检作为试验检测管理的重要环节，必须做到有针对性地随机抽检，从而抽检的原材料、实体构件才能有效且真实地反映整个工程原材料、结构实体的质量好坏。因此制订合适的抽检方案并严格实施，是该项工作成功的关键因素。

（一）需解决的问题

佛山市城市轨道交通三号线工程项目对原材料、结构实体采用的是“三级”抽检制度。施工单位对涉及工程中的试块、试件和材料见证取样和送检的比例应为有关技术标准中规定应取样数量的100%；而监理单位按照不低于施工单位自检频率的20%进行抽检；最后由建设方委托第三方检测单位按照建设方指定的频率（5%）或下达的随机抽检（飞行检查）任务书进行抽检。在实施过程中，监理单位及第三方检测单位承担的更多的是随机抽检复核的作用，但是由于对原材料的抽检的时间、抽检的批次、抽检频率的不同，可能会导致监理单位及第三方检测单位对进场原材料质量反应的滞后，无法真正客观地了解原材料的真正情况。

作为三号线建设单位委托的第三方检测单位，我们在日常工作检查中，发现监理单位抽检频率明显不足（特别是对于防水材料、预应力锚具等材料），且抽检方案过于随意（平行抽检材料过于集中或仅为满足频率要求对单种规格材料进行集中抽样等等），这样导致抽检的代表性不足，未完全反映该项目原材料的质量情况。

（二）原材料抽检方案的制订

对于第三方检测单位及监理单位来说，由于所做的抽检计划是根据施工方自检计划实施，对真正的原材料进场、使用情况不甚了解，因此容易造成原材料已长时间使用但抽检不合格，关键性材料无法进行把控等情况出现。鉴于上述情况，在项目实施情况中应该根据不同的原材料采用不同的抽样方案，以真正使抽检的结果更好地服务工程质量。

（1）采用“三方联检”。

对于防水材料、预应力材料（锚具、夹片、支座等）或用量较多的材料（如商砼站原材料），在进场时，施工方、监理方及第三方检测进行“三方联检”，该种抽检方案可以有效地对这部分关键性材料进行及时的反馈，确保投入工程使用的材料满足要求。

在公路桥梁工程行业中，对于分部分项的验收更多地采用“三级”抽检的方式进行工程质量的验收。施工单位在完成分项工程后进行初步的施工自检，自检合格后由监理部门对同一分项工程进行监理平行抽检，最后终检由建设单位委托合格的第三方检测机构对分项工程进行质量评定，这样的验收模式更有利于强化各个参建方的质量意识，更真实地反映分项工程的实际质量情况。对于地铁项目来说，原材料抽检，混凝土结构实体质量的检测可以借鉴该验收模式进行检测。对于有疑问、有争议的或较为重要的如防水材料、桥梁支座等的材料，施工方、监理方以建设方联合对同一批原材料进行抽检，分别委托各自的第三方检测机构进行委托检测，并最终将结果进行分析，这样可以更客观、更科学地对该材料进行有效的判别。

（2）对于用量较多且供应厂家稳定的材料，如钢筋原材、商砼站材料等常规材料，可以采用动态调整的抽检方案。监理单位根据施工单位100%抽检的检测数据，建立对应的检测台账，并根据原材料进场计划，有目的、有计划地对该部分材料进行抽检，如发现某一批次或某一月份的材质量波动较大，应加大抽检频率，牢牢掌握原材料的质量。

动态抽检需要各参建单位对进入施工现场的材料质量情况有客观和全面的掌握，及时对检测报告的数据进行科学的判别，因此对于试验检测管理人员的业务能力要求较高。

（3）对于半成品原材料的抽检应直接在完成好的半成品中抽取。对于轨道交通主体结构大量使用的钢筋机械连接、钢筋焊接等材料的抽检，由于加工程序的原因，日常抽检为单独的加工成型的半成品，因此该抽检方法无法真实地反映真正的现场加工质量，故对于该部分材料的抽检应在已加工成型的钢筋笼或半成品中直接切取，以保证原材料抽检的代表性。

原材料、结构实体抽检方案的选择很大程度上确定该次抽检是否成功。选择合适的抽检方案，能直观地反映原材料、结构实体的真实质量，因此在实际实施过程中，抽检人员应根据抽检的对象选择适用的抽检方案，而不能“从一而终”。

四、原材料检测电子化台账的建立

目前，我国城市轨道交通工程项目对应性规范、标准暂未完全统一，特别是关于轨道交通工程项目的交竣工程序，资料的整理等相关档案规整暂无标准化的工作流程。参考公路工程交竣工要求，进场原材料的检测验收资料、实体检测验收资料需完全满足要求才能进行交竣工验收，因此做好试验检测台账等相关资料显得尤为重要。

佛山市轨道交通三号线工程作为佛山市第一条独自建设管理的轨道交通线路，档案管理程序也是需要重新建立，而且各个参建单位的经验也不尽相同，因此在三号线建立统一的电子化台账，可以提高整个试验检测的效率，并更及时、准确地反映各个原材料的质量情况。但是在日常试验检测检查过程中，三号线工程各参建单位未及时更新检测台账；未建立完善的不合格台账，未对不合格样品情况进行闭合；原材料进场台账与试验检测台账不对应等问题频繁出现。因此，如何对原材料试验检测台账进行科学的管理，让其更好地为工程质量服务，是我们应该深思的问题。

（一）试验检测台账登记的标准化

试验检测台账登记的标准化，要求对采用的表格、台账样式进行统一的设计及数据登入。在日常检查过程中，部分标段的试验检测台账样式多样，如钢筋原材料试验检测台账与钢筋焊接试验台账是两种截然不同的样式，无论表格设置，还是录入数据样式均不一致。这样容易增加该台账维护人员的工作量，降低工作效率。因此应建立统一、标准化的台账格式及数据登入样式，有效提高工作效率及台账数据调用的方便性。

（二）试验检测台账更新的及时性

佛山市城市轨道交通三号线工程采用第三方试验检测机构对原材料进行检测，因此在实施过程中由于各第三方检测单位的能力问题，以及试验检测人员管理水平的问题，导致试验检测台账更新的滞后。由于试验检测台账无法及时地反映原材料的检测情况，因此容易导致在实施过程中，对不合格材料反应速度较慢，从而可能使不合格材料进入施工现场使用。

针对台账更新滞后的问题，各标段试验检测管理人员应加强自身业务水平的同时，加强与外委第三方检测单位的联系，确保及时地了解送检材料的检测结果，并如实地进行台账登记。

（三）试验检测台账维护的完整性

通过有效的台账管理，更好地进行工程的质量控制。然而，多数施工单位或监理单位不合格台账中往往缺少闭合情况，只是单独统计了不合格情况，无法对不合格材料进行有效的溯源，也无法跟踪不合格材料闭合的情况。因此，有效的台账管理应该是建立完整的、齐全的试验检测台账。

在台账建立及管理的过程中，管理人员应详细地了解需登入的数据是否齐全，所附带的证明材料是否完整，所登入的结论是否正确，这样才能真实、直观、科学地反映原材料的真实情况，才能使试验检测台账更好地提供基础数据，供项目质量的相关决策提供科学的依据。

根据以下几点前置要求，结合征集的调研资料，针对三号线轨道项目监测站编制完成了“佛山市城市轨道交通三号线工程试验检测报告台账登记系统”，实现全线报告台账格式的统一，资料的统一，如图 10.4 所示。

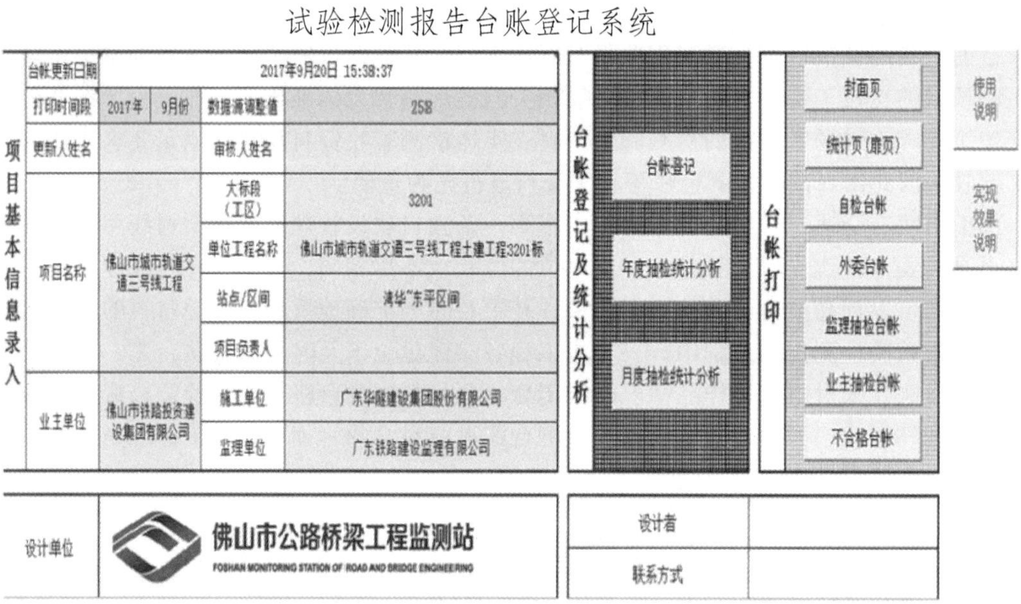

图 10.4　试验检测报告台账登记系统

通过前期对该系统的推广和使用反馈修改，三号线工程试验检测台账有了较好的改观，虽然最后没有得到大范围的推广使用，但是作为一次电子台账的建立及统一的尝试，也取得了一定的效果。

试验检测台账的管理是一项系统的工程，从台账的建立，数据的登入，到台账的维护、分析，每一步都需要管理人员认真、科学、准确地完成。台账的建立和管理不是单纯数据录入，而是对原材料的相关情况进行有效的汇总和分析，能够直观地提供科学决策的依据，因此试验检测台账的管理仍需我们长期的研究和改善。

五、基于检测数据的深度挖掘

数据分析是指用适当的统计分析方法对收集的数据进行提取、分析、研究、得出结论等一系列的过程。地铁项目试验检测产生大量的检测数据，对其进行数据分析得到新的特征或特异值，能较好地指导抽检方案的制订以及原材料供应商的决策等工作。

基于佛山市城市轨道交通三号线工程，进行了检测数据分析如下。

（一）钢筋原材

监测站采用了由微软公司开发的可视化数据分析工具 Power BI 作为平台，利用多年积累沉淀、丰富详实的试验检测数据作为基础，对各委托检测厂家、检测次数以及钢筋原材料各项指标如最大力总延伸率、屈服强度等指标进行汇总分析，具体分析结果图 10.5 所示。

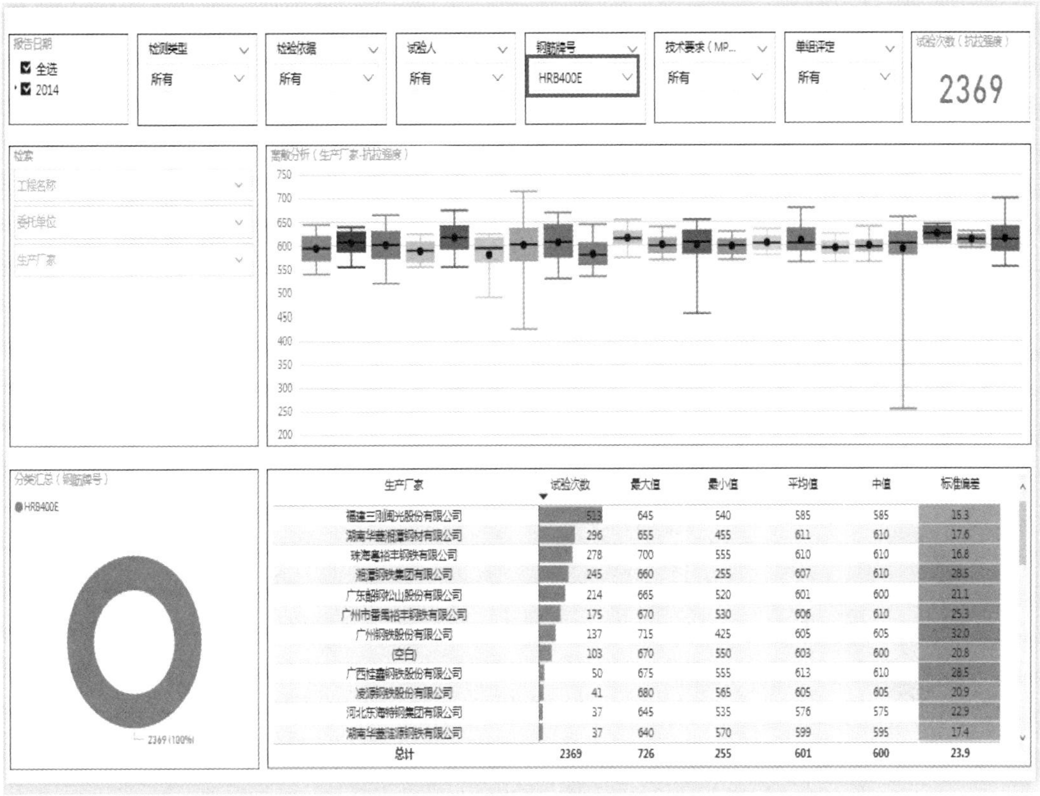

图 10.5　2014 年至 2017 年牌号 HRB400E 钢筋原材委托情况

由上图统计分析可知，2014 年至 2017 年牌号 HRB400E（三号线当前主要使用的钢筋牌号）钢筋原材委托至监测站的试验次数共计 2 369 次。其中，委托次数大于 50 次的常规厂家共计 8 家，清单如表 10.3 所示。

表 10.3　钢筋厂家委托次数汇总表

序号	钢筋生产厂家	委托次数	备　注
1	福建三钢闽光股份有限公司	513	
2	湖南华菱湘潭钢材有限公司	296	
3	珠海粤裕丰钢铁有限公司	278	
4	湘潭钢铁集团有限公司	245	

续表

序号	钢筋生产厂家	委托次数	备　注
5	广东韶钢松山股份有限公司	214	
6	广州市番禺裕丰钢铁有限公司	175	
7	广州钢铁股份有限公司	137	
8	广西桂鑫钢铁股份有限公司	50	
合　计		1 908	占委托总次数的 80.5%

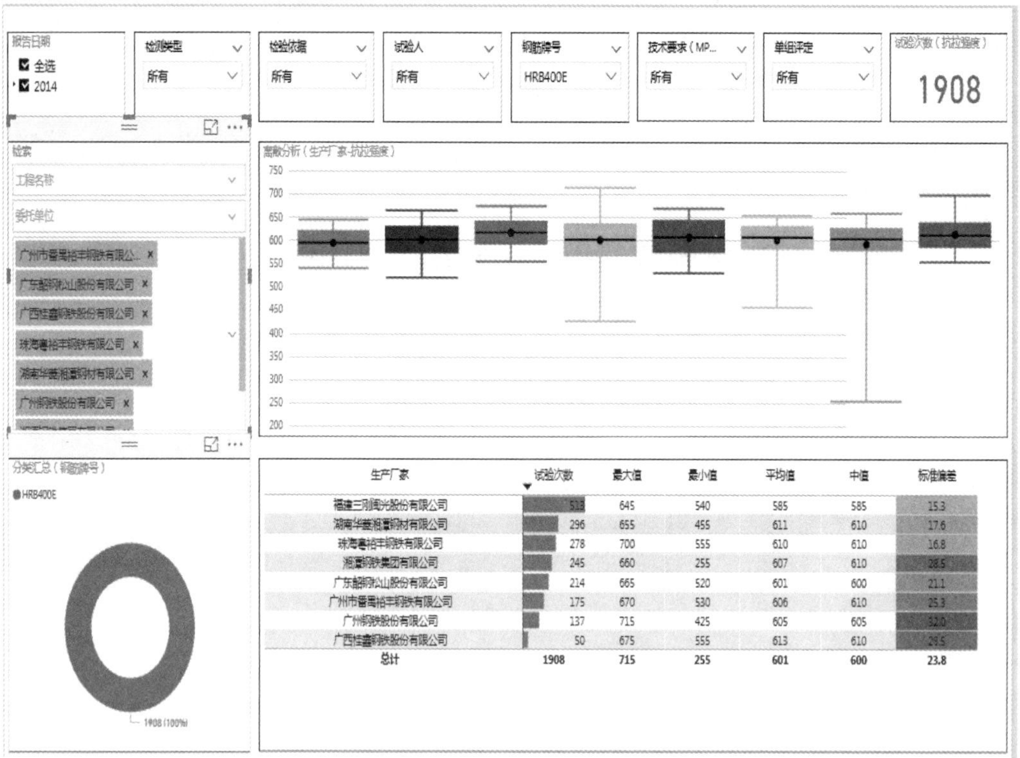

图 10.6　2014 年至 2017 年牌号 HRB400E 常用钢筋厂家质量情况

从图 10.6 的统计情况可知，上述 8 家厂家的钢筋质量情况，其中福建三钢闽光股份有限公司、珠海粤裕丰钢铁有限公司以及广西桂鑫钢铁股份有限公司等三家的抗拉强度统计最低值均大于抗拉强度标准值 540 MPa，且极差小，产品质量波动小。广州钢铁股份有限公司、湖南华菱湘潭钢材有限公司以及湘潭钢铁集团有限公司等三家公司四分之三分位距大于抗拉强度标准值 540 MPa，但极差大，产品质量波动大。因此，三号线工程项目钢材抽检中，建议加大对产品质量波动大的钢厂的抽检频率，对于常规的不在监测站统计范围的厂家，更应加大抽查频率，以加强对其产品质量的控制。

（二）混凝土立方体抗压

监测站对三号线标桂城站主体围护结构导墙混凝土、围护结构地连墙、结构中立柱以及围护结构抗拔桩立方体抗压的试验检测结果数据进行了分析，如图 10.7 所示。

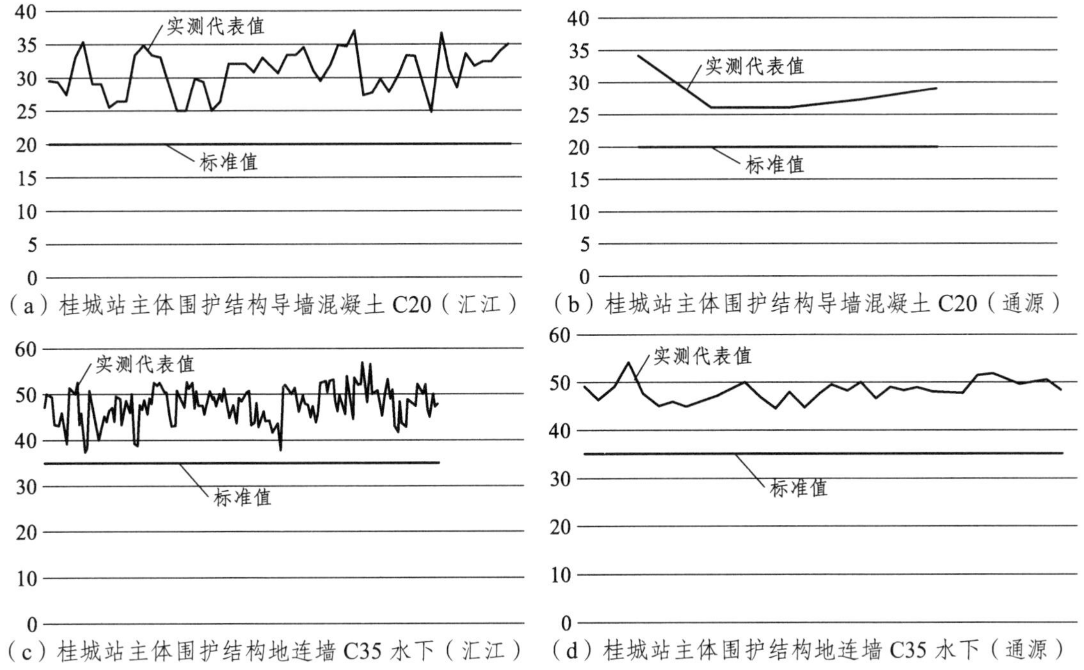

（a）桂城站主体围护结构导墙混凝土 C20（汇江）
（b）桂城站主体围护结构导墙混凝土 C20（通源）
（c）桂城站主体围护结构地连墙 C35 水下（汇江）
（d）桂城站主体围护结构地连墙 C35 水下（通源）

图 10.7　桂城站立方体抗压结果分析表

由图 10.7 可知，汇江及通源生产的混凝土均能满足强度要求，结果合格。汇江公司 C20 及 C35 水下混凝土的标准差分别为 3.3、3.9，通源 C35 水下标准差为 2.2，可见汇江公司混凝土质量波动比通源公司的大，而且极差大（13 MPa），应加强质量控制。

镇安站地连墙 C35 水下立方体抗压数据，与标桂城站围护结构地连墙数据进行了对比分析，如图 10.8 所示。

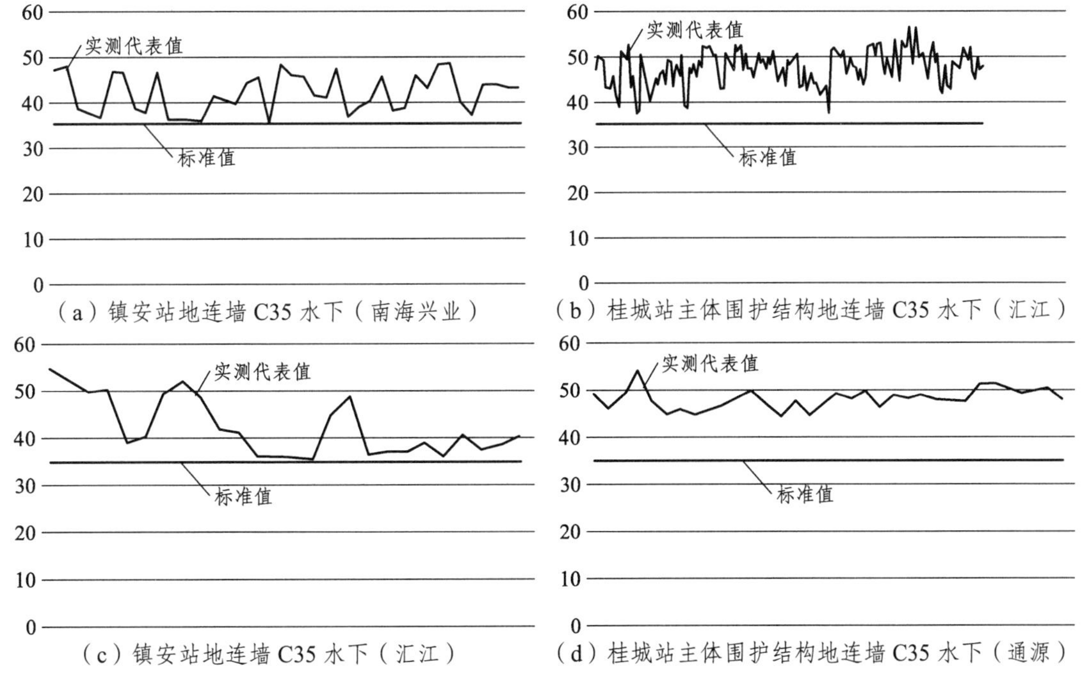

（a）镇安站地连墙 C35 水下（南海兴业）
（b）桂城站主体围护结构地连墙 C35 水下（汇江）
（c）镇安站地连墙 C35 水下（汇江）
（d）桂城站主体围护结构地连墙 C35 水下（通源）

图 10.8　镇安站立方体抗压结果分析表

表 10.4　混凝土强度数据对比

序号	统计数据类型	镇安站地连墙 C35 水下		桂城站主体围护结构地连墙 C35 水下	
		南海兴业	汇江	汇江	通源
1	标准差	4.33	6.20	3.87	2.18
2	极大值/MPa	48.60	54.50	56.80	54.00
3	极小值/MPa	35.20	35.60	36.90	44.30
4	极差/MPa	13.40	18.90	19.90	9.70

镇安站地连墙 C35 水下混凝土分别由南海兴业混凝土及汇江混凝土公司等两家公司提供。桂城站围护结构地连墙由汇江混凝土公司及通源混凝土公司提供。

从表 10.4 可以看出，不同站点同一家混凝土公司提供的混凝土质量基本一致。三家混凝土公司对比可知，通源公司标准差最小，极差最小，且极小值比标准值 C35 有更多的富余。

（三）原材料

截至 2020 年 12 月，三号线工程项目建设方委托抽检原材料共 633 样，其中合格样品 623 样，一次性合格率为 92.3%，质量总体可控，具体结果详见图 10.9。

其中不合格材料详见表 10.5。

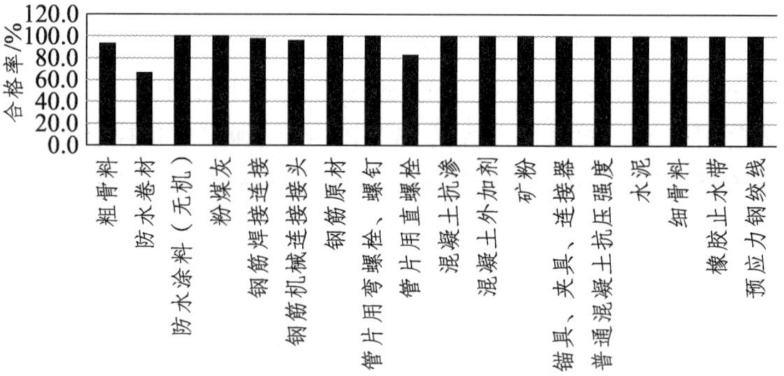

图 10.9　原材料抽检合格率汇总

表 10.5　三号线常规原材料不合格汇总表

单位工程名称	材料/构件名称	不合格（组/样）
土建工程 3201 标	钢筋机械连接接头	1
土建工程 3202_3 标段	混凝土外加剂	1
土建工程 3203_2 标段	防水卷材	1
	钢筋原材	1
土建工程 3203_3 标段	钢筋焊接连接	1
	钢筋机械连接接头	3
	普通混凝土抗压强度	1
土建工程 3203_4 标段	钢筋机械连接接头	3
	钢筋原材	1
土建工程 3203_5 标段	粗骨料	1
	混凝土外加剂	1

续表

单位工程名称	材料/构件名称	不合格（组/样）
土建工程 3204_2 标段	钢筋机械连接接头	1
土建工程 3204_3 标段	粗骨料	2
	钢筋机械连接接头	2
	细骨料	1
土建工程 3205_2 标段	钢筋机械连接接头	3
土建工程 3205_3 标段	混凝土外加剂	1
土建工程 3206_1 标段	粗骨料	1
	管片用直螺栓	1
	细骨料	1
土建工程 3206_2 标段	粗骨料	3
	管片用弯螺栓、螺母、垫圈	1
	混凝土外加剂	1
总计		28

由图 10.9 及表 10.5 可知：

（1）抽检的样品中混凝土外加剂合格率仅为 93%，不合格指标均为含固量，具有一定普遍性，需引起重视，应加大厂家质量监控的力度，确保产品稳定。

（2）钢筋机械连接合格率为 95.6%，不合格指标均为拉伸强度指标。由此可知，钢筋机械连接接头性能合格率尚可，但不合格情况偶有发生，各施工单位应采用先进的接头加工，加强检查。施工过程中更换了钢筋生产厂家或接头技术提供单位时，应注重落实工艺检验工作。

（3）粗集料合格率为 96.5%，样品含泥量指标不合格。在政府环保工作力度日益加强以及粗细集料供应不稳定的大背景下，各单位应注重集料的质量水平，采取必要的措施，确保使用的材料能满足质量要求。

（4）钢筋原材料合格率为 98.7%，不合格指标为重量偏差。该指标在新规范 GB_T 1499.2—2018 实施中为严控指标，且不允许复检。因此，各参建单位在优选供应商时应尽量选择优质的供应商，加强质量监控，杜绝“瘦身钢筋”进入施工现场。

通过对检测数据的分析和挖掘，我们从中可以发现关于原材料质量波动、厂家质量、不合格指标的发生频率等，可以为我们优选原材料，建立优质的原材料供应厂商关系，把控工程质量提供坚实的基础。

六、小 结

城市轨道交通工程作为大型公益性基础设施项目，建设质量至关重要。而试验检测作为工程施工技术管理的一个重要组成部分，同时也是工程施工质量控制和竣工验收评定工作中不可缺少的一个重要环节。加强对试验检测工作管理，建立标准化的工程流程，有效指导项目施工，对高质量地建设城市轨道交通工程具有极其重要的意义。

第五篇

桥梁监测

第十一章

顺德水道大桥的数值仿真分析

结合佛山地铁三号线顺德水道大桥——矮塔斜拉桥施工监控项目，依据施工图及施工的实际情况，应用有限元软件 MIDAS/civil 对结构建模仿真分析，与设计计算比对，验证了桥梁结构设计满足要求，监控计算模型可靠，施工过程监控计算有效。

一、顺德水道大桥的工程概况

（一）桥梁结构设计概况

顺德水道大桥为佛山地铁三号线高架区间的重点工程，位于佛山地铁三号线伦教站至三洪奇站之间，是线上跨度最长的桥梁。该桥梁全长 355.6 m，主桥为混凝土箱梁矮塔斜拉桥，跨径组成为（93.55+168.5+93.55）m，桥面宽 11.8 m，桥塔塔身为钢筋混凝土矩形截面，四周设 20 cm×20 cm 倒角，桥面以上高度为 23.5 m，有效塔高为 21.0 m。为了方便斜拉索通过桥塔，设置斜拉索鞍座于塔身上部位置，每根斜拉索对应一个分丝管。分丝管亦设 2 排，横桥向间距 1.2 m。斜拉索为单索面，双排布置在中央分隔带上，全桥共采用 4×7 对斜拉索。斜拉索梁上纵向间距 8 m，双排为 1.0 m，塔上竖向间距 0.8 m，斜拉索在塔顶连续通过分丝管，两侧对称锚于梁体。该矮塔斜拉桥主梁为预应力混凝土单箱双室箱梁，采用 C60 混凝土；斜拉索采用抗拉设计强度为 1 860 MPa 的钢绞线；主塔和主墩为钢筋混凝土结构，主塔采用 C60 混凝土，主墩采用 C50 混凝土。主桥桥型布置立面见图 11.1。

立面图 1:1 000

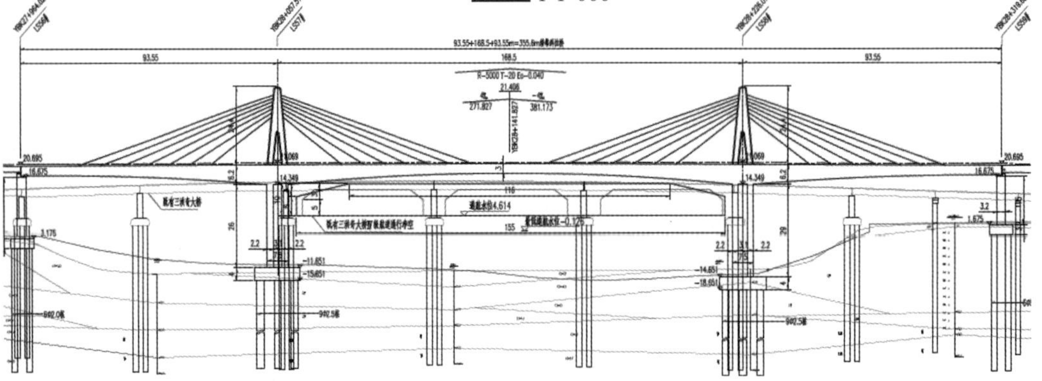

图 11.1　桥型布置立面图（尺寸单位：cm）

（二）桥梁施工概况

桥梁主梁和斜拉索采用挂篮悬臂浇注法施工，主要施工步骤如下：

（1）搭设栈桥，钻孔平台，拼装钢套箱围堰。钻孔桩施工；封底混凝土施工；承台施工。

（2）在主墩承台上各安装一台塔吊，采用翻模法进行墩身施工。施工边墩。

（3）在主墩两侧搭临时支墩，按照 1.2 倍梁重预压；安装 0 号块模板，钢筋绑扎，安装预应力管道及预埋件，浇筑混凝土；待混凝土达到设计强度的 95%弹模的 100%且龄期不少于 7 d，张拉预应力筋，先腹板后顶板张拉。主塔及主塔鞍座施工。在 0 号块上拼装挂篮，对称绑扎塔柱两侧 1 号块梁段钢筋、预应力管道及预埋件安装、浇筑混凝土；待混凝土达到设计强度的 95%弹模的 100%且龄期不少于 7 d，张拉预应力筋，先腹板后顶板张拉。

（4）移动挂篮，对称绑扎塔柱两侧的 2 号梁段钢筋、预应力管道及预埋件安装，浇筑混凝土；待混凝土达到设计强度的 95%弹模的 100%且龄期不少于 7 d，张拉预应力筋，先腹板后顶板张拉。重复以上步骤，直到 5 号梁段混凝土浇筑完成；待混凝土达到设计强度的 95%弹模的 100%且龄期不少于 7 d，张拉预应力筋，先腹板后顶板张拉。挂篮前移，对称安装斜拉索 M1、S1，并张拉至指定值。

（5）移动挂篮，对称绑扎塔柱两侧的 6 号梁段钢筋、预应力管道及预埋件安装，浇筑混凝土；待混凝土达到设计强度的 95%弹模的 100%且龄期不少于 7 d，张拉预应力筋，先腹板后顶板张拉。重复以上步骤，直到 7 号梁段混凝土浇筑完成；待混凝土达到设计强度的 95%弹模的 100%且龄期不少于 7 d，张拉预应力筋，先腹板后顶板张拉。对称安装斜拉索 M2、S2，并张拉至指定值。重复步骤（1）~（3），悬臂浇筑 8 ~ 20 号节段，相应张拉 3 ~ 7 号斜拉索，并张拉至张拉力。

（6）同步安装两侧边跨直线段支架，绑扎钢筋，安装预应力管道，安装模板，浇筑边跨直线段混凝土。

（7）做好边跨合龙段合龙准备。安装边跨合龙吊架，安装合龙锁定劲性骨架，张拉临时合龙钢束 TH2、C1，张拉控制应力 500 MPa，浇筑合龙段混凝土。待混凝土达到设计强度的 95%弹模 100%且龄期不小于 7 d，按照先长索后短索的顺序，张拉剩余的边跨顶、底板预应力钢束，再补充张拉预应力筋 TH2、C1 至设计张拉应力。拆除边跨挂篮。

（8）做好中跨合龙段合龙准备。对称安装中跨合龙吊架及合龙段配重。在中跨合龙口施工 3 500 kN 反顶力。安装合龙锁定劲性骨架，张拉临时合龙钢束 TH2、B1，张拉控制应力 500 MPa，浇筑合龙段混凝土，同步卸除配重。待混凝土达到设计强度的 95%弹模 100%且龄期不小于 7 d，按照先长索后短索的顺序，张拉剩余的中跨顶、底板预应力钢束，最后补充张拉预应力筋 TH2、B1 至设计张拉应力。拆除中跨挂篮。

（9）存梁 60 d。桥面工程及附属结构施工。全桥斜拉索索力测试，调整至设计值。通车运营。

根据桥梁施工方案和实际施工顺序，按单元安装、挂篮移动、预应力张拉和斜拉索张拉详细划分施工阶段，包括二期恒载、10 年收缩徐变，共 89 个施工阶段。

顺德水道大桥实际施工节点时间如表 11.1 所示。

表 11.1　顺德水道大桥实际施工节点时间

进度节点	57#墩	58#墩
主墩施工完成	2018 年 11 月 27 日	2019 年 1 月 26 日
主梁挂篮施工开始	2019 年 1 月 1 日	2019 年 5 月 6 日
主塔施工完成	2019 年 7 月 6 日	2019 年 8 月 27 日
主桥斜拉索施工开始	2019 年 7 月 16 日	2019 年 9 月 3 日

续表

进度节点	57#墩	58#墩
春节假期（疫情期间）停工	2020 年 1 月 14 日至 2020 年 3 月 25 日	
主桥斜拉索全部安装完成	2020 年 4 月 27 日	2020 年 4 月 21 日
主梁悬臂施工完成	2020 年 6 月 26 日	2020 年 6 月 15 日
主梁边跨合龙	2020 年 7 月 10 日	2020 年 6 月 28 日
主梁主跨合龙	2020 年 7 月 22 日	

春节期间，突如其来的新冠肺炎疫情，让在建的顺德水道大桥按下了“暂停键”。随着疫情防控形势逐步好转，监控单位第一时间进驻现场进行对桥梁结构的监测。4 月初，顺德水道大桥建设者按下了复工复产“加速键”。复工后，监测单位对停工期间大悬臂产生的收缩徐变进行模拟计算分析，对原模型计算结果进行修正处理，保障了施工生产顺利推进，确保了大桥顺利合龙。

二、数值仿真分析

（一）结构计算参数选择

1. 材料参数

桥墩、主梁、主塔用混凝土性能参数如表 11.2 所示，结构用钢筋、预应力钢绞线性能参数如 11.3 和表 11.4 所示，预应力管道采用金属波纹管。

表 11.2　混凝土材料参数表

结构部位	桥墩	主梁	主塔
混凝土强度等级	C60	C50	C40
弹性模量 E/MPa	36 500	35 500	34 000
泊松比 μ	0.2	0.2	0.2
轴心抗压强度标准值 f_c/MPa	40	33.5	27
轴心抗拉强度标准值 f_{ct}/MPa	3.5	3.1	2.7

表 11.3　钢筋、钢绞线材料参数表

（预应力）钢筋级别	抗拉强度标准值 f_{sk}/MPa	抗拉计算强度 f_s/MPa	抗压计算强度 f_s/MPa	弹性模量 E_s/MPa
HRB400 钢筋	400	400	400	2.0×10^5
$\Phi^s15.2$	1 860	1 674	380	1.95×10^5

表 11.4　预应力参数表

钢绞线线胀系数	钢绞线松弛率	锚具变形、钢束回缩	管道摩阻系数 μ	管道偏差系数 κ
1.18×10^{-5}	2.5%	6 mm	0.26	0.03

2. 荷　载

1）永久荷载

（1）结构自重：钢筋混凝土 25 kN/m³；预应力混凝土 2.6 t/m³；自重系数：-1.04。

（2）二期恒载：考虑沥青混凝土桥面铺装、人行道板、人行道栏杆、防撞护栏等构造，计算得到标准段双线按 90 kN/m 计。

（3）混凝土收缩及徐变：根据《公路钢筋混凝土及预应力混凝土桥涵设计规范》（JTG D62—2004）取用混凝土名义，混凝土的名义徐变系数按照规范附表 F2.2 取值。收缩徐变按 10 年考虑，相对湿度为 0.8。

（4）预应力荷载：全桥共布置 256 束钢绞线，张拉应力为 1 302 N/mm²。

（5）索力：全桥共布置 56 束斜拉索。

（6）挂篮荷载：每侧挂篮为 800 kN。

（7）风载：主要模拟风荷载对主塔和主梁的作用。

（8）合龙配重：在大桥合龙阶段，为模拟合龙后的状态施加配重。

（9）反推力荷载：在大桥合龙阶段达到设计要求的主塔偏位和主梁受力状态。反推力两侧施加 350 t。

2）移动荷载

（1）车辆荷载：设计荷载标准为列车 B 型 6 节编组，满载轴重 140 kN。

（2）检修道荷载：4 kN/m²。

（3）人群荷载：4 kN/m²。

温度效应：全桥整体升降温 20 °C。

（二）有限元模型的建立

采用大型通用有限元分析计算软件 MIDAS/civil 对佛山地铁三号线顺德水道大桥进行有限元分析计算。根据施工过程和桥梁的结构特点将大桥离散为相应的单元和节点，将主梁和桥墩、桥塔离散为梁单元，斜拉索则选用只受拉桁架单元模拟，而桥塔与斜拉索之间的连接选用刚性连接来模拟；其中，刚性连接中主节点为桥塔节点，从节点为斜拉索的节点。全桥有限元模型共计 493 个节点，456 个单元，其中 400 个梁单元，56 个只受拉桁架单元，主墩、主梁和主塔为塔梁墩固结体系采用一般支承约束 6 个自由度模拟。边墩支座采用一般弹性支承模拟。约束承台底部节点所有平动自由度和转动自由度，以模拟桥梁的主墩的支撑边界条件。主梁端部节点的支撑边界条件通过刚性连接模拟。如图 11.2 所示。

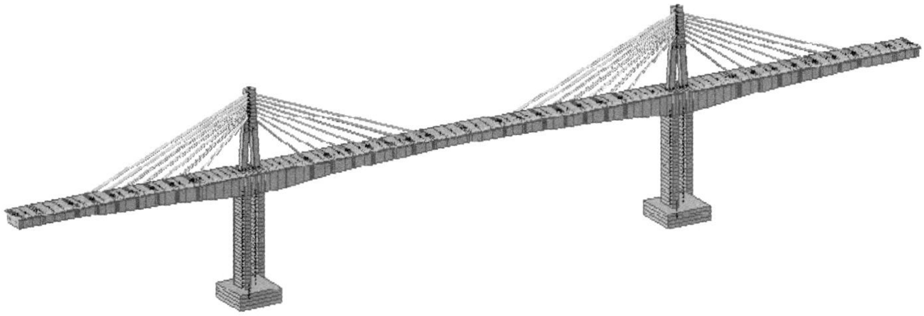

图 11.2　有限元分析模型图

各施工阶段荷载工况如表 11.5 所示。

表 11.5 施工阶段荷载工况表

序号	荷载工况	施工阶段					主梁合龙阶段	二期铺装施工	运营阶段
		主墩施工	主塔施工		主梁施工				
			有斜拉索梁端	无斜拉索梁端	有斜拉索梁端	无斜拉索梁端			
1	结构自重	√	√	√	√	√	√	√	√
2	二期恒载								√
3	混凝土收缩及徐变	√	√	√	√	√	√	√	√
4	预应力荷载				√	√	√	√	√
5	索力				√		√	√	√
6	挂篮荷载				√	√	√	√	
7	风载		√		√	√	√	√	√
8	合龙配重						√	√	
9	反推力荷载						√	√	
10	移动荷载								√
11	温度荷载	√	√	√	√	√	√	√	√

（三）计算结果与设计模型比对

为明确桥梁在施工及运营过程中的受力状态，保证桥梁在施工和运营中的安全性，基于桥梁施工方案及设计资料，对该桥的施工过程和运营阶段的结构受力状态进行了精细分析，并将计算结果与实测结果进行对比。

1. 反 力

表 11.6 为反力对比汇总表。

表 11.6 反力汇总 单位：kN

	监控方计算						
位置	恒载	列车活载		主力组合		主力+附加力组合	
		最大	最小	最大	最小	最大	最小
LS56#（单支座）	1 645.3	732.6	−108.7	2 478.2	1 550.2	2 601.6	1 458.8
LS57# 承台底	146 338.4	6 729.7	−145.1	153 208.2	145 772.8	153 498.7	145 388.3
LS58# 承台底	149 043.2	6 727.1	−140.9	155 879.4	148 447.5	156 152.1	148 076.8
LS59#（单支座）	1 650.3	728.0	−109.4	2 482.5	1 544.3	2 610.8	1 448.0
	设计方计算						
位置	恒载	列车活载		主力组合		主力+附加力组合	
		最大	最小	最大	最小	最大	最小
LS56#（单支座）	1 639	726	−109	2 507	1 468	2 704	1 315
LS57#承台底	146 667	6 637	−142	153 529	146 229	153 973	145 653
LS58#承台底	149 462	6 633	−140	156 320	149 027	156 742	148 473
LS59#（单支座）	1 636	787	−111	2 512	1 460	2 709	1 347

2. 施工阶段分析

1）最大悬臂施工阶段主梁应力

由于桥梁在悬臂浇筑施工过程中主梁悬臂长度的增大，主梁在墩顶（塔根）附近截面的受力也随之增大，最大悬臂阶段为施工过程的最不利工况，因此下面给出了最大悬臂施工阶段主梁上下缘应力包络图及与设计对比结果，如表 11.7 所示。

表 11.7　最大悬臂施工阶段主梁应力

<table>
<tr><th colspan="2">位置</th><th>计算结果图示</th></tr>
<tr><td rowspan="2">上缘应力</td><td>监控计算</td><td>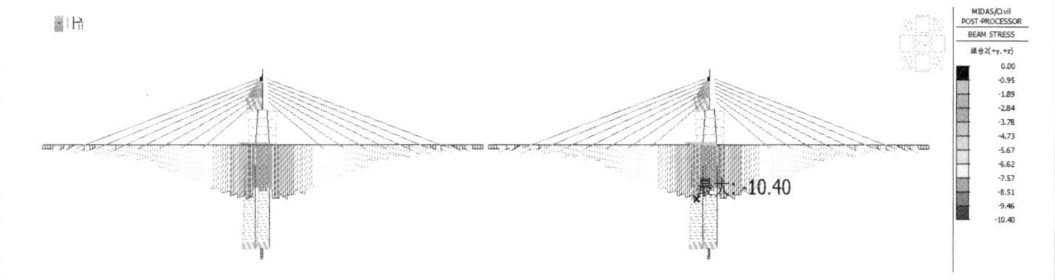
</td></tr>
<tr><td>设计计算</td><td>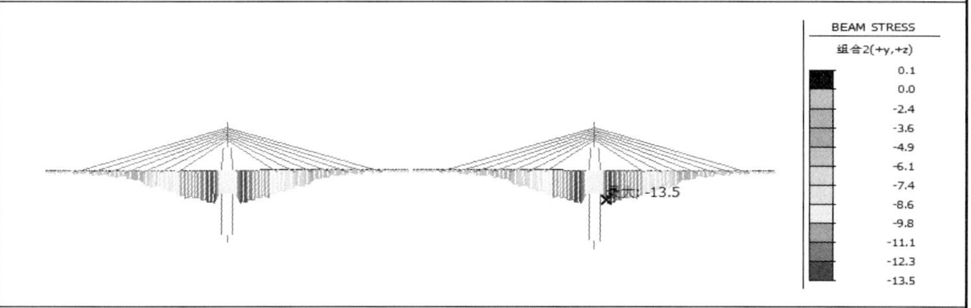
</td></tr>
<tr><td rowspan="2">下缘应力</td><td>监控计算</td><td>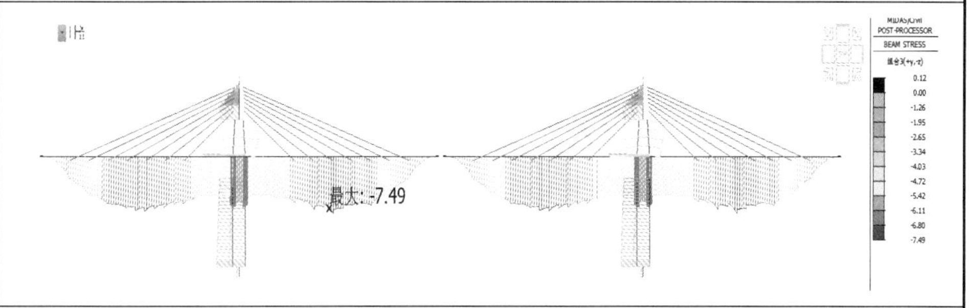
</td></tr>
<tr><td>设计计算</td><td>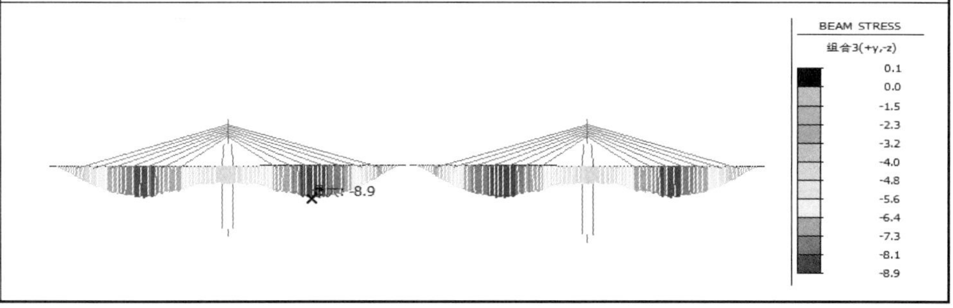
</td></tr>
</table>

2）施工阶段主梁最大压应力计算汇总

将几个主要施工阶段主梁最大压应力计算结果汇总于表 11.8。由表中数据可见，双方的计算值相近，各施工阶段主梁最大压应力均满足规范要求。

表 11.8　施工阶段主梁最大压应力计算结果比较表

施工阶段	主梁上下缘	最大应力值位置	监控方计算值/MPa	设计方计算值/MPa	规范允许值/MPa
最大悬臂阶段	上缘	主梁根部截面	−10.4	−13.5	《铁桥混规》第 7.4.4 条 $\sigma_c \leqslant 0.75 f_c$ =30 MPa
	下缘	中跨四分点截面	−7.5	−8.9	
从 0#块至合龙施工全过程	上缘	主梁根部截面	−13.8	−15.2	
	下缘	中跨跨中截面	−19.5	−20.7	
二期恒载施工完成后	上缘	中跨跨中截面	−10.5	−10.7	
	下缘	中跨跨中截面	−10.9	−11.9	
徐变 10 年完成后	上缘	中跨跨中截面	−11.2	−13.0	
	下缘	主梁根部截面	−6.8	−8.7	

3. 运营阶段分析

1）规范规定

本桥主梁采用 C60 混凝土，f_c=40 MPa，f_{ct}=3.5 MPa。

《铁桥规》第 7.3.10 条规范：运营阶段设计荷载作用下，正截面混凝土压应力（扣除全部预应力损失后）应符合下列规定：

主力组合作用时　　　　　$\sigma_c \leqslant 0.5 f_c$=20 MPa

主力加附加力组合作用时　$\sigma_c \leqslant 0.55 f_c$=22 MPa

《铁桥规》第 7.3.11 条规范：运营阶段设计荷载作用下，正截面混凝土受拉区应力（扣除全部预应力损失后）应符合下列规定：

对不允许出现拉应力的构件　$\sigma_{ct} \leqslant 0$

对允许出现拉应力但不允许开裂的构件　$\sigma_{tp} \leqslant 0.7 f_{ct}$=2.45 MPa

《铁桥规》第 7.3.9 条规范：运营阶段设计荷载作用下，斜截面抗裂性（混凝土主拉应力、主压应力）应符合下列规定：

$\sigma_{tp} \leqslant f_{ct}$=3.5 MPa，$\sigma_{cp} \leqslant 0.6 f_c$=24 MPa，$\sigma_{cp} \leqslant 0.66 f_c$=26.4 MPa（主力+附加力组合）

《铁桥规》第 7.3.15 条规范：运营阶段设计荷载作用下，混凝土的最大剪应力应符合下列要求：$\tau_c = \tau_c - \tau_p \leqslant 0.17 f_c$=6.8 MPa。

2）桥梁结构计算

运营阶段最不利组合下主梁正截面最大压应力、斜截面最大剪应力及抗裂验算结果汇总于表 11.9。由表中数据可见，双方的计算值相近，运营阶段主梁正截面压应力、斜截面剪应力及抗裂验算均满足规范要求。

表 11.9　运营阶段主梁应力验算结果比较表

验算内容	荷载组合工况	主梁上下缘	最大/小值位置	监控方计算值/MPa	设计方计算值/MPa	规范允许值/MPa
主梁正截面压应力	主力组合工况	上缘	中跨跨中截面	−13.7	−13.2	−20.0
		下缘	中跨主梁根部截面	−12.7	−13.5	
	主力+附加力组合工况	上缘	中跨跨中截面	−16.9	−18.2	−22.0
		下缘	中跨主梁根部截面	−13.1	−14.9	

续表

验算内容	荷载组合工况	主梁上下缘	最大/小值位置	监控方计算值/MPa	设计方计算值/MPa	规范允许值/MPa
主梁正截面抗裂	主力组合工况	上缘	边跨近端部截面	−3.2	−3.3	0（不允许出现拉应力）
		下缘	边跨近端部截面	−2.1	−2.7	
	主力+附加力组合工况	上缘	边跨近端部截面	−0.5	−0.5	
		下缘	边跨近端部截面	−1.2	−1.3	
主梁斜截面抗裂	主力组合工况	主压应力	中跨跨中截面	−16.9	−17.1	24.0
		主拉应力	中跨 *L*/4、3*L*/4 截面	1.3	1.2	3.5
	主力+附加力组合工况	主压应力	中跨跨中截面	−20.8	−23.1	26.4
		主拉应力	主梁主墩顶截面	1.55	1.5	3.5
主梁剪应力	主力组合工况	—	中跨 5*L*/8 截面	2.1	2.4	6.8
		—	中跨 3*L*/8 截面	−2.1	−2.4	
	主力+附加力组合工况	—	主梁 57#墩顶截面	2.4	3.6	
		—	主梁 58#墩顶截面	−2.4	3.6	

主力组合工况主梁应力包络图如表 11.10 所示。

表 11.10　主力组合工况主梁应力包络图比较表　　　单位：MPa

<table>
<tr><td>位置</td><td colspan="2">计算结果对比</td></tr>
<tr><td rowspan="2">上缘应力</td><td>监控计算</td><td>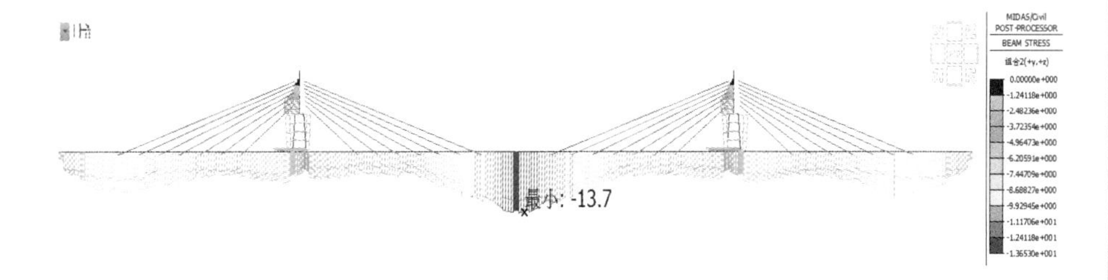
</td></tr>
<tr><td>设计计算</td><td>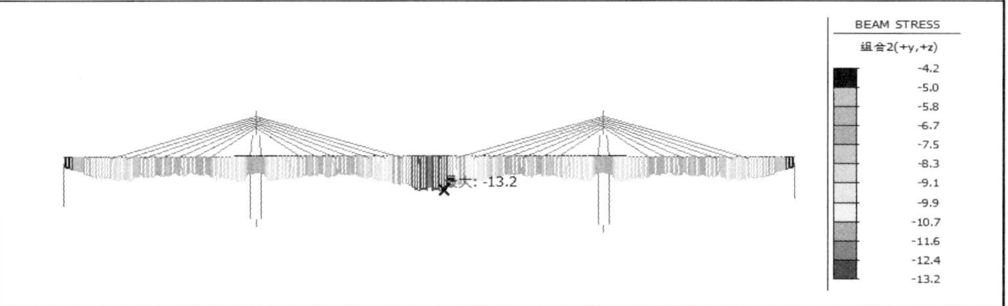
</td></tr>
<tr><td>下缘应力</td><td>监控计算</td><td>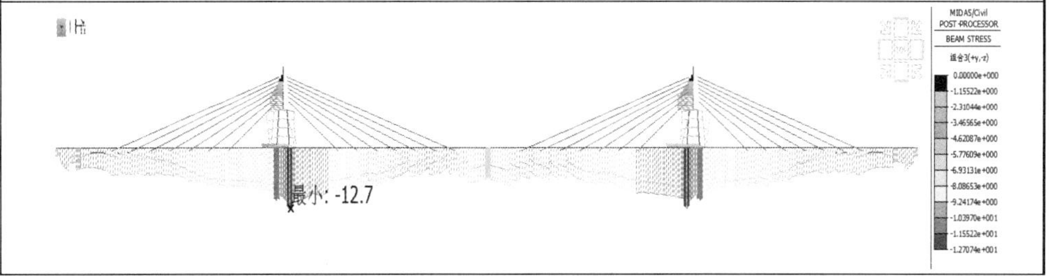
</td></tr>
</table>

续表

位置		计算结果对比
下缘应力	设计计算	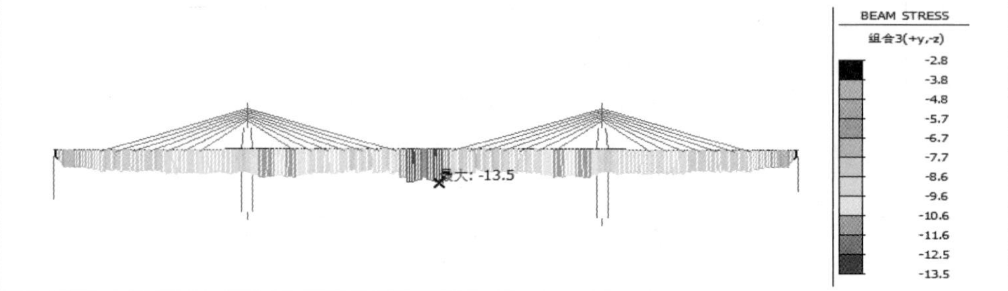

（四）施工监控过程中的计算结果

基于和设计比对的有效监控计算模型，结合现场施工工序以及施工荷载位置，对 89 个施工阶段进行仿真计算，主要计算主梁挠度、主塔偏位、主梁应力、主墩应力、主塔应力、斜拉索索力，理论计算结果用于指导施工过程监控。

1. 位移计算

位移计算主要包括主梁的挠度和主塔偏位计算。

1）主梁挠度

主梁挠度计算主要体现在通过施工阶段分析得出在施工阶段各节点在不同工况下的位移情况，得出施工预拱度，进一步计算立模标高，从而指导施工放样，最终确保桥梁线型符合设计要求。

立模标高的确定是施工监控的主要内容。通过监控模型计算分析后，可以从模型后处理数据中提取出施工预拱度理论值。经过对施工过程中测量数据的整理分析并进行参数识别，可以得出能应用于实际的合理施工预拱度。理论预拱度包括施工预拱度和成桥预拱度两部分，施工预拱度主要是施工时候的节段累计位移的反拱度。成桥预拱度包括活载及运营阶段收缩徐变（一般取 10 年）等引起位移的反拱度。其中节段累计位移包括一期恒载、二期恒载、预应力张拉、挂篮重量、挂篮弹性变形、施工荷载、日照温差、斜拉索张拉及施工阶段收缩徐变等引起的变形。对支架现浇的节段，应考虑支架弹性变形、非弹性变形以及地基沉陷的影响。

$$\begin{cases} f_{立} = f_{设} - (f_{累计} + f_{活} + f_{收徐10}) \\ f_{累计} = f_{自重} + f_{挂} + f_{二} + f_{收徐} + f_{预} + f_{斜} \end{cases}$$

式中　向下变形取正值，向上变形取负值。

$f_{立}$——立模标高；

$f_{设}$——设计标高；

$f_{累计}$——梁段自身及后续梁段施工对该节段高程引起的累计位移；

$f_{活}$——活载引起的位移；

$f_{收徐10}$——混凝土收缩徐变引起的位移，按 10 年计算；

$f_{挂}$——挂篮引起的位移，包括挂篮自重和挂篮弹性变形引起的位移量，若支架施工则为支架变形量；

$f_{二}$——二期恒载引起的位移；

$f_{收徐}$——施工节段收缩徐变引起的位移；

$f_{预}$——张拉预应力引起的位移；

$f_{斜}$——张拉斜拉索引起的位移。

除此以外，若日照温差较大，且需要在烈日下进行立模操作，则必须计入日照温差的影响。

正确计算立模标高除了确保仿真计算模型准确性外，还须确保计算模型中模拟的施工阶段与实际的施工工序是一致的。施工过程中，还需要在多个工况下对每一节段标高进行跟踪测量，利用测量数据进行参数识别，并修改仿真计算模型中相应参数，使得仿真计算模型与桥梁真实反应相一致。

顺德水道大桥应用 midas/civil 建立监控用计算模型对施工过程仿真分析，利用 midas/civil 的悬臂节段施工预拱度表格功能提取出施工预拱度。图 11.3 为 57#墩边跨主梁 14#节段位移曲线，表示出了 14#梁段自身及后续梁段施工对该节段高程引起的累计位移。全桥主梁每个节段都有这样的曲线。

由图 11.3 可知，57#墩边跨主梁 14#节段施工预拱度为 41.4 mm，依此值和设计预拱度再考虑前节段实测值与理论值的偏差的调整，可确定合理立模标高，成桥时可达到目标标高。

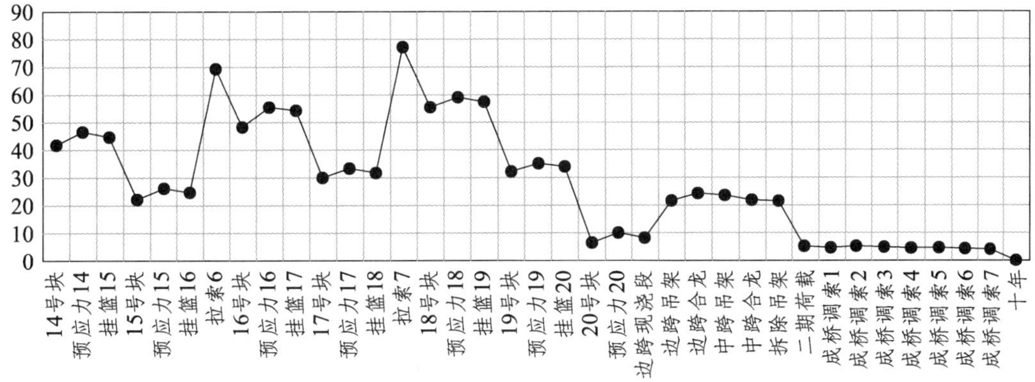

图 11.3　57#墩边跨主梁 14#节段位移曲线

2）主塔偏位

主塔偏位主要计算在斜拉索张拉工况下塔顶的顺桥向位移值和竖向位移，利用仿真模型计算 57#墩和 58#拉索 1 ~ 拉索 7 张拉时使塔顶产生的顺桥向位移值和竖向位移，图 11.4 和图 11.5 示出了 58#墩塔顶位移计算结果。施工过程中，实测值与理论值对比，可掌握斜拉索张拉情况及检验主塔刚度。

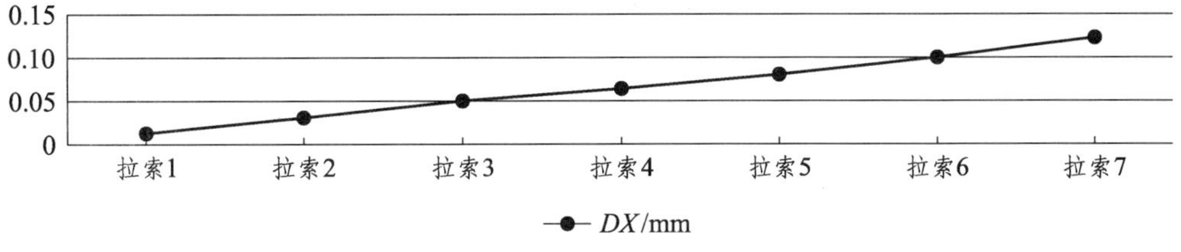

图 11.4　58#墩斜拉索张拉工况下塔顶位移曲线（顺桥向）

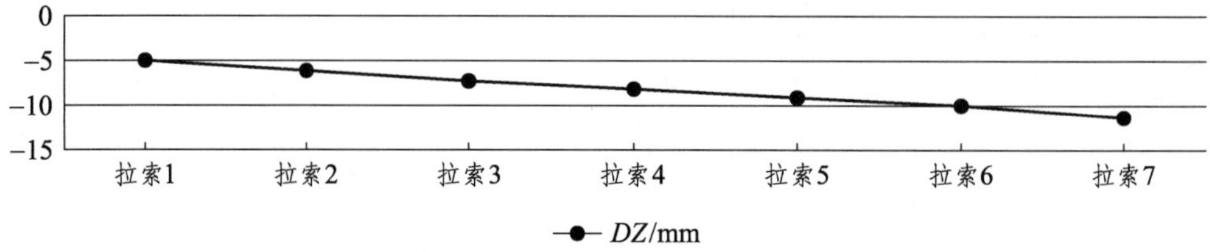

图 11.5 58#墩斜拉索张拉工况下塔顶位移曲线（竖向）

2. 应力计算

应力计算主要包含主梁应力计算、主墩应力计算和主塔应力计算。通过对于桥梁施工过程的精细化模拟分析，得出桥梁结构的关键部位对应模型中的单元在整个施工过程中出现内力变化值，从而可以在结构施工初期预测后续阶段施工在关键截面引起的内力变化，结合现场实测结果分析桥梁结构在施工过程中的受力状态是否超出设计允许值，进一步确保施工过程中结构安全。

1）主梁应力

主梁应力计算截面主要包含墩顶截面、*L*/4 截面和 *L*/2 截面。如图 11.6 所示。

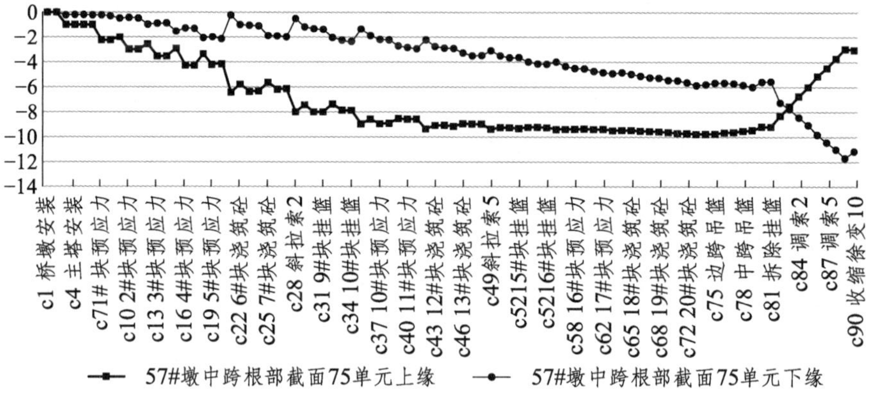

图 11.6 57#墩中跨根部截面应力曲线

2）主墩应力

主墩应力计算截面主要包括墩顶截面和主墩承台侧截面。如图 11.7 所示。

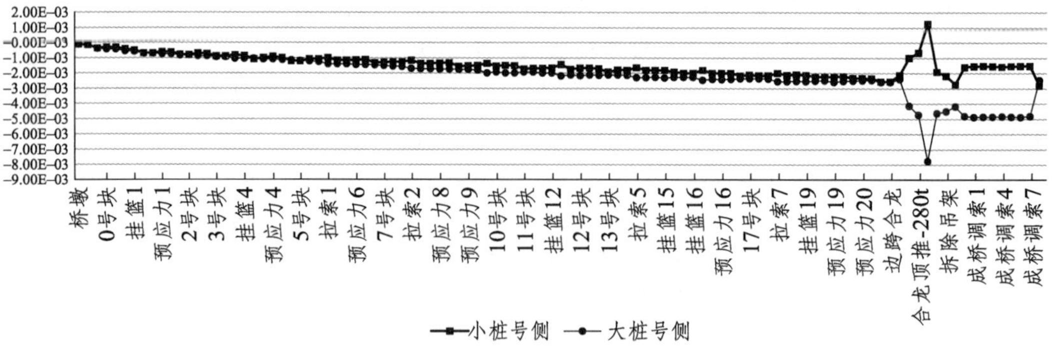

图 11.7 58#墩大桩号侧墩顶截面应力曲线

3）主塔应力

主塔应力截面主要包括主塔根部截面和主塔合龙处截面。如图 11.8 所示。

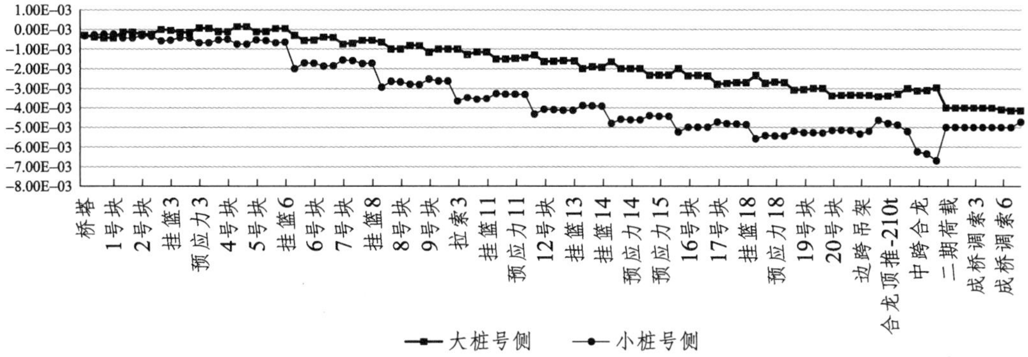

图 11.8　58#墩主塔根部截面应力曲线

3. 斜拉索索力计算

斜拉索的索力计算是根据设计给出的成桥索力，按照已经确定的施工顺序逆解模型，在不同工况下得到对应的索力值，即为该工况下的索力值，该方法称为倒拆法。但为了更准确地判断倒拆结果的准确性，还需将倒拆的结果再进行一次正装分析计算，与原设计成桥索力进行比对。如果吻合则所得到的索力即为施工阶段的索力，否则，还需进行多次上述步骤进行迭代分析，最终结果接近时即为最终的施工阶段索力。

斜拉桥受斜拉索索力影响非常大，索力会影响整个桥梁结构的受力状态，在施工阶段的索力取值，还会影响主桥的桥梁线型，所以通过计算分析得出合理有效的施工阶段索力数据是非常重要的。设计方给出的顺德水道大桥全部斜拉索初张力和成桥最大索力如表 11.11 所示。

表 11.11　全桥斜拉索索力表

斜拉索编号	单元	初张力/kN	成桥最大索力/kN
58#边跨 7#索	169	3 400.0	3 604.0
	170	3 400.0	3 604.0
58#边跨 6#索	171	3 400.0	3 594.0
	172	3 400.0	3 594.0
58#边跨 5#索	173	3 400.0	3 560.0
	174	3 400.0	3 560.0
58#边跨 4#索	175	3 500.0	3 575.0
	176	3 500.0	3 575.0
58#边跨 3#索	177	3 500.0	3 507.0
	178	3 500.0	3 507.0
58#边跨 2#索	179	3 600.0	3 489.0
	180	3 600.0	3 489.0
58#边跨 1#索	181	3 600.0	3 419.0
	182	3 600.0	3 419.0
58#中跨 1#索	183	3 600.0	3 433.0
	184	3 600.0	3 433.0

续表

斜拉索编号	单元	初张力/kN	成桥最大索力/kN
58#中跨 2#索	185	3 600.0	3 484.0
	186	3 600.0	3 484.0
58#中跨 3#索	187	3 500.0	3 475.0
	188	3 500.0	3 475.0
58#中跨 4#索	189	3 500.0	3 520.0
	190	3 500.0	3 520.0
58#中跨 5#索	191	3 400.0	3 486.0
	192	3 400.0	3 486.0
58#中跨 6#索	193	3 400.0	3 501.0
	194	3 400.0	3 501.0
58#中跨 7#索	195	3 400.0	3 494.0
	196	3 400.0	3 494.0

图 11.9 为监控计算所得的 58#墩边跨 7#斜拉索索力变化曲线，由此可知该索张拉索力取 3 400 kN，成桥时即可达到设计成桥索力的目标值。

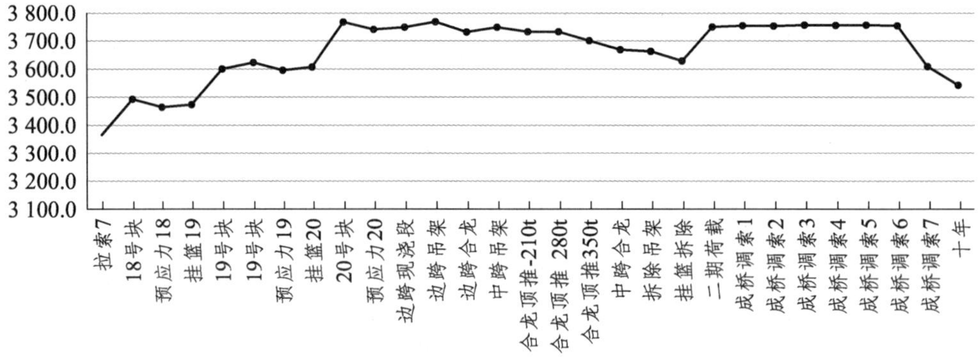

图 11.9　58#墩边跨 7#斜拉索索力变化曲线

三、小　结

桥梁施工监控过程中，特别是大跨度结构和结构较为复杂的桥梁，对结构进行仿真计算是非常必要的。第一，可以复核设计计算结果的正确性；第二，通过与设计计算结果比对，可以保证监控计算模型的有效性；第三，通过按实际施工情况修正模型，做到仿真计算，其结果可有效指导施工监控。本章所述顺德水道大桥的计算，复核了设计计算满足规范要求，监控计算模型所得结果与设计计算结果相近，说明可运用此模型进行施工监控计算。在施工过程中按施工方案和实际施工状态修正参数，计算各施工阶段桥梁主要构件的内力、位移，有效地指导了监控过程，保证了桥梁安全施工，高精度合龙。

第十二章

顺德水道大桥线形控制技术

三号线工程顺德水道大桥为（93.55+168.5+93.55）m 预应力混凝土箱梁矮塔斜拉桥，墩塔梁固结，桥面宽 11.8 m。主梁为预应力混凝土单箱双室箱梁，斜拉索采用环氧喷涂钢绞线索，规格为 31Φs15.2，全桥共采用 4×7 对斜拉索。桥梁结构设计概况和桥梁施工概况如第十章所述。

矮塔斜拉桥成桥线形的影响因素复杂，为确保顺德水道大桥施工成桥后的线形达到预期要求，需对该桥的每一个施工阶段进行详尽分析、验算。在求得主梁挠度、塔柱位移等施工控制参数的理论计算值后，对施工顺序做出明确规定，在施工中加以有效的管理和控制，确保该桥在施工过程中的变形始终处于预期可控的范围内，成桥后主梁的线形符合预先的预期。结合仿真分析进行施工监控，使成桥后的线形满足设计及规范要求。

一、监控内容及监控方法

（一）监控内容

矮塔斜拉桥的位移监测主要针对主梁标高观测控制，考虑施工过程的实际状况及混凝土收缩、徐变、温度变化等因素对主梁位移的影响，保证成桥时结构的线形与设计成桥状态保持一致。

（二）监控方法

采用自适应控制方法来指导施工监控工作，通过施工过程的反馈测量数据不断更正用于施工控制的跟踪分析程序的相关参数，使计算分析程序适应实际施工过程。

（1）结构施工前期分析。对每一工况进行有限元理论分析，精确模拟施工全过程，获得结构各施工阶段的期望状态，给出各施工过程中变形的期望值，在此基础上进行施工误差灵敏度分析，确定各施工步骤的允许误差及误差出现后的位移调整方案。

（2）变形跟踪测量。根据前期分析结果和主桥实际的施工情况，对每一个节段的变形控制点进行变形测量。

（3）现场测试与现场计算分析调整。根据施工过程中位移控制点的现场跟踪测量，对测量结果与模型计算结果进行对比分析，对出现超过规范规定的误差，分析误差出现的原因，确定调整误差的措施，调整后续的施工要求。施工监控工作流程图如图 12.1 所示。

二、线形监控

（一）线形监控流程

对实测状态与原定理想状态进行对比分析，滤除随机误差并进行参数识别和调整，对结构计算模型相关数据进行修改，重新进行模型计算，从而对原定理想状态进行修正得到新的理想状态，据此预告下阶段位移控制值和立模标高。

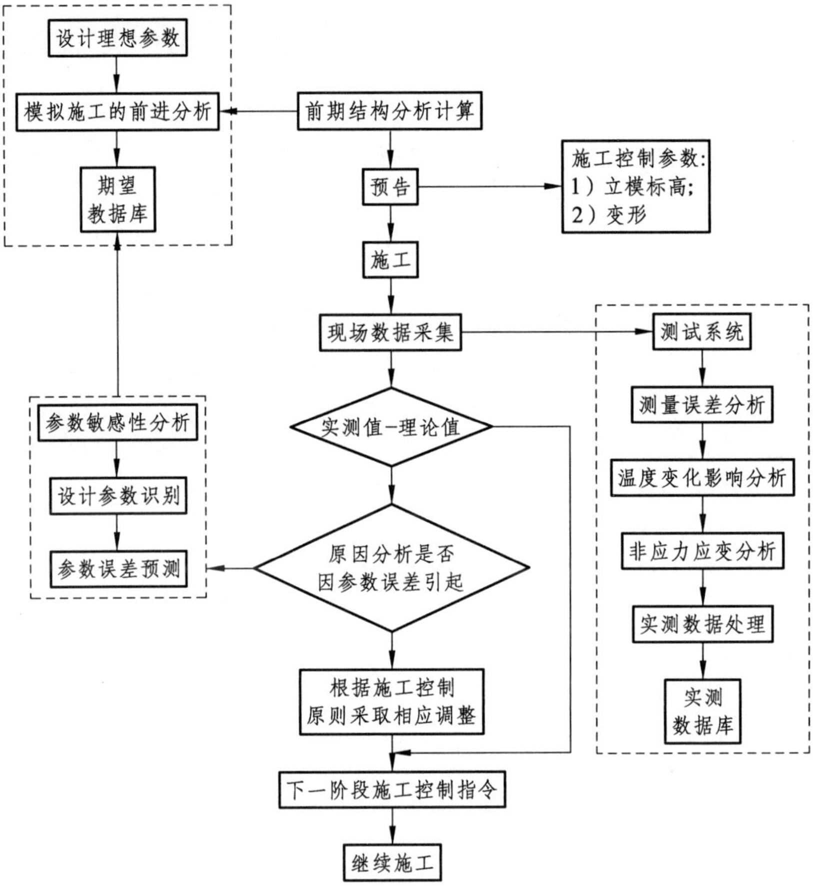

图 12.1　施工监控工作流程

（二）测点布置

1. 0#块高程观测点布置

布置 0#块件高程观测点是为了控制顶板的设计标高，同时也作为以后各节段高程观察的基准点。0#块件的顶板布置 3 个高程观测点，如图 12.2 所示。

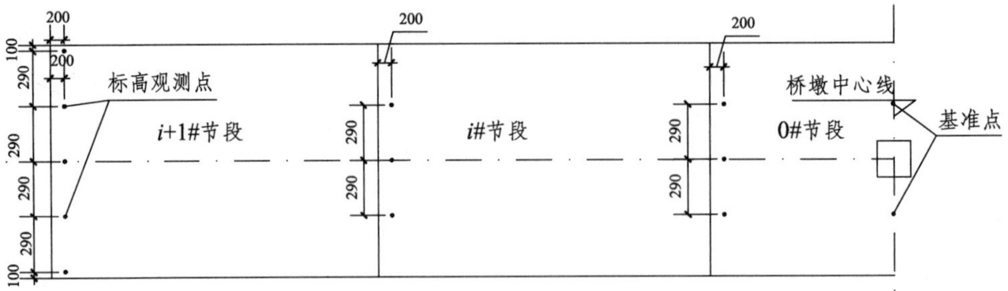

图 12.2　节段标高观测点平面布置示意图（尺寸单位：mm）

0#块是一个基准块，以后各节段的高程均以该块的高程作为测量依据。随着施工的不断推进，0#块本身也在发生变形（沉降），因此，需要经常性地与陆地上的永久基准点进行校核，以补偿沉降变形值。

2. 主梁各节段的高程观测点布置

在 1#块 ~ 21#块每个节段均布置高程观测点。在 4#、8#、12#及 16#节段各设置 5 个测点，其余每个节段各设 3 个测点，布置在离块件前端 20 cm 处。如图 12.3 和 12.4 所示。

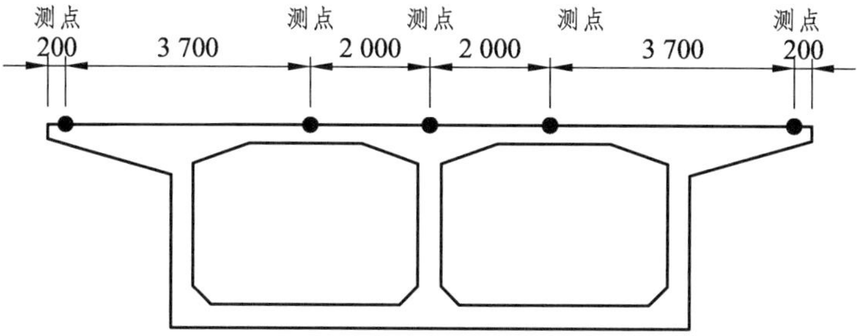

图 12.3　标准节段标高观测点断面布置图（5 个测点）（尺寸单位：mm）

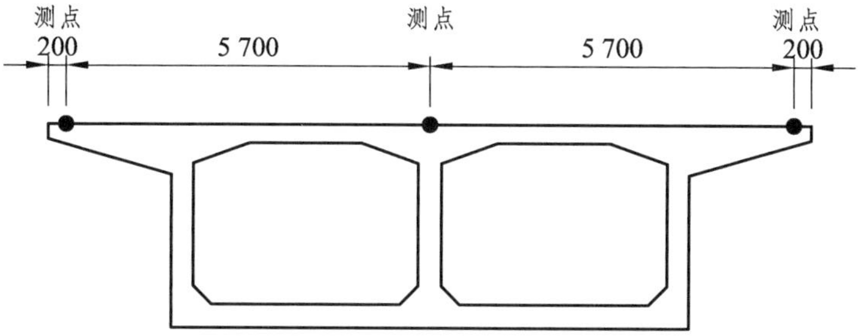

图 12.4　标准节段标高观测点断面布置图（3 个测点）（尺寸单位：mm）

3. 观测时间与观测项目

为尽量减少温度的影响，变形的观测安排在早晨太阳出来之前（一般在早晨 8:00 以前）进行。在整个施工过程中，观测内容包括：立模、混凝土浇筑前后、预加力张拉前后、张拉斜拉索前后、边（中）跨合龙前、最终成桥前以及二次调索前后均开展施工控制。

4. 测试与结果处理

本桥箱梁认真做好现场测量记录，填好标高监测数据表、挠度监测数据表及合龙后桥面标高监测数据报告。高程数据对监控来说至关重要，由于实际浇筑的箱梁梁高不可能完全等同于设计理论梁高，故测量梁底标高变成重中之重。但是本桥箱梁 3.0 ~ 6.2 m 即梁高大于铟钢标尺 2 m 长度时，要采用精密水准仪配合铟钢标尺测量梁底标高有点困难。故在放样挂篮底模立模标高的时候，先由施工单位用全站仪进行放样定位，再由监控单位利用普通 5 m 塔尺进行水准复核测量，只要两次测量误差在 1.0 cm 范围内，则可进行下一步施工。在每一节段混凝土浇筑完成后，利用普通 5 m 塔尺引测梁底测点与梁顶钢筋头测点的高差，在以后工况的测量中利用铟钢标尺进行梁顶钢筋头高程测量就可以方便了解到箱梁底高程。

测试得到的结果，一方面要与理论计算值做比较，进行参数识别和修正参数，另一方面，可掌握目前监控的成果与未来成桥后的期望值差异，为及时修正参数提供依据。

5. 测量频率

变形测量频率及测试截面按以下原则进行：

（1）测试桥墩及 0#块参考点三维坐标，以此作为日后测量数据的相对坐标系原点，但每经 4 ~ 5 施工节段的施工周期内需要复测参考点绝对坐标。

（2）施工单位根据监控单位立模指令数据定位并锁死挂篮后，测试挂篮底模前端标高，同时埋设测点钢筋头并进行水准测量。

（3）浇筑每节段混凝土前，测量前一节段主梁变形测点。

（4）浇筑每节段混凝土前后，测量当前节段及之前已浇筑的 4 个节段主梁变形测点。

（5）张拉预应力阶段前后，测试新浇筑节段变形测点。

（6）拉索前后，测量当前节段及之前已浇筑的 4 个节段主梁变形测点。

6. 高程控制精度

本桥施工控制的最终目标是：使成桥后的线形与设计线形在各测点的误差均控制在规范规定和设计要求的范围之内。根据这一目标，按《铁路桥涵工程质量验收标准》（TB10415—2003）要求，在施工中制定如下的误差控制水平。

1）测量控制

（1）新浇筑梁段梁顶标高至梁底标高引测测量误差控制在 5 mm 以内（与施工单位底模平整度有关，如不考虑底模平整度，则误差可控制在 1 mm 以内）。

（2）其余时刻高程测量误差控制在 1 mm 以内。

2）误差控制

（1）合龙高程及合龙高程差应满足设计单位提出并通过讨论的合理控制指标。

（2）挂篮定位标高与预报标高之差控制在+10 mm 以内。

（3）梁段控制测点标高与控制小组预报标高之差超过 2.0 cm 时，需经控制小组研究调整方案后，确定下一步的调整措施。

（4）成桥后，各梁段控制测点标高（梁底标高）与设计值之差主跨控制在 5.0 cm 内，边跨控制在 3.0 cm。

7. 斜拉桥施工线形控制

进行最优化线形控制的先决条件是测量结果的正确性，对于每一节段箱梁混凝土浇筑前、混凝土浇筑后、预应力张拉后、斜拉索张拉后都要对钢筋头进行仔细的测量。将测量的数据进行分析，计算误差是否在限制之内，最后再将所有梁号段的中线标高进行线形模拟，获得实测线形效果。顺德水道大桥 57#墩悬臂端和 58#墩悬臂端各工况高程对比如图 12.5 ~ 图 12.12。

8. 疫情和春节期间的影响

2020 年 1 月 14 日、15 日，顺德水道大桥 57#墩和 58#墩分别完成了主梁 16#块的预应力张拉施工，1 月 14 日、15 日进行了主梁应力、标高监测。之后春节停工，随着疫情影响，春节停工长达 57 天，在停工期间于 2 月 23 日、3 月 3 日、3 月 11 日、分别对 57#墩和 58#墩的主梁标高进行了监测，并与 1 月 15 日的结构线型进行对比，如图 12.13 所示。

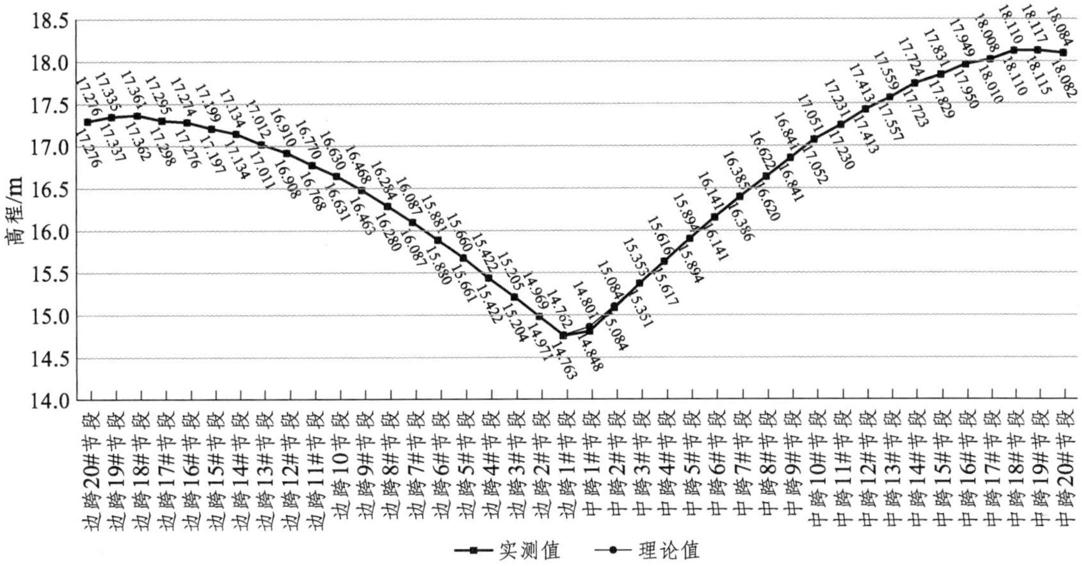

图 12.5　顺德水道大桥 57#墩悬臂施工过程中立模工况高程对比

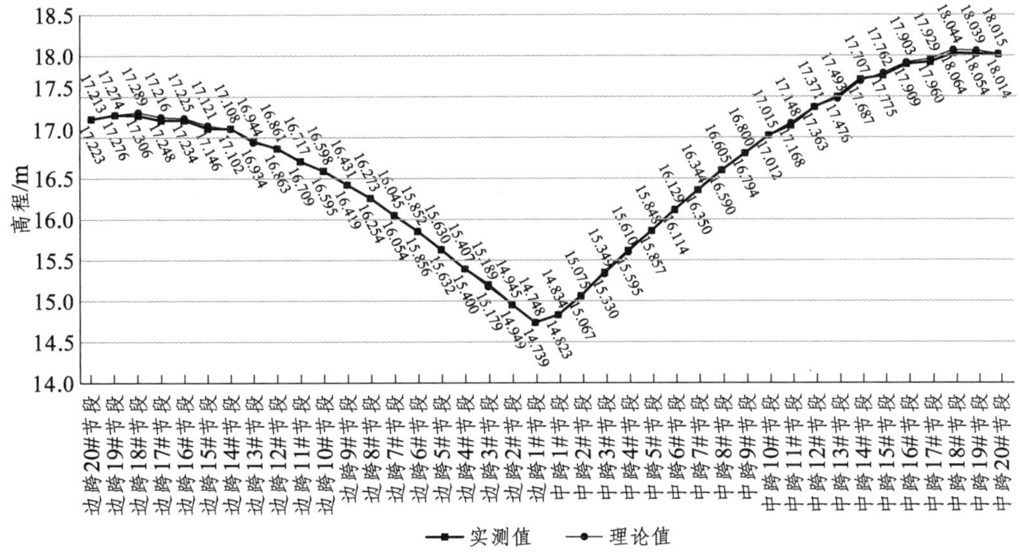

图 12.6　顺德水道桥 58#墩悬臂施工过程中混凝土浇筑后高程对比

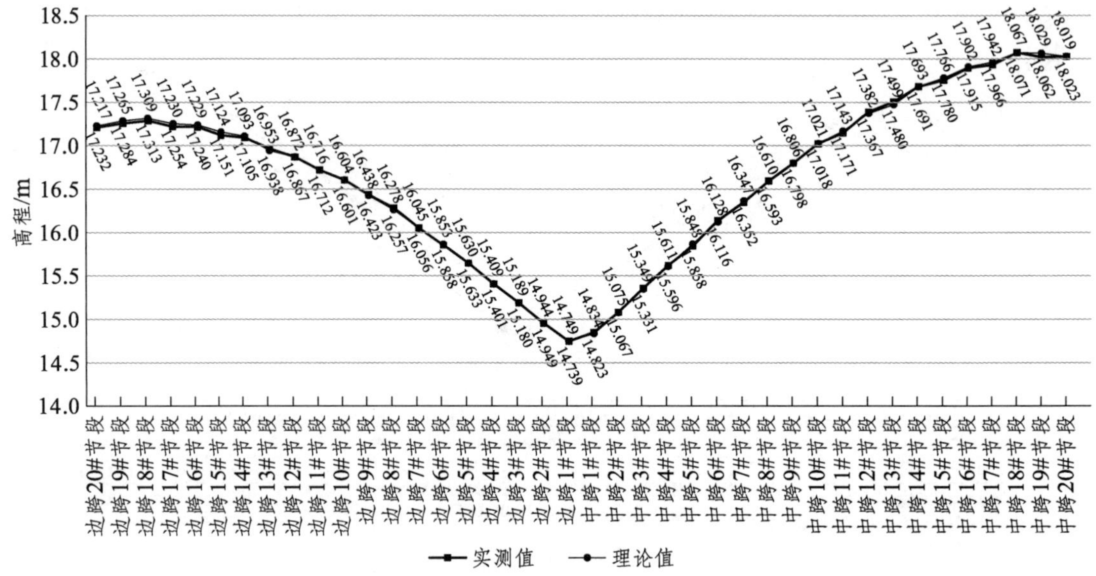

图 12.7　顺德水道桥 58#墩悬臂施工过程中预应力张拉工况高程对比

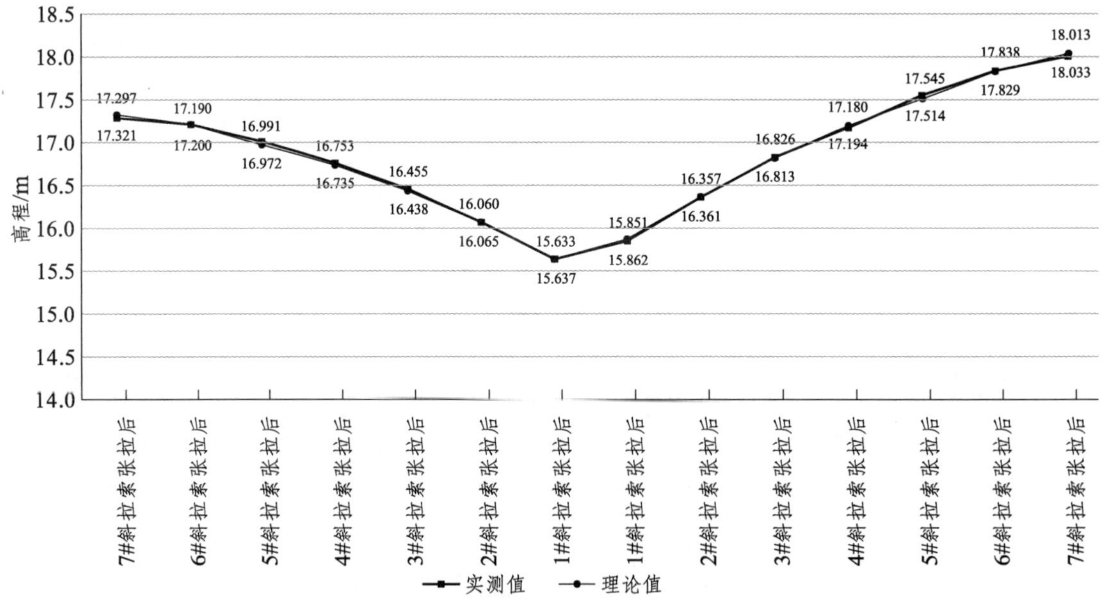

图 12.8　顺德水道桥 58#墩悬臂施工过程中预应力张拉工况高程对比

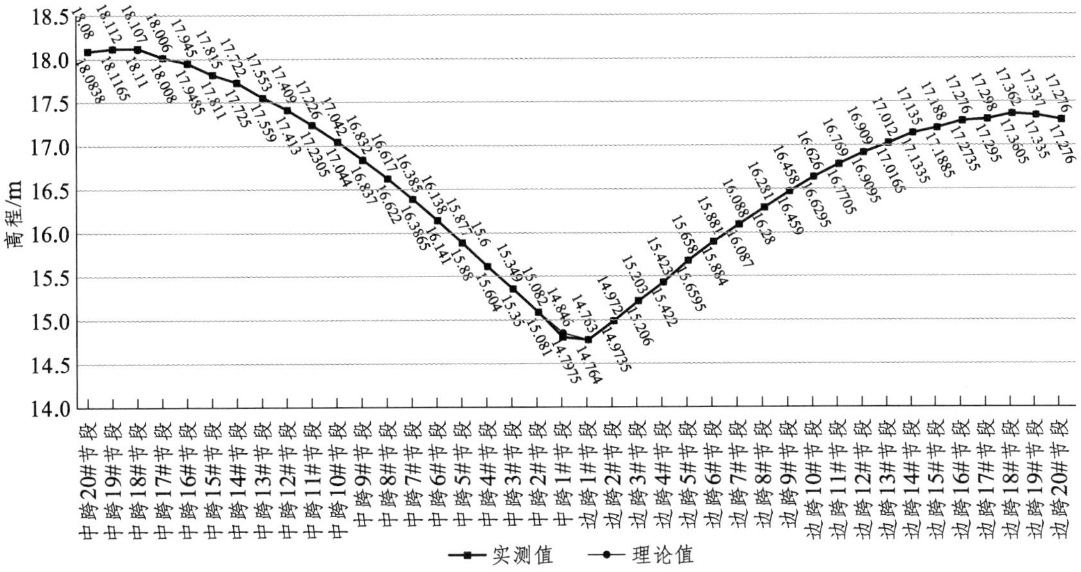

图 12.9　顺德水道大桥 58#墩悬臂施工过程中立模工况高程对比

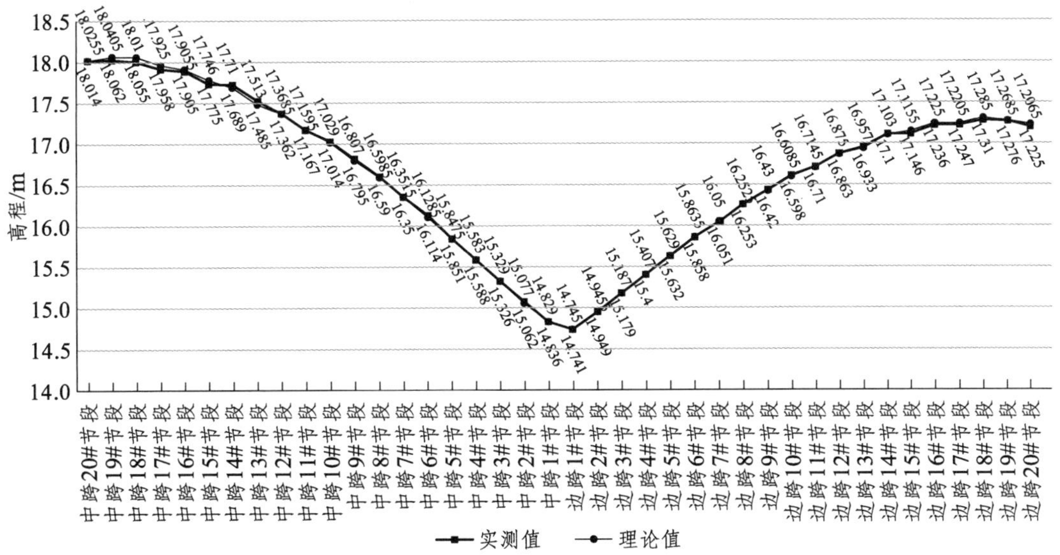

图 12.10　顺德水道桥 58#墩悬臂施工过程中混凝土浇筑后高程对比

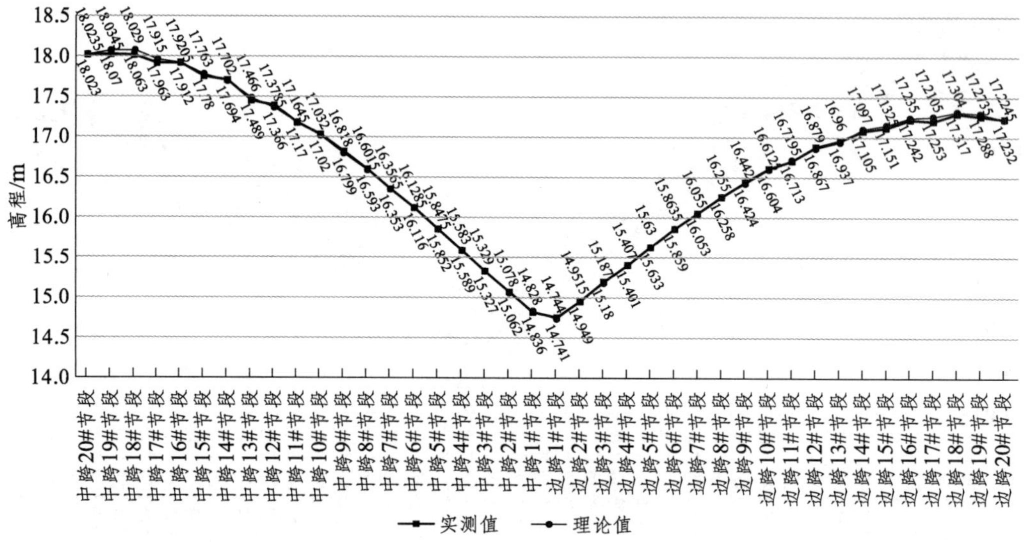

图 12.11　顺德水道桥 58#墩悬臂施工过程中预应力张拉工况高程对比

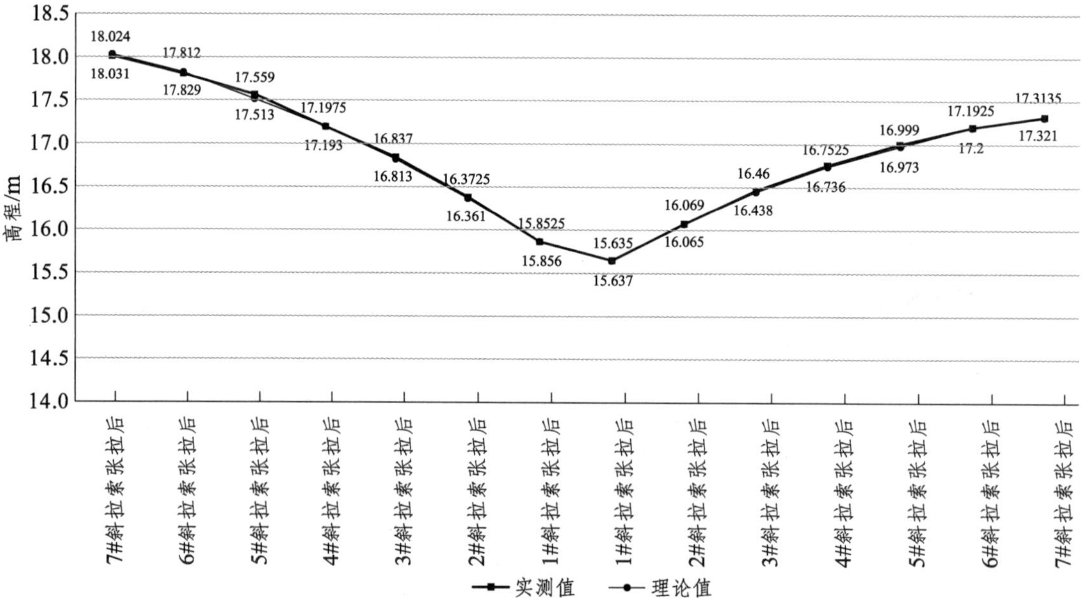

图 12.12　顺德水道桥 58#墩悬臂施工过程中预应力张拉工况高程对比

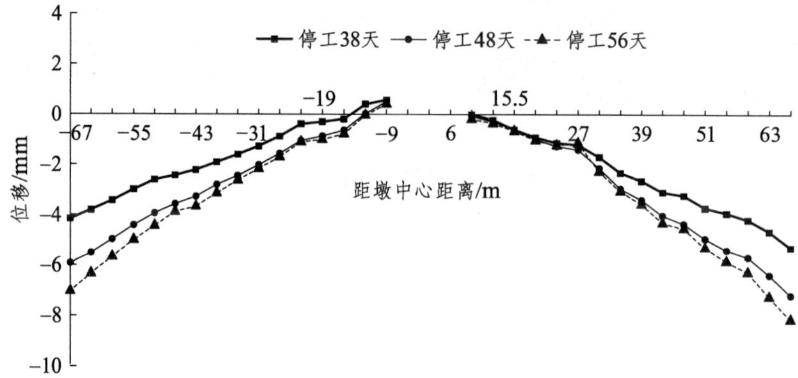

图 12.13　顺德水道大桥 LS58#墩主梁春节停工期间主梁竖向位移图

对比四次标高实测值，可知停工期间主梁整体线形下挠，单次（3 月 11 日与 3 月 3 日比较）最大位移是主梁中跨 16#块为-1.11 mm、停工期间（56 天）累计（3 月 11 日与 1 月 14 日比较）最大位移是主梁中跨 16#块为-8.11 mm。分析推断梁体下挠是由主梁混凝土结构徐变产生的。由停工引起的挠度最大为-8.11 mm，和计算分析得出的预计结果相差未超出 15 mm，故而没有进行针对此次挠度变形的调整值。

9. 温度影响监控情况

在监控过程中，影响主梁标高的因素很多，如：直接荷载、温度、收缩徐变等。其中日照温差对线形的影响将影响施工期间立模标高的确定，增加施工难度。监控前期实施时，将根据以往桥梁监控的经验预估温差对标高的影响值，后期将对顺德水道大桥进行连续的标高监测，捕获到日照温差对顺德水道大桥的影响量值，以指导顺德水道大桥合龙施工以及为日后其他类似桥梁的施工监控提供参考数据。

57#墩主梁最大悬臂端（20#块）和 58#墩主梁最大悬臂端（20#块）处于最大悬臂状态，悬臂端高程受温度影响比较大，于 2020 年 7 月 18 日、7 月 19 日对主桥中跨合龙段标高在 20:00—次日凌晨 6:00 每小时进行一次高程监测，监测结果如图 12.14 所示。

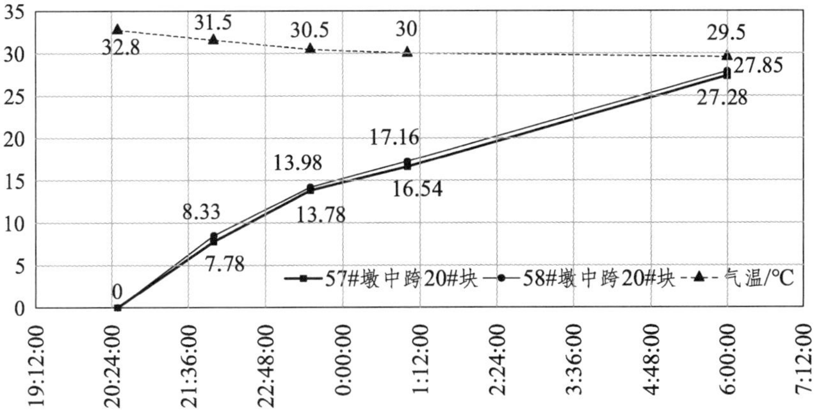

图 12.14　57#墩、58#墩主梁温度-位移曲线图

根据实测结果分析如下：

（1）57#墩主梁最大悬臂端（20#块）和 58#墩主梁最大悬臂端（20#块）合龙段两侧设计高差为 0 mm，实测高差为 5 mm，偏差为 5 mm＜20 mm，满足设计要求。

（2）悬臂端桥面标高受温度影响比较大，悬臂端高程随着气温的降低而逐渐升高。

（3）57#墩主梁最大悬臂端（20#块）和 58#墩主梁最大悬臂端（20#块）合龙段两侧高程变化趋势及大小基本一致，变化相对大小在±1 mm 之内；边跨 20#块受温度影响不大，高程变化在±1 mm 之内。

（4）从监测结果发现，受温度影响悬臂端桥面高程处于不断变化中，在 22:00 到 24:00 时，气温、高程相对稳定，故建议中跨合龙顶推在 22:00 开始，23:00—24:00 焊接劲性骨架。

10. 顺德水道大桥线形控制结果

通过施工过程中的各工况下的线型控制，以及在疫情影响下长时间停工下引起的梁体下挠，在合龙段施工时对于主梁受温度影响下的变化进行密切监测，确保大桥线型符合设计要求。图 12.15 为中跨合龙后主梁线性对比图。

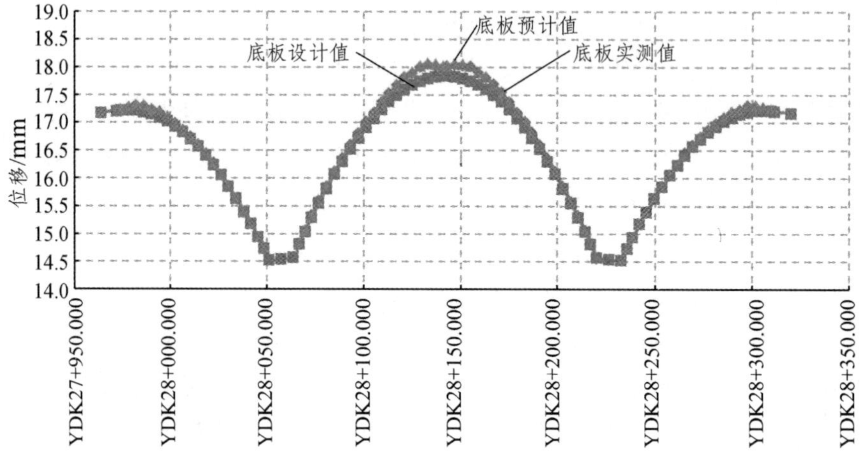

（a）底板线型比较

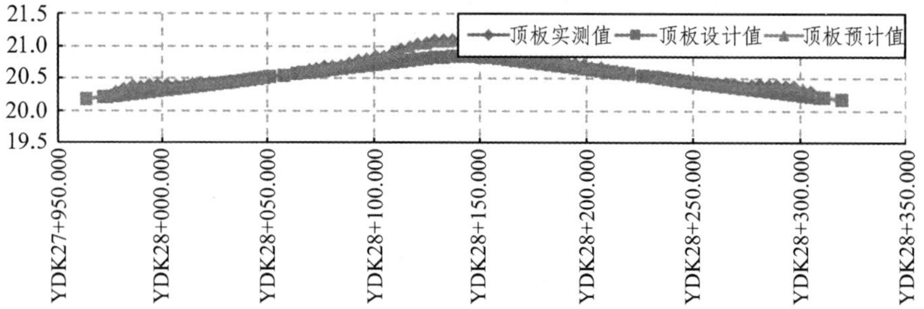

（b）顶板线型比较

图 12.15　中跨合龙后主梁线形对比图

三、小　结

矮塔斜拉桥线型控制需结合现场实测数据，及时做好调整仿真分析计算，准确预测下一节段主梁线形，严格控制每个节段主梁立模高程精度。大桥合龙准备阶段，进行了详细的模拟计算，以及对合龙口标高、合龙间距、温度等参数进行了 24 小时连续观测，并依此确定最佳合龙施工时间。大桥施工过程中做到整体管控、细节把关、科学预测，最终实现了大桥主梁高精度合龙，主跨合龙高差为 5 mm。合龙后桥梁线形满足设计要求，顺德水道大桥成桥线形平顺，达到了设计要求。

第六篇

环境与水土保持监理监测

第十三章

轨道交通工程环境监测技术管控与提升

为了解城市轨道交通施工过程的实际环境影响，监控施工现场的环境行为，应在施工期进行定期常规环境监测。一是按照环评报告书中施工期间环境监测计划要求开展施工期环境监测，及时、准确掌握建设项目环境污染状况、生态损失情况及防治效果，有针对性地提出改进措施，为环境监督管理、竣工验收及环保措施的实施提供技术保障；二是及时发现工程项目建设施工过程中可能出现的重大环境隐患问题，提出生态保护和控制污染的对策建议；三是提供环境监督管理技术依据和公众监督基础信息，促进工程项目区生态环境的有效保护和污染因子得到有效控制。

一、监测内容

根据城市轨道交通工程环境影响评价结果，其产生污染物的方式以能量损耗型（产生噪声、振动）为主，以物质损耗型（产生废水、污水、废气）为辅；对生态环境的影响以对城市社会环境的影响为主（对居民出行、拆迁安置、土地利用、城市交通、城市景观等产生影响），以对城市自然生态环境影响为辅（对城市绿地等产生影响）。

通过调查分析施工期工程性质及工点分布、作业方式等，识别施工期产生的环境影响因子，确定施工期环境监测的主要影响因子，内容见表 13.1。

表 13.1　施工期环境监测内容

监测类别	监测项目	监测点位	产生情况
生产废水	pH 值、化学需氧量、悬浮物、石油类	车站及盾构施工场地泥浆废水沉淀池或排放口	基坑开挖、地下连续墙施工、盾构施工等过程中产生的泥浆水、机械设备的冷却水、施工场地冲洗排水、施工道路养护废水等
生活污水	pH 值、化学需氧量、悬浮物、动植物油	生活区化粪池排放口	施工人员生活区的盥洗水、食堂下水和厕所冲刷水等
大气	TSP、PM_{10}	各车站施工繁忙地段场界外的学校、医院和居民点等敏感点	施工开挖、材料堆放、土方运输及粒状建材运输、堆存所产生的扬尘；施工机械、重型运输车辆运行过程中所排放的燃油废气；车站、隧道暗挖法施工，竖井风机换气排风等
噪声	场界噪声（L_{Aeq}）、环境噪声（L_{Aeq}）	各车站施工场界、各车站声环境敏感点	施工过程中各种施工机械作业噪声、施工运输车辆噪声、建筑物拆除及道路破碎作业噪声等
振动	环境振动（VL_{z10}）	各车站施工场界、线路下穿的敏感点	振动型、动力式施工机械作业等

二、监测频次

施工期环境监测频次过少，出具的环境监测数据不具代表性，偶然性因素较大，不利于评价；监测频次过多，耗费较大的人力和物力。环境监测频次一般按照环境影响评价报告书中的施工期环境监测计划及环评批复要求执行，各项目监测频次见表 13.2。

表 13.2　施工期环境监测项目、监测点、监测频次一览表

监测类别	监测项目	监测频率	监测时间
生产废水	pH 值、化学需氧量、悬浮物、石油类	每月采样 1 次	每月采样 1 次瞬时水样
生活污水	pH 值、化学需氧量、悬浮物、动植物油	每月采样 1 次	每月采样 1 次瞬时水样
大气	TSP、PM_{10}	7 天/每季度	每天采样不少于 1 h 或 20 h
噪声	场界噪声（L_{Aeq}）、环境噪声（L_{Aeq}）	2 昼夜/每季度	监测时间不少于 2 d
振动	环境振动（VL_{z10}）	2 昼夜/每季度	监测时间不少于 2 d

三、采样/监测技术质量要点

（一）生产废水/生活污水

在污水集中处理设施的排放口设置监测点位采集的水样应具有代表性，能反映废水/污水的水质情况，满足水质分析的要求。水样采集方式一般选择手工采样，采集沉淀池/排污口的瞬时水样。pH 值应在现场完成测定，采样时，用文字定性描述水的颜色、浑浊度、气味（嗅）等样品状态、水面有无油膜等表观特征，并均应做现场记录，见图 13.1 和图 13.2。各检测项目采样技术要求见表 13.3。

图 13.1　生产废水采样监测

图 13.2　生活污水采样监测

表 13.3　废水/污水监测项目采样/监测一览表

序号	监测项目	采样容器	采集或保存方法	保存期限	采样量
1	pH 值	—	现场测定	—	—
2	化学需氧量	硬质玻璃瓶	加浓硫酸，pH≤2	2 d	500 mL
3	悬浮物	聚乙烯瓶或硬质玻璃瓶	冷藏，避光	14 d	500 mL
4	石油类/动植物油	硬质玻璃瓶	加浓盐酸，pH≤2	7 d	500 mL

（1）对不同的监测项目，按选用分析方法中的要求采集质量控制样品。

（2）采样前，保存剂应进行空白试验，其纯度和等级须达到分析的要求；采样器具和样品容器质量应进行抽检验收，抽检验收合格方可使用。

（3）按分析方法中的要求采集全程序空白样品，空白测定值应满足分析方法中的要求，一般应低于方法检出限。如分析方法中未明确，每批次水样均应采集全程序空白样品，与水样一起送实验室分析，以判断分析结果的准确性，掌握全过程操作步骤和环境条件对样品的影响。

（4）按分析方法中的要求采集现场平行样品。如分析方法中未明确采样要求，凡能做平行双样（除 pH、悬浮物、石油类和动植物油）的监测项目也应采集现场平行样品，每批次水样应采集不少于 10%的现场平行样品。样品数量较少时，每批次水样至少做 1 份样品的现场平行样品。当现场平行样品测定结果差异较大时，应对水样进行复核，检查采样和分析过程对结果的影响。

（5）根据采样点的地理位置和监测项目保存期限，选用适当的运输方式。样品运输前应将容器的外（内）盖盖紧。装箱时应用泡沫塑料等减震材料分隔固定，以防破损。除防震、避免日光照射和低温运输外，还应防止沾污。同一采样点的样品应尽量装在同一样品箱内，运输前应核对现场采样记录上的所有样品是否齐全，应有专人负责样品运输。

（6）现场监测人员与实验室接样人员进行样品交接时，须清点和检查样品，并在样品交接记录上签字。样品交接记录内容包括交接样品的日期和时间、样品数量和性状、测定项目、交样人、接样人等。

（二）大　气

施工期产生的大气污染，根据环境影响评价报告书中的施工期环境监测计划要求执行。采样时，观测并记录气象参数和天气状况。具体监测情况见表 13.4。

表 13.4　大气监测项目采样/监测一览表

序号	监测类别	监测项目	平均时间	采样监测时间
1	环境空气	TSP	1 h 平均	连续采样 1 h，或 1 h 内等时间间隔采集 4 个样品的平均值
2	环境空气	PM_{10}	24 h 平均	至少 20 h 平均浓度值或采样时间

（1）监测点位布设技术要求：

① 监测点应地处相对安全、交通便利、电源和防火措施有保障的地方。应优先选择排放源下风向周界外 2 ~ 50 m 范围内的浓度最高点或 2 ~ 50 m 范围内敏感点，见图 13.3 和图 13.4。

② 监测点采样口周围水平面应保证有 270°以上的捕集空间，不能有阻碍空气流动的高大建筑、树木或其他障碍物。如果采样口一侧靠近建筑，采样口周围水平面应有 180°以上的自由空间。从采样口到附近最高障碍物之间的水平距离，应为该障碍物与采样口高度差的 2 倍以上，或从采样口到建筑物顶部与地平线的夹角小于 30°。

③ 采样口距地面高度在 1.5 ~ 15 m 范围内，距支撑物表面 1 m 以上。有特殊监测要求时，应根据监测目的进行调整。

（2）采样过程：

① 每次采样前，对采样系统的气密性进行检查，符合要求方可采样。

② 正确连接好采样系统，核查滤膜编号，用镊子将采样滤膜平放在滤膜支撑网上并压紧，滤膜毛面或编号标识面朝进气方向，将滤膜夹正确放入采样器中；设置采样开始时间、结束时间等参数，启动采样器进行采样。

③ 采样结束后，取下滤膜夹，用镊子轻轻夹住滤膜边缘，取下样品滤膜（如条件允许应尽量在室内完成装膜、取膜操作），并检查滤膜是否有破裂或滤膜上尘积面的边缘轮廓是否清晰、完整，否则该样品作废，需重新采样。

④ 记录采样起止时间、采样流量，以及气温、气压等参数。

（3）样品运输和保存：

① 样品采集后，立即装盒（袋）密封，尽快送至实验室分析，并做好交接记录。

② 样品运输过程中，应避免剧烈振动，在运输过程中应有相应的保存措施以防样品损失。

③ 样品到达实验室应及时交接，尽快分析。如不能及时称重及分析，应将样品放在 4 °C 条件下冷藏保存，并在监测方法标准要求的时间内完成称量和分析。

（4）平行样的采集及要求按照各项目监测方法标准执行。

（5）多点采样时，各采样点采样须同步进行，采样时间和采样频率均应相同。

（6）采样器每次使用前需进行流量校准，采样前后的流量偏差应在规定范围内，优先使用恒流且具有累计采样体积功能的采样仪器。

（7）每月至少清洗 1 次采样管路，每月至少对仪器进行 1 次流量检查校准，其误差应在规定范围内。长时间进行连续采样时，至少每周对采样系统进行 1 次流量检查校准。及时更换仪器防尘滤膜和干燥剂，一般干燥器硅胶有 1/2 变色则需更换。

（8）采样结束后，检查仪器状态是否完好，清理仪器和附件，并填写仪器使用记录。

（9）遇到对监测影响较大的雨雪天气及风速大于 8 m/s 的天气条件时，不宜进行手工采样监测。

大气采样监测如图 13.3、13.4。

图 13.3　场界外有敏感点大气采样监测

图 13.4　大气采样监测

（三）噪　声

施工期产生的噪声影响，根据环境影响评价报告书中的施工期环境监测计划要求执行。一般对于未开工的站点在周边敏感点监测其背景值（环境噪声），针对开工的站点在有敏感点的场界外监测场界噪声。具体监测情况见表 13.5。

表 13.5　噪声监测一览表

序号	监测类别	监测项目	监测时间	监测点位
1	环境噪声	L_{Aeq}	20 min 连续等效声级	施工场界敏感点外 1 m 处
2	场界噪声	L_{Aeq}	20 min 连续等效声级	施工场界外 1 m 处

（1）环境噪声：

① 一般户外，距离任何反射物（地面除外）至少 3.5 m 外测量，距地面高度 1.2 m 以上。必要时可置于高层建筑上，以扩大监测受声范围。

② 噪声敏感建筑物外，距墙壁或窗户 1 m 处，距地面高度 1.2 m 以上。必要时，也可在敏感建筑物室内，距墙面或者其他反射面至少 1 m，距窗约 1.5 m 处，距地面高度 1.2～1.5 m 高，见图 13.5。

图 13.5　敏感点外噪声监测

（2）场界噪声：

根据施工场地周围噪声敏感建筑物位置和声源位置的布局，测点应设在对噪声敏感建筑物影响较大、距离较近的位置。一般情况测点设在建筑施工场界外 1 m，高度 1.2 m 以上的位置，见图 13.6。当场界有围墙且周围有噪声敏感建筑物时，测点应设在场界外 1 m，高于围墙 0.5 m 以上的位置，且位于施工噪声影响的声照射区域，见图 13.7。在噪声敏感建筑物室内测量时，测点设在室内中央、距室内任一反射面 0.5 m 以上、距地面 1.2 m 高度以上，在受噪声影响方向的窗户开启状态下测量。

图 13.6　场界外无敏感点场界噪声监测

图 13.7　场界外有敏感点场界噪声监测

（3）每次测量前、后必须在测量现场进行声学校准，其前、后校准的测量仪器示值偏差不得大于 0.5 dB（A），否则测量结果无效。测量时传声器加防风罩，测量仪器时间计权特性设为快（F）挡。

（4）测量应在无雨雪、无雷电天气，风速为 5 m/s 以下时进行。

（5）噪声测量时需做测量记录。记录内容应主要包括：被测量站点名称、地址、测量时气象条件、测量仪器、校准仪器、测点位置、测量时间、仪器校准值（测前、测后）、主要声源、示意图（场界、声源、噪声敏感建筑物、场界与噪声敏感建筑物间的距离、测点位置等）、噪声测量值、最大声级值（夜间时段）、背景噪声值、测量人员、校对人员、审核人员等相关信息。

（四）振　动

施工期振动监测主要是针对站点周边敏感点，根据振动敏感点的位置和保护要求对沿线敏感点进行环境振动监测，优先选择轨道交通下穿敏感点的作为重点监测点位。

（1）测量位置：测点置于各类区域建筑物室外 0.5 m 以内振动敏感处，见图 13.8 和图 13.9。必要时，测点置于建筑物室内地面中央。

（2）拾振器的安装：确保拾振器平稳地安放在平坦、坚实的地面上。避免置于如地毯、草地、砂地或雪地等松软的地面上；拾振器的灵敏度主轴方向应与测量方向一致。

（3）测量条件：测量时振源应处于正常工作状态。测量应避免足以影响环境振动测量值的其他环境因素，如剧烈的温度梯度变化、强电磁场、强风、地震或其他非振动污染源引起的干扰。

图 13.8　环境振动监测（一）

图 13.9　环境振动监测（二）

四、实验室分析技术质量要点

（一）生产废水/生活污水

（1）实验室空白样品：每批次水样分析时，空白样品对被测项目有响应的，至少做 2 个实验室空白，测定结果应满足分析方法中的要求，一般应低于方法检出限。对出现空白值明显偏高时，应仔细检查原因，以消除空白值偏高的因素。

（2）校准曲线控制：监测项目的校准曲线（包括工作曲线和标准曲线）控制指标按照分

析方法中的要求确定。用校准曲线定量分析时，仅限在其线性范围内进行，同时须检查校准曲线的相关系数、斜率和截距是否正常，必要时进行校准曲线斜率、截距的统计检验和校准曲线的精密度检验。校准曲线需定期核查，不得长期使用，不同实验人员、实验仪器之间不得相互借用。

（3）精密度控制：精密度可采用分析平行双样相对偏差、测量值的标准偏差或相对标准偏差等来控制。监测项目的精密度控制指标按照分析方法中的要求确定。测定的平行双样相对偏差符合规定质量控制指标的样品，最终结果以双样测试结果的平均值报出；平行双样测定值均低于测定下限的，不做相对偏差的计算要求。

（4）准确度控制：准确度可选用分析标准样品、自配标准溶液或实验室内加标回收等方法来控制。监测项目的准确度控制指标按照分析方法中的要求确定。

① 标准样品/有证标准物质测定。

采用标准样品/有证标准物质作为控制手段，每批样品带一个已知浓度的质控样品，与样品同步测定，且标准样品/有证标准物质不应与绘制标准曲线的标准溶液来源相同。如果实验室自行配制质控样，要注意与标准样品/有证标准物质比对，不得使用与绘制校准曲线相同的标准溶液，须另行配制。

② 加标回收。

加标回收试验包括基体加标及基体加标平行等。

基体加标及基体加标平行是在样品前处理之前加标，加标样品与样品在相同的前处理和测定条件下进行分析。在实际应用时应注意加标物质的形态、加标量和加标的基体。加标量一般为样品含量的 0.5 ~ 3 倍，但加标后的总浓度应不超过校准曲线的线性范围。样品中待测浓度在方法检出限附近时，加标量应控制在校准曲线的低浓度范围。加标后样品体积应无显著变化，否则应在计算回收率时考虑该项因素。每批相同基体类型的样品应随机抽取一定比例样品进行加标回收及其平行样测定。

（二）大　气

（1）滤膜使用前均需进行检查，不得有针孔或任何缺陷。滤膜称量时要消除静电的影响。

（2）取清洁滤膜若干张，在恒温恒湿箱（室），按平衡条件平衡 24 h，称重。每张滤膜非连续称量 10 次以上，计算出每张滤膜的平均值为该张滤膜的原始质量。以上述滤膜作为“标准滤膜”。每次称滤膜的同时，称量两张“标准滤膜”。若标准滤膜称出的重量在原始质量±0.5 mg（中流量和小流量）范围内，则认为该批样品滤膜称量合格，数据可用。否则应检查称量条件是否符合要求并重新称量该批样品滤膜。

（3）当 TSP 或 PM_{10} 含量很低时，采样时间不能过短。对于感量为 0.1 mg 和 0.01 mg 的分析天平，滤膜上颗粒物负载量应分别大于 1 mg 和 0.1 mg，以减少称量误差。

（4）采样前后，滤膜称量应使用同一台分析天平。

五、其他质量控制要点

（1）从事环境监测的组织机构、监测人员、监测仪器与设备设施等应符合《检验检测机构资质认定能力评价检验检测机构通用要求》（RB/T 214—2017）、《环境监测质量管理技术导则》（HJ 630—2011）等相关要求。

（2）环境监测项目所选择的技术规范、标准方法应在有效期内，标准方法应通过计量认证且具有相应的采样监测技术能力，监测项目标准方法具体见表 13.6。

（3）为保证施工期环境监测工作按时、保质、保量完成，应成立监测项目部，监测项目部包括项目技术负责人、质量负责人、质控报告组、实验室组和现场采样组。另外，还应配备应急组、后勤保障组、客户服务组、资料管理员等，并明确各小组相关职责。监测组织机构见图 13.10。

表 13.6　监测项目方法一览表

序号	监测项目	检测标准（方法）名称及编号	检测设备	方法检出限
1	pH 值	水质 pH 值的测定玻璃电极法 GB/T 6920—1986	pH 计	—
2	化学需氧量	水质化学需氧量的测定重铬酸盐法 HJ 828—2017	滴定管	4 mg/L
3	悬浮物	水质悬浮物的测定重量法 GB/T 11901—1989	电子天平	4 mg/L
4	石油类/动植物油	水质石油类和动植物油类的测定红外分光光度法 HJ 637—2018	红外测油仪	0.06 mg/L
5	TSP	环境空气总悬浮颗粒物的测定重量法 GB/T 15432—1995	电子天平	0.001 mg/m^3
6	PM_{10}	环境空气 PM10 和 PM2.5 的测定重量法 HJ 618—2011	电子天平	0.010 mg/m^3
7	场界噪声	建筑施工场界环境噪声排放标准 GB 12523—2011	声级计	—
8	环境噪声	声环境质量标准 GB 3096—2008	声级计	—
9	环境振动	城市区域环境振动测量方法 GB 10071—1988	环境振动分析仪	—

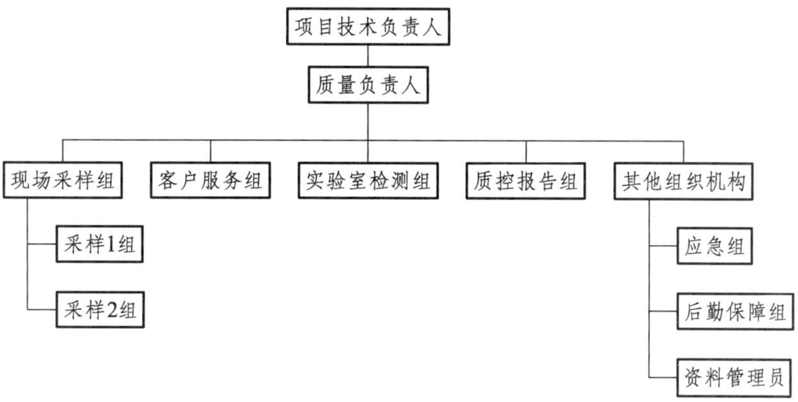

图 13.10　监测组织机构图

（4）凡属于需强制检定的计量器具，应按计量法规定，定期送法定计量检定机构检定，检定合格后方可使用；国家强制检定之外的计量器具，可送至有资质的计量机构进行校准，或自行校准、比对，合格后方可使用。计量器具在日常使用过程中，应按照相关技术要求定期校验、核查和维护。

（5）现场采样监测记录和实验室分析原始记录应包含足够的信息，以便在可能情况下找出影响不确定度的因素，并使采样监测、实验室分析工作在最接近原来条件下能够复现。

六、小　结

施工期环境监测，对掌握工程施工对周围环境产生的影响并及时采取有效的污染防治对策和措施等具有十分积极的作用。一份完整的环境监测报告应具有合法性、合规性、合理性和准确性，环境监测数据应具有代表性、准确性、精密性、可比性和完整性。要做到此点，必须做到：

（1）施工期环境监测应符合法律、法规的要求，应严格按照技术规范和标准方法的要求进行采样和监测分析，并按照环境监测质量保证措施落实到位。

（2）环境监测质量保证措施：

现行质量控制体系针对环境监测各个环节进行质量控制，避免每一环节可能出现的质量问题。为保证监测工作按要求保质、保量完成，建立质量保证体系组织机构，并对现场监测机构领导及职能部门按质量管理体系要求制定岗位职责。

① 监测设备：环境监测工作投入使用的所有监测设备均为国家、省计量院检定/校准后出具检定/校准证书的仪器；并按期间核查计划定期核查；在仪器投入使用前进行检查和必要的校准；所有检查、校准和维护均有相应记录并存档。

② 监测方法：按现行有效的国家标准、行业标准、地方标准和国家、省、市有关规定的要求开展环境监测工作，所有监测方法均符合国家法律法规、国家标准、技术规范。

③ 监测过程：检测过程中采取全程序空白样、平行样、实验室空白、质控样等方式确保数据的准确性，对样品检验结果负责。

④ 监测报告：工程建设期间，监测完毕后，于每月提交环境监测报告，每季度提交一份环境监测季度报告，每年提交一份环境监测年报。环境监测工作结束时，提交环境监测总结报告，同时保留原始记录、数据等以便追溯。出具国家计量部门认可的监测报告，并执行三级审核制，第一级为检测人员之间的相互校对，第二级为各组负责人的校核，第三级为技术负责人（或授权签字人）的审核签发。第一级主要校对原始记录的完整性和规范性，仪器设备、分析方法的适用性和有效性，测试数据和计算结果的准确性，校对人员应在原始记录上签名。第二级主要校核监测报告和原始记录的一致性，报告内容完整性、数据准确性和结论正确性。第三级审核报告是否经过了校核，报告内容的完整性和符合性，监测结果的合理性和结论的正确性。第二、第三级校核和审核后，均应在报告上签名。

第十四章

轨道交通工程大气环境影响分析与管控措施

为切实做好轨道交通施工对大气环境影响的管控工作，认真贯彻国家“蓝天保卫战”精神，在严格落实现阶段地铁施工大气污染防治工作的基础上，进一步提升轨道交通施工大气防治效果，本章通过分析施工对大气环境的影响、常见的大气污染问题及相应的防治措施及成效，结合佛山当地的大气环境和轨道交通施工的各类工法，提出了有效的大气污染防治措施建议，以实现轨道交通施工大气环境管控成效的最大化。

一、大气环境的影响分析

佛山地铁三号线工程所有地下车站和少量区间采用明挖顺做法施工，部分车站和区间需进行地基加固，段场的施工作业面也是一次性铺开，全线大气环境管控难度较大。

（一）施工期大气污染源分析

根据施工巡查情况分析，地铁施工期间会产生扬尘、废气及挥发性材料散发的气味，影响周围环境的空气质量。工程施工期间对周围环境空气的影响主要有：

（1）施工期间主要的大气污染源是施工过程中围护结构施工、基坑开挖、回填、地基基础施工，施工所需物料在装卸过程中产生的粉尘，以及施工机械和运输车辆行驶过程中引起的二次扬尘污染。

（2）以燃油为动力的施工机械和运输车辆增加，导致废气排放量相应增加。机动车污染源主要为 NO_x 的排放。工况良好的施工机械排放的废气不会对环境造成明显污染，但部分非道路移动机械存在年久失修或使用不合格油料的情况，导致设备尾气超标排放污染物。

（3）施工过程中使用具有挥发性恶臭的有毒气味材料，如防水涂料、油漆等。

施工期对大气环境影响最主要的污染物是扬尘和非道路移动机械超标排放的尾气。

（二）扬尘产生机理

尘粒在自然风力或装卸、车辆行驶等外力作用下，其可能扬起漂移的距离受尘粒最初喷发速度、尘粒粒径以及大气湍流程度的影响；理论漂移距离是尘粒直径与平均风速的函数。当风速为 4 ~ 5 m/s 时，粒径 100 μm 左右的尘粒，其漂移距离为 7 ~ 9 m；30 ~ 100 μm 的尘粒，其漂移距离依大气湍流程度，可能降落在几百米的范围内：较小粒径的尘埃，其漂移距离更远。

施工区的扬尘量与地面的尘土量、运输车辆的流量、行驶速度、载重量以及风速等因素成正相关的关系——地面尘土量越多、运输车辆的车流量越大、行驶速度越高、载重量越大、风速越高，其产生的扬尘量就越多。

（三）影响分析

本项目在高架站施工、地下站围护结构施工、地基加固、施工面开挖、建筑物拆迁等施工活动将产生扬尘。

1. 围护结构施工

应用于佛山地铁三号线工程的围护结构主要有连续墙、格构柱、钢板桩等，其中对大气环境产生较大影响的是连续墙和格构柱施工中的连续墙成槽和钻孔作业。

在连续墙槽段开挖和钻孔施工阶段中，存在的大气污染风险源为扬尘和施工机械尾气。

在施工中形成扬尘的主要成因如下：

（1）地铁施工工期紧，施工场地有限，连续墙成槽阶段常会出现多台设备同时作业，导致场内会存有大量的泥浆，如图 14.1。

（2）部分施工单位管理水平有限，扬尘防治意识薄弱，现场管控不到位，未及时清理从槽段漫出的泥浆，导致泥浆在场内溢流的情况出现。

（3）南方在夏季炎热，秋冬季节天气干燥，场地冲洗洒水不及时，在场内溢流的施工泥浆干化后会形成细小粉末，经风吹或现场设备车辆行驶引起大量扬尘，如图 14.2。

（4）在进行桩头破除的过程中，未按要求进行湿法作业。

图 14.1　连续墙槽段施工产生的泥浆

图 14.2　钻孔作业和泥浆干化后形成的粉末

机械设备在正常工况下排放的尾气可满足国家标准，机械设备冒黑烟是出现超标排放尾气最典型的问题，产生原因主要有以下几个：

（1）机械设备年代久远，尾气处理系统已无法满足现阶段排放标准。

（2）设备养护维修不到位，设备尾部的柴油发电机及尾气处理系统工况差，柴油燃烧不充分造成排放黑烟的问题出现。

（3）机械设备加注了不合格油料。

2. 地基加固

受佛山地区地质条件因素限制，需要使用水泥搅拌桩对佛山三号线多个车站、区间区域进行软基处理，在此施工阶段中，存在的大气污染风险源为扬尘。形成扬尘的主要成因如下：

（1）三轴搅拌桩工艺主要是利用搅拌桩机将水泥喷入土体并充分搅拌，使水泥与土发生一系列物理化学反应，使软土硬结而提高地基强度，因而在施工中会形成大量泥浆和渣土，如图 14.3。

（2）三轴搅拌桩施工产生泥浆干化后会形成细小粉末，经风吹或现场设备车辆行驶引起大量扬尘，如图 14.4。

（3）三轴搅拌桩施工使用的水泥浆需现场制备，所以需要在现场搭设砂浆搅拌站，但由于搅拌站需随着搅拌桩施工不断变换位置，导致配套的水泥罐防尘措施建设不及时，造成拌和或加注物料时引起扬尘。

图 14.3　三轴搅拌桩施工

图 14.4　水泥罐飘洒水泥粉尘

3. 施工面开挖

佛山三号线工程施工产生的渣土多为黏质粉土，含水量高时黏性较大，不易产生扬尘。但其表面干燥后，会形成粒径很小的粉土层，在装卸、移动、汽车行驶等人为活动或自然风速达到相应的启动风速时，这些细小尘土就会扬起漂移到空气中，形成扬尘，如图 14.5。

本工程车站、车辆段、停车场、区间等施工面的开挖过程中产生的大气环境污染问题原因有以下几点：

（1）开挖导致裸土数量增加，施工裸露面在干燥、多风的气象条件下，如果施工现场未及时覆盖或安排人员洒水降尘，极易产生扬尘。

（2）渣土在装运过程中，如果压实和苫盖措施不力，在运输行驶过程中颠簸极易遗撒到道路上，经车辆碾压、搅动形成扬尘。根据对渣土运输车辆的类比调查，每辆车平均渣土遗撒量大于 500 g，如图 14.6。

图 14.5　刮风引起大量扬尘

图 14.6　运输车辆碾压遗撒渣土引起扬尘

（3）运输车辆驶出施工场地时，其车轮和底盘由于与渣土接触，通常会携带一定数量的泥土，若车辆冲洗措施不力，携带出的泥土将遗撒到道路上，从而形成扬尘。根据调查，车辆驶出工地的平均带泥量大于 5 kg。

（4）开挖使用的机械设备年代久远，尾气处理系统已无法满足现阶段排放标准，或设备养护维修不到位，设备尾部的柴油发电机及尾气处理系统工况差，且加注了不合格油料，导致燃烧不充分造成排放黑烟的问题出现，如图 14.7。

4. 建筑或临时结构破拆

工程拆迁过程中伴随大量扬尘产生，影响时间可持续 30 min 之久，而其中 PM_{10} 影响时间更长，是造成城市环境空气污染的主要因子。

本工程车站、区间等施工过程中需大量的破拆作业，如灌注桩桩头破拆、临时的支护结构拆除等，在上述作业中的大气污染问题主要是因为作业过程中未洒水降尘，湿法作业落实不到位，见图 14.8。

图 14.7 老旧非道路移动机械冒黑烟

图 14.8 硬岩底层开挖引起扬尘

二、大气污染典型问题

（一）裸土覆盖

当地铁施工进行到土方开挖阶段，裸土覆盖的问题也随之而来，产生这个问题的主要原因是土方无法及时外运，若不及时用 2 000 目以上的密目网覆盖，在干燥和风大的天气，堆放在场内的渣土容易被扬起，形成扬尘。如图 14.9、图 14.10 所示。

图 14.9 裸土未覆盖

图 14.10 密目网规格未达到 2 000 目的标准

（二）湿法作业

湿法作业问题主要发生在现场破拆混凝土地面、支撑和桩头过程中，该问题产生的原因主要是施工现场管理人员大气污染防治意识薄弱，未按要求在破拆作业现场配套雾炮机或安排人工进行洒水降尘。如图 14.11、图 14.12 所示。

图 14.11　破拆未洒水降尘

图 14.12　桩头破拆未湿法作业

（三）施工围蔽

目前施工围蔽建设管养不到位的问题主要发生在区间加固和小范围临时施工中，由于加固施工范围较大、位置变换快、施工周期较短等，部分单位为节省开支，未按照《佛山市扬尘污染防治管理办法》有关规定，建设高度达标、硬质、连续的施工围蔽。如图 14.13、图 14.14 所示。

图 14.13　围蔽建设不标准

图 14.14　围蔽破损不连续

（四）道路硬化

便道硬化管养问题在施工初期和中后期发生得较为频繁，主要原因是部分工地工期紧张，场地为完成施工便道硬化，便安排人员和设备进场作业，导致施工扬尘问题频发。因为在围护结构和土方开挖阶段，需使用履带吊、成槽机、旋挖机等自重较大的机械设备，加上部分工地施工便道质量较差，导致便道在设备多次碾压后破损严重，增加扬尘污染的风险。如图 14.15、图 14.16 所示。

图 14.15　施工便道未硬化

图 14.16　施工便道破损严重

（五）场地冲洗

场地冲洗问题主要集中在围护结构和基坑开挖阶段，当围护结构施工产生的泥浆干化后，和基坑开挖时遗撒在路面的渣土，未及时冲洗路面上的积尘，会被风和运输车辆行驶扬起，形成扬尘。如图 14.17、图 14.18 所示。

图 14.17　施工便道未洒水

图 14.18　车辆行驶引起扬尘

（六）现场搅拌站

地铁施工中常会使用旋喷桩止水，三轴搅拌桩进行地基加固，施工时通常采用现场临时拌和砂浆，但是由于使用地点不固定，使用周期较短的原因，临时拌和站的扬尘防治措施落实不到位，现场拌和以及添加物料时容易引起较大扬尘。如图 14.19、图 14.20 所示。

（七）设备冒黑烟

地铁工程中出现冒黑烟的原因主要有几点：① 设备老旧，尾气处理系统损坏严重；② 设备长时间使用，但管养不到位，导致机械性能变差，柴油燃烧不充分，出现冒黑烟的问题；③ 使用了劣质油料；④ 工艺老旧，如柴油锤击桩。如图 14.21、图 14.22 所示。

图 14.19　现场拌和砂浆产生的扬尘

图 14.20　现场简易砂浆搅拌站

图 14.21　挖机冒黑烟

图 14.22　柴油锤击桩冒黑烟

三、大气污染防治措施

施工期间对大气的污染主要是扬尘的污染和机械设备排放的尾气污染，而本项目的施工场地大部分位于商业区和城区，施工场地沿线仍有居住区和学校等敏感点，对扬尘污染比较敏感，因此应采取适当的措施进行控制，使施工期的大气污染程度控制在最低限度。

（1）在施工场地边界应设置硬质连续的施工围蔽，高度应不小于 2.5 m，并在围蔽上安装雾化效果良好喷淋设施，确保施工期对各敏感点的影响降至最低，如图 14.23。

（2）施工场地内应定时洒水，配备专用洒水车，防止粉尘扬起；在开挖和回填土方时，若表层土较干燥应先洒水再进行作业，防止产生粉尘；对工程弃土和回填土，在堆放时应加强管理，制定表面压实、定期喷湿的措施，最好进行覆盖，防止扬尘的产生；施工场地内的弃土和垃圾应及时清运，防止扬尘对环境的影响。

（3）运输车辆应冲洗到位，保持车容车貌整洁，确保车身不带泥行驶，减少车辆携带渣土引起扬尘，如图 14.24。定期检查车斗是否完好无泄漏，保证在运输过程中不散落，对散落的泥土应及时清除，减少二次扬尘；在施工场地进出口派专人对附近的路面进行及时的清扫和冲洗，减少二次扬尘污染。

图 14.23　围蔽喷淋

图 14.24　运输车辆冲洗

（4）现场设置砂浆搅拌站的工地须配套完善的扬尘防治设施。石灰、水泥、沙石料等的混合过程，应尽量在有遮挡的地方进行。搅拌设备应尽量封闭，并配有除尘设施。如图 14.25。

（5）现场破拆作业湿法作业，若现场不具备条件使用雾炮机，可采用人工洒水的方式进行降尘，如图 14.26。

图 14.25　全封闭砂浆搅拌站

图 14.26　破拆工程湿法作业

（6）对施工车辆的运行线路和时间应合理安排，尽量避免在繁华地区、居民住宅区及交通拥挤时段行驶，对环境要求较高的区域，应根据实际情况选择夜间运输，减少扬尘对人群的影响。

（7）施工场地应尽量绿化，工程竣工后及时清理场地，恢复绿化和道路。

（8）优化施工工艺，优先选用大气环境影响较小的工法。

（9）淘汰老旧的非道路移动机械，选用性能良好、污染物排放量低的已编码机械，并使用符合国标的合格油品，确保设备的尾气排放满足标准要求。

四、小　结

目前，国家日益关注大气环境的保护，佛山地区的大气污染防治工作形势更为严峻，地铁施工过程中更应该重视大气污染的防控工作。

参建单位应严格执行国家及地方有关建筑施工环境管理的法规，高度重视施工期对大气环境的保护工作，强化施工组织和施工期环保措施设计，加强环境管理和环境监理，落实施工期环保措施，有效预防施工对周边大气环境的影响。表 14.1 为建设工地大气污染控制措施及达标要求。

表 14.1　建设工地大气污染控制措施及达标要求

序号	控制措施	基本要求
1	道路硬化与管理	施工现场大门内外通道、临时设施室内地面、材料堆放场、钢筋加工场、仓库地面等区域，应当进行硬底化
2	施工围蔽	① 围挡高度不低于 2.5 m，并在围蔽上配套建设喷淋设施，围挡标准参照《佛山市扬尘污染防治管理办法》有关规定设置
		② 施工期间，应在工地建筑结构脚手架外侧设置有效抑尘的密目防尘网（不低于 2 000 目/100 cm^2）或防尘布
3	裸露地（堆土）覆盖	① 施工现场内裸置 3 个月以上的土地，应当采取绿化措施；裸置 3 个月以下的土地，应当采取覆盖、压实、洒水等压尘措施
		② 覆盖措施包括：钢板、防尘网（布）、绿化，或达到同等效率的覆盖措施
4	散体物料覆盖	对工程材料、砂石、土方等易产生扬尘的物料应当密闭处理。在工地内堆放，应当采取覆盖防尘网或者防尘布，定期洒水等措施
5	持续洒水降尘措施	① 易产生扬尘的土方工程等施工时，应当采取洒水等抑尘措施；拆除工程施工应当采取喷淋除尘措施
		② 在进行土方开挖时，在冠梁支撑上安装喷淋装置，并保持长时间开启，减少土方开挖引起的扬尘
		③ 装卸建筑散体材料或者在施工现场粉尘飞扬的区域，应当采取遮挡围蔽或喷水降尘等措施
6	运输车辆冲洗装置	工地内车辆出入口应当设置用混凝土挠捣的由宽 30 cm、深 40 cm 沟槽围成宽 3 m、长 5 m 的矩形洗车场地和沉淀池，配备高压冲洗水枪。驶离工地的机动车辆应当在驶出前冲洗干净，严格做到“一不准进、三不准出”
7	砂浆拌和站封闭与管理	① 因工艺限制，要在现场临时拌和砂浆的，如旋喷桩、三轴搅拌桩施工，需有临时的扬尘防治设施和措施，如搭设四周的封闭的砂浆搅拌站、现场拌和物料时通过雾炮机降尘等
		② 配合盾构施工的砂浆搅拌站需采用全封闭结构，并在搅拌站四周配套喷淋、雾炮机等降尘设施
8	规范管理非道路移动机械设备	非道路移动机械进场前应完成环保编码登记，且应符合现行执行的国家阶段性排放标准，不得排放黑烟等可视污染物。排气烟度不得超过《非道路柴油移动机械排气烟度限值及测量方法》（GB 36886—2018）规定的Ⅲ类限值。同时严格执行机械进出管理制度、燃油台账登记制度、机械检测维护制度

第十五章

轨道交通工程水环境影响分析与管控措施

当前国家实行最严格的生态环境保护制度，对水环境更是严加管控。佛山地铁工地周边市政管网不完善，施工现场当前的排水设施难以满足达标排放标准。为提升佛山地铁施工水环境影响的管控，通过对不同的工地类型、施工阶段及工艺的分析，结合佛山当地的水环境条件，对工地排水监测数据分析对比，筛选出最合适的水处理设备，提升施工废水的处理效果，以达到对施工水环境影响的管控目的。

一、三号线水环境保护概况

三号线工程全线施工工点共计 44 个，其中 21 个工点周边设置有相应的市政管网，场内施工废水通过接驳排入管网，另外 23 个工点周边无管网，通过处理后就近排入周边河涌或抽排等方式进行排水。佛山三号线线路周边的水系相对来说较发达，而水作为构成环境的基本要素之一，也是最容易受到干扰和破坏的领域，所以水污染防治工作已成为当前佛山地铁三号线项目施工环境保护的重点工作之一。

从线路图上可以看出，目前三号线工程施工工点周边主要涉及以下两大类水环境。

1. 地表水环境

地表水包括大部分的水道及河涌，其中还包含了重要的水源保护区。国家发布的《中华人民共和国环境保护法》和《中华人民共和国水污染防治法》中明确要求，需有效加强地表水环境管理，防治水环境污染。本工程线路穿越较大的地表水体有容桂水道、顺德水道、潭洲水道和佛山水道。

三号线工程将以地下形式穿越“佛山市饮用水源紫洞至五斗桥二级饮用水源保护区、准水源保护区”，从三洪奇大桥东侧跨越顺德水道，以高架形式穿越羊额-北滘水厂饮用水源二级保护区，如图 15.1 所示。

图 15.1　三号线工程与饮用水源保护区位置关系图

2. 地下水环境

根据《地下水质量标准》中注明，由于地下水水量稳定，水质好，它是农业灌溉、工矿和城市的重要水源之一。但在一定条件下，地下水的变化也会引起沼泽化、盐渍化、滑坡、地面沉降等不利的自然现象。

本项目沿线区域分别属于珠江三角洲佛山顺德不宜开采区、珠江三角洲佛山南海大沥至顺德勒流地质灾害易发区、珠江三角洲佛山南海分散式开发利用区、珠江三角洲佛山南海地下水水源涵养区。保护目标为顺德区不宜开采区执行《地下水质量标准》（GB/T14848—93）中Ⅴ类标准，其余地区执行《地下水质量标准》（GB/T14848—93）中Ⅲ类标准。如图 15.2 所示。

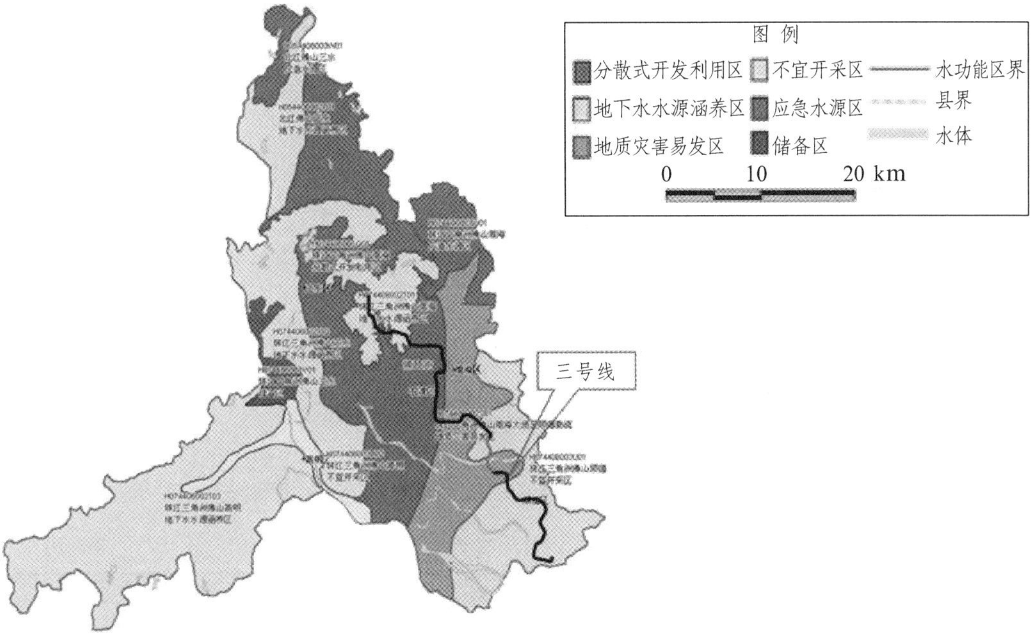

图 15.2　项目沿线区域地下水环境功能区划图

目前为了促进一个流域、地区的水资源供需平衡，国家规定地表水和地下水必须进行合理地统一开发利用和管理，这对于目前地铁施工来说也是一个不小的挑战。

二、水环境的影响分析

地铁在施工期阶段产生的污废水主要为施工废水和生活污水这两大类，不规范的处理措施主要会对周边的地表水环境、地下水环境及周边的城市排水管网、河涌造成影响。

本工程施工期产生的废水主要有三类：建筑施工废水、施工人员生活污水和暴雨冲刷的地表径流。建筑施工废水包括施工作业开挖、钻孔、连续墙围护结构等过程中产生的泥浆水（呈线性分布），施工机械及运输车辆的冷却水和洗涤水；生活污水包括施工人员的日常生活用水、食堂下水和厕所冲洗水；下雨时地表径流冲刷浮土、建筑泥沙、垃圾、弃土等，不但会夹带水泥沙，还会携带水泥、油类、化学品等各种污染物。如图 15.3、图 15.4。

图 15.3　连续墙成槽产生大量泥浆

图 15.4　三轴加固产生大量泥浆

地铁施工产生的污废水对周边产生的影响，大多可通过肉眼观测（主要为泥浆水、黄泥水一类水体颜色发生明显变化的影响），以及环境监测中的生活污水和生产废水的监测数据来体现。其中肉眼观测主要通过水污染防治措施及设施是否落实到位，受纳污水的地表水体、地下水体、管网是否存在肉眼可见的影响来判断。

环境监测通过外排的生产废水、生活污水中各类污染物指标的监测数据来反映是否超标。

1. 对地表水的影响

施工中对地表水环境的影响主要来自开挖、钻孔、连续墙围护结构等过程施工作业中产生的泥浆水（呈线性分布），施工机械及运输车辆的冷却水和洗涤水，施工人员日常生活用水、食堂下水和厕所冲洗水。

根据各水功能区级别标准的划分不同，污废水排放及监测标准如表 15.1 所示。

表 15.1　地表水环境质量部分标准　　单位：mg/L

序号	水质指标		Ⅱ类标准	Ⅲ类标准	Ⅳ类标准
1	水温	周平均最大温升≤1 °C、周平均最大温降≤2 °C			
2	pH	6～9			
3	溶解氧	≥	6	5	3
4	化学需氧量	≤	15	20	30
5	五日生化需氧量（BOD_5）	≤	3	4	6
6	氨氮（NH_3-N）	≤	0.5	1.0	1.5
7	石油类	≤	0.05	0.05	0.5
8	悬浮物（SS）*	≤		100	

*注：悬浮物参照执行《农田灌溉水质标准》（GB 5084—2005）中蔬菜灌溉用水水质标准限值。

而下雨时地表径流冲刷浮土、建筑泥沙、垃圾、弃土等，不但会夹带水泥沙造成水土流失，还会携带水泥、油类、化学品等各种污染物污染周边水体等。如图 15.5、图 15.6。

地铁工程的施工工地常位于城市建成区内，工程建设产生的生产废水和人员生活产生的生活污水按照国家《城镇污水排入排水管网许可管理办法》内规定，需将污废水排入城镇排水设施，此时将执行《水污染排放限值》（DB44/26—2001）第二时段一级、二级、三级标准，污废水排放及监测标准如表 15.2。

图 15.5　泥浆水流入河涌导致淤积

图 15.6　油污被雨水带入管网

表 15.2　水污染排放限值

单位：mg/L

序号	水质指标	Ⅰ级标准		Ⅱ级标准	Ⅲ级标准
1	pH	6～9		6～9	6～9
2	化学需氧量	≤	90	110	500
3	五日生化需氧量（BOD_5）	≤	20	30	300
4	氨氮（NH_3-N）	≤	10	15	—
5	石油类	≤	5	8	20
6	悬浮物（SS）*	≤	60	100	400

地铁建设过程中对城市排水系统的影响主要来自以下几点：

（1）在开挖、钻孔、地下连续墙围护结构等过程施工作业中产生大量的泥浆水。

（2）施工机械及运输车辆的冷却水和洗涤水。

（3）施工人员日常生活用水、食堂下水和厕所冲洗水。

如图 15.7、15.8 所示。

图 15.7　连续墙施工产生的泥浆

图 15.8　泥浆水无法排出场地

施工过程的废水和污水若处理和排放管理不当，会对周围环境造成恶劣的影响，引起市政排水管堵塞或是排水口附近水体的污染物浓度升高，在含水层施工则会污染地下水质等。一旦污染发生，后期清理工作必将要产生一大笔费用以及人力物力的耗费，污染环境的同时拖慢了施工期的进度，甚至还会造成管网损坏、堵塞、城市内涝等问题的发生。

2. 对地下水的影响

地铁施工影响的地下水主要是在地底岩层或溶洞中的自然水体，需要关注 pH、硫酸盐、高锰酸盐指数、氯化物和溶解性总固体四个指标。详细标准如表 15.3 所示。

表 15.3　地下水质量部分标准　　单位：mg/L

序号	项　目	Ⅲ类标准	Ⅴ类标准
1	pH	6.5 ~ 8.5	<5.5，>9
2	硫酸盐	≤250	>350
3	高锰酸盐指数	≤3.0	>10
4	氨氮	≤0.2	>0.5
5	总硬度（以 $CaCO_3$ 计）	≤450	>550
6	氯化物	≤250	>350
7	溶解性总固体（TDS）	≤1 000	>2 000

如地铁施工沿线地下水较丰富，在开挖（特别明挖）过程中地下水流失将会存在引起地面沉降的风险。隧道、基坑开挖过程中涌水量过大时，也容易引发地面变形，以至开挖过程中易产生突水、涌泥、涌沙现象，且施工中为提高土体的防渗性能和增强土体的强度所进行的化学灌浆，可能引起地下水的化学污染；施工中产生的废水（渗漏水、洗刷水）、废浆以及施工机械漏油等渗入地下，将影响地下水水质。由于地下水与附近河网相连，这些污染物最终将进入自然水体导致不良后果，因此必须采取相应措施予以防治。

三、水环境管控措施

建设施工过程的废水和污水若处理和排放管理不当，会对周围环境造成影响，引起市政排水管堵塞或是排水口附近水体的污染物浓度升高，在含水层施工则会污染地下水质等。因此，必须在施工场界内设置满足施工排水要求的排水设施，一般常见的排水设施包括了沉淀池、排水沟、截水沟、隔油池、化粪池等，在场地有限的情况下，施工单位也可以根据实际情况配备污水处理设备。施工单位用于现场防治水污染的设施，要与其他设施同时设计、同时施工、同时使用。

在施工前期，场地规划时，施工单位必须先规划并设计好场地排水设施的分布，绘制成场地排水平面图。在施工期时，施工单位需根据设计在施工现场设置相应数量的沉沙池，将施工排放的泥浆水沉淀处理后排入附近管网中。标准的沉淀池一般要求长 5 m，宽 3 m，深 1.5 m（可根据实际排水要求增加大小或深度），且在沉淀池出水口应设置格栅阻隔异物，上盖防护板或者设置防护围栏，并保证预沉设施的有效容积按照停留时间不低于 30 min。如图 15.9、15.10 所示。

施工场地内的排水沟主要设置在基坑、围挡或者主干道周边，根据自身的排水量大小来设置长度和深度，将施工过程中产生的施工废水通过排水沟来统一收集，最终汇集到各沉淀池中。施工场地靠近水源或在场地大门外主干道一侧设置截流沟，确保施工废水不进入饮用水源水体，并且防止场地泥浆水不流出场地外，对周边生态造成污染和破坏。

图 15.9　场内标准沉淀池（一）

图 15.10　场内标准沉淀池（二）

施工现场按照相关标准设置的沉淀池、排水沟等排水设施，必须安排专人进行定期管理、养护，保证工地排水处理设施在整个施工过程有效性。若排水设施因长时间的排水导致泥沙或泥浆淤积，沉淀池及排水沟都将无法达到预期的沉淀及排水效果，在此基础上还在继续外排的话，排出的施工废水中将会含有大量的泥沙杂质，这些泥沙极易堵塞管网或导致河涌水位增高。这种违法行为一经发现，施工单位将面临着高额的罚款并要承担清理管网或河涌的责任，既延误工期也耗费人力、物力。

四、污水处理设备的选型

不规范排水的影响极其恶劣，合理地在施工场界内设置满足施工排水要求的排水设施则显得格外重要。按照一般施工方案的要求，现场要求设置的常见排水设施包括了沉淀池、排水沟、截水沟、隔油池、化粪池等，这些排水设施要与其他设施同时设计、同时施工、同时使用。但是通过实际考察发现，现场污水处理的实际情况并没有那么乐观，而是存在许多难以克服的问题。

（1）施工场地限制。大多数地铁施工场地大小有限，施工单位无法做到配套大小合适或者满足现场排水要求的排水设施，仅仅依靠现场排水沟、沉淀池处理的污水难以达标。

（2）周边地理限制。因佛山非城区地区的管网分布较为分散，部分施工工点所在的位置没有市政管网，只能选择“就近排放”，排入周边河涌，通常难以达标排放。

（3）难以随机应变。施工是一个连续性的过程，在这过程中每个施工阶段的污废水、泥浆水的排放量都在不停地变化，普通的排水设施设置后难以再变更大小，一旦进入污水排放激增的阶段（如地下连续墙施工），场地内那些污水处理设施可能就无法处理，甚至场地内的排水系统“瘫痪”，导致最终排放的泥浆水无法达标。

如图 15.11、15.12 所示。

既要能因地制宜，又需要随机应变，显然光靠标准的排水设施是难以实现的。既然如此，施工单位根据现场实际的排污情况，配备相应的污水处理设备，以此来做到合理达标排放，就成了最优的方法。

合适的污水处理设备能在施工有限的条件下极大地提高处理污水的效率，并且在日常围护以及位置移动上也有极大的便利，以下列举了几种在施工现场比较常见的污水处理设备，现对它们进行分析和对比。

图 15.11　开挖过程产生大量泥浆

图 15.12　基坑开挖阶段产生大量泥浆

1. 竖流沉淀池

竖流沉淀池池体平面为圆形或方形。原理是废水由设在沉淀池中心的进水管自上而下排入池中，进水的出口下设伞形挡板，使废水在池中均匀分布，然后沿池的整个断面缓慢上升。悬浮物在重力作用下沉降入池底锥形污泥斗中，澄清水从池上端周围的溢流堰中排出。如图 15.13、15.14 所示。

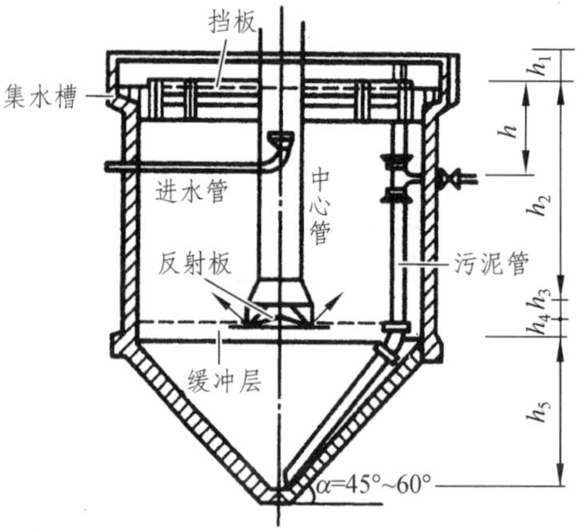

图 15.13　竖流沉淀池原理工艺图

图 15.14　竖流沉淀池现场实拍图

竖流式沉淀池的优点是在沉淀池中，水流方向与颗粒沉淀方向相反，其截留速度与水流上升速度相等，上升速度等于沉降速度的颗粒将悬浮在混合液中形成一层悬浮层，对上升的颗粒进行拦截和过滤。因此竖流式沉淀池的效率比一般的平流式沉淀池要高许多。

其缺点也比较明显，相比于其他污水处理设备，此类污水处理设备一般站点面积较大且要配套三级沉淀池或集水箱使用，围护或者更换滤芯的难度较大，一般情况下污水处理量大约为 6 t/d。

2. 石英砂过滤器

这类设备主要利用过滤器内所装的四层不同粒径石英砂滤层来去除水中含有的悬浮物及经沉淀澄清不能去除的粘结胶质颗粒，使出水达到透明。根据所装滤料不同可用作单层或双层滤料两种过滤器。如图 15.15、15.16 所示。

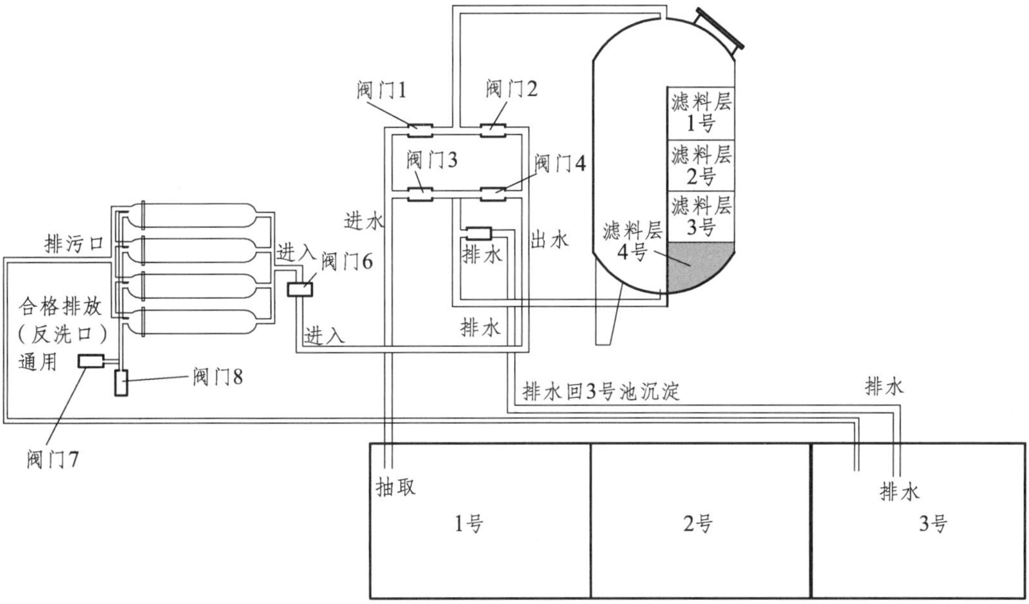

图 15.15　石英砂过滤器原理工艺图

图 15.16　石英砂过滤器现场实拍图

优点概括为以下几点：

（1）运行效率高：24 小时连续工作，不需停机反冲洗。

（2）运行费用低：不需高扬程大流量的反冲洗泵。

（3）围护费用低：其在运行过程中除石英砂滤料外没有任何转动部件，故障率低，围护费用省。

（4）一次性投资低：不需单设混凝池、澄清池等设施，不需反冲洗泵和电动、气动阀门等设备，工程量小，一次性投资省钱。

（5）水头损失小：单一滤料且滤料清洁及时，水头损失小，总水头损失≤0.5 m。

（6）进水水质要求宽松：可长期承受 150 mg/L 浓度 SS 进水水质，短时承受 300 mg/L 浓度 SS 冲击而出水水质不变。

（7）出水水质稳定、过滤效果好。滤料清洁及时，可保证高质、稳定的出水效果，无周期性水质波动现象。

（8）易于改扩建：所采用的单元操作方式可根据水量变化灵活增加或删减过滤器数量，

易于改扩建。

（9）占地面积小，外形美观：其将传统的三段式再生水处理工艺为一体，节省用地 70%～80%；外观更美观、紧凑。

而缺点主要体现在处理污水的量较有限，而且更换滤材会比较频繁，不了解的人难以操作，不及时更换滤芯就容易导致造成“零”处理。

3. 厢式净水压滤机

这种是三类处理设备中效率最高也是成本最高的一种，原理主要是由滤板排列组成滤室（滤板两侧凹进，每两块滤板组合成一厢形滤室）。滤板的表面有麻点和凸台，用以支撑滤布。滤板的中心和边角上有通孔，组装后构成完整的通道，能通入悬浮液、洗涤水和引出滤液。滤板两侧各有把手支托在横梁上，由压紧装置压紧滤板。滤板之间的滤布起密封作用。

在输料泵的压力作用下，将需要过滤的物料液体送进各滤室，通过过滤介质（根据不同行业选择合适的滤布），将固体和液体分离。在滤布上形成滤渣，直至充满滤室形成滤饼。滤液穿过滤布并沿滤板沟槽流至下方出液孔通道，集中排出。过滤完毕，可通入清洗涤水洗涤滤渣。洗涤后，有时还通入压缩空气，除去剩余的洗涤液。过滤结束后打开压滤机卸除滤饼（滤饼储存在于相邻两个滤板间），清洗滤布，重新压紧板滤开始下一工作循环。如图 15.17 所示。

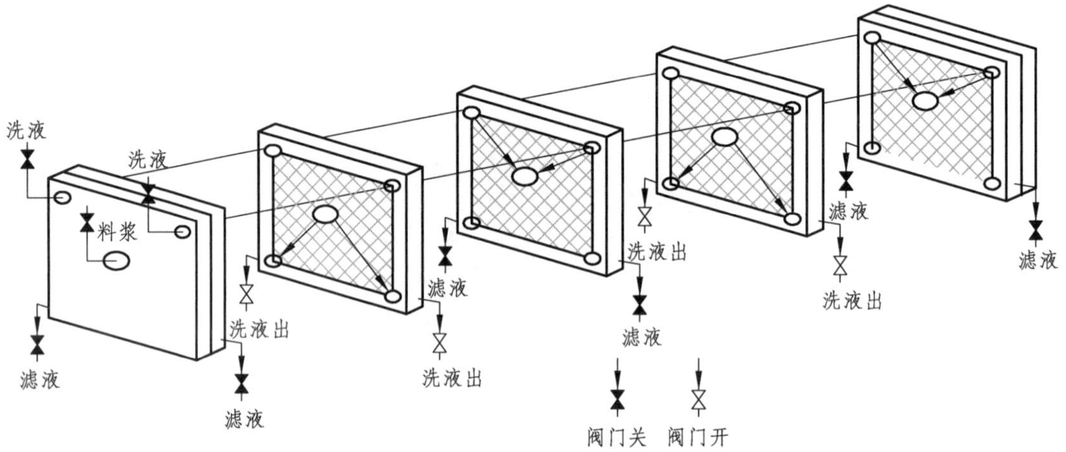

图 15.17　厢式净水压滤机原理工艺图

设备优点就是处理量较大，平均 15 t/d（主要和过滤面积有关），且进料时损耗少，过滤速度快，耐高温及高压，密封性能好，滤饼洗涤均匀，含水率低，且各滤室压力均匀不易坏板，基本适用于所有的固液分离行业。缺点自然就是成本较高，且拼装时比较耗时费力。现场图如图 15.18 所示。

4. 泥水分离器

泥水分离设备在盾构掘进阶段较为常见，其本质就是压滤机设备。它是一种常用的固液分离设备，广泛应用于污泥脱水工程中。它主要由传动部分、滤板部分、压板部分、止推板部分和压紧装置（主要是液压压紧装置）、液压系统、电气控制系统和辅助部分组成。如图 15.19 所示。

图 15.18　厢式净水压滤机现场实拍及使用图

其工作的原理主要是将滤布安装在滤板的两侧，然后在压力机的作用下，滤板被压在压力机和止推板之间，在每两块滤板之间形成封闭的过滤空间。当物料被进料泵打入封闭的过滤空间时，在进料的压力下，液相通过滤布从液滤孔中分离出来，固定的物料留在封闭的过滤空间中慢慢形成滤饼，实现固液分离。进料泵停止进料后，缓慢松开压板，取出滤饼，完成一个工作循环。

图 15.19　泥水分离器实拍图

图 15.20　盾构产生泥浆

施工过程中，产生泥浆的过程大多数发生在土建阶段，根据不同的阶段可以分为加固施工、围护结构、主体开挖、盾构掘进以及附属施工，从阶段性的泥浆排放量分类以及对各类污水处理设备的分析可以得出以下结论建议：

（1）在盾构掘进施工过程中，由于产生泥浆的量大且持续工期较长、场地固定，可采用压滤机或泥水分离器进行适配，效果较好。如图 15.20 所示。

（2）在加固施工、围护结构施工过程中，由于过程泥浆量激增且施工场地可能移动，建议采用石英砂过滤器，满足处理需求的同时方便移动拆卸。

（3）在附属施工或主体开挖以及日常施工过程中，由于场内泥浆量相对较少，因此采用竖流式沉淀池即可满足一半需求。

五、污水处理效果分析

2019 年至 2020 年期间，环境监理小组针对佛山地铁三号线施工水环境组织进行了监测取样，包括施工营地生活污水、施工场地生产废水等。

通过对施工营地生活污水、施工场地生产废水水样的监测分析[监测分析项目主要为pH、化学需氧量（COD）、五日生化需氧量（BOD_5）、悬浮物（SS）、动植物油/石油类、氨氮]得出，排入市政污水管网的污废水监测合格率高，经处理排入河涌的施工废水监测合格率偏低。

从监测取样结果分析得出，佛山三号线施工营地生活污水/施工场地生产废水不合格样品主要为排入河涌的水样，超标的主要指标为COD、BOD_5、SS，施工工地生产废水经过沉淀池处理后外排，生活污水经化粪池处理后外排，但处理效果均没有达到排放要求。现场要求施工单位进一步加强管理，提高环保意识，及时清理沉淀池污泥，更换符合处理要求的污水处理设备，以确保水质达标排放，或将污水尽量引入市政污水管网。

图 15.21　某施工场地内增加的污水处理设备

部分施工单位根据现场的排水需求，适当地在现场排水口增加了污水处理设备（图15.21）。在设备正式安装并投入使用后，环境监理小组对原先超标的水质进行了复测，复测结果显示，经过污水处理设备处理后的污废水能够满足排入河涌的一级标准，数据详见表15.4。

表 15.4　某工点水环境监测对照表

监测项目	设备处理前/（mg/L）	设备处理后/（mg/L）	标准限值/（mg/L）
化学需氧量（COD）	105	26	90
五日生化需氧量（BOD_5）	65	8.5	20
悬浮物（SS）	190	22	60
石油类	2.5	2.2	5.0
氨　氮	7.2	3.5	10

注：排入河涌执行《水污染物排放限值》（DB44/26—2001）第二时段一级标准。

通过分析比对，针对周边无管网的施工场地，建议采取抽排方式或配备合适的污水处理设备处理达标后排放。

六、小　结

水是我们赖以生存的自然资源，也是最容易受到破坏的资源，在水域丰富的佛山地区，地铁施工过程中更应该重视水污染的防控工作。

对于后期开展的佛山地铁新线建设项目，建议采取以下措施：

（1）施工期严格执行国家及地方有关建筑施工环境管理的法规，高度重视施工期对水环境的保护工作，强化施工组织和施工期环保措施设计，加强环境管理和环境监理，落实施工期环保措施，有效预防施工对周边水环境的影响。一旦施工产生对周边水环境不利的影响，必须积极落实整改措施后方可继续施工，同时在工程运行管理中采取有效措施，切实保障项目施工期周边水环境不受到影响。

（2）施工期做好施工场地排水体系设计，对于市政排水管网尚未建成通水的施工路段，建议使用环保移动厕所，定期委托地方环卫部门收集处理；施工场地内设置截水沟、沉淀池和排水管道，截留收集施工场地内的雨水径流、冲洗废水及施工泥浆污水并进行沉淀处理后回用，可用于物料冲洗以及施工现场和临时堆土场的洒水防尘，施工泥浆经自然干化成泥饼后运至消纳场处置；施工材料堆放场地上部设置遮雨顶棚、四周设置围挡、底部采用防渗混凝土硬化处理或铺设防渗膜处理，其他堆场配备防雨篷布等遮盖物品，防止雨水冲刷，径流污水流入水体。

（3）施工中对于市政排水系统较完善的施工路段，建议施工人员就近租用民房，粪便污水就近排入市政排水系统；在施工场地设沉淀池，施工污水经沉淀处理后回用于场地冲洗、绿化、洒水防尘；施工泥浆水经泥水分离系统处理后污水全部回用，经沉淀处理后回用于场地洗车和绿化。

（4）施工中应做到井然有序地实施施工组织设计，严禁暴雨时进行挖方和填方施工。雨天时必须在临时弃土、堆料表面覆盖篷布等覆盖物，以防止弃土在暴雨的冲刷下，进入河流及周边水体，对水体造成污染同时引起水土流失。

（5）施工污水中的石油类主要来自施工机械的跑冒滴漏，因此为减少污水污染物的影响，应从石油类的源头抓起，加强施工机械设备的养护维修及废油的收集，最大限度地减小排污量。

（6）饮用水源准保护区范围内禁止弃渣排污，不得设置化粪池、集中施工营地等临时设施。在水源准保护区陆域范围内施工时，需加强环保管理和监督，施工污水经预处理达标后就近排入市政污水管道或回用，施工弃渣及时清运，确保不对饮用水源准保护区造成不利影响。

（7）制定严格的施工管理制度：设置生活垃圾临时堆放点，施工过程中产生的生活垃圾应定点存放，委托环卫部门定期清运，严禁乱丢乱弃；严禁向沿线附近水体倾倒残余燃油、机油施工废水和生活污水；加强对施工人员的教育，加强施工人员的环境保护意识。

第七篇

旧盾构机预评审与盾构监控

第十六章

盾构机的工程适应性和装备可靠性分析

一、三号线概况

三号线共计 34 个盾构区间，总掘进里程 74.94 km，分为 6 个标段，其中 3201 标 2 个盾构区间，3202 标 6 个盾构区间，3203 标 4 个盾构区间，3204 标 8 个盾构区间，3205 标 8 个盾构区间，3206 标 5 个盾构区间。共计划投入 66 台盾构机，其中 50 台土压盾构机，10 台泥水盾构机以及 6 台泥水-土压双模式盾构机。

三号线工程大体上呈南北走向，北部和中部线路以软弱地层为主，主要以淤泥、粉细砂、中粗砂层为主，伴有粉质黏土、强风化粉砂岩或泥质粉砂岩，偶见中分化带和极少微风化带侵入。南部存在礌岗断裂带。因断裂带成长和发育原因，区间隧道存在基岩侵入，部分区域石灰岩岩溶发育。白垩系（K）、古近系（E）沉积碎屑岩，局部区域（镇安—南海广场区间部分区段）揭露石炭系（C）石灰岩，长期剥蚀和风化堆积作用形成厚层风化岩和残积岩。孔隙比较大，受亲水矿物影响，具遇水易软化的特性，施工时若被水淹（浸），其承载力降低较明显。

佛山地区地下水丰富，承压地下水，古河道地下水汇集。风化岩透水性与基岩裂隙发育程度及其开放性有关，场地碎屑状或块状强风化岩裂隙发育，部分中等风化岩裂隙较发运，岩基裂隙赋存脉状分布的地下水。

二、盾构机的工程适应性原则

1. 盾构机选型原则

盾构机的性能及其适应性是盾构施工成败的关键，必须选择能够最好与地质条件相匹配的盾构设备。盾构选型主要依据相关岩土工程勘察报告，参考国内外已有盾构工程实例及相关的盾构技术规范，根据联合体成员多年盾构施工经验总结，按照适用性、可靠性、先进性、经济性相统一的原则对盾构机进行选型。盾构机选型需满足以下几点要求：

（1）满足本项目复杂地质条件的要求，对有害气体、全断面硬岩、孤石、软硬不均地层分界面难以确定等不可预知事件有针对性措施，遭遇流沙和管涌时有应对措施，能确保施工安全。

（2）适应工程环境，确保工程安全，可针对不同区段、不同地质进行隧道施工，应尽可能选用同类盾构，实现盾构的灵活配置。

（3）盾构机配置应满足工期要求，推进速度快，一次无检修推进距离能够大于 2 km。

（4）满足环境保护的要求，应尽量减少施工对周围土体的影响，掘进过程中能确保沿线建筑及市政管线的安全。

（5）施工占地少，特别是地面设施占地少，且能适应市区道路狭窄、建筑物密集、拆迁难度大等现实条件。

（6）必须满足盾构换刀的要求，同时换刀过程中必须确保人员的安全。

2. 盾构选型的确定

土压平衡盾构机工作原理：将开挖的渣土进行泥土化处理，通过土体自身和由盾构千斤顶压力控制土仓内泥土压力来维持工作面的稳定。与泥水盾构机不同的是，土压平衡盾构机切削下来的土渣由螺旋输送机进行排土。土压平衡盾构机适用于各种土层及这些土层的互层，适用范围广。

土压平衡盾构机分为两种，一种是土压式盾构机，另一种是加泥式土压平衡盾构。

土压式盾构机工作原理：将刀盘开挖的土砂充满土仓，由盾构机千斤顶推进加压，使土压作用于开挖工作面使其保持稳定。这种盾构机适用于仅需要切刀开挖且含砂量小的塑性流动性强的软黏土地层。

加泥式土压平衡盾构装备有各种压力送料装置、改良挖掘地质的性状等特点，通过添加膨润土、发泡剂等对渣土进行改良，以促进开挖渣土流动性。这种盾构机适用地层范围广，使用很多。针对本项目中的全断面灰岩地层，土压平衡盾构机比较适用。

泥水盾构的主要特点：泥水盾构适用于冲积形成的沙砾、砂、粉砂、黏土层、软固结的互层以及含水率高开挖面不稳定的地层。针对本项目中上软下硬的地层，泥水盾构比较适合。

土压/泥水双模盾构机的主要特点：双模盾构机主要针对在同一盾构区间地质情况差异较大，存在上软下硬、基岩凸起等地层变化复杂的地质条件。既能在软土地层中掘进，又在岩层以及上软下硬地层具备一定破岩能力，可以适用复杂地质条件。当土体自稳性较强时，可采用土压平衡模式，以降低施工成本，提高工效；当土体自稳性较差时，可采用泥水模式，以有效地控制地表沉降，确保隧道施工的质量、安全。泥水/土压双模式盾构机结合了土压和泥水盾构的设计理念与功能，融合泥水、土压两种模式，最广泛地适应复杂多变的复合地层，能最大程度地控制工程风险的同时实现优质高效掘进。

地层渗透性和水头压力的影响：根据盾构施工经验，如图 16.1 所示，当地层渗透系数小于 10^{-7} cm/s 时，宜选用土压平衡盾构；当地层的渗透系数在 10^{-7} cm/s 和 10^{-4} cm/s 之间时，既可选用土压平衡盾构也可选用泥水平衡盾构。

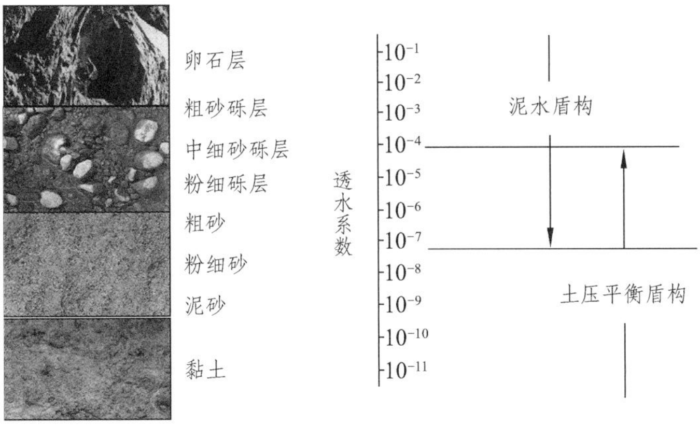

图 16.1　地层渗透系数与盾构选型关系示意图

地层颗粒级配的影响：颗粒级配和盾构机选型关系如图 16.2 所示。不同类型的盾构对地层有一定的适应范围，土压平衡盾构更适用于细颗粒地层，切削的渣土易获得塑性流动性和不透水性，土压力作用于工作面。

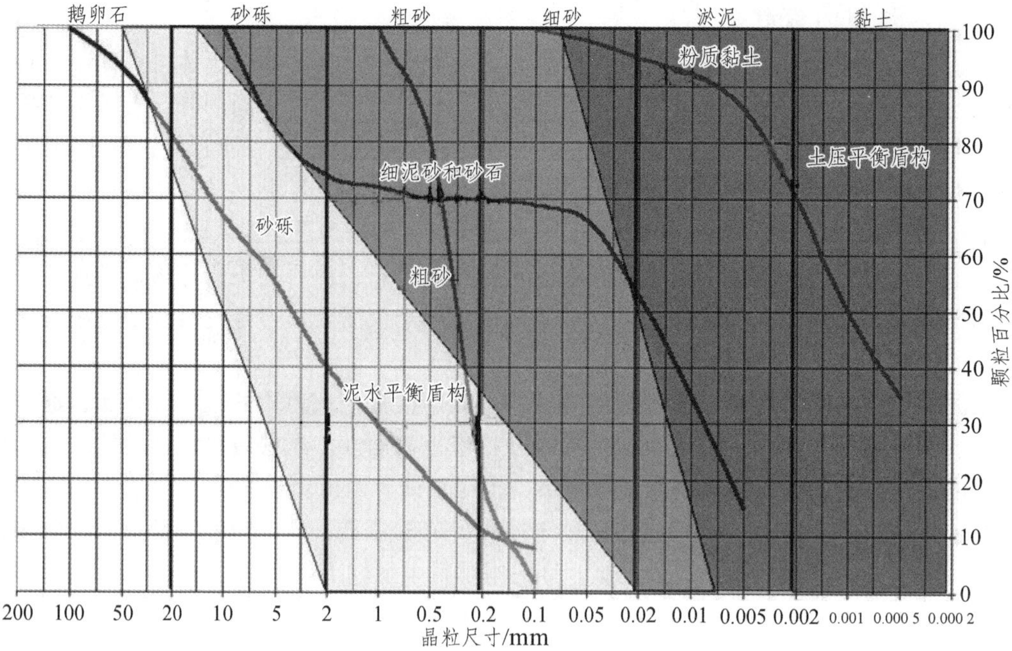

图 16.2　颗粒级配与盾构选型关系图

当地下水头压力大于 0.3 MPa 时，宜选用泥水平衡盾构。当采用土压平衡盾构时，应增加螺旋输送机长度，或采用二级螺旋输送机，或增加保压泵。

盾构设施系统配置应对掘进系统、主驱动系统、推进系统、出渣系统、渣土改良系统、泥水处理系统、管片吊运及拼装系统、同步注浆系统、润滑及密封系统、动力系统、数据采集及控制系统、导向系统等主要系统提出技术要求。

掘进系统应该满足结构强度、刚度和耐磨的要求，刀具配置能够适应地层变化，必要时能够预留检修、维护的空间和作业平台，根据实际需求配置刀盘及刀具磨损检测装置。

主驱动系统的型式应根据工程、水文地质条件和环境选择，驱动的最大推力和装配扭矩应根据地质条件、施工要求和驱动型式等确定。

推进系统应满足盾构推进、调向及管片安装要求。

出渣系统应能满足盾构顺利出渣的要求。

渣土改良系统的喷口应在刀盘前部、土舱隔板、螺旋输送机等处设置，满足改善渣土的流塑性和止水的要求。

管片吊运及拼装系统起吊运输抓举能力应与管片重量相匹配，管片拼装机应具有一定的灵活性和可靠性，管片拼装机应具有一定自由度。

同步注浆系统应综合考虑，根据注浆材料、注浆方式、注浆脂等选用确保注浆材料能够填充至盾尾空隙处，并容易维护管理的设备，注浆系统应配备二次注浆设备。

润滑及密封系统应能够满足主驱动、螺旋输送机、盾尾等关键部位的密封、润滑要求。

动力系统应能够为盾构掘进、出渣、管片运输及拼装、注浆、润滑及密封、控制系统、测量导向系统、通风及照明系统等提供相应的动力。

电气设备应具有良好的防水、防湿、防尘和防振性能，电气防护等级要求应不低于IP55，并设置在便于操作、检修和保养的地方。

盾构主要技术参数应包括开挖直径、盾体参数、盾构掘进系统参数、推进系统参数、主驱动参数、出渣能力、泥水环流系统参数、盾构润滑及密封系统参数、同步注浆系统参数、管片吊运及拼装系统参数、压缩空气系统参数、工业供水及冷却系统参数等。

盾构开挖直径应考虑刀盘外圈防磨板在磨损后仍能保证正确的开挖直径。

盾体长度应根据围岩条件、隧道线路、盾构型式、铰接装置，管片宽度、封顶块的插入方式等因素综合确定。盾构直径应根据衬砌环外直径、管片安装富余量、盾构结构形式、盾尾壳体厚度及修正蛇行时的最小余量确定。

刀盘型式应按适应地质条件、保证开挖面稳定、发挥其功能的原则设计；刀盘支承方式应根据盾构直径、地质条件、出渣方式等选定；刀盘直径应根据衬砌环外直径等确定；刀盘型式、开口率及尺寸应根据地质条件、开挖面稳定性及挖掘、出渣效率来确定；刀具的配置应根据地质条件、切削效果、出土状况与掘进速度选定；刀盘转速应根据地质条件、施工要求确定。

盾构推进设备应按盾构型式、开挖直径、工程地质和水文地质条件等选定参数，推力应满足克服各种推进阻力的要求；推进系统功率应考虑最大推力、最大推进速度与推进系统的效率。

主驱动扭矩应根据地质情况、盾构型式、刀盘结构、开挖直径来确定，应满足克服盾构正面土体抗剪力、渣土搅拌阻力、摩擦阻力、切削刀头轴向载荷、径向载荷引起的扭矩等；主驱动的转速范围应满足盾构正常掘进需求；主驱动功率应考虑刀盘额定扭矩、刀盘转速、主驱动系统的效率；主轴承密封最大承压能力应与最大水土工作压力相匹配。

土压式盾构的出渣系统参数确定时应考虑保持土仓内压力与开挖面土、水压力的平衡。螺旋输送机的出渣能力应与刀盘掘进速度相匹配，具备防喷涌的能力。

泥水式盾构送排泥装置应根据地质情况、推进速度、开挖面稳定性和渣土输送能力进行设计。

盾构润滑及密封系统油泵压力、功率、流撮等参数应满足盾构各系统润滑及密封需求。

盾构的同步注浆能力应考虑每环管片的理论注浆量、每推进一环的最短时间、理论注浆能力、地层注入率和注浆泵效率。

管片吊运及拼装系统的起吊能力应与管片重量相匹配，管片拼装机各个自由度上的行程应满足管片准确、快速拼装需求。

三、三号线盾构机的适应性分析

三号线工程盾构区间实际投入盾构机66台次，其中土压平衡盾构机50台次，泥水-土压双模式盾构机6台次，泥水平衡盾构机10台次，其中土压平衡盾构机有4台次为双螺旋出渣方式盾构机。

结合佛山二号线和广州地铁七号线西延顺德段的工程实践经验，采用土压盾构需考虑管片上浮等质量问题。盾构机中心应该偏后，防止盾构机在静止状态下出现栽头情况。在三号线工程中，曾有3206-2标等区间出现盾构机栽头后难以纠偏的情况。

部分基岩突起段，施工单位在盾构机刀盘边缘区域配置大合金齿镶嵌滚刀，以增加滚刀破岩能力和抗冲击能力，保证盾构开挖直径。

三号线工程北段存在红层地层，刀盘结泥饼风险较大，施工单位在盾构机选型时，重点考虑刀盘中心开口率和刀盘中心部分渣土改良问题。新盾构采用 6 路或以上的刀盘面板单管单泵渣土改良喷口设计，旧盾构机多数考虑中心渣土改良系统的泡沫喷口和膨润土喷口单独设置的设计。实际施工中部分标段仍出现刀盘结泥饼相对严重，被动进仓清理泥饼问题。例如 3206-1 标罗村站—佛山西站区间是典型的红层地层，使用的辽宁三三 S29400、S29500 土压平衡盾构机，便出现上述难题。针对此问题，施工单位在使用分散剂浸泡刀盘效果不佳的情况下，进仓清理刀盘泥饼。

施工中，在隧道切口环上部存在 3 m 以上隔水层的有利条件下，可考虑采用气压辅助平衡方式进行土压盾构掘进施工。土压平衡盾构机采用气压辅助平衡方式施工，盾构设备配置上需考虑有效的压缩空气供给，如加大盾构设备上空压机的配置功率。另外，需重点考虑用于往开挖仓内加气的泡沫系统单向阀可靠性，防止开挖仓内液态物质反流堵塞刀盘中心部位泡沫系统的单向阀，使刀盘中心部位渣土改良管路失效，进而引起中心部位泥饼风险增大的情况。同时，开挖仓腰线部位土压传感器的灵敏性和可靠性需要保证，便于盾构司机判断土仓的气渣分界面。

三号线泥水盾构在上砂下泥岩地层中掘进中适应性不强，可通过线路调整避免这种地层，同时需增加刀盘和土仓里的冲刷系统，采石箱的进口和出口需考虑用开口的过渡桥连接。

四、旧盾构机的装备可靠性原则

盾构机的装备可靠性是指旧盾构机各系统在维修改造过程中，恢复的可靠性程度。在后续工程中提高盾构机完好率。

结合三号线工程的地质和水文条件，装备的可靠性重点考察：刀盘切削系统、刀盘主驱动系统、盾构机三大密封系统、管片背部填充系统等几方面。

刀盘、主驱动和三大密封系统，属于在隧道施工掘进过程中难以修复或需投入较大代价进行修复，且在掘进过程中对隧道安全和质量存在较大影响，需作为重点考察对象。

（1）刀盘钢结构的无损探伤审查评定原则：国家认证认可监督管理委员会授权机构（CNAS 或 CMA）颁发的专业单位对刀盘面板主焊缝、牛腿焊缝进行超声波 100%无损探伤检测。

（2）重新组装的盾构机要用新的高强螺栓，旧的螺栓需进行探伤或疲劳检测。

（3）主驱动密封系统的审查评定原则：主驱动密封系统分为单唇型 NBR 密封和多指型聚氨酯密封两种主驱动密封方式。

按照过往经验，对于单唇型 NBR 密封，盾构机若满足掘进里程累计达到 3 km，或主轴承工作时间达到 3 000 h 中任一条的，须拆检盾构机主驱动系统的内外密封并测试检查合格；盾构机满足掘进里程累计达到 5 km，或主轴承工作时间达到 5 000 h 中任一条的，须拆检盾构机主驱动系统并更换内外密封并测试检查合格。主驱动内外密封腔和齿轮腔气密性检测应按原厂家设计图纸要求进行，如原厂家未明确进行说明则可按标准为 0.4 MPa，保压 30 min，压降不超过 10%的原则进行。

对于多指型聚氨酯密封，盾构机掘进 4 km 以内，需每个区间检查密封使用情况；掘进累计里程 4 km 以上且小于 7 km，需更换密封；掘进在 7 km 以上，更换密封与密封环。多指型聚氨酯密封的气密性检测方式多采用压缩空气检测，日本系列盾构机（包括国内采用日本引进技术设计的盾构机）也采用油脂检测，其检测标准为在密封后侧加压 0.1 MPa，保压 30 min，压降不超过 10%。

（4）盾构机铰接密封和盾尾刷审查原则：被动铰接密封需在每个新工程施工前予以更换；主动铰接密封原则上在铰接位置需设计有应急注入口，在紧急情况下可注入聚氨酯等类似介质组织铰接位置的泄露。每个工程前，主动铰接密封需进行检查，视情况予以更换。

盾尾刷的设置数量需根据地层水文地质条件设计，三号线工程大部分盾构机采用三道盾尾刷设计。盾尾刷的止水和耐磨存在矛盾取舍问题，如施工距离超过 2 km，宜考虑最后一道盾尾刷采用钢板束型式，其他盾尾刷采用钢丝刷型式。每工程均需全部更换盾尾刷，且对盾尾的圆度进行测量，保证盾尾圆度在误差允许范围内。

管片背填充系统审查原则：盾构机在配备盾尾同步注浆的基础上，应配备双液二次注浆系统，并且二次注浆系统的布置应尽量靠近盾构主机。配置双液二次注浆系统的台车应预留尽量大的地方堆放二次注浆的材料。

五、三号线盾构机的可靠性分析

共出具 25 个预评审报告，共评审 34 台盾构机，预评审情况如表 16.1。

表 16.1　预评审情况表

序号	标段	区　间	施工单位	盾构编号	盾构机里程/m	预评审结果
1	3201	东平站—湾华站区间	广东华隧建设股份有限公司	海瑞克 S-850	6 192.4	修改后通过
2	3201	东平站—湾华站区间	广东华隧建设股份有限公司	海瑞克 S-851	6 089.6	修改后通过
3	3206-2	太平站—狮山站盾构区间	中铁建十四局集团有限公司	铁建重工 DZ118	3 800	修改后通过
4	3206-1	罗村站—佛山西站区间	中铁十九局集团有限公司	辽宁三三 S29400	511	修改后通过
5	3206-1	罗村站—佛山西站区间	中铁十九局集团有限公司	辽宁三三 S29500	483	修改后通过
6	3203-1	顺德医院—荔村—伦教区间	中铁一局集团有限公司	厦工中铁 028	2 653.2	修改后通过
7	3205-2	南海广场—叠滘区间	中国建筑第四工程局有限公司	中船 52 号	1 122	修改后通过
8	3205-2	南海广场—叠滘区间	中国建筑第四工程局有限公司	中船 53 号	1 789	修改后通过
9	3205-1	桂城—南海广场区间	中建交通建设集团有限公司	辽宁三三 S28500#	2 236	修改后通过

续表

序号	标段	区　间	施工单位	盾构编号	盾构机里程/m	预评审结果
10	3203-1	新松—顺德医院区间	中铁一局集团有限公司	中铁 R137	832	修改后通过
11	3203-1	新松—顺德医院区间	中铁一局集团有限公司	中铁 R127	832	修改后通过
12	3205-3	火车站—桂丹路站区间	中建三局集团有限公司	中铁 583	2 200	不通过
13	3206-1	罗村站—佛山西站区间	中铁十九局集团有限公司	铁建重工 DZ065	3 937	修改后通过
14	3206-1	罗村站—佛山西站区间	中铁十九局集团有限公司	铁建重工 DZ108	3 340	修改后通过
15	3205-3	火车站—桂丹路站区间	中建三局集团有限公司	中铁 583	2 200	修改后通过
16	3203-1	大良站—新松站区间	中铁一局集团有限公司	中铁 R159（原海瑞克 S-329）	12 111.4	修改后通过
17	3203-1	大良站—新松站区间	中铁一局集团有限公司	中铁 R160（原海瑞克 S-438）	12 406.8	修改后通过
18	3202-2	创意园站—驹荣北路区间	中交隧道工程局有限公司	海瑞克 S-898	4 390	通过
19	3202-2	创意园站—驹荣北路区间	中交隧道工程局有限公司	海瑞克 S-899	4 390	通过
20	3205-3	火车站—桂丹路站区间	中建三局集团有限公司	中铁 533	2 048	通过
21	3205-1	镇安站—桂城站区间	中建交通建设集团有限公司	中建 15 号	2 160	修改后通过
22	3205-1	镇安站—桂城站区间	中建交通建设集团有限公司	中船 6 号	1 987	修改后通过
23	3202-2	创意园站—逢沙站区间	中交隧道工程局有限公司	海瑞克 S-870	3 030	修改后通过
24	3202-2	创意园站—逢沙站区间	中交隧道工程局有限公司	海瑞克 S-871	1 770	修改后通过
25	3202-1	逢沙停车场出入场线—顺德学院站区间	中交第二公路工程局有限公司	中交天和 100#	3 000	修改后通过
26	3205-2	叠滘站—中山公园站区间	中国建筑第四工程局有限公司	天地重工 TD22	1 327	通过

续表

序号	标段	区　间	施工单位	盾构编号	盾构机里程/m	预评审结果
27	3205-3	桂丹路站—佛山机场站区间	中建三局集团有限公司	中铁 109	3 400	通过
28	3202-3	大良电力隧道	中交路桥建设有限公司	海瑞克 M1786	3 200	通过
29	3206-1	佛山西站—兴业路站区间	中铁十九局集团有限公司	铁建重工 DZ065	5 937	修改后通过
30	3205-3	桂丹路站—佛山机场站区间	中建三局集团有限公司	中铁隧道局 ZJ6000015-B/T	990	修改后通过
31	3202-1	逢沙停车场出入场线—顺德学院站区间	中交第二公路工程局有限公司	中交天和 99#	3 000	修改后通过
32	3206-1	佛山西站—兴业路区间	中铁十九局集团有限公司	铁建重工 DZ108	5 340	修改后通过
33	3205-2	叠滘站—中山公园站区间	中国建筑第四工程局有限公司	铁建重工 DZ98	1 350	修改后通过
34	3205-3	叠滘站—中山公园站区间	中国建筑第四工程局有限公司	铁建重工 DZ99	1 350	修改后通过
35	3205-1	桂城—南海广场区间	中建交通设集团有限公司	中铁装备 208	4 048	修改后通过

旧盾构机预评审中存在的主要问题：

（1）刀盘超声波无损探伤检测报告缺失较多，刀盘无损探伤检测大多使用磁粉检测。

（2）旧盾构机在上一工程到达前 50 至 100 环掘进状态下的油样检测报告缺失较多，部分油品检测报告中没有铁谱、光谱、理化指标分析。

（3）人仓气密性检测评估报告缺失较多。

（4）主驱动检测评估报告缺失较多，主驱动检测未按标准执行。

（5）主机电机检测评估报告缺失较多。

（6）部分旧盾构机履历表真实性存在质疑。

从审查流程方案来看，普遍存在可靠性审查时间节点偏后的问题，部分可靠性检查项目须在工地完成盾构机井下组装后进行，其实施情况和效果由监理单位跟踪，存在盾构机安装调试时间拉长的风险。

大部分盾构机通过适应性和可靠性的专项审查和审查后整改，在区间应用和使用完好率方面能达到工程要求。

然而仍有部分标段盾构机存在问题，例如 3205 标段盾构机出现刀盘螺栓断裂，泥水盾构结泥饼风险且掌子面上部存在易塌落地层，导致施工进度缓慢。

3204 标段盾构机采用土压-泥水双模式盾构，较原计划采用泥水盾构的掘进效率加快。说明双模式盾构应用范围较单模式盾构广。并联式泥水-土压双模式盾构可在较快时间完成模式转换，在渗透性高、风险性大的掘进区段采用泥水模式掘进，能有效控制沉降。而在其他区间地层组段中采用土压掘进，减少了泥水盾构的泥饼风险，提高掘进效率。3204 标段还全国首创性地通过盾尾处冷冻管片的方式对盾尾刷进行更换。

六、小　结

目前佛山、广州、深圳三地地铁建设单位均对盾构机提出包括土仓可视化、人舱可视化、渣土计量、盾尾间隙自动测量等强制准入化要求，从技术角度来说，这些强制准入的系统，部分仍存在技术完善性和精度、可靠性等不足的特点，但从管理方面和推进中国整个盾构行业发展方面，确实做出了大胆的尝试。建议准入条件落实至未来新线，通过粤港澳大湾区三大主要城市在轨道交通方面的推动，使这些技术得以成熟和应用，推动盾构无人驾驶的产业革新，强化安全管控措施。

加强对新造和再制造盾构机适应性审查工作，重点监督租赁盾构机的可靠性评价。随着国内盾构机保有量扩大，盾构机租赁和再制造的案例提升，盾构机的适应性和可靠性评估越显重要。充分地评估、审查和论证，方能保证工程的质量、安全和工期需求。

第十七章

盾构掘进过程中的姿态纠偏及管片选型的应用

一、项目概况

狮山站—太平站区间从狮山站始发，沿规划的狮山工业大道向南敷设，侧穿狮山工业大道两侧的厂房，最终到达太平站。狮山站—太平站区间采用盾构法施工，区间起讫里程右线YDK70+892.197至YDK71+680.219，右线区间长约788.022 m。左线起讫里程ZDK70+892.197至ZDK71+680.219，左线区间长约789.547 m，详见图17.1所示。区间共设置1处联络通道兼废水泵房，里程位置为YDK71+257.235处。

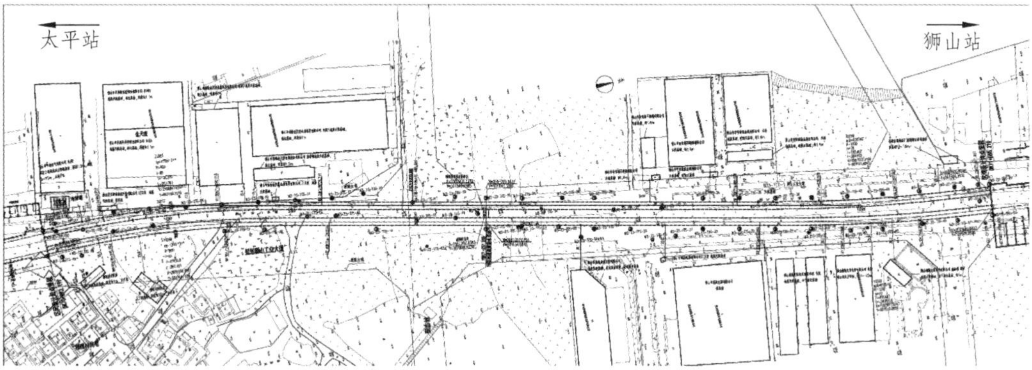

图17.1　狮山站—太平站盾构区间平面图

区间地层从上到下依次为<1>人工填土、<4-2B>淤泥质土、<5N-1>残积粉质黏土、<6>全风化细屑岩、<7-1>强风化泥岩、<7-2>强风化粉砂质泥岩、<7-3>强风化细砂岩、<8-1>中风化泥岩、<8-2>中风化粉砂质泥岩、<8-3>中风化细砂岩、<9-2>微风化粉砂质泥岩、细砂岩（详见图17.2）。隧道洞身地层主要是强风化岩层和中风化岩层。

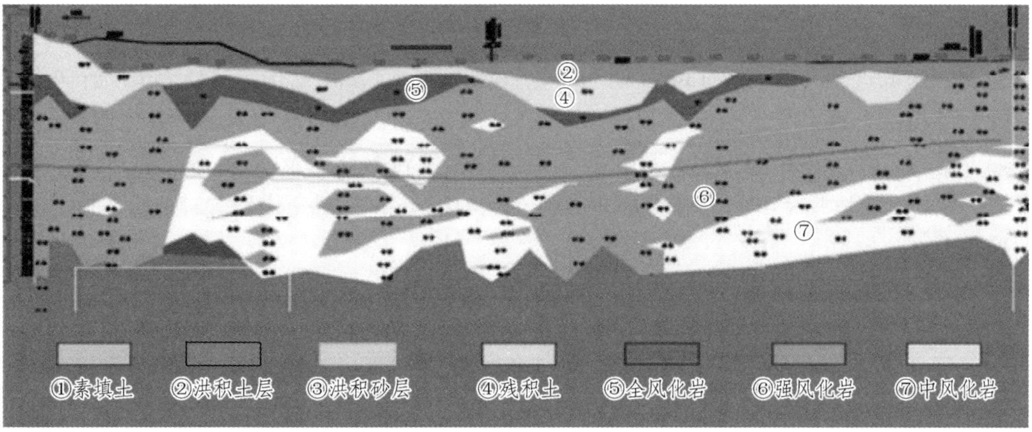

图17.2　狮山—太平盾构区间右线地质剖面图

二、施工情况

狮山站—太平站盾构区间右线采用土压平衡模式的盾构机施工（铁建重工 DZ118），盾构机外径为 6 280 mm，管片外径为 6 000 mm、内径为 5 400 mm。于 2019 年 4 月 8 日正式始发掘进，截至 2019 年 5 月 11 日，右线累计完成 142 环，其中洞身地层上部为<7-1>强风化泥岩、粉砂质泥岩，下部为<7-2>粉砂质泥岩、细砂岩（详见图 17.3）。

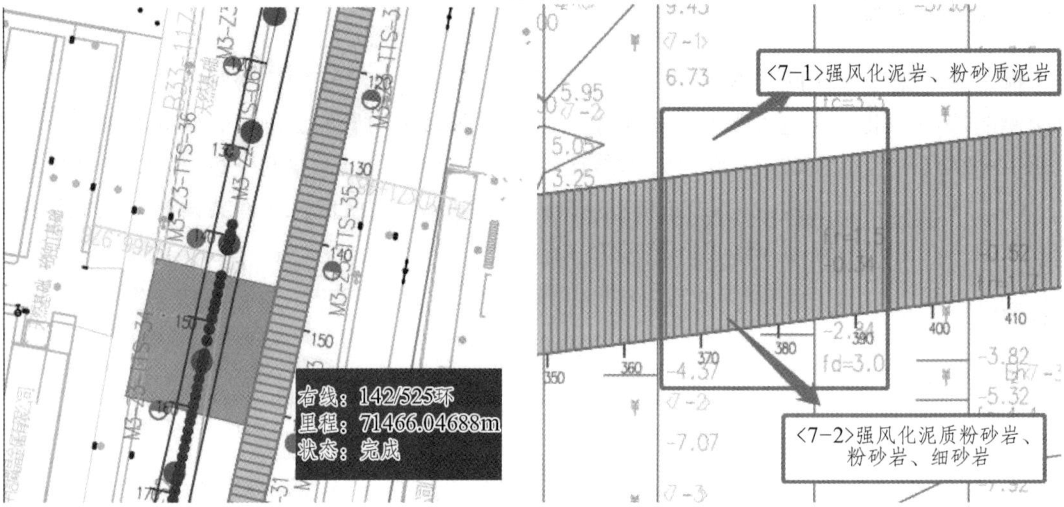

图 17.3　狮山—太平盾构区间 142 环附近地面情况和地质情况

区间右线垂直姿态出现栽头现象，盾构机姿态如下：水平姿态前点/后点-105 mm/-69 mm，水平趋势向左-9 mm/m；垂直姿态前点/后点-267 mm/-253 mm，垂直趋势向下-3.5 mm/m。盾构间隙上、下、左、右分别为 63/100/85/62，可能存在盾尾卡壳情况，现场停机待处理。

三、超限原因分析及处理措施

（一）盾构姿态超限原因分析

（1）盾构洞身处于<7-2>第三系强风化泥质粉砂岩、粉砂岩、细砂岩地层中，洞身可能处于地质夹层中，掌子面可能存在异物。

（2）盾构掘进至 131 环～134 环期间，垂直姿态从-62 mm 变化到-118 mm，盾构作业台班为夜班，相关管理人员未引起重视，且现场操作人员盾构纠偏经验不足，导致越纠越偏。

（3）盾构管片选型经验不足，盾构纠偏未正确使用转弯环以及 K 块不同的点位产生的楔形量进行纠偏。连续用了 4 环标准环，垂直姿态从-163 mm 急剧变化到-237 mm，至此垂直姿态纠偏失败。

（4）盾构机垂直姿态出现超限时，未综合考虑盾尾间隙差的数据，导致上、下盾尾间隙差进一步加大，可能造成了盾尾卡死的风险。

（二）处理措施建议

（1）编制盾构带压开仓方案，提请专家审查，开仓检查掌子面是否存在异物和洞身地质出现夹层，检查刀具磨损情况，并严格按照带压开仓规范落实开仓作业工作。

（2）盾构机底部增加千斤顶，加大上下油缸的推力差，推动盾尾松动。

（3）增加上下油缸行程差，打开铰接向上，配合盾构纠偏工作。

（4）综合考虑管片选型，采用转弯环，合理利用 K 块不同的拼装点位，产生的楔形量，着重考虑顶部盾尾间隙，并防止盾尾卡死。

（5）制订下一步盾构掘进纠偏和脱困方案，模拟计算最大姿态偏差量 ，并提请专家审查。

（6）增加实际土舱压力，确保盾构姿态趋势回复，缓慢纠偏确保管片质量。

（7）盾构机水平姿态，也不可轻视，趋势已经变坏，在确保垂直姿态不超限的情况下，合理利用管片选型调整水平姿态。

（8）在姿态纠偏最不利的情况下，姿态控制保证“保头护尾”的原则，建议由设计总体调整竖曲线半径，即调整线路的坡度，确保成型隧道不超限。

四、管片选型的应用

（一）管片类型

目前在地铁隧道盾构施工中，各个大中城市主要采用标准环和转弯环管片对设计隧道平纵曲线拟合。管片一般分为标准环、左转弯环、右转弯环三种管片，每环管片一般由 3 块标准块 A1、A2、A3，两块邻接块 B、C，一块封顶块 K 组成，如图 17.4 所示。

弯环端面是在同一个平面上，只是管片长度是从 1 481 mm 至 1 519 mm 的一个均匀变化过程。假设右转弯环拼装某一个点位，X 为该点位与横轴夹角，&为右转弯的楔形量，根据转弯环的设计可知此拼装点位时右转弯的楔形量&与 AB 处的楔形量相等，此时最大的楔形量在 C 处，值为 38 mm。图 17.5 为管片楔形量计算示意图。

右转弯楔形量&的计算公式为：

$$10H = 10A \times \cos X$$

$$10H / 10C = 1FH / 1GC$$

$$1FH = 10H \times 1GC / 10C = 1GC \times \cos X$$

$$\& = 2 \times 1FH = 19 \times \cos X$$

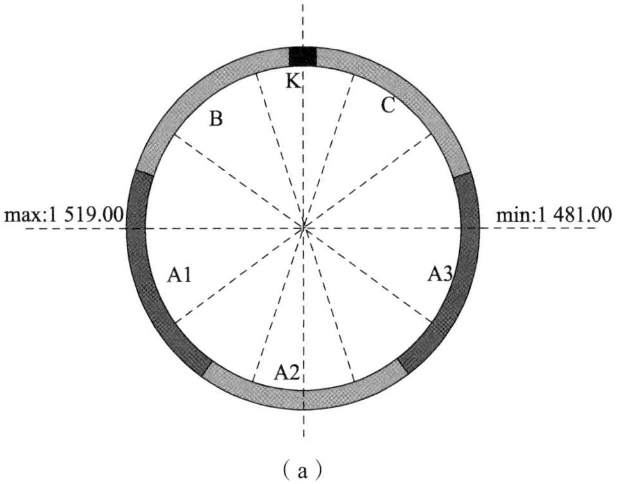

（a）

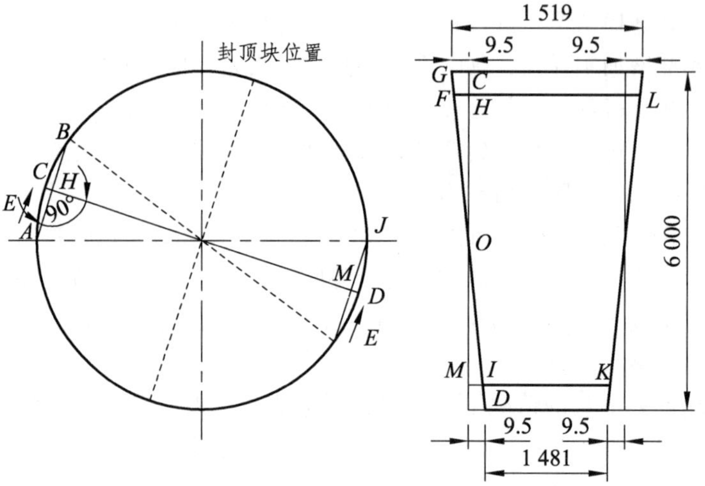

（b）

图 17.4　管片设计及楔形量示意图

为此：

K_t 管片顶部宽度最大值：$K_t = 1\,500 + 19\sin\alpha$

K_b 管片底部宽度最大值：$K_b = 1\,500 - 19\sin\alpha$

K_l 管片左端宽度最大值：$K_l = 1\,500 + 19\cos\alpha$

K_r 管片右端宽度最大值：$K_r = 1\,500 - 19\cos\alpha$

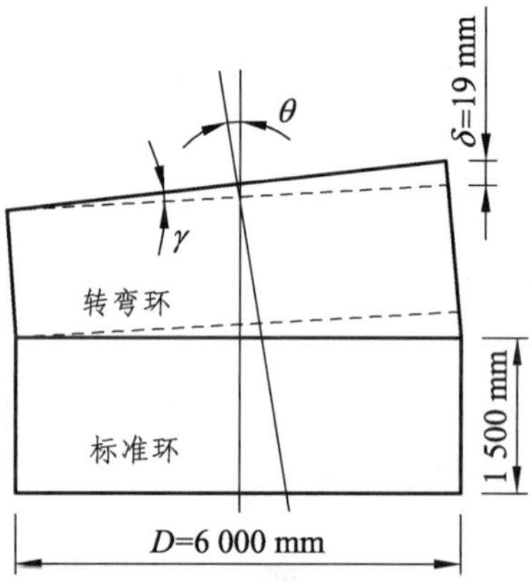

图 17.5　管片选型楔形量计算示意图

（二）管片选型的依据

管片选型应结合现场各项数据，综合考虑选择管片的类型以及封顶 K 块的位置，主要考虑（不限于）以下因素：

（1）根据线路特点进行管片预排版。

（2）推进千斤顶的行程差（左右和上下）。

（3）盾尾间隙（上、下、左、右）。

（4）铰接油缸的行程差。

（5）盾构机掘进方向与设计轴线的相对关系。

（6）错缝拼装。

（7）拼装前盾构机水平、垂直姿态及趋势。

（8）每环纠偏量。

管片选型应在考虑盾尾间隙差值（盾尾不会卡住）的前提下，利用转弯环的楔形量及封顶块安装在不同位置进行纠偏，合理选择楔形管片，严格控制每环的纠偏量。当垂直姿态和水平姿态同时出现超限需纠偏时，需具体情况具体分析：

（1）优先考虑垂直姿态和水平姿态同时纠偏。

（2）当盾构机出现栽头时，优先考虑垂直姿态纠偏，再进行水平姿态纠偏。

（3）当设计平面处于曲线段时，优先考虑水平姿态纠偏，再进行垂直姿态方向的纠偏。

（三）管片选型的应用

本项目管片拼装按照 16 点位，每个点位角度为 22.5°以左转弯为例，封顶块 K 安装在 1 点位，最大的楔形量在 6 点位，即 6 点位宽度为 1 519 mm，14 点位宽度为 1 481 mm，2 点位和 10 点位的宽度为 1 500 mm；以右转弯为例，K 块安装在 12 点位，最大的楔形量在 7 点位，即 7 点位宽度 1 519 mm，15 点位宽度 1 481 mm，11 点位和 3 点位宽度为 1 500 mm。如图 17.6、17.7 所示。

（四）管片选型及纠偏分析

管片选型在姿态纠偏过程中，需充分考虑各种因素，保证盾尾不被卡死，利用管片选型、K 块拼装在不同点位产生的楔形量来纠偏盾构姿态。采用缓纠慢纠的原则，一旦可能出现卡死盾尾的情况，需立即停止纠偏，组织各参建单位协调姿态纠偏和调坡调线工作，并及时测设成型隧道管片数据，为设计单位调坡调线提供数据支持。见表 17.1。

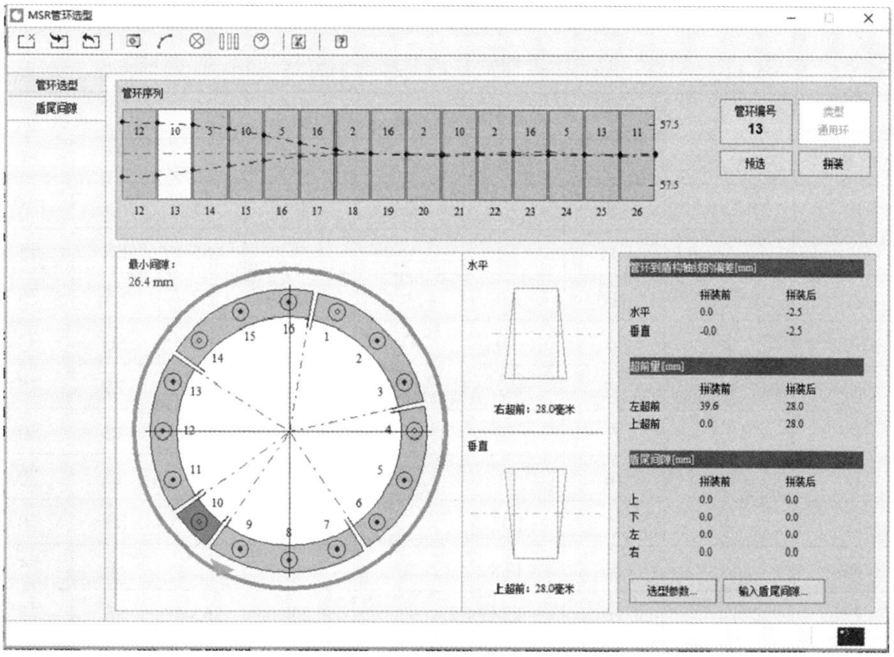

图 17.6　管片选型模拟系统界面

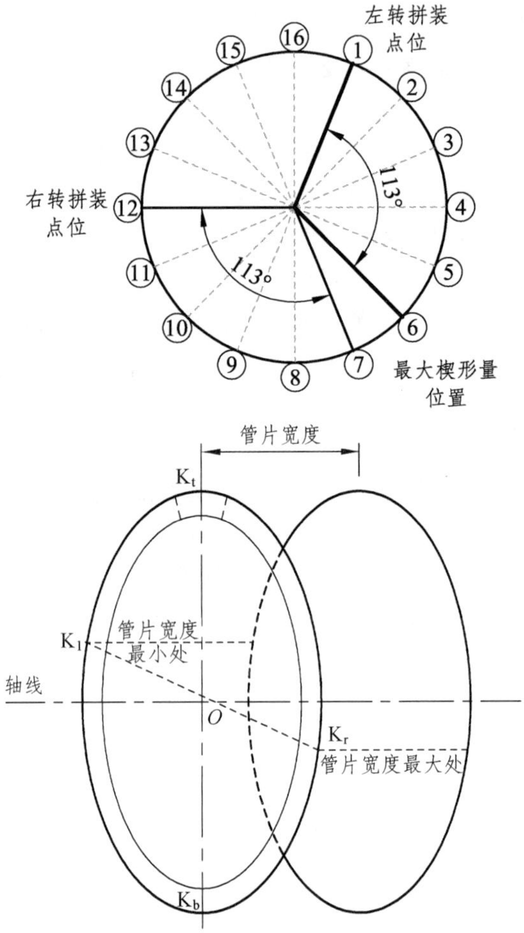

图 17.7　本标段管片最大楔形量点位示意图

表 17.1　126～149 环盾构管片选型及纠偏分析（147 环调坡）

环号	管片选型		盾构机姿态		姿态纠偏量		盾尾间隙			
	管片类型	K 块点位	水平	垂直	水平	垂直	上	下	左	右
126	P	3	−1	−17	0	0	65	85	75	70
127	P	1	−11	−29	0	0	65	85	85	68
128	L	12	−10	−40		16	63	85	75	63
129	P	1	−8	−50	0	0	68	80	83	70
130	R	4	−2	−62		16	75	75	75	75
131	P	1	6	−77	0	0	70	85	80	70
132	L	9	14	−91		2	72	87	70	73
133	L	4	18	−105		−16	70	85	78	65
134	R	12	16	−118		−16	71	80	75	69
135	L	14	16	−133		11	63	88	75	68
136	P	3	3	−144	0	0	46	95	88	60

续表

环号	管片选型		盾构机姿态		姿态纠偏量		盾尾间隙			
	管片类型	K 块点位	水平	垂直	水平	垂直	上	下	左	右
137	L	14	-10	-163		11	53	90	86	67
138	P	3	-17	-181	0	0	45	97	85	62
139	P	14	-30	-200	0	0	50	95	85	62
140	P	3	-42	-216	0	0	50	96	87	61
141	P	15	-55	-237	0	0	48	100	90	65
142	L	13	-69	-253		-16	63	100	78	55
143	L	1	-75	--268		-2	64	83	83	74
144	R	13	-86	-288		-16	69	85	70	75
145	R	15	-101	-285		-7	52	90	83	73
146	R	3	-102	-283		11	69	88	70	63
147	L	11	-102	-283	7	-11	75	70	82	74
147	L	11	-102	-93	7	-11	75	70	82	74
148	L	6	-88	-57	-7	-7	72	80	65	65
149	P	1	-72	-38	0	0	88	65	70	83

注：1. 深灰色标识表示管片类型选择错误，浅灰色标识表示管片 K 块安装错误。

2. 垂直姿态纠偏量：（上-下）/2；水平姿态纠偏量：（左-右）/2。

（五）调整设计坡度

在确保盾尾不被卡死和隧道运营不减速的情况下，增加区间隧道两个变坡点，分别在 YDK71+507 和 YDK71+602 的位置设置坡点，竖曲线半径为 *R*5000，从而把 147 环前的设计高程 1.148 m 调整到 0.958 m。调整前、后的姿态见表 17.2。

表 17.2　147 环区间竖曲线调坡前后导向系统数据变化对比

环　号	水平姿态/mm		垂直姿态/mm		水平趋势/（mm/m）	垂直趋势/（mm/m）
	前	后	前	后		
147 调坡前	-79	-102	-245	-283	5	9
147 调坡后	-80	-102	-36	-93	6	14

五、小　结

基于该姿态超限纠偏案例的分析，盾构推进应重视掘进过程中的姿态控制，发现姿态超过±50 mm 时，需综合判断下一步姿态趋势，分析发生原因和下一步纠偏应对措施。超过±100 m 时，应立即停机，制订姿态纠偏措施方案，经各参建单位确认可行后再恢复掘进，严禁施工单位私自纠偏，甚至出现越纠越偏的情况，导致成型隧道超限严重致调坡调线事件产生。

管片选型及姿态纠偏是一个综合性强、系统性复杂的过程，需充分考虑盾尾间隙、管片楔形量、盾构姿态及趋势、开挖轮廓、土仓状态、地质状况、浆液包裹、千斤顶行程差、铰接行程差、设计线路等情况，在遇到纠偏困难时，首先要检查盾构机状态，确保盾构机在完好的状态下纠偏。综合分析下一步的纠偏措施，勤纠少纠，特别是小半径曲线段，盾构水平姿态应考虑提前偏向转弯一侧，合理利用隧道曲线段的超高情况，提前控制盾构姿态，确保成型隧道不侵限。